PÃO DIÁRIO

366 dias de aventuras com Deus

Escrito por
Crystal Bowman e Teri McKinley

Ilustrações de Luke Flowers

Publicações
Pão Diário

Para minha mãe, Gerene Langejans,
uma serva de Jesus que proclamou o Seu amor à geração seguinte.
—Crystal Bowman

Em memória do meu sogro, Terry McKinley,
que queria que todas as pessoas conhecessem Jesus.
—Teri McKinley.

Para Owen, Lydia e Naomi, minhas pequenas luzes que brilham
com o amor do Senhor. Que vocês continuem a brilhar mais ainda com Sua Palavra.
—Luke Flowers

Agradecimentos especiais a Andrew, Paul, Miranda, Kris e à equipe
da *Discovery House*, pelo seu ótimo trabalho.

Our Daily Bread for Kids
© 2014 by Crystal Bowman and Teri McKinley
Published by special arrangement with Discovery House Publishers,
3000 Kraft Avenue SE, Grand Rapids, Michigan 49512 USA. All rights reserved.

© 2017 Publicações Pão Diário
Projeto gráfico: Kris Nelson/StoryLook Design
Ilustrações: Luke Flowers
Coordenação editorial: Dayse Fontoura
Tradução: Sandra Pina
Edição: Dayse Fontoura, Thaís Soler, Lozane Winter
Coordenação gráfica: Audrey Novac Ribeiro
Diagramação: Rebeka Werner

Dados Internacionais de Catalogação na Publicação (CIP)

Bowman, Crystal; McKinley, Teri
Pão Diário — 366 dias de aventuras com Deus. Tradução: Sandra Pina — Curitiba/PR, Publicações Pão Diário.
Título original: *Our Daily Bread for Kids: 365 meaningful moments with God*
1. Literatura juvenil   2. Devocional   3. Vida cristã

Proibida a reprodução total ou parcial, sem prévia autorização, por escrito, da editora.

Todos os direitos reservados e protegidos pela Lei 9.610, de 19/02/1998. Permissão para reprodução: permissao@paodiario.org

Exceto quando indicado o contrário, os trechos bíblicos mencionados são da edição Nova Tradução na Linguagem de Hoje
© 2000 Sociedade Bíblica do Brasil.

Publicações Pão Diário
Caixa Postal 9740, 82620-981 Curitiba/PR, Brasil
publicacoes@paodiario.org •
www.publicacoespaodiario.com.br
(41) 3257-4028

Código: LP068 • ISBN: 978-1-68043-227-5

1.ª edição: 2017 • 5.ª impressão: 2024

Impresso na China

INTRODUÇÃO

Um dia os discípulos perguntaram a Jesus como deveriam orar.
E Ele ensinou uma oração que se tornou famosa no mundo todo. Costuma ser chamada de "A Oração do Senhor". Foi assim que Jesus orou:

"Pai nosso, que estás no céu,
que todos reconheçam que o teu nome é santo. Venha o teu Reino.
Que a tua vontade seja feita aqui na terra como é feita no céu!
Dá-nos hoje o alimento que precisamos.
Perdoa as nossas ofensas
como também nós perdoamos as pessoas que nos ofenderam.
E não deixes que sejamos tentados, mas livra-nos do mal."

MATEUS 6:9-13

Notou as palavras, **"dá-nos hoje o alimento que precisamos"**? O que elas querem dizer?

Por toda a Bíblia, Deus nos mostra que ama as pessoas cuidando de suas necessidades diárias. Uma das maiores é a comida: alimento para o corpo e "alimento" espiritual para a alma. Deus alimentou Seu povo escolhido, os israelitas, enviando todas as manhãs ao acampamento um pão chamado maná. No Novo Testamento, Jesus diz que Ele é o nosso "Pão da vida".

Este livro é para ser o seu alimento espiritual. As leituras desse *Pão Diário* vão ajudar você a entender a Bíblia, todos os dias. Elas foram escritas para explicar histórias e ideias bíblicas, e mostrarão o que Deus fala nas Escrituras. Todos os dias você pode ler um destes devocionais e a sua Bíblia: se ela é o pão que alimenta nossa alma, este livro é como um prato para servir esse pão. Mantenha-o junto com a sua Bíblia!

Este não é um livro de histórias da Bíblia, ou seja, os 366 devocionais não seguem a mesma ordem das Escrituras. Alguns são sobre Jesus ou outras pessoas do Novo Testamento; alguns são sobre o Antigo Testamento; e outros sobre versículos bíblicos que podem ter um significado especial. Se encontrar palavras que não entende, vá até o glossário no final do livro. Se quiser ler sobre um determinado assunto, procure no índice de assuntos. Se encontrar algo que não compreenda, continue lendo. Não desista! Quanto mais ler e estudar a Bíblia, melhor vai entender a grande história que Deus tem para nós.

Você pode ler sozinho ou com os seus pais ou avós. Pode lê-lo na hora do café da manhã ou antes de dormir. Independentemente de como o use, esperamos que goste. Porém, mais importante, desejamos que aprenda que Jesus o ama tanto que lhe deu a chance de fazer parte da família de Deus.

Enquanto você usa este livro, estaremos orando para que tenha muitos momentos importantes com Deus.

Crystal e Teri

1 DE JANEIRO

> *Então, do pó da terra, o SENHOR formou o ser humano. O SENHOR soprou no nariz dele uma respiração de vida, e assim ele se tornou um ser vivo.*
> GÊNESIS 2:7

Uma criação especial

No início só havia água e escuridão. A Terra era vazia e não tinha forma. Mas Deus estava lá antes de tudo, e tinha um plano para criar o mundo.

Deus é tão poderoso que só precisava falar para encher esse mundo com coisas boas. Primeiro disse: "Que haja luz". E a luz passou a existir. Então mandou a água se separar do céu: e assim foi. E Deus disse: "Que haja no meio da água uma divisão para separá-la em duas partes!". E foi o que aconteceu. Deus mandou que as árvores e as plantas aparecessem na Terra, e elas apareceram. Depois criou o Sol, a Lua e as estrelas, e os colocou no céu. Mandou pássaros voarem no ar, e peixes nadarem nos mares. E disse para a terra produzir diferentes espécies de animais: e ela produziu. Deus gostou de tudo o que fez, porque era bom.

Sou criado por Deus.

No último dia decidiu fazer o homem. Mas não disse: "Que haja um homem". Ao invés de usar palavras, Deus formou um homem usando o pó da terra. E então, soprou Seu fôlego dentro do homem, e ele se tornou uma pessoa viva.

Os seres humanos são diferentes do resto da criação de Deus. Ele nos fez para que pudéssemos falar com Ele, amar e conhecê-lo de um jeito verdadeiro e pessoal. Deus também criou você e lhe deu a vida. Você é uma parte especial de Sua criação, assim como a primeira pessoa que Ele criou. —CB

LEIA MAIS

Veja Gênesis 2:21,22.
Qual foi a segunda pessoa que Deus criou?
Como Ele fez para criá-la?

CURIOSIDADE

Sabia que a água cobre a maior parte da Terra? Apenas 25% do planeta é coberto por terra seca.

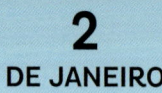

2 DE JANEIRO

> Desde que Deus criou o mundo, as suas qualidades invisíveis [...] têm sido vistas claramente.
>
> ROMANOS 1:20

Consegue ver?

Você não pode ver o vento, mas vê o que ele faz. Vê as árvores balançando quando ele sopra em seus galhos. Vê um barco deslizar no lago, quando o vento empurra suas velas. Vê uma pipa subir bem alto, levada por ele. E também pode rir ao ver um guarda-chuva virar do avesso durante uma chuva com vento. Seria bobagem dizer: "Não acredito no vento, porque não posso vê-lo". Sabemos que o vento existe porque vemos o que ele faz.

Da mesma forma, também não podemos ver a Deus, mas vemos o que Ele faz. À noite, podemos olhar para o céu e ver a Lua e as estrelas que Ele criou. Podemos ver Seu poder nas ondas do mar; em um bando de aves voando em busca do calor, guiadas por Deus, para fugir do inverno. E também vemos Seu trabalho artístico, quando pinta arco-íris coloridos e lindos céus durante o pôr do sol.

Deus quer que a gente saiba que Ele é real. É por isso que se mostra através de Sua criação. Se você quer ver Deus, basta olhar em volta e ver tudo o que Ele faz. O trabalho de Deus está por toda parte! —CB

Por toda parte posso ver o que Deus faz.

CURIOSIDADE

Os furacões mais fortes podem ter ventos de até 250 km/h. É mais do que o dobro da velocidade dos carros.

LEIA MAIS

O que o Salmo 19:1 nos fala sobre a criação de Deus?

Apenas peça!

3 DE JANEIRO

As crianças que tiram as melhores notas na escola, geralmente ganham prêmios. É bom estudar muito e ser inteligente, mas também é importante ser sábio.

Quem é inteligente sabe muitas coisas. Mas uma pessoa sábia sabe como fazer boas escolhas. Elas compreendem como tratar os outros com gentileza e respeito; entendem o certo e o errado. Escolhem viver do jeito que Deus quer.

O Antigo Testamento nos conta sobre um homem sábio chamado Salomão. Ele se tornou rei de Israel depois que o seu pai, Davi, morreu. Deus falou com Salomão num sonho, e disse que lhe daria qualquer coisa que ele pedisse. Muita gente pediria dinheiro, popularidade ou vida longa. Mas Salomão pediu sabedoria. Deus ficou muito contente com essa escolha, e disse que, como Salomão tinha pedido sabedoria, também teria riquezas e fama.

> *Mas, se alguém tem falta de sabedoria, peça a Deus, e ele a dará porque é generoso e dá com bondade a todos.*
> TIAGO 1:5

Deus me dará sabedoria. Só preciso pedir.

No Novo Testamento, Tiago nos diz que se pedirmos sabedoria a Deus, Ele nos dará. A Palavra de Deus sempre nos dá sabedoria. Quando lemos a Bíblia, Deus nos ajuda a entender o que é certo e errado. Ele nos ajuda a compreender como deseja que a gente se comporte.

Você não precisa esperar para ser um adulto para ser sábio. Pode pedir sabedoria a Deus agora mesmo. É uma coisa sábia a fazer! —CB

LEIA MAIS
Quais são os prêmios da sabedoria citados em Provérbios 2:1-11?

CURIOSIDADE
A palavra sabedoria aparece na Bíblia mais de duzentas vezes.

4 DE JANEIRO

> Ele o cobrirá com as suas asas, e debaixo delas você estará seguro. A fidelidade de Deus o protegerá como um escudo.
>
> SALMO 91:4

Asas de segurança

A mãe galinha é muito protetora com seus pintinhos. Ela começa a cuidar deles quando ainda estão nos ovos, prestando atenção à temperatura. Ela também bica qualquer pássaro ou animal que chegar perto do ninho. Quando os pintinhos quebram as cascas e saem dos ovos, a galinha continua a tomar conta deles. Sempre que pressente o perigo, cacareja escandalosamente e bate as asas. Os pintinhos correm para se esconder debaixo delas porque sabem que ali estarão seguros e quentinhos. Eles podem até mesmo andar sob a proteção das asas de sua mãe.

Posso correr para Deus quando estou em perigo.

O Salmo 91 diz que Deus nos protege como uma galinha protege seus pintinhos. Quando imaginar que Ele está cuidando de você, pense numa galinha abrindo suas asas. Deus quer que você corra para Ele quando estiver com medo; e que tenha sempre certeza de que Ele estará protegendo você.

Mas como corremos para Deus? Podemos fazer isso a qualquer momento através da oração, pedindo que Ele nos ajude.

De dia ou de noite, você sempre pode estar perto de Deus. Quando está junto dele, Deus o cobre com Suas asas de segurança. —TM

CURIOSIDADE

As asas da galinha podem ter até 76 centímetros quando abertas e podem abrigar 12 pintinhos de uma vez.

LEIA MAIS

Use o Salmo 17:8 como uma oração para pedir a Deus que mantenha você em segurança.

Jantar na montanha

5 DE JANEIRO

Imagine tentar alimentar cinco mil pessoas. É preciso um monte de comida!

A Bíblia conta que Jesus alimentou cinco mil pessoas na encosta de uma montanha. E esse número nem incluía mulheres e crianças! Na montanha não havia mercados onde comprar comida. Não tinha um celeiro cheio de alimentos por perto. Mas um garotinho tinha cinco pãezinhos e dois peixes pequenos, e queria dividir seu lanche com Jesus.

> *Em seguida Jesus pegou os pães, deu graças a Deus e os repartiu com todos; e fez o mesmo com os peixes. E todos comeram à vontade.*
> JOÃO 6:11

Os discípulos não acharam que aquele lanche pudesse ajudar milhares de pessoas com fome, mas Jesus fez um milagre. Primeiro, mandou que as pessoas se sentassem. Depois, agradeceu a Deus pela comida e começou a distribuir. Jesus transformou um lanchinho num grande jantar para toda aquela gente! Os discípulos até precisaram recolher as sobras.

Jesus pode usar o que tenho.

A Bíblia não nos diz o nome daquele garoto e nem sabemos nada sobre ele. Parece que era um menino comum, mas Jesus demonstrou o Seu enorme poder porque um garoto estava disposto a dividir o pouco que tinha.

Como aquele menino, todos nós podemos dar o que temos, não importa o que seja. O importante é que estejamos dispostos a dividir o que temos com os outros.

Quando você compartilha o que tem, Jesus também pode fazer grandes coisas através da sua vida. —TM

LEIA MAIS

Deus fez um milagre semelhante no Antigo Testamento. Veja sobre ele em 2 Reis 4:42-44.

CURIOSIDADE

Um pão de fôrma médio tem 20 fatias. Sem o milagre, seria preciso 250 pães para dar uma fatia para cada pessoa.

6 DE JANEIRO

> É melhor haver dois do que um, porque duas pessoas trabalhando juntas podem ganhar muito mais.
> **ECLESIASTES 4:9**

Vamos trabalhar juntos

É divertido jogar bola numa tarde de sol, mas já tentou jogar sozinho? Não é fácil! Você precisará de um amigo para jogar a bola de volta.

Executar tarefas pode não ser tão divertido quanto jogar bola, mas já notou que fica muito mais fácil quando são feitas por duas pessoas? Arrumar a cama sozinho leva muito tempo: dá trabalho esticar lençóis e ajeitar travesseiros. Porém, com ajuda, dá para fazer muito mais rápido.

A Bíblia diz que duas pessoas podem fazer mais coisas juntas, do que uma pessoa pode fazer sozinha. Também é bom lembrar dessa dica quando estivermos servindo a Deus. Assim como é melhor ter amigos por perto na hora de jogar bola ou cumprir tarefas, os cristãos realizam muito mais quando trabalham juntos. E é bom ter em mente que é Deus quem lhe dá força para trabalhar!

Pense em todas as pessoas que você vê servindo na igreja. O pastor compartilha uma mensagem no púlpito, mas muitos outros também realizam tarefas.

Dois é melhor do que um.

Os professores da Escola Bíblica, os diáconos, os músicos… todos trabalham em equipe para que as pessoas possam adorar e aprender juntas sobre Deus.

Você consegue pensar em formas de trabalhar com outras pessoas em casa, na igreja ou na escola? Você fará muito mais e também será muito mais divertido! —TM

CURIOSIDADE

O recorde individual de corrida de 1500 metros é de 3m40s, mas o de revezamento é de 2m04s.

LEIA MAIS
Veja em Marcos 6:7 como Jesus enviou os Seus discípulos.

Uma grande tarefa

7 DE JANEIRO

Deus criou um mundo perfeito, mas quando as pessoas desobedeceram, estragaram tudo. O povo cometeu pecados e não se importou com Ele. O Senhor se arrependeu de ter feito as pessoas e quis começar tudo de novo.

> E Noé fez tudo conforme Deus havia mandado.
> **GÊNESIS 6:22**

Mas havia um homem que amava a Deus: era Noé. O Senhor deu a ele uma grande tarefa!

Mandou Noé construir um barco gigante, chamado de arca. Precisava ser grande o suficiente para caber sua família, um casal de cada espécie de animal e muita comida. O barco seria feito com madeira de cipreste e todo coberto, por dentro e por fora, de piche. Era enorme: uns 137 metros de comprimento, 23 de largura e 14 de altura. Deus disse que mandaria uma enchente para destruir a Terra, mas queria manter Noé e sua família a salvo.

Deus quer que eu obedeça.

A Bíblia não fala quanto tempo levou a construção, mas deve ter sido uma centena de anos! Provavelmente as pessoas riram e caçoaram dele por causa do trabalho, mas Noé obedeceu a Deus, porque confiava no Senhor. Quando veio a enchente, ele e sua família ficaram seguros dentro da arca, enquanto todo o resto foi destruído.

Nem sempre é fácil obedecer a Deus. Se seus amigos não estão fazendo coisas certas, pode ser bem difícil. Eles podem até rir de você. Mas Deus fica satisfeito quando deixamos que Ele trabalhe através de nós. E um dia Ele pode até lhe dar uma grande tarefa! —CB

LEIA MAIS

Veja em Gênesis 8:6-12 como Noé ficou sabendo que a enchente estava, finalmente, baixando.

CURIOSIDADE

Hoje, o maior navio que existe se chama *Prelude*. Ele tem 488 metros de comprimento.

8 DE JANEIRO

Tudo o que fazes é maravilhoso, e eu sei disso [...]. Ó Deus, como é difícil entender os teus pensamentos! E eles são tantos!

SALMO 139:14,17

Incrível e maravilhoso

Você sabia que dois flocos de neve não são iguais? Cada um tem um padrão e um desenho especial. O mesmo acontece com as pessoas: nem mesmo gêmeos idênticos são iguais em tudo.

Cada pessoa que Deus cria é única. Isso quer dizer que não existe outra pessoa exatamente igual a você. Desde o sorriso, até as sardas ou a cor do cabelo, Deus fez tudo e sabe tudo sobre você.

Pense nas coisas que gosta de fazer e naquilo em que é bom. Deus não só conhece suas preferências e talentos, como foi Ele quem lhe deu isso tudo. O Senhor pensava em você, mesmo antes do seu nascimento. Ele planejou seu sorriso e a cor dos seus olhos; sabia o que faria você rir e quais seriam as suas matérias preferidas na escola; lhe deu sua voz e personalidade.

Sou parte da maravilhosa criação de Deus.

Cada parte da criação de Deus, incluindo você, é incrível e maravilhosa. No livro dos Salmos, o rei Davi agradece ao Senhor por tê-lo feito de uma forma tão maravilhosa. Davi louva a Deus por ter pensado tanto nele.

Ele diz que os pensamentos de Deus a seu respeito não têm preço. Os pensamentos de Deus sobre você também não têm preço. Você tem valor, porque Ele fez você incrível e maravilhoso. —TM

CURIOSIDADE

Suas digitais também são únicas: estavam em seus dedos quando nasceu, e continuarão a vida toda.

Leia mais

Conforme o Salmo 139:1-6, o que Deus sabe sobre você?

9 DE JANEIRO

Crianças podem fazer diferença

> *Não houve antes nenhum rei como ele, que servisse a Deus, [...] com todo o seu coração, mente e força, [...] e depois nunca houve outro rei igual a ele.*
> 2 REIS 23:25

Há muitos reis na Bíblia: alguns foram bons e outros foram maus. Ela nos conta que o rei Josias foi um dos melhores, pois fez o que era certo aos olhos de Deus.

A Bíblia diz uma coisa interessante sobre Josias. Sabe o quê? Ele tinha só 8 anos quando se tornou rei! É claro que teve ajuda de alguns adultos, mas ele era o líder.

Alguns dos reis que vieram antes foram maus e o povo de Deus começou a adorar outros deuses que nem eram de verdade. Josias sabia que aquilo era errado. Quando ele fez 26 anos, mandou destruir todos os lugares onde o povo adorava outros deuses, se livrou das estátuas dos falsos deuses, e tirou daquela terra tudo o que o Senhor detestava. Foi um trabalho enorme para um jovem rei, mas ele fez assim mesmo, porque amava a Deus e queria que seu povo também amasse o Deus verdadeiro.

Posso fazer diferença, não importa a minha idade.

Alguma vez você já achou que era novo demais para fazer diferença? Isso não é verdade. Há muitas coisas que crianças podem fazer para servir a Deus: você pode ser amigo de um garoto solitário na escola ou na vizinhança, ou pode convidar amigos para ir à igreja ou à Escola Dominical aprenderem mais um pouco sobre Deus. Sendo um bom amigo, você pode fazer diferença na vida de alguém.

Com a ajuda do Senhor, você pode fazer diferença, mesmo não sendo um rei! —CB

Leia mais

Josias prometeu fazer uma coisa muito importante. Veja 2 Reis 23:1-3 para saber o que foi.

CURIOSIDADE

Alfonso XIII da Espanha foi declarado rei logo que nasceu, em 1886.

10 DE JANEIRO

...encham a mente de vocês com tudo o que é bom e merece elogios, isto é, tudo o que é verdadeiro, digno, correto, puro, agradável e decente.

FILIPENSES 4:8

Algo para pensar

No que você pensa quando sai para passear? Em como o céu está azul? Como o sol queima seu rosto? Por que os pombos fogem quando alguém chega perto? Deus gosta quando pensamos em coisas boas.

Mas pode ser difícil ter bons pensamentos quando coisas ruins acontecem perto de nós. E elas realmente acontecem. As crianças têm tantos problemas quanto os adultos. É por isso que Deus diz que todos devem pensar em coisas boas e que merecem elogios. O Senhor quer que a gente se lembre de que Ele está no controle, que confie nele e que acredite que Ele vai cuidar de nós.

Quando eu penso em coisas boas, agradeço a Deus.

O versículo de hoje diz para enchermos a mente com "tudo o que é bom e merece elogios". Coisas como: Deus ama e cuida de você; Ele quer o melhor e tem um plano especial para sua vida; Deus estará sempre com você.

O versículo também diz para pensarmos no que é "verdadeiro, digno, correto, puro, agradável e decente". Você pode pensar em belos jardins e lindas borboletas, ou em pessoas que conhece e que admira.

Quando você faz uma boa ação, não acha legal receber um "obrigado"? Deus também! Agradeça a Deus por lhe dar tantas coisas boas para encher a sua mente. —CB

CURIOSIDADE
Nosso cérebro produz entre 12 mil a 15 mil pensamentos todos os dias!

LEIA MAIS
O que o Salmo 105:1-8 nos manda fazer?

Por que eu, Deus?

11 DE JANEIRO

Moisés era israelita, ou seja, fazia parte do povo de Deus. Um dia, enquanto cuidava de um rebanho, viu uma sarça (um tipo de arbusto) pegando fogo, mas sem queimar! Então se aproximou para olhar de perto.

De repente, a voz de Deus saiu do arbusto. "Moisés", falou, "pare aí e tire as sandálias, pois o lugar onde você está é sagrado."

O Senhor disse que tinha ouvido o choro dos israelitas que eram escravos no Egito, e que queria que Moisés liderasse o povo para fora daquele lugar. Mas Moisés não se considerava a pessoa certa para o trabalho.

Ele deu várias desculpas, mas Deus continuou dizendo que o ajudaria, e até mostrou milagres para provar o Seu poder. Mas ainda assim, Moisés tentou dizer "não".

> *Moisés perguntou a Deus: "Quem sou eu para ir falar com o rei do Egito e tirar daquela terra o povo de Israel?"*
> ÊXODO 3:11

Vou dizer "sim" a Deus quando Ele quiser me usar.

"Não sei falar bem", disse.

"Eu o ajudarei a falar", Deus respondeu.

Por fim, Moisés disse a Deus para enviar outra pessoa! O problema é que ele estava olhando para sua própria fraqueza, ao invés de olhar para o poder de Deus. O Senhor poderia ter tirado o povo do Egito sozinho, mas queria usar Moisés para o trabalho.

Sabe de uma coisa? Deus ainda usa pessoas no Seu trabalho. Sempre que escolhe uma pessoa, dá a ela a capacidade de realizar a tarefa. Quando dizemos "sim", Deus faz grandes coisas através de nós. —CB

LEIA MAIS

Moisés se tornou um líder para as crianças de Israel. Saiba como em Êxodo 14:10-31.

CURIOSIDADE

"Sarça ardente" é um arbusto que fica vermelho no outono, e tem esse nome por causa da Bíblia.

12 DE JANEIRO

> ...o Senhor, nosso Deus, [...] é bondoso e misericordioso; é paciente e muito amoroso e está sempre pronto a mudar de ideia e não castigar.
> JOEL 2:13

Como é Deus?

Chamadas por vídeo são divertidas. É muito bom poder ver e ouvir uma pessoa que mora longe. Talvez você tenha um parente ou amigo em outra cidade, ou até em outro país. Com o computador ou telefone certo, dá para ver o sorriso da pessoa e escutar sua risada!

Quando se pode ver e ouvir, fica mais fácil saber como a pessoa é. Estar frente a frente, nos faz sentir mais próximos um do outro.

Mas não podemos ver Deus, e Ele não fala em voz alta. Algumas vezes, você pode ficar imaginando como Ele é, ou sentir que o Senhor está muito longe. Foi por isso que Ele nos deu a Bíblia. Sua Palavra nos mostra como é Deus.

A Bíblia diz que Deus é amoroso e que se importa conosco; que é carinhoso e gentil. Deus é bom. Ele não fica zangado com facilidade e ama muito você: entende como se sente quando está triste ou tendo um dia ruim. Tudo em Deus é bom.

Você não pode falar com Deus numa chamada por vídeo, mas quando quiser conhecer mais sobre Ele, a Bíblia lhe dirá tudo o que precisa saber. Os versículos que você ler o ajudarão a entender como é Deus. —TM

Ler a Bíblia me ajudará a conhecer a Deus.

CURIOSIDADE
A companhia americana de telefonia AT&T criou um "Videofone" em 1964.

Leia mais
O que Miqueias 7:19 nos fala sobre Deus?

13 DE JANEIRO

> Tirem também algumas espigas dos feixes e deixem cair para que ela possa apanhar. E não briguem com ela.
>
> RUTE 1:16

Dia de mudança

Mudar pode ser assustador! Quando se muda para uma nova escola, igreja ou cidade, pode ser difícil fazer novos amigos ou pode ser complicado chegar onde você precisa. E tudo passa a ser muito diferente. Algumas vezes, pessoas precisam se mudar, mesmo não querendo.

A Bíblia nos conta a história de Rute, uma mulher que escolheu se mudar, mesmo não precisando. Rute era de um lugar chamado Moabe. Ela conheceu o marido quando a família dele se mudou para a sua cidade em busca de comida, pois em Belém, terra de origem deles, estava faltando alimento.

Ela viveu em Moabe com o marido e a família dele durante 10 anos, mas uma coisa horrível aconteceu: o marido, o irmão e o pai deles morreram. As três mulheres ficaram sozinhas. Então a sogra de Rute, Noemi, decidiu voltar para Belém, esperando que Deus a ajudasse lá.

Aonde eu for, sei que Deus irá comigo.

A cunhada de Rute, Orfa, voltou para sua própria família em Moabe, mas Rute preferiu ir com Noemi. Ela deixou o lugar onde tinha passado toda a vida, para ir morar no país da sogra. Noemi lhe disse que devia ficar lá e até tentou convencê-la durante a viagem.

Mas Rute sabia que o certo era ajudar a sogra, por isso foi junto. Por causa de sua coragem, Deus abençoou as duas, lhes dando comida, e até um novo marido para Rute.

E não demorou muito, ela teve um filhinho, que foi o avô do rei Davi!

A história de Rute nos mostra que Deus vai conosco aonde quer que formos. Se algum dia você precisar ir para algum lugar novo, lembre bem: Deus irá com você. —TM

Leia mais

De acordo com Gênesis 12:1-4, quem Deus mandou se mudar para outro país?

CURIOSIDADE

Em hebraico, a palavra *Belém* significa "Casa de pão".

14 DE JANEIRO

Marcado pelo Dono

> *Como dono Ele [Deus] pôs a Sua marca em nós e colocou no nosso coração o Espírito Santo, que é a garantia das coisas que Ele guarda para nós.*
>
> 2 CORÍNTIOS 1:22

Se alguma vez você já viu uma vaca bem de perto, deve ter notado umas letras ou etiqueta colorida no corpo dela. Fazendeiros marcam seus animais para mostrar que são seus donos. Cada um escolhe uma marca diferente para não confundir com as das outras fazendas. E se um animal se perde do rebanho, pode ser devolvido ao dono, pois todos sabem a quem ele pertence por causa da marca.

Sabia que a Bíblia diz que Deus também marca o Seu povo? A marca não pode ser vista, mas está lá. As Escrituras nos contam que quando cremos em Jesus, o Espírito Santo entra em nosso coração, e Ele é a marca de Deus em nós. Isso quer dizer que pertencemos a Jesus!

E quando isso acontece, recebemos todas as promessas de Deus. Ele estará conosco, nos protegerá e nos dará o que precisamos. O Senhor cuida de Seu povo, assim como o fazendeiro toma conta de seus animais.

Quando pedimos a Jesus que perdoe os nossos pecados, passamos a ser dele e ninguém poderá tirar o Seu amor de nós, ou nos afastar dele. Mesmo que o mundo pareça assustador, Jesus cuida de cada um que tem a Sua marca. —TM

Jesus marca aqueles que pertencem a Ele.

CURIOSIDADE

Provavelmente, o primeiro povo a marcar seus animais, foram os egípcios da antiguidade.

LEIA MAIS

Veja Efésios 1:13. De que forma esse versículo explica como os cristãos são marcados?

Mesmo assim, Daniel orou

15 DE JANEIRO

> Quando Daniel soube que o rei tinha assinado a ordem, [...] ajoelhou-se e orou, dando graças ao seu Deus. Ele costumava fazer isso três vezes por dia.
>
> DANIEL 6:10

Já ouviu a história de Daniel na cova dos leões? Sabe por que ele passou uma noite com as feras?

Daniel vivia longe de sua terra natal. Trabalhava no palácio de um rei chamado Dario, que queria dar muitos poderes a ele, porque Daniel era confiável. Mas outros homens ficaram com ciúmes e precisavam encontrar uma maneira de se livrar do profeta.

Daniel era temente a Deus. Ele ia ao seu quarto para orar três vezes por dia. Então, seus inimigos convenceram Dario a assinar uma lei dizendo que todos eram obrigados a orar apenas para o rei; se alguém orasse para outra divindade, deveria ser jogado na cova dos leões.

Mesmo sabendo dessa lei, Daniel continuou a orar três vezes ao dia. Embora trabalhasse para o rei Dario, ele adorava a Deus, por isso orava. E lei nenhuma o obrigaria a fazer diferente.

A cova dos leões era um lugar muito perigoso, mas Daniel confiava em Deus. E quando ele foi jogado no covil das feras, o Senhor mandou um anjo para fechar a boca dos leões e manter Daniel em segurança.

Orar a Deus é sempre a coisa certa.

Algumas pessoas não querem que nós oremos, mas podemos orar assim mesmo. Não precisa ser em voz alta, nem é preciso se ajoelhar. Você pode orar em sua mente e em seu coração. Você pode ser tão fiel quanto foi Daniel! —CB

Leia mais
O rei Dario criou outra lei. Descubra qual foi em Daniel 6:26,27.

CURIOSIDADE
Um leão adulto come cerca de 7 quilos de carne por dia. Isso é o equivalente a 60 hambúrgueres!

16 DE JANEIRO

...Enquanto o mundo existir, sempre haverá semeadura e colheita, frio e calor, verão e inverno, dia e noite.

GÊNESIS 8:22

Sempre o mesmo

Quando você acorda de manhã e vê o sol, sabe que é o início de um novo dia, e que haverá luz durante muitas horas. Quando vai deitar à noite, sabe que ficará escuro durante muito tempo para que possa dormir. E amanhecerá de novo. Você nunca acorda de manhã e descobre que, de repente, está de noite.

O mesmo acontece com as estações. Embora mudem, sempre seguem a mesma ordem. A primavera sempre vem depois do inverno, e o verão, depois da primavera. O outono começa quando termina o verão, e o inverno, quando acaba o outono. Seria uma loucura se num ano, o outono viesse depois do inverno, ou o verão chegasse depois do outono. Os fazendeiros não poderiam plantar nem colher no tempo certo. Os pássaros não saberiam quando voar para o norte ou para o sul!

Deus é sempre o mesmo.

Deus é um Deus organizado. Ele criou o Sol e a Lua para demarcar os dias e as estações. A Terra obedece às Suas ordens, e isso nunca mudará. Deus também nunca muda. Você pode contar que Ele sempre está ao seu lado.

Quando você acorda de manhã, Deus está lá, assim como o sol. Quando vai para a cama, Ele fica com você enquanto está escuro. Deus o ama em todas as horas, em todos os dias, em todas as estações, em todos os anos. E isso nunca mudará. —CB

CURIOSIDADE

O dia mais quente da Terra foi em 1913: 56,7°C na Califórnia, e o mais frio foi em 1983: -92°C na Antártida.

LEIA MAIS

O que Hebreus 13:8 nos diz sobre Jesus?

Melhores amigos

17 DE JANEIRO

Ter um amigo é especial. Brincar de esconder, por exemplo, é mais divertido com alguém de quem se gosta. É bom ter um amigo com quem construir um castelo de areia, e até um sorvete fica mais gostoso na companhia de um bom amigo. A amizade é um presente de Deus. E Ele pode usá-la para fazer grandes coisas!

A Bíblia nos conta sobre dois grandes amigos: Davi e Jônatas. Saul, o primeiro rei de Israel, era o pai de Jônatas. Durante um tempo, Saul aprovava o amigo do filho, mas depois começou a sentir ciúmes dele. Saul soube que Davi seria o próximo rei, e não ficou nem um pouco contente, por isso fez de tudo para evitar que isso acontecesse, e até mesmo tentou ferir Davi.

> *Saul e Davi terminaram a sua conversa. Jônatas, filho de Saul, começou a sentir uma profunda amizade por Davi e veio a amá-lo como a si mesmo.*
> **1 SAMUEL 18:1**

A amizade é um presente de Deus.

Porém, independentemente de tudo, Jônatas continuou leal a Davi. Mesmo sabendo que não seria o próximo rei, nunca teve ciúmes do amigo. Ele era sincero e ajudou Davi a fugir quando seu pai quis matá-lo. A Bíblia diz que Jônatas amava Davi "como a si mesmo". Ou seja, mesmo quando ficou difícil, ele fez o que era melhor para o amigo.

Jônatas é um exemplo de bom amigo, assim como Jesus é o nosso exemplo. Um bom amigo ajuda e coloca o sentimento do outro em primeiro lugar. Na igreja, na escola e na vizinhança, você pode demonstrar o amor de Deus sendo um bom amigo! —TM

LEIA MAIS
Veja 1 Samuel 19:4. O que Jônatas falou para o rei Saul fazer?

CURIOSIDADE
O nome Davi significa "amado". Ele foi amado por seu amigo Jônatas.

18 DE JANEIRO

...Como está escrito: Quão formosos são os pés dos que anunciam coisas boas!
ROMANOS 10:15 ARA

Pés formosos

Nem sempre os pés são agradáveis. Eles podem ficar suados e fedorentos! Quando você anda descalço por aí, seus pés podem ficar cobertos de poeira ou lama.

Mas a Bíblia diz que as pessoas que falam de Jesus para os outros têm pés bonitos. Não importa como são, nem mesmo se têm chulé. Os pés podem ser bonitos porque levam pessoas para falar sobre as boas coisas de Jesus.

Um missionário é alguém que tem pés bonitos. Missionários têm um trabalho muito especial, pois falam aos outros sobre o amor de Deus, e sobre o Seu filho, Jesus. Sabia que, agora mesmo, você pode ser um missionário? Onde você, pode falar com seus amigos sobre a Palavra de Deus?! Eles estão prontos para ouvir sobre Jesus.

Talvez haja alguém em sua família que ainda esteja aprendendo sobre Deus. Talvez um amigo da escola queira conhecer mais sobre a Bíblia. Você pode ensinar a eles e encorajá-los a amar Jesus. Você pode falar sobre Jesus com qualquer pessoa. Não importa quantos anos você tenha ou onde esteja. Ao falar sobre Deus com outras pessoas, seus pés ficam bonitos! —TM

Meus pés me levam a falar de Deus com os outros.

CURIOSIDADE

Especialistas em saúde dizem que deveríamos dar 10 mil passos por dia.

Leia mais

Para conhecer uma história bíblica sobre pés, leia João 13:1-17.

Muitos nomes

19 DE JANEIRO

Você sabe por que seus pais escolheram o seu nome? Alguns nomes são escolhidos pelo seu significado. Outras vezes, os pais escolhem por causa de alguém da família; ou então simplesmente por gostarem daquele nome. Normalmente, as pessoas nos chamam pelo nosso primeiro nome, e o sobrenome indica a que família pertencemos. Nomes são importantes!

O profeta Isaías viveu muito antes de Jesus nascer, porém escreveu diversos nomes especiais para Jesus. Deus lhe contou coisas que iriam acontecer no futuro. Então o profeta escreveu o livro de Isaías, que está no Antigo Testamento. Uma das coisas que iria acontecer era que o Filho de Deus viria à Terra como um bebê.

> ...Deus nos mandou um menino que será o nosso rei. Ele será chamado de "Conselheiro Maravilhoso", "Deus Poderoso", "Pai Eterno", "Príncipe da Paz".
> ISAÍAS 9:6

Jesus tem muitos nomes maravilhosos.

Cerca de 700 anos mais tarde, um anjo visitou uma moça chamada Maria e lhe disse que ela seria a mãe do Filho de Deus. O anjo também falou que o nome de seu bebê seria Jesus.

Mas Isaías disse que Jesus seria chamado também por outros nomes. As pessoas o chamariam de "Conselheiro Maravilhoso" porque ele ensinaria a verdade; o chamariam de "Deus Poderoso", porque teria o poder de Deus. Também seria chamado de "Pai Eterno", pois veio de Seu Pai no céu, e viveria para sempre. E seria conhecido como "Príncipe da Paz", porque traria paz a todos aqueles que cressem nele como Salvador. Jesus tem muitos nomes especiais porque Ele é a pessoa mais especial de todas! —CB

LEIA MAIS

Em Mateus 16:13-16, Jesus perguntou a um de Seus discípulos quem as pessoas achavam que Ele era. O que Pedro respondeu?

CURIOSIDADE

Desde o ano 912, 47 reis e governantes mundiais tiveram o nome de Henrique!

20 DE JANEIRO

Ele sempre lembrará da Sua aliança e, por milhares de gerações, cumprirá as Suas promessas.

SALMO 105:8

Promessas, promessas

Deus nos faz muitas promessas na Bíblia. Algumas delas são encontradas no Antigo Testamento, e outras estão no Novo Testamento. Não sabemos ao certo quantas promessas existem na Bíblia, mas algumas pessoas chegaram a contar mais de 3 mil!

Que tipo de promessas Deus faz? Ele promete cuidar e tomar conta de nós. Promete nos dar o que precisamos. Promete nos consolar quando estamos tristes; nos mostrar o que fazer quando perguntamos a Ele; nos ajudar com nossos problemas. Ele promete nos dar sabedoria e poder; promete ouvir quando oramos. Deus não promete que nossa vida será fácil, mas garante que Ele estará sempre conosco. A melhor promessa de todas é a de que vamos viver com Ele para sempre, se crermos em Jesus como nosso Salvador.

Deus cumpre as Suas promessas.

As pessoas também fazem promessas, mas elas nem sempre as cumprem. Algumas vezes esquecemos o que prometemos. Outras, achamos que pessoas ou coisas nos atrapalham. E, mesmo sendo errado, às vezes simplesmente mudamos de opinião.

Mas Deus não é assim. Ele não esquece. Ele não se confunde. Ele não muda de opinião. Deus faz o que diz que fará. Ele sempre cumpre as Suas promessas: todas as 3 mil! —CB

CURIOSIDADE

Outras palavras com significado parecido de "promessa" são pacto, compromisso e juramento.

LEIA MAIS

Veja Mateus 28:20.
Qual foi a promessa de Jesus aos discípulos antes de voltar para o céu?

Poder da oração

21 DE JANEIRO

Orar é falar com Deus. Oramos para agradecer o jantar, para dizer a Deus que estamos tristes ou com medo. Podemos também orar para pedir coisas que precisamos.

A oração pode ter muito poder. Quando oramos, às vezes Deus faz coisas que parecem impossíveis.

Depois que Jesus voltou para o céu, Pedro e os outros discípulos passaram a falar sobre Ele com as pessoas. O rei não gostou, mandou prendê-los e fez coisas terríveis com eles. Também mandou prender Pedro. E enquanto esperava para saber o que o rei iria fazer, a igreja ficou orando por Pedro. E Deus escutou aquela oração.

No meio da noite, Pedro estava acorrentado, dormindo entre dois soldados, quando apareceu um anjo que disse:: "Rápido, acorde!", disse. "Acorde!". E sabe o que aconteceu? As correntes se soltaram.

> *E assim Pedro estava preso e era vigiado pelos guardas; mas a igreja continuava a orar com fervor por ele.*
> ATOS 12:5

Deus sempre ouve minhas orações.

O anjo tirou Pedro da prisão. Mas ele estava tão confuso, que pensou que aquilo não fosse real. Mas era. Eles passaram pelos guardas e foram até o enorme portão de ferro da cidade, que se abriu sozinho! Quando teve certeza de que Pedro estava em segurança, o anjo foi embora. E então o discípulo percebeu que não era um sonho e foi para o lugar onde seus amigos estavam reunidos em oração. Eles ficaram maravilhados quando Pedro contou o que tinha acontecido.

Não importa sobre o que você está orando: Deus ouve. Algumas vezes, Ele responde de formas incríveis! —TM

LEIA MAIS
Veja Atos 5:17-20 e saiba em que outra vez Deus enviou um anjo para tirar alguém da prisão.

CURIOSIDADE
Nos tempos da Bíblia, as cidades tinham muros largos e um portão para afastar os inimigos.

22 DE JANEIRO

> O Senhor Deus é a minha força. Ele torna o meu andar firme como o de uma corça e me leva para as montanhas, onde estarei seguro.
>
> **HABACUQUE 3:19**

Correr como uma corça

Sabia que uma corça pode dar os primeiros passos meia hora depois de nascer? No início, as pernas ficam meio bambas, mas depois que a corça cresce, pode correr e pular.

As pernas longas de uma corça são feitas para ter força e velocidade e, por poderem correr muito e saltar alto, elas conseguem fugir de animais que tentam caçá-las. Quando correm, saltam sobre troncos caídos ou grandes rochas. As corças também são animais elegantes e têm bom equilíbrio. Podem andar sobre pedras e subir montanhas sem tropeçar.

Na Bíblia, o profeta Habacuque usou o exemplo da corça para nos ajudar a entender que Deus é a nossa força. Quando amamos a Deus e passamos tempo aprendendo mais sobre Ele, o Senhor nos dá a força necessária para fugir de confusão. Quando nossa força vem de Deus e de Sua Palavra, Ele nos ajuda a não tropeçar no pecado.

Às vezes nos colocamos em situações complicadas. Se alguém quiser que você faça uma coisa errada, pense numa corça correndo em alta velocidade. Diga não, dê meia volta e se afaste da tentação. Deus pode lhe dar força para fugir do perigo e achar um lugar seguro. —CB

Deus me ajudará a fugir do perigo.

CURIOSIDADE

O veado cariacu pode correr a 58 km/h, e saltar até 2,5 metros de altura, e a 9 metros de distância.

LEIA MAIS

O Salmo 42:1 é outra passagem sobre corças. O que esse versículo fala sobre ter sede?

Bem ao invés de mal

23 DE JANEIRO

É verdade que vocês planejaram aquela maldade contra mim, mas Deus mudou o mal em bem para [...] salvar a vida de muita gente.
GÊNESIS 50:20

José tinha 11 irmãos. Seu pai, Jacó, gostava mais de José e lhe deu de presente uma túnica colorida.

Os irmãos implicavam muito com ele, porque tinham ciúmes dele. Um dia, quando todos estavam no campo, decidiram se livrar de José para sempre. Encontraram uns mercadores que estavam passando e venderam o irmão mais novo como escravo, achando que nunca mais o veriam. Mas estavam errados.

Apesar de José ser maltratado por seus irmãos, Deus estava com ele, e o ajudou a ter sucesso em tudo o que fez. Depois de alguns anos, José se tornou um homem muito importante no Egito!

Um dia, Deus disse a José que faltaria comida no Egito, e lhe deu sabedoria para preparar o país para esse período, e não deixar ninguém passar fome.

Deus sempre está no controle.

Quando a escassez chegou, os irmãos de José foram até o Egito comprar comida. Ele reconheceu os irmãos, que ficaram tristes pelo que haviam feito somente quando descobriram quem José era. Ele poderia ter ficado com raiva e mandado castigar os seus irmãos. Mas, em vez disso, contou que Deus havia usado as maldades que eles tinham feito para o bem.

Talvez algum garoto não seja legal com você. Quem sabe alguém implica muito ou zomba do seu jeito de ser. Pode ser que uma pessoa tenha pegado uma coisa sua. Não importa: Deus está no controle! Você pode escolher se comportar como José. Pode ser bom com os outros, mesmo que eles não sejam bons com você. —TM

LEIA MAIS
José perdoou seus irmãos, e também os ajudou.
Leia Gênesis 45:9-11 e saiba o que ele fez.

CURIOSIDADE
José tinha apenas 30 anos quando começou a governar o Egito. Ele viveu até completar 110 anos!

24 DE JANEIRO

Vamos demonstrar

> Quem ama é paciente e bondoso. Quem ama não é ciumento, nem orgulhoso, nem vaidoso.
> 1 CORÍNTIOS 13:4

Qual é a coisa mais legal que você pode dizer a alguém? Que tal "Eu te amo"?

Pais dizem isso aos seus filhos, e os filhos dizem para os pais. Avôs e avós dizem "eu te amo" para os netos. Tios, tias e outros parentes também podem dizer "eu te amo". Amar alguém, significa que você se preocupa com essa pessoa. Podemos dizer que amamos, mas também podemos demonstrar com boas ações.

Amor é mais do que palavras. Podemos demonstrar amor sendo gentis. Por exemplo, você divide seus jogos e livros com seus amigos? Isso é demonstrar amor. Ajuda seu irmão, irmã ou pais com as tarefas? Isso também é demonstrar amor.

Quando a gente ama, fica feliz quando coisas boas acontecem com as pessoas. Se seus amigos ganham uma bicicleta ou um videogame novo, pode ficar contente por eles. Quando seu irmão ou irmã tira uma nota alta numa prova, você pode dizer: "Que bom!"

Quando Jesus viveu na Terra, Ele demonstrou Seu amor de muitas formas diferentes. Alimentou quem tinha fome, curou quem estava doente, e até mesmo morreu na cruz para receber o castigo pelos nossos pecados.

Amar é muito mais do que apenas palavras.

É importante dizer que amamos os outros. Mas devemos ser como Jesus e também demonstrar o nosso amor! —CB

CURIOSIDADE

Há tipos diferentes de amor: o amor divino é o amor de Deus e também é chamado de ágape.

Leia mais

O que 1 Coríntios 13:13 diz sobre o amor?

Não tenha medo

25 DE JANEIRO

Depois da morte de Moisés, Josué se tornou o líder de Israel e Deus mandou ele levar o povo até a Terra Prometida.

Mas não era possível simplesmente marchar e armar acampamento. Primeiro, teriam que cruzar o rio Jordão, que estava cheio. E havia outro problema: as pessoas que viviam no lugar não queriam dividir a terra e não gostavam da ideia de um milhão de israelitas se mudando para lá.

> *"Seja forte e corajoso! Não fique desanimado, nem tenha medo, porque Eu, o Senhor, seu Deus, estarei com você em qualquer lugar para onde você for!"*
> **JOSUÉ 1:9**

Mas Josué confiou em Deus e obedeceu. Estava pronto para fazer o que o Ele mandasse. Deus disse a Josué para ser forte e corajoso, e que não tivesse medo, pois estaria com ele em qualquer lugar.

Deus está comigo, então não terei medo.

Então Josué mandou o povo se preparar para cruzar o rio e entrar na Terra Prometida. E um milagre aconteceu! Quando os sacerdotes, que iam na frente, deram o primeiro passo no rio Jordão, Deus fez a água parar e todos atravessaram andando por uma trilha seca! O Senhor estava com Josué, assim como havia prometido.

Você também pode ser forte e corajoso. Pode confiar e obedecer a Deus, que nem Josué. Talvez você nunca lidere um milhão de pessoas na travessia de um rio cheio, mas acontecerão coisas que o deixarão com medo. Fale sobre isso com Deus e peça a Sua ajuda. O Senhor estará com você assim como estava com Josué. Ele não quer que você sinta medo. —CB

LEIA MAIS
Jesus também fez uma coisa importante no rio Jordão. Para saber, leia Mateus 3:13-17.

CURIOSIDADE
O rio Jordão tem cerca de 251 km de extensão.

26 DE JANEIRO

> ...Lembrem das palavras do Senhor Jesus: "É mais feliz quem dá do que quem recebe."
>
> ATOS 20:35

Seja um doador

Todo mundo ama ganhar presentes!

Não é divertido abrir uma caixa no aniversário e ganhar um videogame novo? Você já foi espiar na árvore de Natal para ver se algum daqueles pacotes grandes e bonitos era o seu presente? Às vezes, até ganhamos um presente sem nenhum motivo. Presentes surpresa são ainda melhores!

Mas também pode ser bem legal dar um presente! Você já fez uma coisa especial para sua mãe, ou escolheu a dedo um objeto para o aniversário de um amigo? É bom ver o sorriso e a alegria da outra pessoa ao receber uma coisa que você escolheu especialmente para aquele momento.

É melhor dar do que receber.

Já escutou alguém dizer que "é melhor dar do que receber"? Sabia que esse ditado vem da Bíblia? Foi Jesus quem falou! Ele estava dizendo que podemos ser mais felizes quando damos coisas, do que quando as recebemos. Quando damos, Deus nos usa para deixar outras pessoas felizes.

E não estamos falando só de presentes. Você pode ser um doador fazendo um elogio, ajudando alguém, ou dividindo comida e roupas com pessoas que precisam. Ações assim demonstram o seu amor por Jesus. Dar presentes realmente é mais legal do que recebê-los! —TM

CURIOSIDADE

A tradição de dar presentes no Natal vem dos sábios que deram ouro, incenso e mirra para Jesus.

LEIA MAIS

Descubra em Tiago 1:17 de onde vêm os bons presentes.

Uvas e videiras

27 DE JANEIRO

Você gosta de uvas? Vermelhas, verdes ou roxas, uvas são suculentas e deliciosas. Nascem nas videiras, que precisam crescer apoiadas em cercas ou estruturas especiais. Como na maioria das plantas, as folhas estão presas nos galhos, que estão presos no tronco, que é sustentado pela raiz e esta fica debaixo da terra. Todas as partes trabalham em conjunto para fornecer o que as uvas precisam para crescer.

> *Eu sou a videira, e vocês são os ramos. Quem está unido comigo e eu com ele, esse dá muito fruto porque sem mim vocês não podem fazer nada.*
> JOÃO 15:5

Certa vez Jesus disse que Ele era uma videira, e que Seus amigos eram os galhos. Seu tempo na Terra estava acabando e Ele queria que soubessem que Seu Espírito ficaria com eles, mesmo depois que Jesus voltasse para o céu. Jesus também falou que Seu poder fluiria através deles e eles dariam frutos, caso continuassem ligados a Ele, como os galhos estão ligados à videira. Mas Jesus estava falando de amor, alegria, paz e outras coisas boas que fazem as pessoas se parecerem mais com Ele.

Ficarei ligado à videira.

Quando Jesus foi para o céu, os discípulos continuaram o trabalho que Ele tinha começado. Estavam ligados como galhos a uma videira, e se tornaram cada vez mais parecidos com o Mestre. Eles falavam corajosamente sobre Deus e faziam milagres para ajudar pessoas.

Jesus quer que fiquemos ligados a Ele também. Como fazer? Lendo a Bíblia e orando; amando e obedecendo a Jesus. Quando estamos ligados a Jesus — a videira — nossa vida dará "frutos" para Ele! —CB

LEIA MAIS

Como Atos 3:1-10 mostra que Pedro e João se tornaram cada vez mais parecidos com Jesus?

CURIOSIDADE

Os maiores produtores de uvas são China, Estados Unidos, Itália, França e Espanha.

28 DE JANEIRO

> O Reino do Céu é também como um comerciante que [procura] pérolas finas. Quando encontra uma pérola [...] ele vai, vende tudo o que tem e compra a pérola.
>
> MATEUS 13:45,46

Caça ao tesouro

Qual a coisa mais valiosa que você tem? Algumas pessoas acham que é um computador ou tablet. Outras têm uma moeda antiga que está na família há anos. Pode ser também uma joia elegante que pertencia a avó ou a bisavó.

Quando você tem uma coisa de valor, toma cuidado com ela. Pode até colocar numa caixa especial, ou esconder num lugar para ninguém achar. Mas... e se você perdesse essa coisa? Seria terrível! Iria procurar em todos os cantos, ou até passaria a noite procurando até encontrar.

No livro de Mateus, Jesus disse que o Reino de Deus é como um tesouro, e contou a história de um comerciante que procura uma pérola bem cara e preciosa. Quando ele acha a pérola perfeita, reconhece que vale muito dinheiro, e vende tudo o que tem para comprar essa pérola.

Procurarei o Reino de Deus como a um tesouro.

Jesus veio à Terra para nos procurar e abriu mão de tudo o que tinha para estar conosco. Seu amor é a coisa mais valiosa que podemos ter. Quando Ele nos ajuda a entender o Seu amor, nós podemos demonstrar o nosso amor por Ele. Quando desistimos de tudo para colocar Jesus em primeiro lugar, somos como o homem que comprou a pérola.

Aprender sobre Jesus e Seu reino, é como uma caça ao tesouro. Se passarmos tempos procurando, vamos encontrar uma coisa muito preciosa. —TM

CURIOSIDADE

A maior pérola já descoberta pesa mais de seis quilos, e vale milhões de dólares!

Leia mais

Veja Provérbios 2:1-5. O que mais devemos procurar como a um tesouro?

Um bom conselho

29 DE JANEIRO

Existe um ditado popular que diz: "Se não for bem-sucedido de primeira, continue tentando."

O que quer dizer ser "bem-sucedido"? Significa fazer as coisas acontecerem do jeito que você quer que aconteçam. Para muitas pessoas, ter sucesso é ser popular, ou ter muito dinheiro e bens. Mas o sucesso verdadeiro vem de obedecer a Deus e fazer o que Ele deseja.

> *E faça aquilo que o Senhor, seu Deus, manda [...]. Assim você será bem-sucedido aonde quer que for e em tudo o que fizer.*
> 1 REIS 2:3

O rei Davi governou os israelitas durante 40 anos. Quando estava velho e quase morrendo, Davi deu um importante conselho ao seu filho Salomão: ele deveria obedecer a Deus e seguir os Seus mandamentos. Falou também que se Salomão quisesse ser "bem-sucedido", precisava fazer tudo o que o Senhor mandasse.

O conselho de Davi também é para nós! Para termos sucesso, precisamos confiar e obedecer a Deus. Ele nos dará orientação e ajuda para fazer aquilo que Ele quer. Lembre-se que sucesso não é só ter muito dinheiro ou ser popular. Significa amar a Deus e cuidar das outras pessoas.

Quer ser bem-sucedido? Então ouça esse importante conselho do rei Davi: "E faça aquilo que o Senhor, seu Deus, manda." —CB

Sucesso é obedecer a Deus.

LEIA MAIS
Dê uma olhada em 2 Crônicas 9:22.
O que esse versículo fala sobre o rei Salomão?

CURIOSIDADE
Após mil tentativas, Thomas Edison disse: "A lâmpada foi uma invenção com mil etapas."

30 DE JANEIRO

Quem é direito serve de guia para o seu companheiro, porém os maus se perdem pelo caminho.

PROVÉRBIOS 12:26

Siga o líder

Você já brincou de "Seguir o Líder"? Quando você é o líder, todo mundo tem que imitá-lo. Se pular em um pé só, todos devem pular em um pé só; se você cantar uma música boba, todos cantam também. Quando outra pessoa se torna o líder, você também tem que imitar o que ela fizer.

Crianças (e adultos também) às vezes imitam o que seus amigos fazem, mesmo fora da brincadeira. Por isso, é importante escolher bons amigos. Quando "seguimos o líder", queremos ser como amigos que amam a Deus e fazem o que é certo. Quando escolhemos amigos que fazem o que é certo, como, por exemplo, obedecem aos pais e respeitam os professores, demonstramos que somos espertos. Nós nos tornamos pessoas melhores quando temos amigos que são legais com os outros, que dividem e que se revezam. Porém, seguir alguém que se mete em confusão, pode nos meter em confusão também.

Quando Jesus estava na Terra, convidou alguns homens para o seguirem. Eles são conhecidos como os "Doze discípulos" de Jesus. Muitos se tornaram Seus grandes amigos enquanto o seguiam e faziam as coisas que Ele mandava.

Jesus continua a convidar pessoas para o seguirem. Como seguimos a Jesus? Estudando a Bíblia. Ela nos diz como Jesus quer que a gente se comporte. Você nunca seguirá um líder melhor do que Jesus! —CB

Vou escolher bons amigos para seguir.

CURIOSIDADE

Ovelhas seguem a que estiver na frente. Se a líder errar o caminho, todo o rebanho irá atrás.

LEIA MAIS

O que Mateus 4:18-22 diz sobre os primeiros quatro discípulos que seguiram Jesus?

Uma escolha corajosa

31 DE JANEIRO

Conhece alguém corajoso? Seu pai é corajoso porque mata as baratas em casa? Será um irmão mais velho que não tem medo de escuro? Crianças normalmente acham que as pessoas maiores e mais fortes são mais corajosas. Quando se é jovem, pode ser difícil ser corajoso. Mas com Deus ao seu lado, você pode escolher ser corajoso mesmo quando estiver com medo.

> *Se você ficar calada numa situação como esta [...]. Mas quem sabe? Talvez você tenha sido feita rainha justamente para ajudar numa situação como esta!*
> **ESTER 4:14**

Ester foi uma jovem linda, que viveu na época do Antigo Testamento. Ela foi levada até o palácio do rei da Pérsia para participar de um concurso de beleza que iria escolher a próxima rainha. E venceu o concurso! Ester era amada por todos no palácio, mas ela tinha um segredo: era judia.

Com Deus ao meu lado, posso ser corajoso.

Um dos principais conselheiros reais odiava os judeus e queria que o rei mandasse matar todos eles. Então Ester precisou fazer uma escolha difícil. Seu primo Mordecai disse que deveria falar com o rei, mas ela sabia que se fosse sem ter permissão, poderia ser morta. Ester decidiu ir, e quando chegou perto do rei, ele ficou satisfeito. Escutou o que ela tinha para falar e concordou em salvar o povo judeu.

A história de Ester nos mostra como Deus usa pessoas em Seus planos especiais. O Senhor deu coragem a Ester para fazer o que Ele queria que ela fizesse. E também dará coragem a você quando for preciso. —TM

Leia mais

Descubra em Daniel 3 outras três pessoas que fizeram escolhas corajosas.

CURIOSIDADE

Todas as participantes do concurso fizeram tratamento de beleza durante um ano! (Ester 2:12).

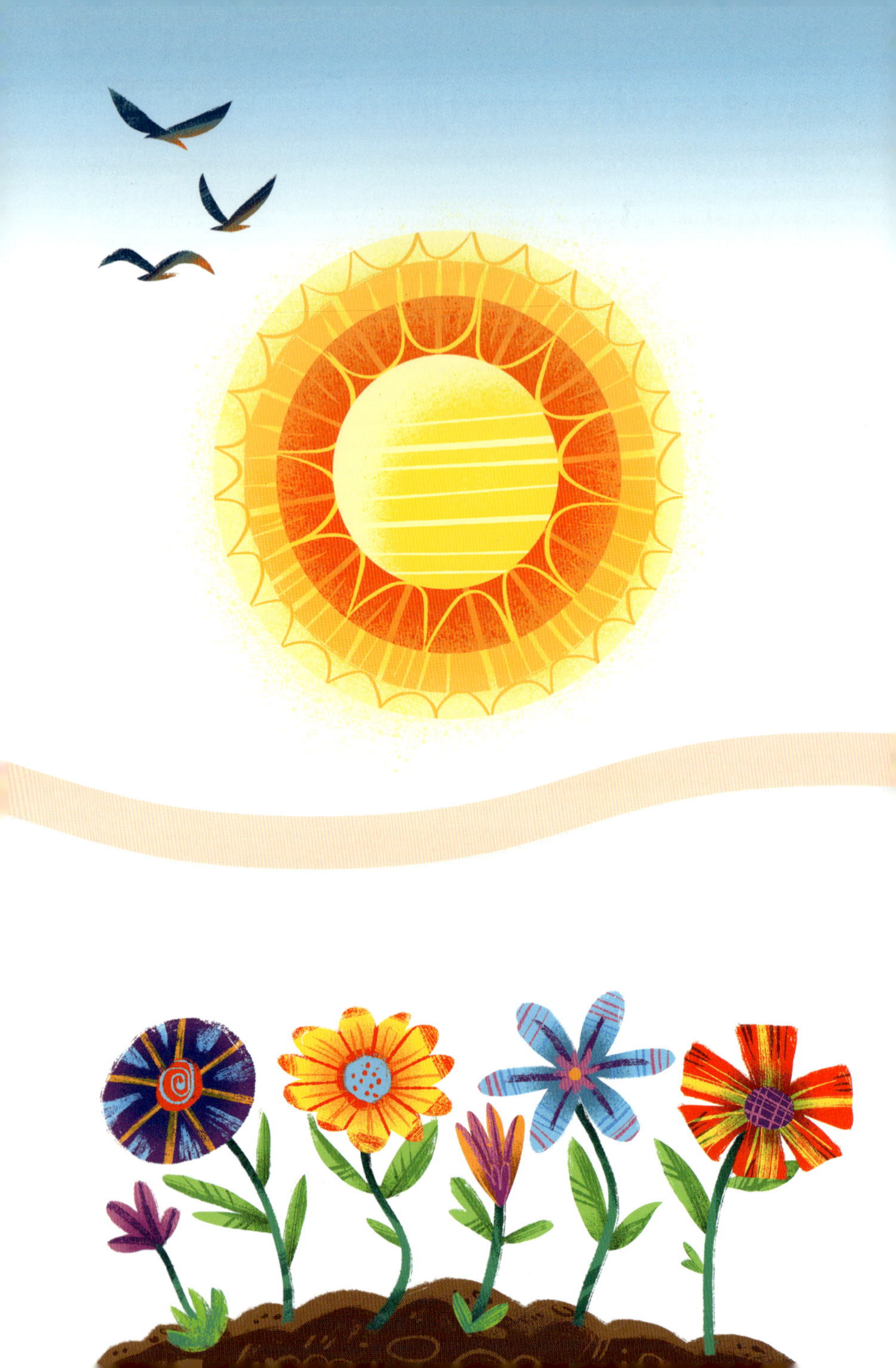

1 DE FEVEREIRO

Segunda chance

> *Quem está unido com Cristo é uma nova pessoa; acabou-se o que era velho, e já chegou o que é novo.*
> 2 CORÍNTIOS 5:17

Você já teve uma segunda chance quando fez algo errado? Quem sabe tirou uma nota baixa na prova, e a professora deixou fazer outra prova para tentar melhorar. Ou talvez tenha dado um chute ruim no treino, e o técnico permitiu que chutasse de novo. Segundas chances são ótimas! É bom poder recomeçar quando uma coisa não dá certo na primeira vez.

As pessoas que acreditam em Jesus ganham uma segunda chance incrível. A Bíblia nos diz que todo o que crê que Jesus é o Filho de Deus é uma "nova pessoa".

Todo cristão é uma nova pessoa.

Ou seja, que as escolhas ruins feitas antes não são usadas contra nós. Nossos pecados foram perdoados e agora podemos ter uma vida que deixa Deus feliz.

Quando Ele olha para pessoas que creem, não vê seus erros e pecados; vê Jesus! Sabe o que isso quer dizer? Como Jesus nunca pecou, Deus vê a Sua perfeição ao invés do que fizemos de errado.

Às vezes fazemos bobagens, mesmo depois de nos tornarmos cristãos. Porém, o Senhor nos dá mais segundas chances. Quando nos arrependemos e pedimos perdão a Deus, Jesus lava nossos pecados, como um professor que apaga o quadro-negro da sala. Isso é uma segunda chance incrível! —TM

LEIA MAIS

O que Deus nos fala em Isaías 43:18,19?

CURIOSIDADE

Uma segunda chance no golfe é chamada de muligan.

2 DE FEVEREIRO

> Quem é direito serve de guia para o seu companheiro, porém os maus se perdem pelo caminho.
>
> **PROVÉRBIOS 12:26**

Fique em boa companhia

Sabe o que quer dizer "fique em boa companhia"? Significa passar tempo com as pessoas certas. Ter os amigos certos é importante.

Abrão era um homem que obedecia a Deus. Ele tinha um sobrinho chamado Ló. Um dia, eles resolveram que era hora de se separar. Precisavam de mais espaço para seus animais e suas famílias. Ló fez uma escolha ruim: se mudou para perto de Sodoma e Gomorra. O povo que vivia naquelas cidades não obedecia a Deus, e Ló se aproximou tanto daquela gente, que acabou vivendo dentro de Sodoma. Ele não ficou em boa companhia.

E não demorou muito a começar a ter problemas. Os reis de Sodoma e Gomorra iniciaram uma guerra com outros sete reis. Durante a batalha, Ló e sua família foram sequestrados!

É importante escolher bons amigos.

Quando Abrão soube o que tinha acontecido, reuniu um exército de mais de 300 homens, dividiu eles em grupos e fez um ataque surpresa. Assim, Abrão conseguiu reaver tudo o que o inimigo havia roubado. Inclusive Ló.

Você deve estar achando que Ló aprendeu a lição. Mas ele voltou a viver em Sodoma, onde as pessoas ainda desobedeciam a Deus. E acabou perdendo tudo o que tinha.

Escolha sempre bons amigos, e não se esqueça de estar em boa companhia! —CB

CURIOSIDADE

Há mais de 2 mil anos, um poeta grego disse: "Diga-me com quem andas, que te direi quem és".

LEIA MAIS

Leia Gênesis 14:22-24.
Por que Abrão decidiu não ficar com nada de Sodoma?

3 DE FEVEREIRO

...nenhum [pardal] cai no chão sem o consentimento do Pai [...], não tenham medo; vocês valem mais do que muitos pardais!

MATEUS 10:29-31 (NVI)

Observando pássaros

Você já deve ter visto pardais, aqueles pequenos pássaros marrons que gostam de viver perto das pessoas. Pardais são uma das espécies mais comuns do mundo, e são encontrados na África, Europa, América do Norte e do Sul, e em algumas partes da Ásia. Como são tão comuns, eles não chamam muita atenção. E mesmo nos tempos bíblicos, não tinham muito valor.

Jesus sabia que algumas pessoas poderiam tratar muito mal Seus discípulos, então um dia disse que eles não deveriam ter medo, e os lembrou de que Deus estava sempre cuidando de Seus filhos. Jesus usou o exemplo dos pardais, dizendo que o Pai cuida dos passarinhos, e que se Ele faz isso, certamente cuidaria de Seu povo.

Deus ama os pardais porque Ele os criou, e os ajuda a encontrar comida e lugar para descansar. E até mesmo sabe se um desses passarinhos cai no chão. E quer saber de

Deus toma conta dos pardais... e de mim.

uma coisa? Deus ama você do mesmo jeito! Ele criou você, e lhe dá comida, roupas para vestir e lugar para viver. Ele até mesmo sabe quantos fios de cabelo há na sua cabeça.

É por isso que Jesus nos diz: "Não tenham medo". Deus se preocupa com os pardaizinhos, e você vale muito, muito mais do que os pardais. —CB

Leia mais

Em outra ocasião, Jesus falou sobre pássaros. O que Ele disse em Mateus 6:25-27?

CURIOSIDADE

Pardais fazem ninhos por todo lado: no alto de edifícios em cidades grandes, ou em cavernas no meio do campo.

4 DE FEVEREIRO

Com idade

...ninguém o despreze por você ser jovem. Mas, para os que creem, seja um exemplo na maneira de falar, na maneira de agir, no amor, na fé e na pureza.
1 TIMÓTEO 4:12

Alguém já disse que você "não tem idade para fazer isso"? Quando a gente é novo, parece que nunca pode fazer muitas coisas. É preciso ter certa idade para andar de patins; ficar acordado até tão tarde como seus pais; ou ir de bicicleta a um lugar mais longe...

Às vezes, até parece que as pessoas não escutam o que dizemos, porque somos muito novos. Quando isso acontece, dá vontade de crescer rápido para ser respeitado.

A Bíblia nos conta a história do jovem Timóteo. Ele estudou os ensinamentos de Deus com o apóstolo Paulo, e saiu com ele em viagens missionárias. Timóteo amava o Senhor. Mesmo sendo muito novo, era um adulto na fé, e acabou se tornando pastor na cidade de Éfeso. Paulo escreveu uma carta dizendo que Timóteo deveria se manter forte na fé e ser um bom exemplo mesmo sendo jovem.

Você também pode ser um bom exemplo, até mesmo para os mais velhos. Seu comportamento pode demonstrar que você ama a Deus. Ao dizer *por favor* e *obrigado*, as pessoas notam que você sabe respeitar; ao ajudar a limpar o jardim do vizinho, percebem que é prestativo; e quando ora antes da refeição ou lê um versículo da Bíblia em voz alta, os outros veem que você quer estar perto de Deus. Não importa a idade, todos podem demonstrar ao mundo que Deus é maravilhoso! —TM

Serei um bom exemplo, não importa minha idade.

CURIOSIDADE

Aos 5 anos, Joshua Williams iniciou a Fundação Coração de Joshua, para ajudar pessoas com fome!

LEIA MAIS

Em sua Bíblia, veja João 13:13-17.
Que exemplo Jesus nos dá?

Mantenha a luz acesa

É difícil ver no escuro. Quando entramos num quarto escuro, queremos logo acender a luz; à noite, no quintal, procuramos uma lanterna, ou se falta luz em nossa casa, logo acendemos velas.

Ficar no escuro pode ser perigoso. Quando não podemos ver, é fácil tropeçar e cair, ou esbarrar nas coisas. E imagina só se os carros não tivessem faróis? Os motoristas não conseguiriam ver o que está à frente e poderiam bater em outros carros, em árvores ou em prédios.

> *A mensagem que Cristo nos deu e que anunciamos a vocês é esta: Deus é luz, e não há nele nenhuma escuridão.*
> 1 JOÃO 1:5

5 DE FEVEREIRO

Deus é luz.

O pecado é um tipo de escuro. Quando escolhemos fazer uma coisa errada, é como se estivéssemos trazendo a escuridão para a nossa vida. É uma forma perigosa de viver, e coisas ruins podem acontecer.

Mas a Bíblia nos diz que Deus é luz. Quando cremos em Deus e aprendemos como Ele quer que a gente viva, é como ligar a luz. O Senhor nos ajuda a ver o que é certo e o que é errado. Ele nos ajuda a ver como nos ama e como se preocupa conosco. Ele nos ajuda a ver tudo o que pode nos machucar.

Com Deus não há escuridão. Ele não apenas nos dá luz, Deus é luz. E a Sua luz nunca se apaga! —CB

LEIA MAIS
Aprenda em Gênesis 1:14-19 sobre as luzes que Deus criou. Por que Ele as criou?

CURIOSIDADE
Quem vive perto do Círculo Ártico, passa semanas sem nenhum sol, e outros semanas com sol o tempo todo.

6 DE FEVEREIRO

> Simão respondeu: "Mestre, nós trabalhamos a noite toda e não pescamos nada. Mas, já que o senhor está mandando jogar as redes, eu vou obedecer."
>
> **LUCAS 5:5**

Porque o Senhor disse

Uma noite, os discípulos de Jesus saíram para pescar, mas não pegaram nada. Então voltaram para a praia e começaram a lavar as redes. Jesus chegou e disse a Simão Pedro que deveriam voltar para o mar e jogar as redes novamente. Talvez Simão Pedro estivesse bem cansado, pois tinha pescado a noite inteira sem conseguir nem um peixinho. Não devia estar com muita vontade de jogar as redes que tinha acabado de lavar. Mas obedeceu, porque Jesus disse.

Sabe o que aconteceu? Eles pegaram tantos peixes, que as redes começaram a rasgar! Tiveram que gritar pedindo ajuda a seus amigos para levar a pescaria até a praia.

Os discípulos ficaram maravilhados, pois sabiam que Jesus tinha feito um milagre. Então Jesus disse que eles iriam começar a pescar homens. Assim como tinham pego muitos peixes, Jesus queria que eles trouxessem muitas pessoas para se tornarem Seus seguidores.

Jesus sabe o que é melhor.

Esta história nos mostra como é confiar em Jesus. Simão Pedro voltou para o mar só porque Jesus disse. E por causa dessa confiança, Ele realizou um milagre e deu a Simão Pedro um novo trabalho: pescar pessoas!

Você também pode confiar em Jesus assim. Pode convidar seus amigos para ir à igreja, orar com eles, ou dividir suas coisas, simplesmente porque Jesus disse. Quando confiamos, Ele nos mostra que vale a pena. —CB

CURIOSIDADE

As iniciais de "Jesus Cristo, Filho de Deus, Salvador," formavam a palavra grega "peixe": ΙΧΘΥΣ.

LEIA MAIS

Antes de ir para o céu, Jesus falou sobre evangelizar.
Veja o que Ele disse em Marcos 16:15-20.

O amor de um pastor

7 DE FEVEREIRO

> *O Senhor é o meu pastor: nada me faltará.*
>
> **SALMO 23:1**

O trabalho do pastor é cuidar das ovelhas. Dependendo de onde você mora, pode ser que nunca veja um pastor no campo. Mas quando a Bíblia estava sendo escrita, eles eram muito comuns. Na antiguidade, o povo de Israel conhecia bem os pastores, e os escritores da Bíblia os usaram como exemplo do amor de Deus.

Entre suas funções, está a de manter o rebanho unido, guiar as ovelhas para onde devem ir e protegê-las de predadores. O rei Davi, que também foi pastor, escreveu o Salmo 23, um dos mais conhecidos da Bíblia, explicando como Deus é nosso pastor.

Assim como os pastores cuidam das ovelhas, Deus cuida de nós. Pastores levam as ovelhas para campos verdes quando elas precisam descansar, e Deus nos dá tempo para descansar e dormir quando estamos cansados. Um pastor usa sua voz ou uma vara especial para guiar as ovelhas pelo caminho, e Deus nos guia e fala conosco através da Bíblia. Quando uma ovelha se desvia para um lugar perigoso onde pode ser atacada, o pastor está lá para protegê-la, e Deus faz o mesmo por nós: Ele está bem ao nosso lado quando passamos por situações assustadoras e nos protege do mal.

Ovelhas precisam de muita ajuda. Nós também! Deus promete cuidar de todas as nossas necessidades, assim como um pastor cuida de suas ovelhas. —TM

O Senhor é meu pastor.

LEIA MAIS
O que o profeta Isaías fala sobre Jesus em Isaías 40:11?

CURIOSIDADE
A vara do pastor se chama cajado. É usada para guiar o rebanho ou para lutar contra predadores.

8 DE FEVEREIRO

> Quando Jesus chegou àquele lugar, olhou para cima e disse a Zaqueu:
> — Zaqueu, desça depressa, pois hoje preciso ficar na sua casa.
>
> LUCAS 19:5

Jesus e Zaqueu

Quando Jesus estava passando por Jericó, muitas pessoas correram para vê-lo. Zaqueu também queria, mas era muito baixinho, e não conseguia ver nada com tanta gente mais alta à sua frente.

Então ele teve uma ideia: correu através da multidão e subiu numa figueira. Assim, do alto da árvore, poderia ver quando Jesus passasse. Porém Zaqueu não estava esperando o que iria acontecer.

Quando Jesus chegou perto, olhou para cima e disse: "Zaqueu, desça depressa, pois hoje preciso ficar na sua casa". Ele ficou muito animado, desceu correndo e recebeu Jesus em seu lar.

Algumas pessoas não ficaram felizes por Jesus ter escolhido ir à casa de Zaqueu. Ele era um coletor de impostos: sua função era receber dinheiro do povo. E ainda por cima, ele nem sempre era honesto no trabalho; às vezes enganava as pessoas, e por isso não gostavam nada dele. Não foi à toa que todos ficaram surpresos com a atenção que Jesus estava dando a um homem desonesto.

Mas Jesus não julgava Zaqueu do mesmo jeito, pois sabia que o homem podia mudar. Depois de passar um tempo conversando com Ele, Zaqueu percebeu que vinha agindo muito mal, e prometeu que devolveria todo o dinheiro que havia roubado. Depois daquele dia, ele se tornou um homem generoso.

Jesus ajuda as pessoas a mudarem por dentro.

Jesus sabe que as pessoas podem mudar. Ele não procura gente perfeita. Tudo o que quer é que o amemos e acreditemos nele. E então, os outros perceberão a mudança em nossa vida. —TM

CURIOSIDADE

Zaqueu subiu numa árvore que pode crescer até quinze metros. O fruto dessa árvore é o figo.

Leia mais

Descubra em Atos 9:1-18 quem foi o outro homem que se transformou por dentro.

Não desista

9 DE FEVEREIRO

"Que tédio!" Quantas vezes você já disse isso? É fácil ficar entediado depois de passar um tempo fazendo a mesma coisa. Sabe aquele videogame que parece superdivertido? Era muito legal quando ganhamos, mas depois de um tempo, parece não ser mais tão interessante. É normal ficar cansado de fazer algo repetitivo, mesmo quando gostamos do que fazemos.

Não nos cansemos de fazer o bem. Pois, se não desanimarmos, chegará o tempo certo em que faremos a colheita.
GÁLATAS 6:9

A Bíblia diz que nunca devemos nos cansar de fazer boas ações. O apóstolo Paulo, que escreveu o livro de Gálatas, parecia entender que as pessoas podem ficar desanimadas fazendo sempre as mesmas coisas. É por isso que ele diz para não desistirmos. Quando estamos ajudando os outros, ou realizando boas ações, é importante não ficarmos cansados nem deixarmos o trabalho pela metade.

Não vou me cansar de fazer o que é bom.

Nem sempre é fácil seguir as regras de Deus e continuar fazendo boas ações. Algumas vezes seus amigos podem não entender por que você serve ao Senhor. E outras, você pode achar que não está fazendo o que é certo. Mas Deus usa as pessoas que o amam para realizar Seus planos. Siga em frente e não desista, porque o Senhor dá valor a isso. E Ele promete abençoar quem o obedece e trabalha por Ele! —TM

Leia mais
O que 1 Coríntios 15:58 nos diz sobre realizar o trabalho de Deus?

CURIOSIDADE
Madre Teresa começou suas boas ações em 1948. O primeiro ano foi difícil e ela quase desistiu.

10 DE FEVEREIRO

> *Quando Moisés ficava com os braços levantados, os israelitas venciam. Porém, quando ele abaixava os braços, eram os amalequitas que venciam.*
>
> ÊXODO 17:11

Mãos que ajudam

Depois de sair do Egito, os israelitas viveram no deserto durante muitos anos. Um dia foram atacados por um povo chamado amalequitas. Então Moisés mandou Josué escolher homens para lutar e foi observar a batalha no alto de um monte.

Moisés levou seu irmão Arão, e um homem chamado Hur. Então, levantou as mãos e os israelitas começaram a vencer a luta. Porém, sempre que baixava suas mãos, os amalequitas viravam o jogo. Depois de um tempo, os braços de Moisés começaram a pesar, então Arão e Hur o colocaram sentado numa pedra e seguraram seus braços até os israelitas vencerem a luta de vez. Depois disso, Moisés construiu um altar para Deus, lhe deu o nome de "O Senhor Deus é a minha bandeira," e disse, "Segurem bem alto a bandeira do Senhor!".

Vou estender a mão para Deus pedindo ajuda.

Moisés levantou as mãos para Deus, porque sabia de onde viria a ajuda. E quando ficou cansado, seus amigos estavam lá para apoiar. Da mesma forma, podemos levantar nossas mãos para Deus pedindo ajuda, mas também podemos dobrar os joelhos para orar. Não existe forma errada de pedir ajuda a Deus! Pode ser sentado, de pé, ajoelhado ou deitado, o Senhor quer que você peça ajuda a Ele. Deus ouve as nossas orações. Ele é forte e poderoso. Estenda a mão para Ele. —CB

CURIOSIDADE

No fim do culto alguns pastores leem a bênção de Números 6:22-27, enquanto levantam as mãos para Deus.

Leia mais

Lamentações 3:41 nos fala de outra coisa que podemos levantar para Deus. O que é?

Exercício de vocabulário

11 DE FEVEREIRO

Você faz exercícios de vocabulário na escola? Aprende a soletrar palavras e seu significado? Às vezes, até faz provas ou testes sobre isso, não é?

Aprender o significado das palavras ajuda a entender o que lemos. E o que lemos, nos ajuda a compreender o mundo ao redor. Graça, misericórdia e paz são três palavras que estão na Bíblia, e podem ser seu exercício de vocabulário de hoje.

> Que a graça, a misericórdia e a paz de Deus, o nosso Pai, e de Jesus Cristo, o seu Filho, estejam conosco em verdade e amor!
> 2 JOÃO 1:3

Graça é a ajuda e o amor que Deus nos dá, ainda que a gente não mereça. É como receber nota 10 no teste, mesmo errando as respostas. Nenhum de nós é perfeito, mas Deus nos ama mesmo assim, e dá muitas bênçãos que não merecemos. E quando cremos em Jesus e deixamos de fazer coisas erradas, somos salvos pela graça de Deus.

Graça, misericórdia e paz são presentes de Deus.

Misericórdia é o perdão bondoso de Deus. Desobedecer aos seus pais e eles não o colocarem de castigo, isso é misericórdia. Por causa da misericórdia de Deus, não somos castigados por nossos pecados. Merecemos o castigo, mas Jesus foi castigado em nosso lugar quando morreu na cruz.

Paz é a calma que sentimos em nosso coração por sabermos que Deus nos ama e cuida de nós não importa o que aconteça. Paz é o oposto de preocupação. Quando as coisas não dão certo, ainda podemos ter paz, confiando em Deus.

Graça, misericórdia e paz são presentes de Deus. E também são bons exercícios de vocabulário. —CB

LEIA MAIS

Veja Efésios 2:2-8. O que esses versículos dizem sobre a graça e a misericórdia de Deus?

CURIOSIDADE

Crianças de 3 anos sabem cerca de 200 palavras, e continuam aprendendo conforme crescem.

12 DE FEVEREIRO

> *A cidade recebeu o nome de Babel, pois ali o S<small>ENHOR</small> atrapalhou a língua falada por todos os moradores da terra e dali os espalhou pelo mundo inteiro.*
>
> GÊNESIS 11:9

Confusão na cidade

Você lembra do dilúvio que Deus mandou no tempo de Noé? Depois que a terra secou, os filhos de Noé tiveram filhos e suas famílias cresceram muito, e Deus mandou que todas essas pessoas se espalhassem pelo mundo, mas elas não obedeceram.

Naquela época, todos falavam a mesma língua. Então resolveram: "Vamos fazer tijolos e construir uma cidade com uma torre que chegue até o céu. Seremos famosos e não ficaremos espalhados pela terra."

Eles fizeram os tijolos e começaram a construir sua torre extravagante. Quando Deus viu o que estavam fazendo, decidiu parar com aquilo. Ele atrapalhou o idioma deles, de modo que não conseguiam mais trabalhar juntos. Quando as pessoas perceberam que estavam falando línguas diferentes, pararam a construção da torre, e se espalharam pela terra como Deus havia mandado. O lugar onde o povo tentou construir a torre se chamava Babel.

Aquelas pessoas aprenderam que Deus era muito mais forte do que elas. Quando Ele quer que alguma coisa aconteça, ela vai acontecer. Deus quer que Seu povo obedeça, mas mesmo quando ele não obedece, o Senhor sabe o que é melhor.

Deus fará o melhor do Seu jeito.

Hoje em dia, muitas pessoas são famosas, inteligentes ou importantes, e algumas agem como se não precisassem de Deus. Isso não é verdade. Todos precisam de Deus, e ninguém jamais será maior do que Ele. —CB

CURIOSIDADE

Existem 7 mil idiomas. A Bíblia toda foi traduzida para 500, e o Novo Testamento, para 1.300.

L<small>EIA</small> <small>MAIS</small>
O que Isaías 55:10,11 nos diz sobre as palavras que Deus fala?

Um caminho

13 DE FEVEREIRO

Quando vamos a um lugar novo, precisamos de instruções para encontrar o caminho. Podemos usar um mapa, a internet ou um GPS, ou ainda pedir que alguém nos ensine como chegar. Se perguntar a um amigo como fazer para chegar em sua casa, e ele disser: "Bem, pode entrar pela R. Onofre e virar à direita na Av. Brasil, ou seguir pela R. Direita e depois virar à esquerda na R. Norte, ou se quiser ainda pode descer a R. Principal, e virar à esquerda na R. Monte Alegre", talvez você fique confuso. Precisamos de instruções claras, se queremos chegar a um lugar.

> *Jesus respondeu: "Eu sou o caminho, a verdade e a vida; ninguém pode chegar até o Pai a não ser por mim."*
>
> JOÃO 14:6

Um dia Jesus disse aos Seus discípulos que estava preparando um lugar para eles no céu. Tomé perguntou: "Como podemos saber o caminho?". Jesus não deu diversas opções, apenas disse que o único caminho para chegar ao céu era acreditando nele. "Eu sou o caminho", Jesus respondeu.

Jesus é o caminho para o céu.

Quando cremos que Jesus morreu para nos salvar de nossos pecados e pedimos que Ele seja nosso Salvador, temos certeza de irmos para o céu depois de morrer. Jesus é o caminho para chegar a Deus, o Pai. Não é preciso mais nada. Se seus amigos lhe perguntarem como chegar ao céu, você poderá dar boas indicações. Basta dizer: "Acredite em Jesus como seu Salvador. Ele é o caminho!". —CB

LEIA MAIS

Na prisão, Paulo e Silas deram instruções a alguém. Descubra em Atos 16:23-34 como foi.

CURIOSIDADE

GPS é a sigla de *Global Positioning System* (Sistema de posicionamento global). Ele mostra os caminhos usando satélites no espaço.

14 DE FEVEREIRO

> *Queridos amigos, amemos uns aos outros porque o amor vem de Deus. Quem ama é filho de Deus e conhece a Deus.*
>
> 1 JOÃO 4:7

Amor vem de Deus

Em diversos lugares, o dia dos namorados é comemorado como dia de São Valentim. As pessoas costumam enviar cartões, flores ou bombons como demonstração de amor. A Bíblia diz que o amor vem de Deus e, como filhos de Deus, precisamos amar os outros da mesma forma como Ele os ama.

Jesus falou muito sobre amar o próximo, mas não estava se referindo só a quem mora em nossa rua ou prédio. Ele contou uma história para ajudar a entender quem realmente é o nosso próximo. Jesus disse: "Um homem seguia por uma estrada quando ladrões o assaltaram, tiraram sua roupa, bateram nele e o deixaram quase morto. Outro homem vinha pelo mesmo caminho, viu o homem caído, mas passou pelo outro lado da estrada. Então veio outro homem e também não ajudou o ferido. Um terceiro veio e parou para ajudar. Colocou o homem em seu jumento e o levou para uma pensão. Pagou ao dono da pensão para cuidar do ferido e se ofereceu para dar mais dinheiro se fosse necessário."

Vou demonstrar amor do jeito que Deus quer.

Então Jesus perguntou qual dos três homens havia demonstrado amor pelo que estava ferido. O povo sabia a resposta: tinha sido o terceiro, que parou para ajudar. E Jesus falou: "Pois vá e faça a mesma coisa."

O dia de São Valentim pode ser divertido, mas demonstrar amor aos outros é melhor do que qualquer cartão ou presente que você puder enviar. —CB

CURIOSIDADE

Em todo o mundo, cerca de um bilhão de cartões de São Valentim são enviados todos os anos.

LEIA MAIS

O que 1 Coríntios 13:1-7 nos fala sobre o amor?

15 DE FEVEREIRO

> *Somente ficará viva a prostituta Raabe e a sua família porque ela escondeu os nossos espiões.*
> JOSUÉ 6:17

Uma mulher fiel

Deus mandou os israelitas tomarem a cidade de Jericó, pois queria que Seu povo vivesse ali. O líder de Israel, Josué, mandou os homens destruírem tudo na cidade, como uma oferta a Deus.

Mas antes de atacarem Jericó, enviaram dois espiões até lá. Enquanto estavam na cidade, eles ficaram na casa de uma mulher chamada Raabe. O rei de Jericó ficou sabendo que havia espiões de Israel e queria prendê-los. Mas Raabe os escondeu quando os guardas vieram procurar por eles.

Raabe tinha escutado histórias sobre os milagres de Deus. Ela sabia como o Senhor tinha ajudado os israelitas a fugir do Egito. Ela percebia que Deus estava ao lado deles e que tinha ajudado a derrotar muitos inimigos. Raabe acreditava que o Deus dos israelitas era o verdadeiro Deus.

Somos salvos por fé.

Então, ela pediu aos espiões para protegê-la quando os israelitas tomassem Jericó. Eles mandaram que ela pendurasse uma corda vermelha do lado de fora de sua janela. Quando os soldados viram a corda, salvaram Raabe e toda a sua família.

Raabe e sua família foram as únicas pessoas salvas no dia do ataque a Jericó. Por causa de sua fé, Deus a salvou e a abençoou. E ela se tornou a tataravó do rei Davi, ou seja, ela foi parente de Jesus.

Raabe não vivia numa cidade onde o povo acreditava em Deus, mas por causa de sua fé no único e verdadeiro Deus, ela foi salva. —TM

LEIA MAIS
Veja Efésios 2:8,9. De onde vem a salvação?

CURIOSIDADE
Jericó é conhecida como a "cidade das palmeiras". As pessoas querem viver lá por causa das nascentes de água.

16 DE FEVEREIRO

> *Deem ao Senhor a honra que ele merece; tragam uma oferta e entrem nos pátios do seu Templo. Curvem-se diante do Santo Deus quando ele aparecer.*
>
> 1 CRÔNICAS 16:29

Louve ao Senhor!

Quando Davi era rei de Israel, quis que as pessoas louvassem a Deus com instrumentos e cânticos, e escolheu um homem chamado Asafe para ser o líder da adoração. Asafe tocava címbalos, outros tocavam harpas e liras, e dois sacerdotes tocavam trombetas. A função de Asafe e sua equipe era a de cantar louvores ao Senhor.

Hoje em dia há pessoas como Asafe nas igrejas, que são responsáveis por conduzir o louvor e a adoração. Quando louvamos a Deus, demonstramos amor por Ele. Cantar louvores é uma forma de adorar, e nossos cânticos nos ajudam a lembrar de como Deus é grande e santo. Eles também podem nos fazer pensar sobre o quanto Ele nos ama, e o quanto nós o amamos. Cantar louvores ajuda a nos sentirmos mais perto do Senhor.

Louvarei a Deus a qualquer hora, em qualquer lugar.

Deus ama seus louvores, e não importa se você canta bem ou não. Aliás, não é preciso estar na igreja para louvar, você pode cantar para Deus em qualquer lugar. E pode ser os hinos que aprendeu na igreja, ou inventar algum outro. Nossos louvores agradam a Deus, então vamos cantar bem alto para Ele ouvir! —CB

CURIOSIDADE

A lira é um instrumento de corda da Grécia antiga. Usavam-se cascos de tartaruga na sua fabricação.

LEIA MAIS

O Salmo 150 nos diz como louvar com música. Quantos instrumentos são citados nesse Salmo?

Dois construtores

17 DE FEVEREIRO

Todos gostam de escutar histórias, pois são divertidas e, às vezes, ensinam boas lições.

Jesus costumava contar histórias quando ensinava, e usava parábolas para ajudar o povo a entender as coisas de Deus. Mas algumas pessoas compreendiam, outras não.

Um dia Jesus falou sobre dois homens que construíram suas casas sobre diferentes fundações — fundação é a base que mantém a casa em pé.

> *Quem ouve esses meus ensinamentos e vive de acordo com eles é como um homem sábio que construiu a sua casa na rocha.*
>
> MATEUS 7:24

Na parábola, um homem sábio construiu sobre a rocha. Era uma fundação sólida, então quando veio a chuva, quando o vento soprou mais forte, ou quando houve inundação, a casa se manteve firme. Por outro lado, um homem tolo construiu na areia, que não é uma boa base, pois não consegue suportar muito tempo o peso da casa. Quando veio a chuva, quando o vento soprou mais forte, ou quando houve inundação, a casa do homem tolo não resistiu e desmoronou.

Jesus disse que todos os que ouvem Seus ensinamentos e fazem o que Ele diz, são como o homem sábio que construiu sobre a rocha, pois assim como uma pessoa constrói sua casa sobre uma fundação sólida, podemos edificar nossa vida em Jesus. Quando os problemas chegarem, seremos fortes.

Você é jovem, e este é o momento perfeito para construir sua vida sobre uma fundação sólida. Jesus é a rocha! —CB

Jesus é minha fundação.

LEIA MAIS
O que o Salmo 18:1,2 nos diz sobre Deus?

CURIOSIDADE
A maior casa na árvore do mundo fica nos EUA. Ela tem 300m² e é maior do que muita casa normal.

18 DE FEVEREIRO

Chame Jesus

> *E agora Jesus pode ajudar os que são tentados, pois ele mesmo foi tentado e sofreu.*
> **HEBREUS 2:18**

Alguma vez você já quis ficar com uma coisa que não é sua? Imagine encontrar um skate novinho na praça. Mesmo sabendo que ele pertencia a alguém, você quis ficar com ele. Isso é tentação, ou seja, quando temos vontade de fazer uma coisa que sabemos que é errada.

Certas pessoas são tentadas a mentir ou a roubar. Crianças podem ser tentadas a colar na prova, ou a dizer algo bem cruel para outra pessoa.

Até mesmo as primeiras pessoas que Deus criou foram tentadas. Adão e Eva viviam no Jardim do Éden, e o Senhor tinha dito que podiam comer qualquer fruta, de qualquer árvore, menos de uma. Quando foram tentados a desobedecer a Deus, eles não resistiram. Pecaram contra o Senhor e acabaram trazendo um monte de problemas ao mundo.

Sabia que Jesus também foi tentado? Mas Ele resistiu, pois sabia o que era correto e sempre escolhia fazer a coisa certa. Porém, Jesus entende como é difícil para nós encarar a tentação e quer nos ajudar a sermos fortes e a fazer o que é certo.

Ser tentado não é pecado, mas não resistir e fazer a coisa errada, é. Quando somos tentados, podemos chamar Jesus para ajudar. E podemos pedir a Deus para nos afastar das tentações. Ele certamente nos ajudará a viver da maneira certa.

E se você encontrar um skate novinho no parque, pode levá-lo até os achados e perdidos de seu bairro. —CB

Quando for tentado, pedirei ajuda a Jesus.

CURIOSIDADE

O primeiro posto de achados e perdidos foi criado na França em 1805, pelo imperador Napoleão.

LEIA MAIS

Sabe como Jesus lidou com a tentação?
Leia Mateus 4:1-11 para descobrir o que Ele fez.

19 DE FEVEREIRO

Disputa na montanha

Elias era um profeta que servia ao Deus verdadeiro. Um dia, o Senhor mandou que ele fosse falar com Acabe, um rei terrível que governava Israel, e que tinha levado os israelitas a adorar falsos deuses, afastando o povo de Deus.

O profeta desafiou o rei e os líderes da falsa religião para uma disputa, dizendo que deveriam ir até o alto de um monte chamado Carmelo. Seria Elias contra os 450 líderes religiosos. Lá, mandou que construíssem um altar, e que pedissem ao seu deus que mandasse fogo do céu.

Os 450 homens oraram e gritaram para o seu deus durante todo o dia, mas nada aconteceu. Nada de fogo, nem mesmo uma fagulha. Com o povo assistindo, Elias reconstruiu o altar do Senhor, que tinha sido destruído e mandou que entornassem sobre ele quatro jarros bem grandes de água. Não satisfeito, mandou derramarem água no altar mais duas vezes.

> Ó SENHOR, **Deus de Abraão, de Isaque e de Jacó! Prova agora que és o Deus de Israel, e que eu sou teu servo, e que fiz tudo isto de acordo com a tua ordem.**
> 1 REIS 18:36

Vou adorar o único Deus verdadeiro.

Quando tudo estava pronto, Elias orou, pedindo a Deus para demonstrar que era o Deus verdadeiro, e para transformar o coração do povo. O Senhor escutou a oração, e mandou fogo do céu, que queimou o altar e secou toda a água que estava em volta! Quando as pessoas viram aquilo, gritaram: "O Senhor é Deus! O Senhor é Deus!".

Elias acreditava no poder de Deus, e nós também podemos. Mesmo que os outros não entendam nossa fé, sabemos que adoramos o único Deus verdadeiro. —TM

LEIA MAIS

Veja Tiago 5:17,18. Que outro pedido Elias fez a Deus para demonstrar Seu poder?

CURIOSIDADE

Normalmente, os altares construídos pelos israelitas eram feitos de terra, pedra ou de bronze.

20 DE FEVEREIRO

Acordado a noite toda

> *Ele, o seu protetor, está sempre alerta e não deixará que você caia [...] nunca dorme, nem cochila.*
> SALMO 121:3,4

Já ficou acordado até bem tarde? Talvez na virada do Ano Novo seus pais deixem que você fique acordado até depois da meia-noite. Ou quando um amigo foi dormir em sua casa, e ficaram conversando e rindo até bem tarde. Porém, uma hora você acaba dormindo.

Todos nós sentimos sono em algum momento. Não podemos deixar de dormir, porque nosso corpo precisa descansar. O sono nos ajuda a ter força e energia para o dia seguinte.

No entanto, com Deus não é assim. A Bíblia nos diz que Ele nunca dorme, e jamais fica cansado! É difícil imaginar a força e a energia infinitas que Deus tem. Esse é outro exemplo de Sua grandeza. A cada segundo do dia ou da noite, o Senhor está observando Sua criação. Ele está sempre cuidando de tudo. E isso inclui você.

Já acordou no meio da noite e viu que seus pais ainda estavam acordados? De alguma forma, a casa parece mais segura quando sabe que eles ainda estão de pé. Mas mesmo quando eles vão para a cama, você ainda pode se sentir seguro, porque Deus permanece acordado a noite inteira. De dia ou de noite, Ele está acordado e cuidando de você. —TM

Deus está sempre cuidando de mim.

CURIOSIDADE

Em 1964, Randy Gardner, de 17 anos, ficou acordado por 11 dias e 24 minutos. Foi um recorde!

LEIA MAIS

Veja Êxodo 12:31-42 para saber sobre um fato importante que aconteceu durante a noite.

21 DE FEVEREIRO

O tempo parou

O rei de Jerusalém estava com medo. Soube que Josué e os israelitas tinham tomado Jericó e derrotado uma cidade chamada Ai: duas cidades grandes e fortes.

Os israelitas estavam em paz com outra cidade importante: Gibeão. E por isso, o rei de Jerusalém estava com mais medo ainda. Ele sabia que se os israelitas e o povo de Gibeão agissem juntos, tomariam o seu reino. Então, chamou outros reis e combinaram de invadir Gibeão, acreditando que estariam protegidos dos israelitas.

> ...O sol ficou parado no meio do céu e atrasou a sua descida por quase um dia inteiro. Nunca tinha havido e nunca mais houve um dia como este.
> **JOSUÉ 10:13,14**

Os gibeonitas enviaram uma mensagem a Josué pedindo que viesse e lutasse em defesa da cidade. Deus disse que iria junto e ajudaria a derrotar os reis perversos. Josué e seu exército marcharam a noite inteira até chegar a Gibeão, e durante o dia, começaram a batalha. Deus fortaleceu o Seu povo e o ajudou a vencer. Também mandou grandes pedras de gelo sobre o exército inimigo.

Deus pode fazer grandes coisas pelo Seu povo.

Quando o dia já ia acabando, Josué fez uma oração incrível. "Sol, fique parado sobre Gibeão!", disse. "Lua, pare sobre o vale de Aijalom!" Deus ouviu a oração e manteve o Sol parado durante quase um dia inteiro para que Israel pudesse terminar a batalha. O Senhor lutou pelo Seu povo e lhe deu a vitória!

Nada é difícil demais para Deus. Ele é fiel com aqueles que confiam nele. Se o Senhor pode parar o Sol e a Lua, também pode ajudar você com seus problemas. —TM

CURIOSIDADE
Um eclipse solar é quando a Lua se coloca entre o Sol e a Terra. Durante esse tempo, a Terra fica sob a sombra da Lua.

LEIA MAIS
O que Isaías pediu a Deus em 2 Reis 20:8-11?
O Senhor fez o que ele pediu?

22 DE FEVEREIRO

A alegria embeleza o rosto, mas a tristeza deixa a pessoa abatida.
PROVÉRBIOS 15:13

De dentro para fora

Já escutou alguém falar: "O que conta é o que está dentro"? Ou seja, não importa a aparência, o mais importante é o que está no coração.

O jeito de tratarmos os outros, mostra como somos por dentro; o que falamos, diz quem somos realmente. Se há alegria em seu coração, ela aparecerá na forma como vive.

É Deus quem nos dá alegria. Quando amamos o Senhor, Ele coloca alegria em nosso coração e, com ela, é possível ter paz, mesmo quando as coisas não acontecem como gostaríamos. Quando há alegria em seu coração, é difícil deixá-la trancada lá dentro, pois ela transbordará que nem bolhas na garrafa de refrigerante.

A alegria no coração coloca um sorriso em seu rosto e você pode sorrir para as pessoas que passam, ou pode motivar um amigo que está tendo um dia ruim. Compartilhar a sua alegria com os outros é um jeito incrível de mostrar o amor de Deus.

Assim como é difícil sorrir quando está triste, é difícil se sentir desanimado quando se tem a alegria e a paz de Deus em seu coração. O Senhor quer que mostre a todos que estão por perto. Então deixe que elas transbordem: de dentro para fora! —TM

Deus coloca alegria em meu coração.

CURIOSIDADE

Crianças sorriem umas 400 vezes por dia. É muita alegria para compartilhar com amigos e família!

Leia mais
O que Provérbios 17:22 fala sobre ser alegre?

23 DE FEVEREIRO

Deus, o qual, por meio do seu poder que age em nós, pode fazer muito mais do que nós pedimos ou até pensamos!

EFÉSIOS 3:20

Não para de derramar

Eliseu foi o profeta de Deus que continuou o trabalho de Elias. Um dia, uma viúva pobre foi pedir ajuda a ele. Ela tinha dois filhos para cuidar, e possuía apenas um pouco de azeite. Quando acabasse, ela ficaria sem nada.

O profeta mandou a mulher pegar quantos jarros vazios conseguisse com seus vizinhos, e então começasse a enchê-los com o azeite que ela possuía. A viúva não fez perguntas e obedeceu, pois confiava em Eliseu.

Ela pegou sua pequena jarra começou a derramar o azeite e, quando o primeiro jarro encheu, seus filhos pegaram outro. E ela continuou despejando o azeite até que o último jarro estivesse cheio. Então sua pequena jarra parou de produzir o óleo. Ela vendeu todo aquele azeite e ganhou dinheiro suficiente para cuidar de seus filhos.

Deus pode fazer mais do que imagino.

Essa é uma das muitas histórias maravilhosas que lemos na Bíblia, e mais um exemplo de como Deus faz coisas impossíveis. A Bíblia não conta quantas vasilhas a viúva conseguiu com os vizinhos, mas será que se ela tivesse mais jarros, eles também teriam ficado cheios?

Deus pode fazer muito mais do que imaginamos. Quando confiamos e obedecemos ao Senhor, Suas bênçãos são derramadas sobre nós como o azeite que não parava. —CB

LEIA MAIS

O texto de 1 Reis 17:1-16 fala de uma viúva que alimentou Eliseu. Leia essa história e saiba sobre outro milagre.

CURIOSIDADE

O azeite é extraído de azeitonas espremidas. Quase todo o azeite vem de países banhados pelo mar Mediterrâneo.

24 DE FEVEREIRO

Por isso devemos prestar mais atenção nas verdades que temos ouvido, para não nos desviarmos delas.

HEBREUS 2:1

Jogue a âncora

Você já viu uma âncora enorme e pesada na lateral de um barco? Âncoras são feitas de metal e, quando são jogadas de um navio, afundam rapidamente até o fundo do oceano. Sabe para que elas são usadas? Se o capitão de um barco quer mantê-lo parado em determinado lugar, ele joga a âncora, que está presa a uma longa corrente. Ela afunda na areia no fundo do oceano e evita que o barco fique à deriva. Se o vento começa a soprar criando ondas, o navio permanece no lugar.

A Bíblia é como uma âncora em nossa vida. Ela nos mostra os ensinamentos de Jesus e nos ajuda a saber como devemos viver. Quando obedecemos às palavras de Jesus e fazemos o que Ele diz, é como jogar uma âncora no mar; ela nos ajuda a ficar onde devemos. Ela evita que sejamos jogados ou puxados na direção errada.

Jesus é minha âncora.

Em alguns momentos, algumas pessoas podem querer que você faça uma coisa que é errada. Às vezes, você pode querer se esconder quando outros zombam de sua fé. Mas se estivermos ancorados a Jesus, e fizermos o que Ele diz, vamos ficar onde Ele quer. Não ficaremos à deriva. —TM

CURIOSIDADE

Alguns barcos usam a "âncora cogumelo" quando o fundo do oceano é muito macio.

LEIA MAIS

O que Hebreus 6:18,19 diz sobre âncoras?

25 DE FEVEREIRO

Andando sobre a água

> Pedro saiu do barco e começou a andar em cima da água, em direção a Jesus. [...] ficou com medo e começou a afundar. Então gritou: "Socorro, Senhor!"
>
> MATEUS 14:29,30

Tinha sido um longo dia. Pedro e os outros discípulos eram seguidos por multidões quando viajavam com Jesus, e o Mestre tinha passado o dia ensinando e fizera o milagre de alimentar as cinco mil pessoas que estavam ouvindo. Quando chegou a noite, Jesus mandou os discípulos irem primeiro e cruzarem o mar da Galileia num barco.

À noite, enquanto o barco seguia, o vento começou a soprar, criando grandes ondas. De repente, viram alguém vindo em sua direção, andando sobre a água! Acharam que era um fantasma... e tiveram medo. Mas Jesus falou: "...Sou Eu! Não tenham medo!".

Pedro disse: "Se é o Senhor mesmo, mande que eu vá andando em cima da água até onde o Senhor está." Jesus disse para ele ir. Pedro saiu do barco, colocou o pé na água, deu um passo, e outro. Ele estava andando sobre a água! Mas se deu conta

Posso manter meus pensamentos fixos em Jesus.

do vento forte e das ondas e desviou o olhar de Jesus. Resultado: começou a afundar rapidamente. Então, pediu socorro ao Mestre que esticou a mão e salvou o discípulo.

Algumas vezes agimos como Pedro. Pensamos nas coisas ao redor em vez de pensar em Jesus. Quando desviamos o pensamento dele, podemos ficar com medo e esquecer que Ele sempre está por perto para nos ajudar. Quando estiver passando por problemas, saiba que Jesus está com você. Não desvie o seu olhar do Mestre, e Ele o ajudará. —TM

LEIA MAIS

Descubra em Lucas 8:22-25 outro momento em que Jesus resgatou discípulos da água.

CURIOSIDADE

O mar Morto tem águas muito salgadas. É fácil boiar, mas não se pode andar sobre as águas!

26 DE FEVEREIRO

O Senhor é bom para todos os que confiam nele.

LAMENTAÇÕES 3:25

Esperando coisas boas

Há um ditado muito popular que diz que "quem espera, sempre alcança". É um lembrete sobre a importância de ser paciente.

Deus prometeu que Abraão seria o pai de uma grande nação. Ele mandou que Abraão olhasse para o céu e disse: "Olhe para o céu e conte as estrelas se puder. Pois bem! Será esse o número dos seus descendentes."

Abraão tinha 75 anos de idade quando Deus prometeu que ele e sua esposa, Sara, teriam um filho, mas os dois tiveram que esperar mais 25 anos até o nascimento! Quando Isaque nasceu, Abraão tinha 100 anos, e Sara, 90.

Crianças também precisam esperar. Você espera por dias especiais, como o seu aniversário ou o Natal; precisa esperar que os dentes definitivos cresçam; às vezes, até precisa esperar que seus avós venham visitar. Pode ser chato ou difícil esperar, mas quem espera, recebe boas coisas.

Vou esperar pelas coisas boas.

Deus se alegra quando você espera pacientemente pelas coisas boas. Não é preciso esperar pelo Seu amor, porque você já o tem, mas algumas vezes deve esperar que o Senhor desenvolva o que Ele tem planejado, enquanto você cresce. O tempo de Deus é sempre perfeito, por isso você pode confiar nele enquanto espera pelas coisas que deseja.

Sempre acredite que o Senhor mostrará as coisas boas que tem para sua vida. Lembre que vale a pena esperar pelas boas coisas de Deus. —CB

CURIOSIDADE

Uma elefanta espera 95 semanas para ter o filhote! Mais do que o dobro do tempo de um bebê humano.

LEIA MAIS

Qual é a coisa mais incrível que os cristãos esperam? Descubra em João 14:1-3.

27 DE FEVEREIRO

Diga obrigado

Pense em todas as vezes em que se pode dizer obrigado. Quando alguém lhe dá um presente, você agradece. Também deve dizer obrigado quando uma pessoa faz um elogio ou lhe ajuda. Lembra-se de agradecer aos seus pais quando fazem um delicioso jantar? Ou à sua avó quando ela manda um presente de aniversário? Quando ora, agradece a Deus pela sua casa e sua família? Ao dizer obrigado, você demonstra estar feliz com o que recebeu.

> *E sejam agradecidos a Deus em todas as ocasiões. Isso é o que Deus quer de vocês por estarem unidos com Cristo Jesus.*
> **1 TESSALONICENSES 5:18**

É fácil agradecer as coisas boas, mas a Bíblia diz que devemos agradecer o tempo todo: não importa o que seja! Coisas ruins podem acontecer na vida de qualquer um: pessoas que amamos adoecem; amigos se mudam para longe; pais perdem seus empregos... Não precisamos agradecer pelas coisas ruins, mas devemos ser gratos porque Deus está conosco nos momentos difíceis.

Vou agradecer a Deus o tempo todo.

Todos os que acreditam em Jesus, são filhos de Deus. E bons pais não querem ver seus filhos tristes ou feridos: o Senhor também não. O que Ele quer é que a gente dependa de Sua ajuda quando as coisas não estão fáceis. Não importa o que acontecer, saiba que Deus ama você e se importa com tudo o que acontece em sua vida.

Agradeça a Deus, pois Ele ama você nos momentos bons e nos difíceis também.
—CB

Leia mais
Veja o Salmo 118:28,29. Por que devemos agradecer a Deus?

CURIOSIDADE
"Obrigado" é a mensagem de uma só palavra mais enviada via celular.

28 DE FEVEREIRO

Se algum de vocês tem cem ovelhas e perde uma, por acaso não vai procurá-la?...
LUCAS 15:4

A ovelha perdida

Você tem um animalzinho de estimação? Então sabe como vai ficar triste se ele se perder; que vai parar tudo o que estiver fazendo e sair para procurar sem se incomodar até onde precisará ir. Você vai continuar procurando até achar seu animal, e fará de tudo para levá-lo de volta para casa.

Quando Jesus ensinava sobre o reino de Deus, gostava muito de usar parábolas, e uma delas fala sobre uma ovelha perdida.

Jesus contou a história de um pastor que tinha 100 ovelhas. Uma delas se perdeu, e o pastor precisou se afastar das outras 99 para procurar a que tinha se perdido. Quando achou a ovelhinha, levou-a para casa. Ele ficou tão feliz, que convidou seus amigos e sua família para comemorarem juntos.

Jesus quer que todos o sigam.

Jesus contou essa história para mostrar como Deus se sente com relação ao Seu povo. Ele ama a todos; mesmo aqueles que fogem. Deus vai procurar Seus filhos perdidos, assim como o pastor procurou por sua ovelhinha. E quando alguém volta para o Senhor e se torna um cristão, acontece uma festa no céu!

Se você conhece alguém que está fugindo de Deus, ore por essa pessoa. Lembre-se sempre de que o Senhor quer que todos se tornem cristãos. —TM

CURIOSIDADE
Um estudo feito sobre cães e gatos perdidos descobriu que 8 em cada 10 animais, são achados!

Leia mais
Jesus contou outra parábola sobre algo perdido que foi achado. Descubra em Lucas 15:8-10.

No mundo todo

29 DE FEVEREIRO

Desde o nascer até o pôr do sol, que o nome do Senhor seja louvado!

SALMO 113:3

Sabia que, quando você acorda de manhã, existem crianças que estão se preparando para dormir? Pode ser dia numa parte do mundo, e noite do outro lado da Terra. É por isso que quando você vai dormir, outras crianças estão se levantando da cama. Quando o Sol está se pondo no céu da sua cidade, está nascendo em algum outro lugar.

Pode parecer que o Sol fica girando em torno da Terra, mas o que acontece é o contrário. Todos os anos, a Terra "dá uma volta" em torno do Sol, mas ela também gira, o que chamamos de "rotação". E esse movimento se completa todos os dias. Enquanto a Terra gira e dá a volta em torno do Sol, ele brilha em diferentes lugares.

Vou louvar o nome do Senhor.

O versículo bíblico de hoje diz que o nome de Deus deve ser louvado "desde o nascer até o pôr do sol". Ou seja, em todos os lugares e o tempo todo.

Deus é incrível: foi Ele quem criou o Sol, a Terra e o céu. Foi Ele quem colocou a Lua e as estrelas lá em cima. Ele criou os planetas e os colocou em movimento. Somente Deus poderia ter feito tudo isso.

O Universo inteiro mostra a glória e a grandeza de Deus, por isso Ele merece o nosso louvor. Todo mundo, em todos os lugares, o tempo todo, pode louvar ao Senhor. —CB

CURIOSIDADE

A Terra leva um pouco mais de 365 dias para dar a volta em torno do Sol. Na verdade, cada volta tem um extra de 6 horas. É por isso que, a cada quatro anos, o "dia bissexto" é acrescentado ao calendário: o dia 29 de fevereiro.

LEIA MAIS

Veja o Salmo 113:1-6. Como a glória de Deus é grande?

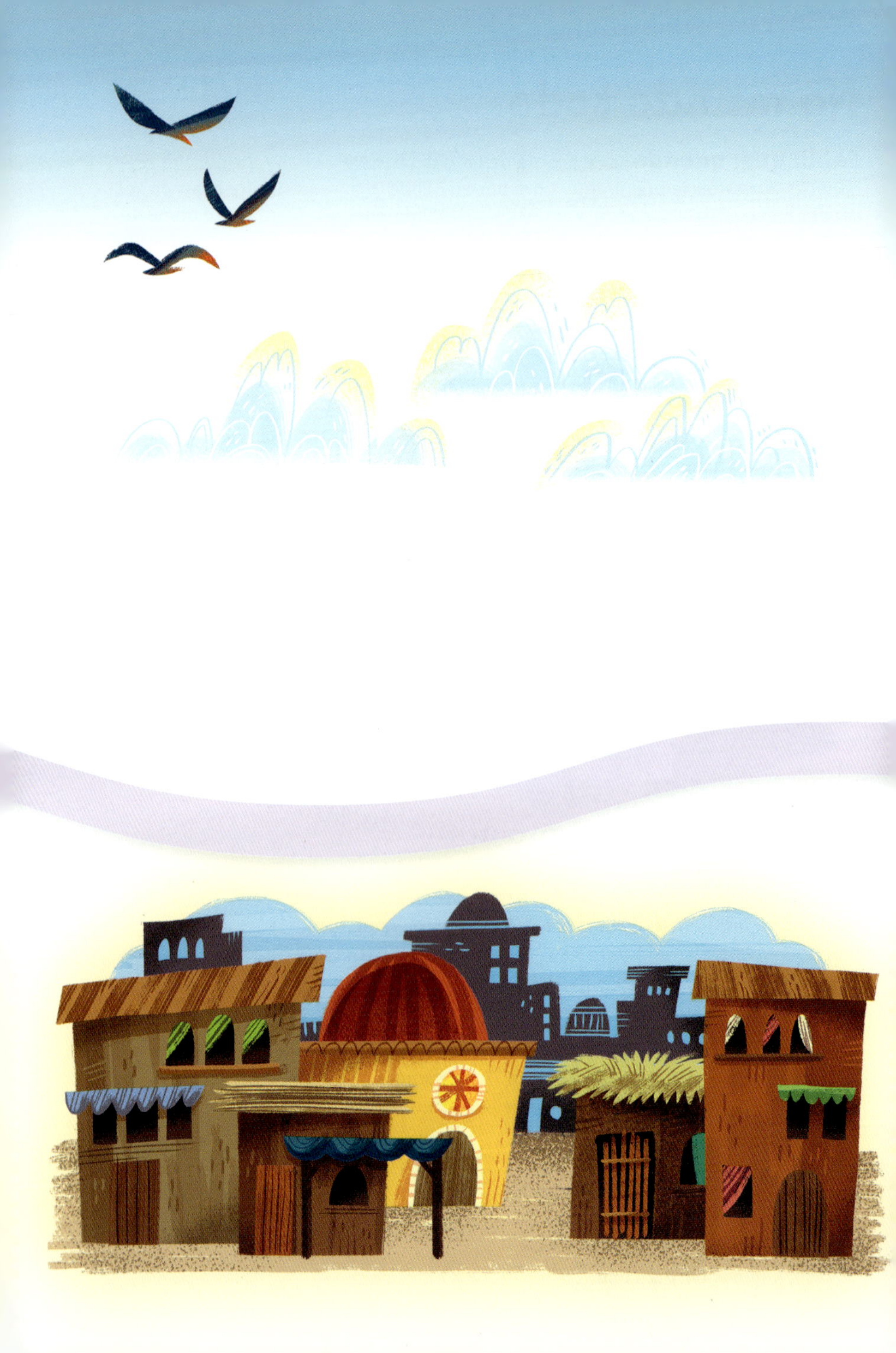

1 DE MARÇO

> Repartam com os irmãos necessitados o que vocês têm e recebam os estrangeiros nas suas casas.
> **ROMANOS 12:13**

Prática, prática, prática

Já ouviu o ditado que diz que "A prática leva à perfeição"? Ele quer dizer que quando você faz alguma coisa repetidamente, aprende a fazer bem. Se quiser tocar piano, andar de bicicleta ou escrever histórias, precisa praticar. Quanto mais você pratica, melhor você fica

Também podemos praticar para sermos cristãos melhores. Quanto mais lemos a Bíblia e fazemos o que ela diz, viveremos mais como Deus deseja. E Ele quer que nós "pratiquemos a hospitalidade". Ou seja, que sejamos gentis e que ajudemos a quem precisa. Hospitalidade pode significar convidar alguém para comer em sua casa ou para passar um tempo nela.

Eu posso praticar a hospitalidade.

O apóstolo Paulo e seu amigo Silas viajavam muito para falar sobre Jesus. Eles muitas vezes precisavam comer ou dormir na casa de alguém. Numa dessas viagens, conheceram uma mulher chamada Lídia. Ela era uma vendedora de púrpura, adorava a Deus e prestou muita atenção ao que Paulo falou. Depois de ouvir Paulo, ela e sua família se tornaram cristãos e foram batizados. Então, Lídia praticou a hospitalidade, convidando Paulo e Silas para ficarem em sua casa.

Você também pode fazer como Lídia. Se a sua família conhece pessoas que precisam de uma refeição ou de um lugar para dormir, podem convidá-las. Quando você praticar a hospitalidade, se tornará muito bom nisso! —CB

LEIA MAIS

Lucas 24:13-15 fala de dois viajantes que chamaram um homem para ficar com eles. Quem foi?

CURIOSIDADE

Nos tempos bíblicos, tecidos de púrpura eram feitos do corante extraído de uma espécie de marisco. Como eram muito caros, apenas "ricos" usavam roupas de púrpura.

2 DE MARÇO

> Pois foi Deus quem nos fez o que somos agora; em nossa união com Cristo Jesus, ele nos criou para que fizéssemos as boas obras....
>
> EFÉSIOS 2:10

Obra-prima de Deus

A *Mona Lisa* é um quadro famoso de Leonardo da Vinci. Talvez seja o quadro mais famoso do mundo.

Todos os anos, milhões de pessoas visitam o Museu do *Louvre*, em Paris, França, para ver a *Mona Lisa*. As pessoas vêm de todo o mundo para ver esse quadro, porque ele é considerado uma obra-prima. Mas... sabe o que é uma obra-prima? É o trabalho ou conquista mais importante de uma pessoa. É o melhor que ela pode fazer.

Como artista, Deus criou muitas coisas lindas. Ele formou os oceanos e os coloriu com belos tons de azul e verde. Fez as montanhas com picos altos e as cobriu de neve. Ele moldou flores de todas as cores do arco-íris. Criou milhares de criaturas diferentes umas das outras. Todas essas coisas são maravilhosas e demonstram a habilidade do Senhor.

Eu sou a obra-prima de Deus.

Mas, no meio de toda a criação, qual é a obra-prima de Deus? A Bíblia diz que as pessoas são Sua obra-prima: e isso inclui você! Você tem mais valor do que todas as coisas maravilhosas que o Senhor criou neste mundo.

Fomos feitos para ser a obra-prima de Deus, assim podemos fazer as boas coisas que Ele planejou para nós há muito tempo. Quando fazemos essas coisas, mostramos ao mundo a grandeza de nosso Criador, assim como a *Mona Lisa* pendurada num importante museu. —TM

CURIOSIDADE

A *Mona Lisa* foi roubada em 1911. Dois anos depois, a polícia pegou o ladrão e recuperou o quadro.

LEIA MAIS

O que o Salmo 139:13-18 fala sobre como você foi criado?

Sete mergulhos no rio

3 DE MARÇO

Naamã era o comandante de um exército. Deus o tinha ajudado vencer uma batalha contra os inimigos de seu país. Ele era muito importante e corajoso, mas tinha uma doença de pele terrível: a lepra.

A esposa de Naamã tinha uma serva israelita. A garota disse que se o comandante fosse se encontrar com o profeta de Deus em Samaria, seria curado. Mas Naamã antes foi ver o rei de Israel, que ficou zangado, pois sabia que não podia curar o comandante. Foi quando o profeta Eliseu soube do caso e disse ao rei que mandasse Naamã encontrá-lo.

> Então Naamã desceu até o rio Jordão e mergulhou sete vezes, como Eliseu tinha dito. E ficou completamente curado...
>
> **2 REIS 5:14**

Eliseu sabia que Deus podia curar o comandante, e disse: "Vá e mergulhe sete vezes no rio Jordão. Depois disso, sua pele ficará curada."

Naamã ficou chateado. Pensava que Eliseu oraria e balançaria a mão para curá-lo. Além disso, achou que era bobagem mergulhar no rio Jordão, e achou que podia mergulhar num rio mais perto de sua casa.

O jeito de Deus é sempre o certo.

Mas os soldados acreditavam nas palavras do profeta e encorajaram Naamã. Então ele mergulhou sete vezes nas águas do rio, como o profeta tinha dito. E quando saiu, sua pele estava totalmente limpa.

Assim como Naamã, às vezes queremos que Deus resolva nossos problemas rapidamente, mas o jeito do Senhor nem sempre é o nosso. Se obedecermos ao que Ele manda, seremos abençoados. Mesmo quando não entendemos, o Seu jeito é sempre o melhor. —TM

LEIA MAIS

Veja Isaías 55:8,9. Quanto os caminhos de Deus são muito mais altos do que os nossos?

CURIOSIDADE

O rio Jordão é mencionado 200 vezes na Bíblia. O nome vem da palavra hebraica que significa *descida*.

4 DE MARÇO

Ele cura os que têm o coração partido e trata dos seus ferimentos.

SALMO 147:3

Consertando corações partidos

Quando as pessoas dizem que estão com o "coração partido", querem dizer que estão tristes. Na verdade, estão falando sobre sentimentos. Corações "se partem" quando nos decepcionamos com alguém, ou somos magoados por outra pessoa. Quando famílias se separam, corações são partidos. Ou quando alguém que amamos, morre; ou quando amigos falam alguma coisa maldosa, ou fazem fofocas sobre nós. Todas são situações em que nosso coração pode se machucar.

A boa notícia é que pode ser consertado, e não é preciso ir ao médico ou tomar algum remédio. Se você pedir, Deus consertará seu coração partido. Quando está magoado ou triste, sempre pode falar com o Senhor, pode ler suas passagens favoritas da Bíblia, ou escutar cânticos de louvor a Deus. Pode até mesmo pedir ajuda ao Senhor para encontrar um amigo ou adulto que entenda como você está se sentindo. Assim como uma perna quebrada fica boa, corações partidos também melhoram. Deus pode fazer seu coração ficar feliz de novo, só precisa de tempo.

Deus cura os corações partidos.

Você tem amigos ou parentes com o coração partido? Se tem, ore por eles, seja gentil e carinhoso. Mostrar que estamos preocupados com quem está triste, é como colocar um curativo no coração do outro. Deus pode usar você para ajudar outras pessoas a ficarem alegres novamente. —CB

CURIOSIDADE

Em 1967, o Dr. Christiaan Barnard foi o primeiro a fazer um transplante de coração humano.

LEIA MAIS

O Salmo 34:17,18 dá esperança a quem tem o coração partido. O que ele diz sobre Deus?

5 DE MARÇO

Ainda que eu ande por um vale escuro como a morte, não terei medo de nada. Pois tu, ó SENHOR Deus, estás comigo.
SALMO 23:4

Vitória no vale

Os soldados israelitas estavam numa montanha. Os inimigos filisteus, em outra. O vale de Elá estava no meio.

Um dos soldados filisteus era o gigante Golias. Todos os dias, ele desafiava os israelitas a mandarem alguém para lutar. E quando os soldados o viam, se escondiam. Mas um garoto, pastor de ovelhas chamado Davi, queria lutar porque Deus já tinha ajudado a vencer um leão e um urso, que atacaram seu rebanho, e ele sabia que o Senhor o ajudaria de novo.

O rei concordou, mas fez Davi vestir a túnica real e uma armadura. Então, deram a espada e ele tentou andar, mas não estava acostumado com aquela roupa, e tirou tudo.

Davi foi até um riacho, pegou cinco pedrinhas lisas, colocou na bolsa, pegou a atiradeira e foi lutar contra o gigante. Golias riu muito quando viu o garoto se aproximando.

Deus vai me ajudar a enfrentar os meus gigantes.

Mas Davi não riu. "Você vem contra mim com espada, mas eu vou contra você em nome do SENHOR Todo-Poderoso, o Deus dos exércitos israelitas, que você desafiou."

Quando Golias se preparou para atacar, Davi pegou uma das pedras, colocou na atiradeira e girou até soltá-la. A pedra atingiu a testa do gigante com tanta força que ele caiu no chão. Davi tinha vencido!

Davi derrotou Golias porque confiou que Deus iria ajudá-lo. Quando tiver um problema gigante, lembre-se da história de Davi. Deus está com você também. —CB

LEIA MAIS

Conheça em Efésios 6:10-18 outro tipo de armadura. O que é "a espada do Espírito"?

CURIOSIDADE

Pastores levavam uma bolsa de pele de animal no ombro, onde cabia o almoço e o lanche do dia.

6 DE MARÇO

Amém

> Então todo o povo disse "amém!" e louvou a Deus, o SENHOR.
>
> 1 CRÔNICAS 16:36

Quando você ora em voz alta ou em silêncio, provavelmente diz "amém" no final. Na igreja, os pastores também dizem amém quando terminam de orar. Algumas vezes, eles dizem: "E todo o povo de Deus diz..." e todos no templo dizem "amém" juntos.

Sabe por que dizemos "amém" ao final de uma oração? Isso é feito há milhares de anos, desde os tempos do Antigo Testamento. O versículo bíblico de hoje é parte de uma oração que termina com amém, e é a primeira vez que aparece na Bíblia.

O rei Davi fez essa oração quando os israelitas construíram um lugar de adoração a Deus. Quando Davi terminou de orar, o povo disse amém e começou a louvar. A palavra amém significa "assim seja". É uma forma bonita de dizer: "Esperamos que aconteça o que acabou de ser dito". Quer dizer que concordamos com a oração.

Quando alguém fala alguma coisa legal ou animadora, você pode dizer "Isso mesmo!" ou "Maravilha!". Dizer "amém" ao final de uma oração tem o mesmo sentido. Significa que concordamos com a bondade de Deus e com Sua capacidade de responder nossa oração. É como terminar sua oração com um ponto de exclamação.

Então, quando terminar de falar com o Senhor, diga um sonoro "amém" para mostrar que você acredita em tudo o que acabou de dizer. —TM

Dizer "amém" é uma boa forma de orar.

CURIOSIDADE

Em 1963, Jester Hairston compôs um cântico popular chamado "Amém", que usa a palavra 35 vezes.

LEIA MAIS

Em João 16:23,24, descubra porque também se termina a oração com "Em nome de Jesus, amém".

Plantando sementes

7 DE MARÇO

Se você já plantou sementes, sabe que dá trabalho fazê-las brotar. O solo deve estar perfeito: nem seco, nem úmido demais. As sementes precisam do calor do sol e de proteção contra as ervas daninhas, além de precisar regar. Mas com o cuidado e as condições certas, a semente se transformará numa planta saudável.

Jesus disse que falar sobre Ele aos outros é como plantar sementes. Às vezes, pessoas escutam e não entendem, como a semente que cai no chão duro e acaba sendo comida por pássaros. O pássaro é Satanás afastando a verdade do coração de alguém, sem chance de a semente brotar.

Outras vezes, pessoas ficam animadas ao ouvirem de Jesus, mas quando os problemas vêm, desistem de Deus. É como uma semente plantada num terreno pedregoso, com pouca terra para as raízes. Outras escutam sobre Jesus, mas amam demais o mundo, e são como a semente que cai no terreno cheio de espinhos: não consegue crescer porque eles a sufocam.

> *E, finalmente, o que foi semeado em boa terra: este é aquele que ouve a palavra e a entende, e dá uma colheita de cem, sessenta e trinta por um.*
> **MATEUS 13:23 (NVI)**

Falar sobre Jesus é como plantar sementes.

Mas há pessoas que ouvem sobre Jesus, entendem o que Ele fez e se tornam cristãs fortes. São como sementes em terra boa: produzem bem e continuam crescendo!

Quando você fala de Jesus, talvez não saiba que tipo de "solo" as pessoas são, mas pode confiar que Deus vai cuidar das sementes que você planta. Quando o momento e as condições forem boas, elas poderão se transformar em uma linda planta. —TM

LEIA MAIS
Veja Isaías 55:10,11. Qual é a semente desses versículos?

CURIOSIDADE
Alguns carvalhos só começam a dar sementes depois de 50 anos. Elas se chamam bolotas.

8 DE MARÇO

> Tenhamos confiança e cheguemos perto do trono divino [...] Ali receberemos misericórdia e encontraremos graça sempre que precisarmos de ajuda.
>
> HEBREUS 4:16

Fique à vontade

Quando alguém diz: "Fique à vontade para aparecer", quer dizer que você não precisa de convite para fazer uma visita. Grandes amigos, bons vizinhos ou parentes queridos se conhecem muito bem e se sentem à vontade para ir à casa uns dos outros quando precisam. Se sua mãe precisar de ovos, pode tocar a campainha na casa de um vizinho e pedir alguns emprestados. Se sua avó mora perto e você sentir saudades, pode passar lá na hora que quiser. Assim acontece com pessoas que se conhecem bem.

Mas com quem não se conhece, é diferente. Se quiser falar com uma pessoa importante, deve pedir permissão ou marcar hora, e não pode simplesmente aparecer porque precisa de alguma coisa.

Sempre posso ficar à vontade para falar com Deus.

Deus é mais importante do que qualquer um, mas conhece você muito bem, e quer que se sinta à vontade para falar com Ele a qualquer hora. Não precisa marcar hora: Ele sempre fica feliz quando você chega!

E fique à vontade para falar com Deus sobre qualquer coisa. Pode contar a Ele sobre seus problemas, ou apenas dizer que o ama. Se estiver se sentindo mal por ter feito algo errado, pode dizer ao Senhor que está arrependido e Ele vai perdoar você.

Deus é cheio de amor e bondade. Fique à vontade para conversar com Ele a qualquer hora. —CB

CURIOSIDADE

Há muito tempo, os israelitas construíram o "tabernáculo", um tipo de tenda em que adoravam a Deus. Em seu interior havia o "Santo dos Santos", uma sala onde só o sumo sacerdote podia entrar uma vez por ano.

LEIA MAIS

O Salmo 100 fala sobre formas de chegarmos a Deus. Quais são algumas dessas formas?

9 DE MARÇO

Rei para sempre

Países e nações têm governantes. Alguns têm reis e rainhas, outros, presidentes ou primeiros-ministros. Alguns governantes são eleitos, outros chegam ao poder porque pertencem a uma família real. Presidentes ficam no cargo por um determinado período de tempo chamado "mandato", e algumas vezes podem ser reeleitos. Reis e rainhas costumam governar até morrer; e então outro membro da família assume o poder. Porém, embora haja tantos tipos de governantes, todos têm uma coisa em comum: nenhum irá governar para sempre.

> O Senhor, vai fazê-lo rei, como foi o antepassado dele, o rei Davi. Ele será para sempre Rei dos descendentes de Jacó, e o Reino dele nunca se acabará.
>
> **LUCAS 1:32,33**

O rei Davi era o líder dos israelitas, o povo escolhido de Deus. Os profetas do Antigo Testamento anunciaram que o Messias nasceria na família de Davi. Um dia, um anjo disse a uma jovem judia chamada Maria que ela seria a mãe do Filho de Deus.

Jesus é o meu Rei.

O anjo disse que seu filho, Jesus, iria governar para sempre. Quando Jesus nasceu, alguns judeus pensaram que Ele seria rei em Jerusalém; queriam que derrotasse os romanos, que estavam governando em Israel. Mas Jesus disse: "Meu reino não é deste mundo."

O reino de Jesus é o Reino do céu, e Seu governo será para sempre. Todos os que acreditam em Jesus como Salvador, pertencem ao reino do céu. Se você crê em Jesus, Ele é o seu Rei, e será para sempre! —CB

CURIOSIDADE

Quando Jesus nasceu, Herodes governava Jerusalém. Ele não era judeu: se tornou rei por decreto do Império Romano.

LEIA MAIS

Descubra em Daniel 6:26,27 o que o Dario falou sobre Deus.

10 DE MARÇO

Uma nova família

> O Espírito torna vocês filhos de Deus; e pelo poder do Espírito dizemos com fervor a Deus: "Pai, meu Pai!"
>
> ROMANOS 8:15

Você conhece alguém que é adotado? A adoção é um ato de amor muito especial. Quando um casal adota uma criança, recebe na família, alguém que não é parente de sangue. Os pais podem escolher um nome para a criança, mas todos terão o mesmo sobrenome, mostrando que ela pertence àquela família. Pais adotivos cuidam e amam o filho da mesma forma como se tivesse nascido deles, e a criança os chama de "papai" e "mamãe".

A Bíblia diz que cristãos foram adotados na família de Deus. Antes de nos tornarmos cristãos, não pertencemos a Sua família por causa de nossos pecados. Mas quando cremos em Jesus, essa situação muda e Deus recebe em Sua família aqueles que têm seus pecados perdoados.

Não nascemos naturalmente na família de Deus; nos tornamos parte dela quando cremos em Seu Filho, Jesus. E quando acreditamos, recebemos também um novo nome: passamos a ser "filhos de Deus"!

O Senhor nos conhece e nos ama como se estivéssemos em Sua família desde sempre. Ele cuida de nós, assim como os pais fazem com seus filhos. Podemos até mesmo chamar Deus de Pai. E sabe de uma coisa? Sempre há espaço para mais filhos na família de Deus! —TM

Eu posso ser um filho de Deus.

CURIOSIDADE

Todos os anos, milhões de pessoas são adotadas na família de Deus ao se tornarem cristãs.

LEIA MAIS

Veja João 1:12. Quem crê em Jesus recebe o direito a quê?

Um amigo consolador

11 DE MARÇO

Sara, a mãe de Isaque, teve uma vida especial. Deus disse ao seu marido, Abraão, que através de seus descendentes, Ele construiria a Sua nação. Embora Abraão e Sara já fossem idosos e não tivessem filhos, o Senhor fez um milagre, e deu a eles um filho quando Abraão já tinha 100 anos de idade, e Sara, 90. Ela viveu até os 127 anos.

> *Ela se tornou a sua mulher. Isaque amou Rebeca e assim foi consolado depois da morte da sua mãe.*
> **GÊNESIS 24:67**

Depois da morte de Sara, Abraão achou que Isaque devia se casar, e queria que ele encontrasse uma esposa que fizesse o que era certo. Ele não queria que o filho casasse com alguém que não amasse a Deus.

Naquele tempo, os pais escolhiam com quem os filhos iriam se casar, então Abraão mandou um servo achar uma esposa para Isaque. O servo pediu ajuda a Deus, e Ele mostrou a mulher certa. Rebeca concordou em deixar sua família e ir morar com a família de Isaque.

Deus me dá amigos para me consolar.

Quando se aproximou de Isaque, Rebeca cobriu o rosto com um véu: esse era um sinal de respeito pelo noivo. Assim que chegou, eles se casaram, e o amor de Rebeca consolou Isaque depois que sua mãe morreu.

Todo mundo passa por momentos tristes. Quando enfrentamos situações difíceis, Deus está conosco, e coloca outras pessoas em nossa vida para nos consolar e encorajar. Se você está passando por um momento triste agora, pode pedir que o Senhor mande um amigo, ou parente para lhe ajudar. E se conhece alguém que está triste, peça ajuda a Deus para consolar essa pessoa de um jeito especial. —TM

LEIA MAIS

Saiba em Gênesis 24:1-27 como o servo de Abraão soube que Rebeca era a esposa certa.

CURIOSIDADE

Abraão, o pai de Isaque, viveu até os 175 anos de idade!

12 DE MARÇO

Os animais sabem

> Peça aos bichos da terra e aos peixes do mar, e eles lhe darão lições. Todas essas criaturas sabem que foi a mão do Senhor que as fez...
> Jó 12:7-10

Você já viu um bando de pássaros voando em formação de V? Já observou as formigas recolhendo alimento antes de chegar o frio? Sabia que os ursos comem muito antes de se acomodar na toca para hibernar no inverno? Esses comportamentos são conhecidos como "instinto animal". Por causa dele, os pássaros sabem que é hora de migrar; os esquilos sabem que é hora de acumular comida; os ursos sabem que está na hora de encher a barriga para dormir durante meses.

Deus criou os animais. Ele os fez com instintos para que pudessem saber o que fazer em determinadas épocas do ano. Desde o tempo da criação, o Senhor tem cuidado dos animais: dos pássaros que voam lá em cima, até os peixes que nadam nas profundezas do mar. Deus faz o vento que ajuda uma águia a voar. Ele ajuda uma andorinha a encontrar gravetos para construir seu ninho. Ele mostra a um alce sedento o caminho do riacho. Guia o esquilo na coleta de comida. E ajuda também os leões, os elefantes, os ursos polares, e os ornitorrincos a fazer o que precisam!

As criaturas de Deus estão em Suas mãos.

Os animais sabem o que fazer e aonde ir. Eles sabem como viajar, quando dormir, e onde achar comida. Deus os fez desse jeito. Ele não apenas os criou, mas cuida deles com Suas mãos. —CB

CURIOSIDADE

Anualmente, a andorinha do Ártico voa do extremo norte do mundo, até o extremo sul, e depois volta. Essa é uma viagem de cerca de 35 mil quilômetros, a migração mais longa de qualquer ave no mundo.

LEIA MAIS
O que o Salmo 50:10,11 diz sobre os animais?

Carga pesada

13 DE MARÇO

Já tentou carregar uma coisa muito pesada? Talvez uma pilha de livros para ajudar o professor, ou puxou uma grande mala durante a viagem. Se já tentou carregar uma coisa pesada, sabe que é cansativo. Depois de um tempo, só pensa em colocar o peso em algum lugar e descansar. Nosso corpo não é feito para levar objetos pesados o dia todo.

> *Venham a mim, todos vocês que estão cansados de carregar as suas pesadas cargas, e eu lhes darei descanso.*
> **MATEUS 11:28**

Como foi carpinteiro, provavelmente Jesus pegou pedaços de madeira pesados. E usava a ideia de carregar pesos para nos ajudar a entender que às vezes "carregamos" coisas dentro de nós, e elas nos deixam cansados. Quando você tem problemas na escola ou em sua família, pode ter a sensação de estar levando um peso. Problemas podem nos derrubar, assim como uma mochila bem pesada.

Jesus me dá descanso nas minhas preocupações.

Mas Jesus diz que podemos levar nossas cargas pesadas para Ele. Podemos conversar com Ele sobre as coisas que estão nos derrubando. E sabe o que acontece quando fazemos isso? Ele nos dá descanso! Falar com Jesus sobre as coisas difíceis de nossa vida, é como colocar uma pilha de livros no chão. Jesus faz nossa alma descansar. Isso significa que Ele nos dá paz e uma sensação interna de conforto. É quase como se nosso corpo dissesse "ufa!", lá dentro.

Jesus pode cuidar de todos os nossos problemas e preocupações. Nada é pesado demais para Ele carregar! —TM

LEIA MAIS
Descubra em Isaías 40:29-31 como você pode ter força ao invés de se sentir cansado.

CURIOSIDADE
Um *shekel* era uma medida de peso usada nos tempos bíblicos. Um quilo é igual a 89 shekels.

14 DE MARÇO

> *Nem o mundo lá de cima, nem o mundo lá de baixo. Em todo o Universo não há nada que possa nos separar do amor de Deus...*
>
> ROMANOS 8:39

Não pode separar

Você já ouviu dizer sobre "separar" um ovo? Isso significa dividir o ovo em gema e clara. Não é muito fácil, mas é possível.

Algumas coisas, porém, não devem ser separadas. A menos que vá consertar um pneu furado, você não vai querer separar sua bicicleta das rodas; nem os cadarços dos seus tênis, a não ser que eles estejam sendo lavados. Muito menos, gostaria que os remos fossem separados do barco, se estiver no meio de um lago.

Sabia que existe uma coisa que jamais poderá ser separada? É o amor de Deus por você! Se você ama a Jesus, o amor de Deus estará sempre com você. Mesmo que tenha que viajar para qualquer lugar do mundo, o amor de Deus vai com você. Se voar num avião lá no alto do céu, ou mergulhar no fundo do mar, o Seu amor estará com você. Não importa se estiver no meio de uma tempestade, numa nevasca, ou até perto de um tufão, o amor de Deus estará com você.

Nada pode me separar do amor de Deus.

Se você estiver feliz ou triste; sozinho ou com sua família; aproveitando o sol ou com medo do escuro; nada pode separar você do amor de Deus. Ele o ama agora e o amará para sempre. —CB

CURIOSIDADE

Cozinheiros dizem que é mais fácil separar gemas e claras quando os ovos estão frios.

Leia mais

O que o Salmo 103:11 diz sobre o amor de Deus?

Terminando o muro

15 DE MARÇO

Os israelitas estavam fora de sua cidade há muito tempo. Não estavam de férias; na verdade, os babilônios haviam obrigado os judeus a partir de Jerusalém.

Finalmente os israelitas puderam voltar muitos anos depois, mas quando chegaram em casa, havia muito trabalho a fazer. A grande muralha que cercava a cidade, tinha sido derrubada e era preciso reconstruí-la. E Neemias era o coordenador do projeto.

> *Eu estou fazendo um trabalho importante e não posso descer até aí. Eu não vou deixar este trabalho só para ir falar com vocês.*
> **NEEMIAS 6:3**

Conforme a muralha ia ficando mais alta e forte, os inimigos dos judeus começaram a se preocupar. Dois homens tentavam atrapalhar o trabalho de Neemias, mas ele não dava atenção. Então, eles resolveram enganar esse líder, e pediram uma reunião com ele.

Mas Neemias era sábio. Sabia que se parasse o trabalho, os dois homens iriam machucá-lo. Ao invés de cair na armadilha, Neemias respondeu com uma mensagem: "Eu estou fazendo um trabalho importante e não posso descer até aí."

É bom terminar o que comecei.

Ele também entregou espadas aos operários para que pudessem se proteger contra qualquer um que tentasse impedir o trabalho.

Neemias é um exemplo de quem não desiste. Às vezes, quando você está envolvido num objetivo importante, pessoas tentam desencorajá-lo. Outros podem tentar não deixar você fazer o que deve. Quando isso acontecer, seja como Neemias: concentre-se em seu objetivo com a ajuda de Deus. Não pare até terminar o que começou. —TM

CURIOSIDADE

O maior muro do mundo é a Grande Muralha da China. A parte principal tem 3.460 quilômetros. A construção dessa muralha começou, aproximadamente, 200 anos antes do nascimento de Jesus.

LEIA MAIS

Veja Neemias 6:15,16. Quem ajudou os israelitas a terminar de construir o muro?

16 DE MARÇO

Uma árvore forte

> Essas pessoas são como árvores que crescem na beira de um riacho [...]. Assim também tudo o que essas pessoas fazem dá certo.
>
> **SALMO 1:3**

As árvores são grandes e belos exemplos do trabalho de Deus. Seu tamanho pode nos lembrar da grandeza do Senhor.

Mas as árvores não ficam fortes sem ajuda. No deserto, não vemos muitas árvores porque não há chuva suficiente. O solo é seco e não tem os nutrientes necessários. O sol é quente e pode ressecar as folhas.

Porém no lugar certo, com a quantidade apropriada de sol e água, uma árvore pode se tornar tudo aquilo que Deus planejou que fosse. Algumas, como as laranjeiras, dão frutas. Elas são tão fortes e saudáveis, que são capazes de produzir alimentos deliciosos.

Quem ama a Bíblia é como uma árvore forte.

O primeiro salmo nos ensina sobre a Bíblia, usando uma árvore como exemplo. Ele diz que uma pessoa que encontra alegria e que obedece às Escrituras, é como uma árvore frutífera. Ler a Bíblia e fazer o que ela diz, é como tomar vitaminas para o coração. Quando seguimos os seus mandamentos, é como beber uma água que nos dá energia espiritual. Desse modo, assim como uma árvore cheia de laranjas, mostraremos o fruto do Espírito crescendo em nós.

Ler, amar e obedecer a Bíblia nos ajudará a crescer na fé. Podemos ser fortes como uma árvore grande e saudável. —TM

CURIOSIDADE

O maior tipo de árvore é a sequoia gigante, que pode chegar a 85 metros de altura e a 8 metros em diâmetro.

LEIA MAIS

Descubra em Gálatas 5:22,23 que tipo de "fruto" os cristãos produzem.

Pão do céu

17 DE MARÇO

Depois que os israelitas fugiram do Egito, ficaram muitos anos no deserto. Este era um lugar difícil e selvagem, e as pessoas reclamaram com Moisés, pois tinham fome.

Um dia, Deus disse a Moisés que mandaria pão do céu. Esse pão se chamava maná e cairia no chão como orvalho. Todas as manhãs, o povo recolheria a quantidade que necessitasse para o dia, e ficaria satisfeito ao comer aquele pão. Mas como qualquer outra comida, no dia seguinte precisaria de mais.

> Jesus respondeu: "Eu sou o pão da vida. Quem vem a mim nunca mais terá fome, e quem crê em mim nunca mais terá sede."
> JOÃO 6:35

O Novo Testamento conta outra história sobre pão. Jesus fez um milagre ao usar cinco pãezinhos para alimentar mais de cinco mil pessoas famintas. Depois daquele milagre, muitos seguiram Jesus, mas Ele sabia que alguns apenas estavam com fome e queriam mais comida.

Jesus falou que Deus o tinha mandado do céu, assim como tinha mandado o maná muitos anos antes. Também disse que era o "pão verdadeiro", e que quem cresse nele, jamais teria fome. Mas as pessoas não entenderam que Jesus estava falando de fome espiritual.

Todos têm um vazio interior que precisa ser preenchido. Alguns tentam enchê-lo com dinheiro ou popularidade. Mas nada neste mundo pode preencher nosso vazio interior, pois ele é a fome espiritual que somente Jesus pode satisfazer.

O pão de Jesus dura para sempre.

Quando escolhemos seguir a Jesus, Ele sacia a nossa fome espiritual. O "pão" que Jesus nos dá é a vida eterna. —CB

LEIA MAIS
Saiba em Êxodo 16:19,20 o que houve quando as instruções sobre o maná foram desobedecidas.

CURIOSIDADE
Nos tempos bíblicos, o pão era a principal fonte de nutrição das pessoas. Todos os dias, as mulheres demoravam cerca de três horas para fazer a quantidade de pão suficiente para uma família de cinco pessoas.

18 DE MARÇO

De uma coisa eu sei: eu era cego e agora vejo!

JOÃO 9:25

Excelsa Graça

"Excelsa Graça" é considerada a música cristã mais famosa do mundo. Foi escrita por John Newton no final dos anos de 1700. Uma parte do hino diz:

> Perdido, me encontrou
> Estando cego, me fez ver. (HA 208)

Sabia que essas palavras são inspiradas na Bíblia? Enquanto Jesus estava na Terra, curou muitas pessoas. Algumas estavam muito doentes, e não escutavam ou andavam. Um dia, Jesus e Seus seguidores passaram por um homem cego de nascença. Para mostrar a graça de Deus, Sua ajuda e amor que não merecemos, Jesus parou e fez uma coisa que só Ele poderia fazer: primeiro, cuspiu no chão e fez um pouco de lama, então pegou a lama com as mãos e passou nos olhos do homem. Finalmente, mandou que o homem lavasse o rosto num tanque próximo. Depois de fazer o que o Mestre tinha mandado, ele conseguiu enxergar pela primeira vez: não era mais cego.

Jesus pode fazer o impossível.

As pessoas e os líderes da cidade acharam que era impossível um homem cego ser curado, e não conseguiam crer que Jesus pudesse dar a visão a quem não enxergava. Então, os líderes chamaram o homem para lhe perguntar o que tinha acontecido. Ele não sabia responder a tudo, mas de uma coisa ele tinha certeza e disse: "eu era cego e agora eu vejo".

Jesus pode fazer qualquer coisa, mesmo o que parece impossível. Quando Ele faz um milagre, mostra Sua graça maravilhosa e excelsa. —TM

CURIOSIDADE

A "maravilhosa graça" de Deus transformou John Newton. Ele era capitão de um navio que transportava escravos da África para a Inglaterra. Mas, depois que ele aceitou Jesus reconheceu que a escravidão era errado, e passou a defender a abolição.

LEIA MAIS

Veja Marcos 7:31-35 para saber sobre outro homem que Jesus curou. O que aconteceu?

Nenhum outro deus

19 DE MARÇO

Enquanto os israelitas estavam no deserto, Moisés ia ao monte Sinai para falar com Deus. Certa vez, o Senhor lembrou a Moisés das leis, pois queria que o povo as obedecesse. Então, Deus entregou a Moisés os Dez Mandamentos em duas pedras, chamadas de Tábuas da Lei.

Moisés demorou muito no monte com Deus, por isso o povo achou que ele não voltaria. Então, foram falar com o irmão de Moisés, dizendo que queriam um deus que pudessem ver. Arão juntou todas as joias de ouro, derreteu e fez um ídolo na forma de um bezerro. E o povo dançou e celebrou na frente desse bezerro de ouro.

Ao descer do monte, Moisés ouviu a comemoração e viu o ídolo. Ele ficou tão zangado que quebrou as Tábuas da Lei no chão. Ele se irritou porque o povo tinha se afastado de Deus muito rápido e seu irmão tinha sido um péssimo líder. Moisés derreteu o ídolo, moeu o ouro e colocou o pó na água.

> *Eu, o Senhor, sou o seu Deus. Eu o tirei do Egito, a terra onde você era escravo. Não adore outros deuses; adore somente a mim...*
> ÊXODO 20:2-4

Vou obedecer e adorar a Deus.

Deus também se zangou. Ele tinha tirado o povo do Egito, e mandava pão do céu para comerem. Então, enviou uma doença para castigar os que adoraram o bezerro de ouro. Muitos morreram por desobedecerem.

Deus é o Criador de tudo e quer ser nosso único Deus. Ele merece a nossa adoração, e não quer que nada seja mais importante para nós do que Ele. Quando escolhemos obedecê-lo e seguir líderes que são fiéis a Ele, o Senhor fica feliz. —CB

CURIOSIDADE

Os filisteus, inimigos de Israel, certa vez colocaram a estátua de seu falso deus Dagon na frente da arca da aliança de Deus. Pela manhã, a estátua estava caída com a face para o chão e em pedaços!

LEIA MAIS

Em Êxodo 34:1-4, o que Deus mandou Moisés fazer?

20 DE MARÇO

> Ele diz: "Parem de lutar e fiquem sabendo que eu sou Deus. Eu sou o Rei das nações, o Rei do mundo inteiro."
>
> **SALMO 46:10**

Fique quieto

O mundo pode ser barulhento e agitado. Escutamos música, digitamos no computador e ligamos a televisão. Motocicletas roncam, carros buzinam e trens apitam. Crianças vão à escola, praticam esportes, ficam com amigos e realizam tarefas. O barulho e a atividade nunca acabam!

Mas no meio de nossa agitação barulhenta, está Deus. Ele quer que a gente separe um tempo para ficar quieto. Quer que a gente passe um tempo pensando nele.

Pode ser difícil pensar em Deus com tanto barulho e movimentação, por isso é importante ficar quieto e se "desconectar" um pouco. Desligar a TV, a música e o computador. Abrir a Bíblia ou um livro de histórias bíblicas, e ler num lugar tranquilo. Falar com Deus e contar o que está acontecendo, louvar e agradecer por tudo o que Ele faz por você. Em seguida, ficar em silêncio e ouvir.

Vou separar um tempo para ficar quieto com Deus.

Você pode escutar o som da criação de Deus, coisas que normalmente não são percebidas. Talvez ouça o vento nas árvores, um passarinho, ou as águas de um riacho. Deixe esses sons tranquilos lembrarem você de como Deus está perto. Ele sempre está, mas quando você está ocupado, é fácil esquecer isso.

Você pode se ocupar com coisas boas, mas o melhor é ficar quieto com Deus. —CB

CURIOSIDADE

O grilo da Colômbia é um dos insetos mais barulhentos do mundo. Os machos dessa espécie podem cricrilar tão alto quanto uma serra elétrica quando friccionam a asas.

LEIA MAIS

Salmo 119:97-105 lista algumas bênçãos que recebemos ao ler a Palavra de Deus. Quais são?

Deus, me escolhe!

21 DE MARÇO

De vez em quando, o professor pede um voluntário durante a aula para ajudar com a lição, ou auxiliar na distribuição de alguma coisa. Quando é uma coisa legal e os alunos querem participar, todos levantam a mão e pedem:

—Me escolhe! — É bom ser selecionado para uma tarefa especial.

Isaías foi escolhido para uma tarefa muito especial. Ele se tornou o mensageiro de Deus, com a missão de contar aos israelitas sobre o futuro nascimento de Jesus. Isaías era muito próximo do Senhor, e até mesmo tinha visões do céu. Deus falou com ele, dizendo que precisava de um voluntário; Ele queria um mensageiro, e Isaías logo se prontificou: "Envia-me a mim!". Ele poderia ter sugerido outra pessoa, mas queria ser o escolhido; ele queria ser obediente.

> Em seguida, ouvi o Senhor dizer: "Quem é que eu vou enviar? Quem será o nosso mensageiro?" Então respondi: "Aqui estou eu. Envia-me a mim!"
> **ISAÍAS 6:8**

Posso escolher fazer parte do trabalho de Deus.

Deus dá a todos os cristãos a oportunidade de fazer parte de uma tarefa especial. Quando aceitamos Jesus como nosso Salvador, Deus nos diz para falar aos outros sobre Jesus. Assim como o professor que pede um voluntário na sala de aula, Deus ama quando Seus seguidores respondem animados.

Quando Deus pedir para fazer parte de Seu trabalho, você pode responder como Isaías; pode dizer alegremente:

—Me escolhe! —TM

LEIA MAIS
Veja Mateus 4:18-22. Como Pedro, André, Tiago e João responderam ao convite de Jesus?

CURIOSIDADE
Os países que mais enviam e recebem missionários cristãos todos os anos são os EUA e o Brasil!

22 DE MARÇO

> Confie no SENHOR de todo o coração e não se apoie na sua própria inteligência. Lembre de Deus em tudo o que fizer, e ele lhe mostrará o caminho certo.
>
> PROVÉRBIOS 3:5,6

Quando eu crescer

Um dia, uma mãe perguntou ao filho de três anos:

—O que você quer ser quando crescer?

Ele pensou e respondeu:

—Papai!

Qual a sua resposta à essa pergunta? Quer ser professor ou cientista? Gostaria de trabalhar com computadores? Algumas crianças querem ser médicas, enfermeiras ou missionárias. Talvez você queira ser engenheiro e construir escolas e hospitais. Policiais e bombeiros trabalham para proteger as pessoas. Se você gosta de música, pode desejar ser compositor ou líder de louvor.

É divertido imaginar o que será um dia, mas não precisa decidir agora. A maior parte dos garotos e garotas escolhe quando fica mais velho, então você não deve se preocupar. Se ama a Deus e continua aprendendo e obedecendo, e o Senhor vai mostrar o que Ele quer de você.

Professor? Cientista? Engenheiro?

Deus me fará saber o que Ele quer que eu seja.

Deus o criou com uma finalidade especial, e vai lhe ajudar a saber qual é. Talvez fique mais claro quando estiver no Ensino Médio. Talvez você só fique sabendo qual é mais tarde. Algumas vezes, o Senhor mostra a adultos que devem fazer outra coisa, mesmo depois de já terem uma profissão. Alguém pode estudar para ser professor, e acabar se tornando escritor; outro pode fazer faculdade de direito, e depois estudar para ser pastor.

O mais importante é pedir a Deus para mostrar o que você deve fazer e deixar que Ele o oriente. O Senhor vai ajudá-lo a decidir. —CB

CURIOSIDADE

Uma das profissões que mais cresce no mundo é a de desenvolvedor de software. Eles criam jogos para videogame e programas que funcionam em celulares.

LEIA MAIS

O que Provérbios 16:9 fala sobre Deus e o seu futuro?

23 DE MARÇO

> Mas o SENHOR disse: Não se impressione com a aparência [...]. Eu o rejeitei porque não julgo como as pessoas julgam [...] eu vejo o coração.
>
> **1 SAMUEL 16:7**

Deus vê o interior

Conhece alguém que é muito bonito? Às vezes admiramos a beleza dos outros, mas Deus diz que há uma forma muito melhor de ver as pessoas.

Samuel era profeta e juiz de Israel. Deus mandou que fosse visitar um homem chamado Jessé, porque um de seus filhos seria o próximo rei de Israel. Quando Samuel entrou na casa de Jessé, conheceu sete de seus filhos. O profeta achou os jovens altos e bonitos, mas nenhum deles era o escolhido por Deus.

O Senhor sabia o que Samuel estava pensando, então disse que não devia olhar a aparência exterior, pois não é o que Deus olha! Ele conhece o coração de uma pessoa, e isso é o que importa.

O importante é o que está em meu coração.

Samuel perguntou a Jessé se ele tinha mais algum filho, e o homem respondeu que o mais novo, Davi, estava cuidando das ovelhas. Quando Davi chegou, Deus disse a Samuel que aquele era o escolhido. Então Samuel ungiu Davi — quer dizer, derramou óleo na cabeça dele — para mostrar que um dia Davi seria rei.

Deus não escolheu Davi por ser o mais forte, o mais alto ou o mais bonito. Ele foi escolhido porque amava ao Senhor. É assim que Deus vê as pessoas: Ele não se importa com sua altura, cor dos olhos ou tipo de cabelo que você tem. Quando você ama a Deus, Ele vê o que está em seu coração, e é isso que é importante para Ele. —CB

CURIOSIDADE

Em Êxodo 30:22-25, Deus deu a Moisés uma receita para fazer um "óleo de unção" especial. Ele incluía várias especiarias, como canela, misturada com azeite de oliva.

LEIA MAIS

O que Isaías 53:2,3 fala sobre a aparência de Jesus enquanto esteve na Terra?

24 DE MARÇO

> Portanto, vão a todos os povos do mundo e façam com que sejam meus seguidores, batizando esses seguidores em nome do Pai, do Filho e do Espírito Santo.
>
> MATEUS 28:19

Três em um

Antes de voltar para o céu, Jesus mandou que Seus discípulos viajassem pelo mundo, falando sobre Ele. Mandou também que batizassem os que cressem em nome do Pai, do Filho e do Espírito Santo. Os três nomes que se referem a Deus.

Existe apenas um Deus, mas existem três "pessoas" em Deus, o que é chamado de Trindade. Se você achar complicado entender, tudo bem. A ideia da Trindade pode ser confusa, porque temos mentes humanas que não podem compreender totalmente como é Deus.

Quando viveu na Terra, Jesus disse que era o Filho de Deus. Falou também: "Eu e o Pai somos um" (João 10:30). Sabemos que Jesus é o Filho de Deus, mas que também é Deus. Ele disse que depois que fosse para o céu, Deus mandaria o Espírito Santo para ajudar. O Espírito Santo é a terceira "pessoa" de Deus, aquele que vive dentro de nós quando aceitamos Jesus como nosso Salvador. Depois que Jesus foi para o céu,

Eu acredito na Trindade.

o Espírito Santo deu poder aos discípulos para continuarem o trabalho do Mestre.

Deus quer que a gente tenha fé nele. Fé é acreditar em uma coisa, mesmo quando é difícil de entender. E como há coisas sobre Deus que não conseguimos compreender totalmente, precisamos de fé!

Mesmo sendo difícil entender ou explicar a Trindade, podemos acreditar pela fé. Podemos saber que é verdade, em nosso coração. —CB

CURIOSIDADE

Pentecostes foi o dia em que Deus enviou o Espírito Santo para encher o coração dos cristãos (Atos 2:1-4). Cinquenta dias após a Páscoa, vem o Pentecostes. Esse nome vem da palavra "cinquenta" em grego.

Leia mais

Leia Mateus 3:16,17 para saber o que aconteceu quando Jesus foi batizado.

Hosana

25 DE MARÇO

Você gosta de desfiles? Uma vez, Jesus e os discípulos seguiam por uma rua movimentada, enquanto as pessoas em volta gritavam e aplaudiam. Todos os anos, lembramos desse momento no Domingo de Ramos.

Jesus e os discípulos iam comemorar a Páscoa em Jerusalém. Quando se aproximaram da cidade, Ele deu uma tarefa a dois deles. "Vão até a cidade seguinte", falou. "Logo que vocês entrarem lá, encontrarão uma jumenta presa e um jumentinho com ela. Desamarrem os dois e os tragam aqui. Se alguém falar alguma coisa, digam que o Mestre precisa deles".

Tanto os que iam na frente como os que vinham atrás começaram a gritar: "Hosana ao Filho de Davi! Que Deus abençoe aquele que vem em nome do Senhor!...".

MATEUS 21:9

Os discípulos obedeceram, e colocaram suas capas no lombo dos animais. Então, Jesus subiu no filhote e seguiu para a cidade.

Como demonstração de respeito, as pessoas lançaram suas capas no chão para Jesus passar; e também cortaram folhas de palmeiras e espalharam na rua. Então começaram a gritar: "Hosana ao Filho de Davi! Que Deus abençoe aquele que vem em nome do Senhor!".

Quando Jesus entrou em Jerusalém, as pessoas da cidade ouviram e perguntaram: "Quem é esse?". E a multidão disse: "Esse é Jesus, o profeta de Nazaré na Galileia. Hosana nas alturas!".

Posso louvar a Jesus dizendo "Hosana!".

A palavra hosana significa "Um viva para a salvação, ela está vindo; está aqui!". Naquele dia, as pessoas o homenagearam como seu Salvador. Todos os anos comemoramos o Domingo de Ramos na semana anterior à Páscoa, e também podemos louvar a Jesus dizendo: "Hosana!" —TM

LEIA MAIS

Zacarias 9:9 foi escrito 500 anos antes de Jesus nascer. O que esse texto diz sobre o rei que viria?

CURIOSIDADE

No Brasil, o jumento tem nomes diferentes de acordo com a região: jegue, asno, burro, jerico...

26 DE MARÇO

> Não abandonemos, como alguns estão fazendo, o costume de assistir às nossas reuniões. Pelo contrário, animemos uns aos outros.
> **HEBREUS 10:25**

Vamos à igreja!

Você fica animado em ir à igreja? Algumas têm programações especiais para crianças; em outras, as famílias participam juntas do culto. Existem igrejas de todos os tamanhos: umas bem grandes, outras pequenas, e muitas são médias.

Depois que Jesus foi para o céu, Seus seguidores começaram a se reunir nas casas uns dos outros para comer, orar e falar sobre Jesus. Foi assim que começou o "ir à igreja". Quando o número de cristãos cresceu, precisaram de mais lugares para se encontrar e começaram a construir templos.

Sabia que há lugares no mundo onde cristãos não podem se reunir na igreja? Pessoas de outras religiões que se tornam cristãs, às vezes são rejeitadas por suas famílias; e há casos em que pessoas vão para a prisão, ou mesmo são mortas por causa de sua fé. Por isso, em alguns desses países, cristãos se reúnem em lugares secretos. Eles oram, leem a Bíblia e falam sobre Jesus em esconderijos onde ninguém os vê.

Ficarei alegre quando for para a igreja.

Reunir-se na igreja é uma liberdade que muitos não têm. Então, se você pode ir à igreja sem medo de ser punido, seja agradecido! A igreja é um onde podemos nos unir com outros cristãos para louvar e adorar a Deus, ler a Bíblia juntos e aprender mais sobre como o Senhor quer que vivamos.

Quando for para a igreja, fique animado e alegre. É um lugar muito especial. —CB

CURIOSIDADE

A Capela Sistina, construída nos anos de 1400 em Roma, tem o teto pintado por Michelangelo.

LEIA MAIS

1 Coríntios 16:19 nos fala sobre duas pessoas que tinham uma igreja em casa. Quem foram?

O que você quer?

27 DE MARÇO

Você já quis, muito mesmo, alguma coisa? Quem sabe tenha visto um novo jogo incrível, ou um par de sapatos maravilhoso, e não conseguiu pensar em mais nada? Quando finalmente conseguiu o que queria, aproveitou por um tempo, mas então se cansou de jogar ou o jogo quebrou. Seus sapatos novos ficaram velhos e sujos, ou apertados. É assim que acontece com as coisas: elas não duram muito, e então queremos outras.

Jesus contou a história de um jovem que fez uma pergunta a Ele. Como demonstração de respeito, o homem se ajoelhou e perguntou: "Mestre, o que devo fazer para ter vida eterna?".

O homem também disse que obedecia a todos os mandamentos de Deus, mas Jesus falou que ele precisava fazer mais uma coisa: vender tudo o que tinha, dar o dinheiro aos pobres e seguir a Jesus.

> *Portanto, ponham em primeiro lugar na sua vida o Reino de Deus e aquilo que Deus quer, e ele lhes dará todas essas coisas.*
> **MATEUS 6:33**

Quero colocar Deus em primeiro lugar.

Então o homem se virou e foi embora. Ele ficou triste porque era muito rico e pensava que precisava mais das coisas do que de Jesus. Ele achava que sendo bom, ganharia a vida eterna.

É legal ser bom, mas não é o suficiente. Apenas Jesus pode nos dar a vida eterna. Ao amarmos a Jesus mais do que todo o resto, teremos tudo o que queremos.
—CB

LEIA MAIS
O que Mateus 6:19-21 nos diz sobre as coisas que juntamos?

CURIOSIDADE
Quando as crianças têm entre 6 e 10 anos, seus pés crescem cerca de 12 milímetros por ano.

28 DE MARÇO

> Por que é que as outras nações nos perguntam: "Onde está o Deus de vocês?" Nós respondemos: "O nosso Deus está no céu; ele faz tudo o que quer."
>
> **SALMO 115:2,3**

O Deus vivo

Nos tempos do Antigo Testamento, muitos povos adoravam falsos deuses. Eles faziam ídolos de ouro e prata, e alguns de madeira ou de pedra. Eles criavam seus deuses com suas próprias mãos e oravam a eles. Houve vezes em que até os israelitas se afastaram de Deus e adoraram falsos deuses.

Existe apenas um Deus verdadeiro e vivo, e Ele está no céu. As pessoas não o fizeram, Ele nos fez! O Salmo 115 mostra como é bobagem adorar um ídolo feito pelo homem. Ídolos não estão vivos; eles têm bocas, mas não falam; têm olhos e orelhas, mas não veem nem escutam. Eles têm narizes, mas não sentem cheiro; têm mãos, mas não podem tocar; têm pés, mas não andam. Eles não podem pensar ou entender; não respondem orações nem ajudam ninguém, porque são apenas pedaços de metal, madeira ou pedra.

Meu Deus está vivo.

Nosso Deus no céu é o único Deus. Ele pode nos ver e nos escutar; sabe o que precisamos e ouve nossas orações. Ele nos ama e cuida de nós; nos protege e nos abençoa. Isso porque Ele está vivo!

Você não fica feliz em poder acreditar num Deus de verdade? Deus é o único que merece o nosso louvor e adoração. Não existe outro Deus além dele. —CB

CURIOSIDADE

Na versão Nova Tradução na Linguagem de Hoje (NTLH) da Bíblia, Deus é chamado de "Deus vivo" 52 vezes!

Leia mais

Confira o Salmo 115:12,13. A quem o Senhor abençoará?

A escolha é sua

29 DE MARÇO

Após a morte de Moisés, Josué se tornou o líder de Israel. Ele sempre obedeceu a Deus e levou o povo até a Terra Prometida.

Depois de muitos anos, Josué reuniu os israelitas num lugar chamado Siquém. Ele lembrou ao povo tudo o que Deus tinha feito por eles. Josué estava decepcionado com muitas pessoas que tinham adorado a outros deuses, e disse que era hora delas fazerem uma escolha.

Decidam hoje a quem vão servir. [...] Porém eu e a minha família serviremos a Deus, o Senhor.
JOSUÉ 24:15

Josué falou que podiam escolher adorar falsos deuses, ou jogar fora seus ídolos para servirem ao Senhor. Depois disso, contou a elas qual era a sua escolha, deixando claro que ele e sua família serviriam ao Senhor.

Nós fazemos escolhas todos os dias. Você pode escolher que roupa vai usar ou o que vai comer. Muitas das nossas escolhas são pequenas, mas outras podem ser muito importantes, como, por exemplo, escolher os amigos e as atividades certas.

Vou escolher servir ao Senhor.

De todas as escolhas que você faz em sua vida, a mais importante é amar e servir a Deus. Quando pedimos a Ele, o Senhor nos ajuda a fazer boas escolhas e a viver da forma que Ele quer. —CB

CURIOSIDADE

Quando Abraão deixou seu país e viajou para a terra de Canaã, a primeira cidade na qual ele chegou foi Siquém. Abraão construiu um altar em Siquém, e Deus prometeu aquela terra aos descendentes dele.

LEIA MAIS

Gênesis 35:1-4 conta a história de alguém que escolheu bem e foi para Siquém. Quem foi?

30 DE MARÇO

> *Vocês são o povo de Deus [...]. Portanto, vistam-se de misericórdia, de bondade, de humildade, de delicadeza e de paciência.*
> **COLOSSENSES 3:12**

Roupas especiais

Que tipo de roupa você gosta de usar? Se você mora num lugar quente, provavelmente prefere shorts e camiseta, mas se vive num lugar frio, deve usar calça comprida e casaco. Se você mora em uma cidade onde faz muito frio, vai precisar usar casacão, gorro e luvas.

Existem diversos tipos de roupas. Alguns gostam de roupas claras; outros preferem listras ou estampas. Algumas crianças usam uniformes na escola, indicando aonde estudam.

Sabia que a Bíblia fala de roupas especiais? Ela não fala de calças ou camisetas, mas mostra como nós devemos agir como filhos de Deus. Podemos mostrar às pessoas que somos filhos de Deus pela maneira como tratamos uns aos outros.

Quando você fala algo legal para alguém triste, é como estar usando uma camiseta que diz "eu me preocupo com você". Quando você não fica todo convencido por ter tirado uma nota boa, é como estar usando um gorro dizendo: "Deus me ajuda a fazer a prova."

Ao se vestir de manhã, você está se aprontando para o dia, então coloque ao mesmo tempo as "roupas" que a Bíblia fala. Você pode ser gentil e cuidadoso, paciente e humilde. Quando se veste desse jeito, estará realmente pronto para qualquer coisa que possa acontecer durante o dia.

Assim como o uniforme da escola, suas "roupas espirituais" vão mostrar aos outros a quem você pertence. —CB

Vou me vestir como Deus quer.

CURIOSIDADE
As pessoas da Bíblia usavam roupas de lã, linho e de peles; e sandálias de madeira e couro.

Leia mais
Segundo 1 Pedro 3:3,4, não é da roupa que vem nossa beleza. De onde ela vem?

Sem falar

31 DE MARÇO

João Batista era uma parte especial do plano de Deus, pois nasceu para preparar o caminho para Jesus.

O nascimento de João foi um milagre, porque seus pais, Zacarias e Isabel, não podiam ter filhos. Os dois amavam muito a Deus e oravam para ter um bebê.

Zacarias era um sacerdote que servia no Templo. Um dia viu um anjo e ficou com muito medo, mas o anjo Gabriel tinha trazido boas notícias, e falou: "Não tenha medo, Zacarias, pois Deus ouviu a sua oração! A sua esposa vai ter um filho, e você porá nele o nome de João." Gabriel também disse que João seria um grande homem que traria muitas pessoas de volta para o Senhor.

> ...isso acontecerá no tempo certo. E, porque você não acreditou, você ficará mudo e não poderá falar até o dia em que o seu filho nascer.
>
> **LUCAS 1:20**

Vou confiar no que Deus diz.

O sacerdote mal podia acreditar no que ouvia, então perguntou ao anjo como poderia ter certeza de que aquilo era verdade. E Gabriel respondeu: "Deus me mandou para lhe dar essa notícia. E, porque você não acreditou, você ficará mudo e não poderá falar até o dia em que o seu filho nascer." Então Deus tirou a voz de Zacarias, e ele não falou até o nascimento de João.

Podemos sempre acreditar no que Deus diz. Muitas coisas podem parecer impossíveis a nós, mas nada é impossível para o Senhor. Quando você confia na Palavra de Deus, demonstra ter fé. Você sabe que Deus sempre cumprirá o que promete. —TM

Leia mais
Veja Gênesis 18:9-15. Como Sara reagiu quando soube que ela e Abraão teriam um filho?

CURIOSIDADE
Quando o filho nasceu, Zacarias escreveu: "O nome dele é João", e em seguida voltou a falar.

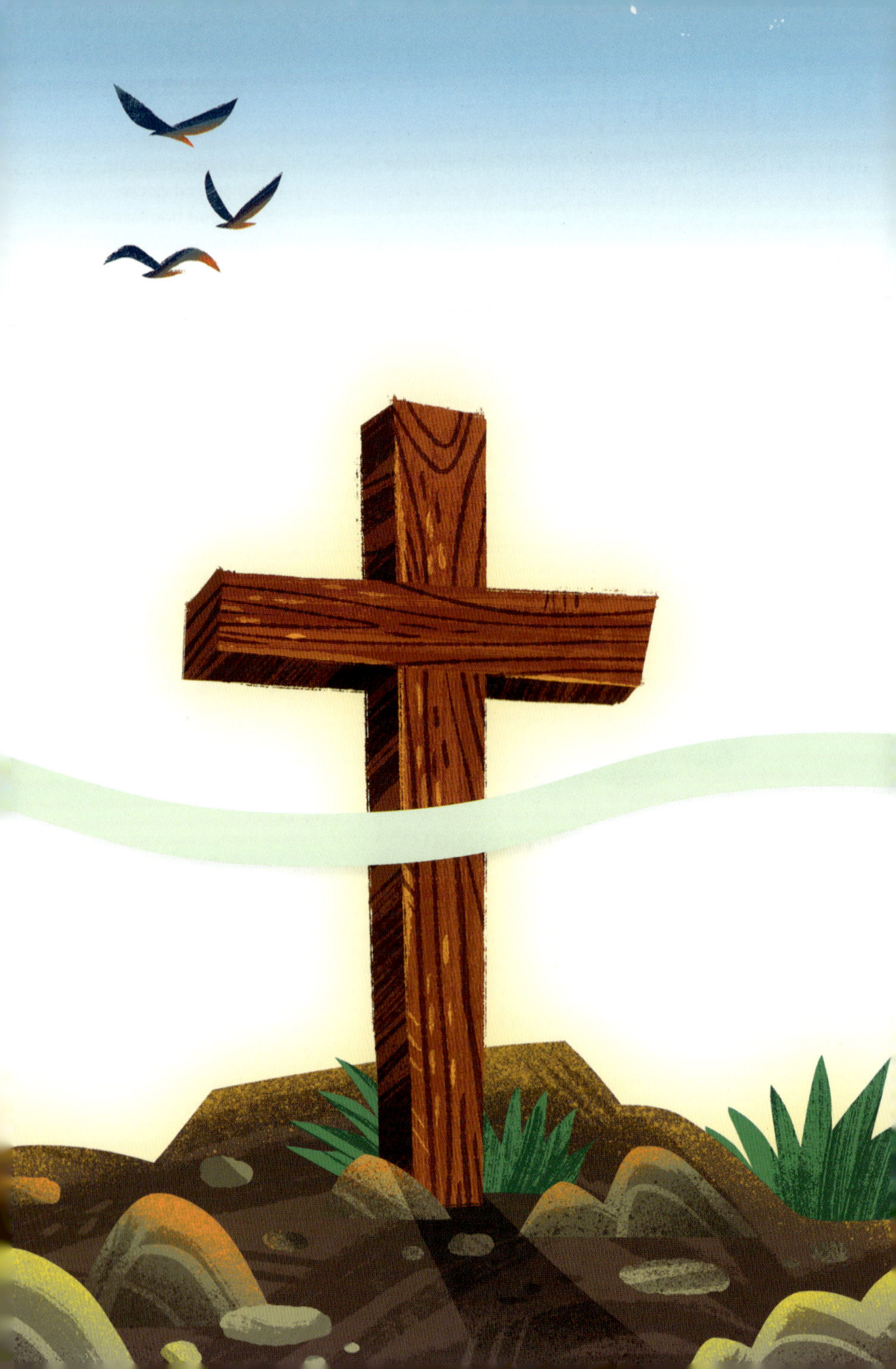

1 DE ABRIL

> O Espírito que está em vocês é mais forte do que o espírito que está naqueles que pertencem ao mundo.
>
> 1 JOÃO 4:4

Verdadeiro ou falso

Em muitos países, 1.º de abril é o dia da mentira, e familiares e amigos fazem brincadeiras. Uma pessoa tenta enganar a outra dizendo algo que não é verdade. Por exemplo, sua mãe diz: "Não precisa ir à escola hoje". Você pode até ficar animado e responder: "Sério?". Então ela vai falar: "Primeiro de abril!".

Essa é só uma brincadeirinha que as pessoas fazem em 1.º de abril, mas algumas pessoas falam mentiras nos outros dias do ano. Quando Jesus voltou para o céu, Seus discípulos receberam o Espírito Santo, como Ele havia prometido. Eles ensinavam sobre Jesus onde quer que fossem. Muitas pessoas acreditaram em Jesus e se tornaram cristãs. Mas naquela época também havia falsos mestres que não diziam a verdade. Eles tentavam confundir os cristãos, ensinando coisas erradas. João, o discípulo de Jesus, lembrava aos cristãos que o Espírito Santo estava neles, e que o Espírito de Deus era maior do que qualquer falso mestre, e que o Santo Espírito do Senhor os ajudaria a entender o que era verdade e o que era falso.

O Espírito Santo me fará saber o que é verdade.

Quando você se torna cristão, também tem o Espírito Santo em sua vida, e pode pedir que Ele ajude a compreender o que é verdadeiro e o que é falso. Lembre-se sempre de que cada palavra da Bíblia é verdadeira. Ninguém que acredita na Bíblia é tolo! —CB

CURIOSIDADE

O dia da mentira é comemorado na Europa, Austrália, EUA e Brasil. Tornou-se popular desde o ano de 1800.

LEIA MAIS
O que o Salmo 119:160 fala sobre a Palavra de Deus?

2 DE ABRIL

Tudo o que tinha

Não dê com tristeza no coração, mas seja generoso com ele; assim o S<small>ENHOR</small>, nosso Deus, abençoará tudo o que você planejar e tudo o que fizer.

DEUTERONÔMIO 15:10

Você já deu algo de valor? Um dia, Jesus estava no Templo perto do lugar onde eram dadas as ofertas, enquanto as pessoas traziam seu dinheiro. Os ricos queriam que todos vissem que colocavam ali altos valores. Mas uma viúva pobre entrou e colocou duas moedinhas que, somadas, não valiam R$ 0,50 centavos!

Jesus ficou feliz com o que a mulher fez, e disse: "Essa pobre viúva deu apenas duas moedinhas, porém deu mais do que os ricos." Então explicou que embora os ricos tivessem colocado muito dinheiro no ofertório, haviam dado o que não precisavam. A viúva tinha apenas duas moedas e deu para Deus tudo o que possuía.

O Senhor fica feliz quando damos generosamente. Ele ama quando damos com nosso coração, porque é assim que Ele nos dá. A Bíblia diz que quando somos generosos, Deus nos abençoa. Ele vai nos abençoar com a boa sensação que temos ao ajudar os outros, mas também pode nos abençoar de outras formas.

Talvez você não tenha muito a dar, mas tudo bem. Se recebe mesada, pode separar uma parte para dar no ofertório da igreja. Mas também pode dar alguns de seus brinquedos ou roupas para uma missão; ou ainda doar seu tempo voluntariamente para ajudar outras pessoas.

Tudo o que você tem vem de Deus. Sempre que você retribuir, Deus o abençoará. —CB

Deus me abençoa para que eu possa abençoar.

CURIOSIDADE

No tempo de Jesus, usavam-se moedas como dinheiro. As notas, só apareceram mil anos depois. Os chineses foram os primeiros a usar o dinheiro de papel.

L<small>EIA</small> <small>MAIS</small>

Leia Malaquias 3:10-12 para saber que promessa Deus fez aos israelitas.

3 DE ABRIL

> Assim também a luz de vocês deve brilhar para que os outros vejam as coisas boas que vocês fazem e louvem o Pai de vocês, que está no céu.
>
> MATEUS 5:16

Brilhe sua luz

É fácil ver uma luz no escuro. À noite, a cidade fica cheia de luzes. Se estiver chegando de carro por uma estrada, é possível ver as luzes da cidade brilhando de longe, ou seja, ela não pode se esconder.

Em casa, provavelmente você liga a luz quando entra no quarto à noite. Lâmpadas espantam a escuridão, por isso não acendemos uma lâmpada e a escondemos debaixo da cama ou dentro do armário. Afinal, nós a acendemos para iluminar o quarto!

Jesus disse que os cristãos são como uma cidade construída no alto de uma montanha, ou como uma lâmpada num quarto escuro. Como estamos cheios do amor de Deus, Ele quer que a gente mostre o Seu amor a todo mundo. Assim como as luzes da cidade brilham de noite, o amor de Deus deve brilhar através de nós. Assim como uma lâmpada espanta a escuridão do quarto, a alegria de Deus em nossa vida ilumina o mundo ao nosso redor.

Posso deixar a minha luz brilhar.

Deus não quer que a gente esconda o Seu amor e a Sua alegria. Ele quer que deixemos eles brilharem através de nossa vida. Quando alguém está cheio do Espírito de Deus, pode deixar que Sua luz se mostre. Você pode ajudar seus amigos a recolherem os brinquedos; pode dizer aos seus pais o quanto os ama; pode agradecer aos seus professores pelo que ensinam.

Jesus diz que os outros verão o bem que você faz e louvarão a Deus no céu. É bom brilhar a sua luz! —TM

LEIA MAIS

Veja Isaías 60:19. Um dia, o sol e a lua não serão mais necessários, de onde virá a luz então?

CURIOSIDADE

Uma das estrelas mais brilhantes do céu do Hemisférios Norte é a Polar. Navegadores a usavam como guia.

4 DE ABRIL

Uma jumenta falante

A jumenta disse a Balaão: "Por acaso não sou a sua jumenta, em que você tem montado toda a sua vida? Será que tenho o costume de fazer isso com você?"
NÚMEROS 22:30

Balaque, rei de Moabe, estava preocupado. Os israelitas estavam vivendo perto deles, depois de derrotar outro país numa batalha. Ele temia que fizessem o mesmo com o seu exército.

Assim, o rei Balaque mandou que falassem com o profeta Balaão. Balaque queria que ele amaldiçoasse os israelitas, pois achava que as palavras do profeta poderiam ferir os judeus e proteger o exército de Moabe.

Mas Deus disse a Balaão para não falar contra os israelitas. Ele podia conversar com o rei, mas deveria dizer o que o Senhor mandasse.

No dia seguinte, Balaão aprontou sua jumenta para a viagem. Mas algo no coração do profeta deixava Deus triste, então Ele mandou um anjo. Balaão não viu o anjo, mas a jumenta o viu. Primeiro o animal tentou dar meia volta, mas o profeta ficou zangado e o forçou a seguir em frente. Na segunda vez que a jumenta viu o anjo, saiu e apertou o pé do dono contra um muro. Na terceira vez, ela simplesmente deitou na estrada.

Então Deus chamou a atenção de Balaão de forma incrível: a jumenta falou! Depois de ouvir o animal, o profeta finalmente conseguiu ver o anjo. Deus deixou que Balaão fosse até Moabe, mas para abençoar os israelitas, e não para os amaldiçoar.

A Palavra de Deus me mostra o caminho certo.

Deus quer que a gente obedeça. Quando estivermos no caminho errado, Ele vai nos mostrar. Assim poderemos dar meia volta e ir pelo caminho certo. —TM

CURIOSIDADE

O papagaio-cinzento é uma das espécies que melhor aprende a falar algumas palavras.

Leia mais

Abra em Gênesis 28:10-15 para ler sobre outro viajante que viu anjos.

5 DE ABRIL

Olhe firme para frente

> Olhe firme para a frente, com toda a confiança; não abaixe a cabeça, envergonhado. Pense bem no que você vai fazer, e todos os seus planos darão certo.
> **PROVÉRBIOS 4:25,26**

Muitos esportes usam bola: futebol, basquete, vôlei, golfe ou até tênis. Em todos eles, bolas são chutadas, batidas ou arremessadas durante a partida. Os técnicos mandam os atletas "manterem os olhos na bola". A distração do jogador, ou o desvio de sua atenção da bola, pode fazer a diferença entre a vitória e a derrota.

O livro de Provérbios é conhecido como um dos "livros de sabedoria" da Bíblia. Em Provérbios 4, Deus nos dá muitas orientações sábias. Assim como um técnico diz aos jogadores para manterem os olhos na bola, Deus nos manda manter nossos olhos focados no que é certo. Se desviarmos nossa atenção do que é bom e correto, podemos nos distrair e sermos tentados a pecar.

Muitas coisas podem desviar nosso olhar do que é certo. O diabo vai usar coisas deste mundo para distrair você. Ele quer que desvie os seus olhos de Deus. Por isso é tão importante você ser cuidadoso com tudo o que faz.

Vou manter meu olhar focado no que é certo.

Sabe como ser cuidadoso? Escolhendo boas atividades e bons amigos; se mantendo perto de Deus, lendo Sua Palavra e orando todos os dias; e desviando seu olhar de tudo o que pode desagradar ao Senhor.

As orientações do livro de Provérbios foram escritas para nos ajudar a entender a sabedoria de Deus. Quando prestamos atenção à sabedoria do Senhor, podemos evitar o sofrimento das más decisões. —CB

CURIOSIDADE

As primeiras bolas de borracha foram criadas pelos Maias 1.600 anos antes de Jesus nascer. Os maias combinaram a seiva da seringueira com o suco do fruto da corriola.

Leia mais

Que outras palavras de sabedoria vemos em Provérbios 4? Descubra nos versículos 20-24.

6 DE ABRIL

> *Pois para mim viver é Cristo, e morrer é lucro. Mas, se eu continuar vivendo, poderei ainda fazer algum trabalho útil...*
>
> FILIPENSES 1:21,22

Viver para Jesus

Como você acha que deve ser estar na prisão?

O apóstolo Paulo passou muito tempo na prisão, mas não por ter cometido crimes; ele foi preso por estar pregando o Evangelho! Quando escreveu uma carta aos cristãos da cidade de Filipos, não tinha certeza do que aconteceria. Muitos cristãos estavam morrendo por causa da fé em Cristo, e o apóstolo sabia que o Império Romano podia matá-lo.

Ao invés de ficar com medo, Paulo teve coragem, pois tinha certeza de que se encontraria com Jesus caso morresse, e essa era uma ideia maravilhosa! Mas ele também sabia que quanto mais vivesse, mais poderia trabalhar para Deus, passando todo o tempo ensinando sobre Cristo e sobre como se tornar cristão.

Deus deu a Paulo uma tarefa especial, e ele devia levar a mensagem da salvação para todos. Ele encorajava os cristãos; contava o que o Mestre tinha feito por ele a quem encontrasse pelo caminho; e até falava sobre o Senhor aos próprios guardas da prisão! Paulo vivia dedicado ao trabalho de Deus todos os dias.

Assim como Paulo, você pode usar cada dia para viver para Jesus. Pense em sua vida como uma tarefa especial: pode falar sobre as coisas legais que Deus faz por você, e convidar pessoas a se tornarem cristãs. Quando você vive para Jesus, cada dia é importante! —TM

Eu posso viver para Jesus.

CURIOSIDADE

Estudiosos acreditam que Paulo ficou seis anos na prisão por pregar sobre Jesus.

LEIA MAIS

Veja em Atos 16:16-34 o que um carcereiro aprendeu com Paulo na prisão.

Sem vingança

7 DE ABRIL

É difícil aceitar quando alguém nos magoa. Quando uma pessoa faz alguma coisa ruim para nós, é fácil querer se vingar. Você pode achar que se sentirá bem respondendo "à altura", ou dando o troco "na mesma moeda", como diz o ditado. Muitas vezes, se vingar parece ser a única forma de vencer.

Mas a Bíblia diz para fazermos algo totalmente diferente. Ao invés de responder comentários maldosos, com comentários maldosos, Deus nos diz para sermos nobres. Isso quer dizer que devemos fazer o que é honesto e correto. Quando as pessoas nos magoam, podemos escolher reagir com bondade. Podemos até mesmo orar por elas! E nada disso significa que concordamos com o que fizeram, simplesmente quer dizer que escolhemos perdoar.

> *Não paguem a ninguém o mal com o mal. Procurem agir de tal maneira que vocês recebam a aprovação dos outros.*
> **ROMANOS 12:17**

Posso escolher ser bom.

As pessoas fizeram muitas maldades com Jesus: o xingaram, disseram mentiras e até caçoaram dele. Antes de pregarem Cristo na cruz, bateram e cuspiram nele. Mas Ele não fez nem disse nada maldoso àquelas pessoas. Jesus sabia que não era Sua função puni-las, mas que isso era com Deus. Jesus passou toda a Sua vida obedecendo a Deus e fazendo a coisa certa.

Podemos seguir Seu exemplo. Reagir às maldades com bondade pode ser bem difícil, mas, se pedirmos ajuda, o Senhor nos dará força para isso. Quando escolhemos ser bons, honramos a Deus. —TM

CURIOSIDADE

Algumas pessoas criaram horários especiais para lembrar a todos a serem gentis. Há uma "Semana dos atos aleatórios de bondade" em fevereiro. E o "Dia Mundial da Bondade" é realizado em novembro.

LEIA MAIS

Procure na Bíblia Lucas 6:27,28. O que Jesus nos manda fazer aos que são maus conosco?

8 DE ABRIL

> Jonas se aprontou, mas fugiu do Senhor, indo na direção contrária.
>
> JONAS 1:3

Não pode fugir

Deus mandou o profeta Jonas ir para uma cidade chamada Nínive, onde as pessoas estavam fazendo muitas coisas erradas e o Senhor queria que Jonas falasse com elas.

Mas o profeta não queria ir para Nínive. Ao invés de obedecer, ele pegou um barco para a cidade de Társis, que ficava na direção contrária.

Jonas achou que poderia fugir. Mas o Senhor mandou uma ventania muito forte, fazendo o mar ficar tão agitado que até os marinheiros pensaram que o barco ia afundar. Quando descobriram que o mar agitado era um castigo de Deus para Jonas, o profeta pediu para ser jogado ao mar. Os marinheiros obedeceram e o mar se acalmou. Eles ficaram maravilhados com o poder de Deus, mas uma coisa mais incrível estava para acontecer.

O Senhor enviou um peixe enorme para engolir Jonas! E ele ficou orando na barriga do peixe durante três dias. Então, Deus fez o peixe cuspir o profeta na praia.

E, mais uma vez, o Senhor mandou Jonas ir para Nínive. Dessa vez, ele obedeceu. Falou com as pessoas e elas se arrependeram das coisas erradas que estavam fazendo. Elas imploraram e Deus as perdoou.

Algumas vezes, Deus nos dá uma tarefa que parece enorme ou assustadora, mas se confiarmos nele, o Senhor nos dará poder para fazer o que Ele mandou. —CB

Quando Deus quiser me usar, vou obedecer.

CURIOSIDADE

Alguns acham que o "grande peixe" era uma baleia cachalote ou um grande tubarão branco.

Leia mais

Como Jesus se comparou a Jonas em Mateus 12:40,41?

Linda música

9 DE ABRIL

Uma orquestra é composta de muitos instrumentos. O violino, o violoncelo e o baixo são instrumentos de corda. Os instrumentos de sopro incluem a flauta, o clarinete, o oboé; na família dos metais há o trompete, a trompa e o trombone. Há ainda a percussão, cuja lista é enorme e inclui bombos, tímpanos e xilofones. Cada instrumento emite um som específico, mas criam lindas músicas quando tocados em conjunto.

Portanto, usemos os nossos diferentes dons de acordo com a graça que Deus nos deu.
ROMANOS 12:6

Pessoas são mais ou menos como os instrumentos. Deus nos criou para termos nossos próprios talentos e habilidades. Ele quer que trabalhemos e que ajudemos uns aos outros, já que somos diferentes. Juntos, somos melhores do que sozinhos.

Vou usar meus talentos para servir a Deus.

Se você canta ou toca piano, pode usar seu dom para ajudar outras pessoas a louvarem a Deus. Se sabe matemática, pode auxiliar um amigo com o dever de casa. Quem tem facilidade com design pode usar sua habilidade para criar cartazes na escola; e se for bom em esportes, pode ajudar seus colegas no treino, melhorando seu desempenho. Ou então, seu talento é ser bom com alguém que apenas precisa de um amigo.

Seja qual for o dom ou habilidade que você tenha, Deus lhe deu para que você o use. E quando todos juntos usamos nossos talentos, somos como uma linda sinfonia. —CB

LEIA MAIS
Descubra em 1 Coríntios 12:4-7 de onde vêm nossos dons e talentos.

CURIOSIDADE
Curtis Elton começou a tocar piano aos 3 anos. Aos 9 era o mais jovem diplomado em música do mundo.

10 DE ABRIL

> Sem fé ninguém pode agradar a Deus, porque quem vai a ele precisa crer que ele existe e que recompensa os que procuram conhecê-lo melhor.
>
> **HEBREUS 11:6**

Agradando a Deus

O Antigo Testamento conta a história de Enoque, o bisavô de Noé, que viveu antes do grande dilúvio.

Não sabemos muito sobre Enoque, mas temos certeza de que ele amava a Deus. A Bíblia diz que ele "viveu em comunhão" com Deus, o que significa que acreditava no Senhor e o obedecia. Enoque manteve sua fé numa época em que muitas pessoas na Terra estavam se afastando do Senhor.

Aprendemos um pouco mais sobre Enoque no Novo Testamento. Alguns chamam o capítulo 11 do livro de Hebreus de "Hall da Fama da Fé". Essa passagem lista pessoas do Antigo Testamento reconhecidas por sua fé. Hebreus 11:5 diz que Enoque era conhecido como alguém que agradava a Deus, e aparece na lista ao lado de pessoas de fé famosas como Noé, Abraão, Isaque, Jacó, José e Moisés.

Minha fé agrada a Deus.

A Bíblia diz que sem fé ninguém pode agradar a Deus, mas quem tem fé e procura por Deus, será premiado. Por causa de sua fé, Enoque agradou ao Senhor e foi recompensado: Deus não deixou Enoque morrer! O bisavô de Noé viveu 365 anos andando fielmente com Deus, então desapareceu, porque o Senhor o levou embora.

Vivemos numa época em que muitas pessoas estão se afastando de Deus, mas você pode agradar ao Senhor assim como fez Enoque. Tenha fé em Deus e procure por Ele todos os dias! —CB

CURIOSIDADE

Um Hall da Fama pode ser um edifício, sala ou galeria que exibe placas, fotos e outros itens em homenagem a pessoas famosas como pilotos, atletas, músicos, atores, e até mesmo artistas de circo!

Leia mais

Em 2 Reis 2:6-14 lemos sobre outro homem de fé que não morreu. Como Deus o levou para o céu?

11 DE ABRIL

Treinar como um atleta

Você sabia que eventos esportivos como os Jogos Olímpicos são anteriores aos tempos do Novo Testamento?

Assim como hoje, os esportes eram populares na época em que Jesus viveu. E os atletas também precisavam treinar muito. Eles comprometiam a vida inteira só para estar preparados para alguns eventos esportivos. Seus corações batiam forte em exercícios como polichinelo ou corrida; faziam alongamentos; e tinham treinadores para ajudar na preparação para os jogos. E todo esse trabalho era feito na esperança de vencer as competições. Quem ganhava, recebia coroas feitas de folhas ou fitas vermelhas.

Na Bíblia, o apóstolo Paulo escreveu sobre os atletas, dizendo que cristãos deveriam seguir seu exemplo. Da mesma forma como os atletas investem tempo e energia treinando para as competições, os cristãos deviam investir tempo e energia vivendo bem para Deus.

Quando você passa tempo lendo a Palavra de Deus, se torna mais forte como cristão. Quando participa da Escola Bíblica ou do culto, pode aprender a entender a verdade do Senhor. Quanto mais você "treinar", mais estará preparado para falar aos outros sobre Jesus e sobre as coisas maravilhosas que Deus tem feito. —TM

> *Todo atleta que está treinando aguenta exercícios duros porque quer receber uma coroa [...]. Mas nós queremos receber uma coroa que dura para sempre.*
> 1 CORÍNTIOS 9:25

Posso treinar como um atleta para Deus.

Leia mais
Leia 2 Timóteo 2:5. Além de treinar, o que mais um atleta precisa para ganhar uma coroa?

CURIOSIDADE
Ginastas olímpicos treinam mais de 40 horas por semana. É como um emprego de tempo integral.

12 DE ABRIL

> ...Isso está acontecendo para que Deus revele o seu poder glorioso; e assim, por causa dessa doença, a natureza divina do Filho de Deus será revelada.
>
> JOÃO 11:4

Irmãs tristes

Um homem chamado Lázaro estava muito doente. Ele vivia na cidade de Betânia com suas duas irmãs: Maria e Marta. Todos eram amigos de Jesus.

As irmãs enviaram um recado a Jesus, pedindo que viesse e curasse o irmão, mas Lázaro morreu antes do Mestre chegar. Quando Marta soube que Jesus estava perto, ela saiu para encontrá-lo. "Se o Senhor estivesse aqui antes", ela disse, "meu irmão não teria morrido".

"Seu irmão irá ressuscitar", Jesus respondeu. Marta achou que Ele estava falando sobre um dia quando todos os cristãos se levantarão da morte. Mas não era isso.

Então, Maria também veio ver Jesus. Quando Ele viu como as duas estavam tristes, também ficou triste. Jesus pediu para que o levassem até o túmulo de Lázaro. O corpo estava numa caverna, com uma pedra bem pesada fechando a entrada.

Jesus fez maravilhas porque é o Filho de Deus.

Jesus mandou que retirassem a pedra, pois planejava algo maravilhoso!

Ele orou a Deus, o Pai, em voz alta, para que todos ouvissem. Queria que as pessoas soubessem que Deus iria mostrar o Seu poder. Jesus disse: "Lázaro, saia!". E, simples assim, Lázaro saiu da sepultura. Ele estava vivo!

Muitas pessoas tinham vindo consolar Maria e Marta, e ao verem o milagre de Jesus, creram nele. Deus pôs histórias como essa na Bíblia, para que também tivéssemos fé em Jesus. Quando cremos nele, também ganhamos uma vida nova: a vida eterna. —CB

CURIOSIDADE

Lázaro é um nome masculino que vem do hebraico. Significa "Deus é meu socorro".

LEIA MAIS

Mateus 28:1-7 fala de outra pedra retirada do túmulo. O que houve com quem estava no sepulcro?

Salva-vidas de plantão

13 DE ABRIL

"De onde virá o meu socorro?" O meu socorro vem do Senhor Deus, que fez o céu e a terra.
SALMO 121:1,2

Pode ser divertido ir à praia ou a piscina. Se você souber nadar, é muito bom mergulhar e boiar, em especial se a água estiver calma e não muito gelada.

Se você já foi a uma praia ou numa piscina pública, deve ter notado os postos do salva-vidas. Eles permitem que os banhistas saibam que, caso precisem, há alguém ali para salvá-los. Quando o salva-vidas vê uma pessoa se debatendo na água, ele mergulha para resgatar quem estiver se afogando.

Deus é como um salva-vidas para os problemas diários da nossa vida. O Salmo 121 nos diz que Ele nos ajuda; que está sempre de plantão para nos resgatar quando precisamos. Se você tem uma prova difícil na escola, o Senhor está lá para ajudá-lo.

Minha ajuda vem de Deus.

Quando fica doente ou se machuca; ou quando tem problemas com amigos ou com sua família, Deus também está lá para socorrer você.

O Senhor fez o céu e a Terra. Nada é difícil demais para Ele. Peça ajuda quando precisar, porque Ele sempre está ouvindo. Quando as coisas estiverem complicadas, faça a pergunta do versículo de hoje: "De onde virá o meu socorro?". A resposta é de Deus!

Não importa com o que você precisa de ajuda, lembre-se de que Deus é o seu salva-vidas. Ele está sempre de plantão. —TM

CURIOSIDADE

Muitas pessoas ao redor do mundo se vinculam a clubes de salva-vidas que voluntariamente atendem os banhistas nas praias. Na Austrália, os salva-vidas dos surfistas são chamados de *clubbies* (elite) por serem especiais.

LEIA MAIS

Descubra no Salmo 121:1-8 quanto tempo Deus cuidará de nós.

14 DE ABRIL

Modelos a seguir

> [As mulheres mais velhas sejam] prudentes, puras, boas donas de casa e obedientes ao marido, a fim de que ninguém fale mal da mensagem de Deus!
>
> **TITO 2:5**

Já ouviu falar de Tito? Ele foi um dos melhores amigos do apóstolo Paulo, e cuidava de uma igreja na ilha chamada Creta.

Paulo disse a Tito que era importante que os cristãos mais novos tivessem modelos, e deu orientações sobre como cuidar da igreja e como ensinar pessoas a ajudar os outros. Paulo falou que Tito devia "instruir as mulheres mais velhas a ensinarem às mais novas a amarem seus maridos e filhos, e a cuidarem de suas casas. As mais velhas deveriam ser exemplos de sabedoria e pureza".

Também disse a Tito para ensinar os mais velhos a se controlarem e a merecerem respeito. Eles precisavam ser bons exemplos para os mais jovens, sendo fortes na fé e cheios de amor e paciência. Paulo sabia que se os adultos fossem bons modelos, os mais novos aprenderiam a ser melhores cristãos. Assim, todos seriam mais fortes na fé, e a igreja seria um lugar onde as pessoas se tornariam mais parecidas com Jesus.

A mesma coisa vale para hoje. É bom ter modelos na igreja e em casa. Você conhece alguém que dá um bom exemplo? Tem alguém a quem admirar? Talvez seu modelo seja um dos seus pais, avós ou professor. Se você conhece alguém que ama a Jesus, pode aprender com o exemplo dessa pessoa.

É bom ter alguém que seja um exemplo.

E não precisa esperar crescer para ser um modelo para outros. Se você tem amigos ou irmãos mais novos, peça ajuda a Deus para ser exemplo para eles agora. —TM

CURIOSIDADE

Uma pesquisa feita com adolescentes revelou que o modelo da maioria deles é alguém da família!

LEIA MAIS

Como 1 Timóteo 5:1,2 diz que devemos tratar os mais velhos e os mais novos?

15 DE ABRIL

> *A porta estreita e o caminho difícil levam para a vida, e poucas pessoas encontram esse caminho.*
>
> **MATEUS 7:14**

Uma estrada estreita

Se você já fez trilha, sabe que tem que se manter na estrada e seguir o caminho para onde for.

Às vezes, o caminho é largo e plano, o que facilita andar nesse tipo de trilha. Outras vezes, se torna bem estreito, e pode complicar quando começa a fazer muitas curvas na subida de uma montanha. Quando o caminho fica mais íngreme, é preciso ter bastante cuidado com cada passo. É preciso estar atento e prestar bastante atenção para onde você está indo. Mas se continuar, quase sempre encontrará uma linda vista no fim da trilha.

Jesus disse aos discípulos que segui-lo era como andar por um caminho estreito. Nem sempre é fácil. Algumas vezes, é difícil mantermos a atenção ao que estamos fazendo. Muitas pessoas desistem. Às vezes, parece mais simples não seguir a Jesus, assim como é mais simples andar por um caminho largo e plano.

Seguir a Jesus é como andar numa trilha estreita.

Mas quando escolhemos aceitar o perdão de Deus, nos tornamos Seus filhos. Ele nos dá força para segui-lo. Não importa o quanto o caminho pareça difícil, vale a pena! Basta deixar que Ele guie você, um passo de cada vez. —TM

LEIA MAIS

Descubra no Salmo 119:105 o que podemos usar para "iluminar" o caminho da nossa vida.

CURIOSIDADE

Caminito del Rey, na Espanha, é considerada uma das trilhas mais perigosas do mundo. É uma passarela construída ao lado de penhascos íngremes. Esse caminho tem apenas um metro de largura e está suspenso a cem metros do chão.

16 DE ABRIL

Ninguém é perfeito

> Todos pecaram e estão afastados da presença gloriosa de Deus.
> **ROMANOS 3:23**

Você já tirou nota máxima numa prova? Em algumas competições esportivas, atletas recebem notas dos juízes, e 10 é para a apresentação perfeita. Fazer uma coisa com perfeição é muito bom. Quando dizemos que algo é perfeito, quer dizer que é totalmente correto.

Deus é perfeito e criou um mundo perfeito. Ele fez tudo exatamente correto. Mas o mundo não ficou perfeito por muito tempo. Adão e Eva, as primeiras pessoas que Ele fez, trouxeram o pecado ao mundo quando desobedeceram ao Senhor. Mas Adão e Eva não foram os únicos a fazer coisas erradas. A Bíblia diz que todos nós pecamos. Mesmo pessoas boas têm pecado. Às vezes, pecamos com palavras ou pensamentos; outras, com nossas ações. Ninguém pode ser perfeito como Deus. Nosso pecado nos mantém afastados dele.

Jesus pode me fazer perfeito diante de Deus.

Foi por isso que Deus mandou Jesus à Terra. Por ser Filho de Deus, Jesus era o único que poderia ter uma vida perfeita. Ele jamais pecou! Mas quando morreu na cruz, recebeu o castigo por tudo de errado que fazemos. E Jesus pode nos aproximar de Deus.

Quando cremos que só Jesus pode nos salvar, Deus aceita o pagamento que Ele fez por nossos pecados. O Senhor nos perdoa. Mesmo que não sejamos perfeitos, Deus nos vê assim. É como tirar 10 numa prova. O Senhor é nosso juiz, e nos dá um 10 perfeito por causa de Jesus. —CB

CURIOSIDADE

Em 1976, Nadia Comaneci foi a primeira ginasta a ganhar a nota máxima em uma competição da ginástica olímpica: 10. Ela, que era da Romênia, tinha apenas 14 anos na época.

LEIA MAIS

O que o Salmo 32:1-5 nos fala sobre ter nossos pecados perdoados?

17
DE ABRIL

Vocês são filhos queridos de Deus e por isso devem ser como ele.
EFÉSIOS 5:1

Imite a Deus

Crianças gostam de imitar adultos. Meninas brincam com bonecas e fingem que são mães. Meninos brincam com caminhões de bombeiros e fingem estar apagando o fogo. Muitas crianças tentam ser como seus pais. Se a mãe toca piano, os filhos normalmente também querem tocar. Se o pai gosta de pescar, os filhos querem ir com ele. Crianças aprendem observando os pais e imitando suas palavras e ações.

Quando Jesus estava na Terra, era Deus no corpo de um homem. Ele ensinava ao povo como era ser como Deus, e estabeleceu um exemplo para imitarmos. Jesus tratava os outros com amor e bondade, não importando se fossem jovens ou idosos, ricos ou pobres. Jesus demonstrou amor e bondade com todos. Ele falava com pessoas não muito populares, e até fazia refeições com elas. Em tudo, Ele mostrou como é ser como Deus.

Quero ser cada vez mais parecido com Jesus.

A Bíblia diz que devemos imitar a Deus. Ele é nosso Pai e nos ama: e filhos gostam de imitar os pais! Como o Senhor é perfeito e santo, não podemos ser exatamente como Ele, mas podemos tratar os outros com amor e bondade, assim como Jesus fez.

Quanto mais sabemos sobre Deus, mais seremos capazes de ser como Ele. —CB

Leia mais

Leia Romanos 12:1,2 para saber como podemos ser mais parecidos com Jesus.

CURIOSIDADE

Quase tudo o que um bebê aprende, vem de olhar e imitar o que outras pessoas fazem.

18 DE ABRIL

Ouvir e fazer

> Não se enganem; não sejam apenas ouvintes dessa mensagem, mas a ponham em prática.
> **TIAGO 1:22**

Quando seus pais o mandam fazer alguma coisa, você escuta, mas se não fizer o que eles disseram, eles podem achar que não ouviu. Obediência é ouvir e fazer.

Abraão é um grande exemplo de obediência. Ele amava seu filho. Isaque foi o menino que Deus deu a ele e à sua esposa, Sara, através de um milagre. Abraão acreditava na promessa de que a família de Isaque um dia se tornaria uma grande nação. Mas então o Senhor pediu a Abraão para sacrificar Isaque. Ele deveria matar o próprio filho!

Você consegue imaginar como Abraão deve ter se sentido? Como Deus poderia tirar o filho que tinha prometido? Mas ele não fez perguntas: ouviu a voz do Senhor e obedeceu.

É importante fazer o que a Bíblia diz.

Abraão devia estar bem triste nos três dias que andou com o filho até o lugar onde Deus tinha mandado. Quando chegaram lá, ele preparou um altar e colocou Isaque em cima. Mas um anjo do Senhor chamou: "Abraão! Abraão! Não machuque seu filho! Agora eu tenho certeza de que você realmente teme ao Senhor".

Abraão não apenas escutou Deus, como também obedeceu. Ele ouviu a ordem e fez exatamente o que o Senhor havia mandado. E Deus abençoou sua obediência.

Algumas vezes Deus nos pede coisas bem difíceis, mas Ele nos dá poder para fazer qualquer tarefa que tenha para nós. Quando o ouvimos, Ele nos ajuda a executar a tarefa. —TM

CURIOSIDADE

No Novo Testamento na Linguagem de Hoje, o verbo ouvir aparece 179 vezes, e obedecer, 126.

LEIA MAIS

Veja em Gênesis 22:15-18 como Deus abençoou Abraão por sua obediência.

Escolha suas palavras

19 DE ABRIL

Você já deve ter escutado um antigo ditado que diz: "Falem mal, mas falem de mim." Mesmo sendo repetido com frequência, não é verdadeiro. Palavras têm poder e podem machucar.

Palavras maldosas grudam na gente, mesmo muito tempo depois de serem ditas. Às vezes, pessoas falam coisas e se arrependem depois, mas palavras não podem ser retiradas. É como tentar colocar a pasta de dentes de volta no tubo.

> *Não digam palavras que fazem mal aos outros, mas usem apenas palavras boas, [...] para que as coisas que vocês dizem façam bem aos que ouvem.*
> **EFÉSIOS 4:29**

Nossas palavras também podem afetar as pessoas de um jeito bom. Palavras bondosas permanecem; elas encorajam e fortalecem; têm o poder de ajudar os outros.

Timóteo foi um jovem que estudou com o apóstolo Paulo. Esse rapaz era motivado com frequência pelas palavras bondosas e gentis que Paulo escrevia em suas cartas. Numa delas, o apóstolo disse: "Lembro sempre de você em minhas orações, e agradeço a Deus por sua vida. Estou ansioso por ver você, para que eu transborde de alegria." E em outra carta, Paulo escreveu: "Timóteo, você é como um filho para mim. Seja forte na graça que temos em Cristo!". Consegue imaginar como Timóteo deve ter ficado feliz e animado ao ler isso?

Posso escolher dizer palavras boas.

Suas palavras também podem ser úteis. Você pode espalhar alegria usando as palavras que Deus lhe dá. O livro de Provérbios diz que as palavras certas, ditas na hora certa, são tão belas como maçãs douradas numa tigela de prata. Elas jamais machucarão alguém. —TM

LEIA MAIS
O que Provérbios 16:23,24 diz sobre as palavras que falamos?

CURIOSIDADE
A maioria das crianças com 7 anos conhece entre 5 e 10 mil palavras.

20 DE ABRIL

Não fique com medo! – disse Davi. – Eu serei bondoso com você por causa de Jônatas, o seu pai, [...] e você será sempre bem-vindo à minha mesa.

2 SAMUEL 9:7

É contagioso

Alguma vez, alguém de sua família estava resfriado, e você também adoeceu? Já ficou gripado, e depois sua mãe ou seu pai também ficaram? Pessoas com o vírus da gripe, normalmente são contagiosas. Isso quer dizer que outros podem pegar o que elas têm. Ser contagioso é ruim, mas ser contagiante é bom.

Davi e Jônatas eram melhores amigos. Jônatas sempre foi legal, então Davi prometeu que seria bom com todos da família do amigo. Depois da morte de Jônatas, Davi descobriu que ele tinha um filho ainda vivo. Seu nome era Mefibosete (Que bom não precisar decorar esse nome para a prova, né?).

Vou demonstrar bondade aos outros.

Davi queria mostrar a bondade de Deus a Mefibosete, então mandou buscá-lo. Quando o garoto viu o rei, se inclinou para demonstrar respeito, mas Davi disse: "Não fique com medo! Eu serei bondoso com você por causa de Jônatas, o seu pai". Então Mefibosete passou a viver no palácio e a fazer as refeições com o rei. Davi o tratava como um filho.

A bondade pode ser contagiante. Quando alguém é bom com você, faz você desejar ser bom com essa pessoa. E quando você é bom com os outros, eles vão querer ser bons com você. Somos capazes de demonstrar bondade aos outros, porque Deus foi bondoso conosco primeiro. Ele quer que nossa bondade seja contagiosa. —CB

CURIOSIDADE

O vírus de gripe se espalha no ar quando pessoas doentes espirram, tossem ou assoam o nariz.

LEIA MAIS

O que Tiago 2:1-8 fala sobre demonstrar bondade?

É de graça!

21 DE ABRIL

> *Pois o salário do pecado é a morte, mas o presente gratuito de Deus é a vida eterna, que temos em união com Cristo Jesus, o nosso Senhor.*
>
> ROMANOS 6:23

Dá para imaginar o que aconteceria se um mercado começasse a dar comida de graça? Não estou falando de amostras, mas de carne, ovos, legumes e sorvete de graça! Multidões iriam correr para a loja para pegar comida sem precisar pagar, e levariam o máximo que pudessem. Então contariam aos amigos e vizinhos para que também pudessem pegar comida. Ganhar coisas é divertido e animador, em especial quando o presente é bom de verdade.

A Bíblia nos fala sobre um presente que é maior do que qualquer coisa que possamos imaginar. Esse presente é a vida no céu que dura para sempre! O presente é para todos, mas é preciso aceitá-lo. A forma de receber esse presente é acreditando

O presente da vida eterna é de graça.

em Jesus como Salvador. Se você disser a Deus que está arrependido das coisas erradas que fez, e que acredita que Jesus é o Filho de Deus que morreu na cruz pelos seus pecados, receberá o presente da vida eterna.

Não existe presente melhor no mundo! Se você ainda não recebeu esse presente, pode fazer isso agora. Diga a Deus que se arrepende de seus pecados e peça a Jesus para ser seu Salvador. Então conte aos seus amigos e vizinhos como eles também podem receber esse presente incrível!
—CB

CURIOSIDADE

Muitas empresas de alimentos disponibilizam amostras grátis em mercados para convencer as pessoas a comprar seus produtos. É mais barato do que a propaganda, e os consumidores adoram receber algo de graça!

LEIA MAIS

Descubra em João 3:16 por que Deus nos dá o presente da vida eterna.

22 DE ABRIL

> Um dia Abrão disse a Ló: "Nós somos parentes chegados, e não é bom que a gente fique brigando, nem que os meus empregados briguem com os seus."
>
> GÊNESIS 13:8

Seja um pacificador

Abraão e seu sobrinho, Ló, estavam ficando sem espaço. Deus os havia abençoado tanto, que não tinha mais lugar para todas as coisas naquele mesmo pedaço de terra. E logo os seus empregados começaram a brigar.

Então Abraão decidiu tomar uma atitude para que a paz voltasse a reinar na família. Ao invés de discutir, deu uma boa opção. Ele levou o sobrinho para olhar toda a terra ao redor do acampamento e falou que havia bastante lugar para as famílias. Assim, disse que ele deveria escolher onde gostaria de viver, e então Abraão mudaria com sua família e tudo o que tinha, para o outro lado. Quando os dois homens se separaram, a briga terminou. Deus abençoou a terra onde Abraão viveu e a deu para seus descendentes: a família que viria a partir de Isaque, seu filho.

Posso ser um pacificador.

Você já discutiu com alguém em sua família? Talvez, como Ló e Abraão, precisa dividir o espaço com um irmão e esteja difícil ficar junto. É fácil brigar e discordar, mas o mais fácil nem sempre é o melhor.

Deus quer Seu povo viva em paz. Quando você tem o Espírito Santo, Ele o ajuda a viver em paz com os outros. Da próxima vez que tiver vontade de discutir, escolha ser um pacificador como Abraão. Esforce-se para achar respostas aos seus problemas que funcionem para você e para o outro. Assim, você honra ao Senhor da paz. —TM

CURIOSIDADE

O Corpo da Paz nasceu em 1861, nos Estados Unidos, e mais de 215 mil voluntários já ajudaram pessoas em 139 países.

LEIA MAIS

Veja em Mateus 5:9 como também são chamados os pacificadores.

Como é uma igreja?

23 DE ABRIL

No que você pensa quando escuta a palavra "igreja"? Talvez imagine um prédio de tijolos com uma torre, ou um grande auditório com filas e filas de bancos. Pode pensar numa sala de Escola Bíblica ou num pregador falando no púlpito. Tudo isso faz parte do que chamamos de "igreja". Mas sabia que Deus não pensa em Sua igreja como um prédio? Ele diz que Sua igreja são todas as pessoas que O amam.

Porém o Altíssimo não mora em casas construídas por seres humanos.
ATOS 7:48

Depois que Jesus voltou para o céu, Seus discípulos e outros seguidores receberam o Espírito Santo no dia de Pentecostes. As pessoas que seguiam a Jesus se encontravam em casas para aprender mais sobre Ele, e, normalmente, comiam juntas. Então alguém ensinava sobre Jesus e, juntos, cantavam louvores. Não importava onde era o encontro, Deus estava lá porque Seus seguidores tinham o Espírito Santo vivendo dentro deles.

A igreja de Deus não é um prédio.

O mesmo acontece hoje. Os lugares onde nos reunimos são muito diferentes. Algumas pessoas vão a prédios de igrejas históricas, com tetos altos e lindos. Outras se encontram em auditórios de escolas ou em cinemas. Talvez você conheça uma igreja que se reúna na casa de alguém, como faziam os primeiros cristãos.

Não importa qual igreja os cristãos frequentam, Deus está lá. Não importa se há três pessoas ou três mil, quando elas se encontram para adorar a Deus, são a Sua Igreja. —TM

LEIA MAIS
Leia Isaías 66:1,2. Que tipo de pessoas Deus procura?

CURIOSIDADE
A Basílica de São Pedro, em Roma, é uma das maiores igrejas do mundo. Sua construção levou mais de 100 anos.

24 DE ABRIL

Um bom ouvinte

> Eu oro a ti, ó Deus, porque tu me respondes. Por isso ouve-me, escuta as minhas palavras.
> **SALMO 17:6**

Deus disse a Abraão que iria destruir as cidades de Sodoma e Gomorra por causa da maldade do povo. Ele ficou preocupado, porque seu sobrinho, Ló, vivia em Sodoma com a família. Abraão queria que Deus poupasse as pessoas boas que viviam lá. Então conversou com Deus, e o Senhor escutou.

"E se existirem 50 pessoas boas lá? O Senhor salvaria a cidade por causa de 50 pessoas?", disse Abraão.

"Se eu encontrar 50 pessoas boas na cidade de Sodoma, eu vou salvá-la. Salvarei todo o lugar por causa delas", o Senhor respondeu.

Então Abraão falou de novo: "E se houver apenas 45? Então o Senhor vai destruir a cidade?".

O Senhor respondeu: "Se eu encontrar 45 pessoas boas, não vou destruir a cidade?".

"E se forem apenas 40 pessoas boas?", perguntou Abraão.

"Se houver 40, não vou destruí-la", Deus respondeu.

Abraão continuou baixando o número enquanto falava com Deus, até que finalmente chegou a dez. E o Senhor disse a Abraão: "Se eu encontrar dez pessoas boas, não vou destruir a cidade".

Posso falar com Deus sobre minhas preocupações.

Abraão passou muito tempo falando sobre sua preocupação, porque sabia que Deus ouviria. Você pode falar com Deus assim como Abraão. Ele tem tempo para ouvir seus medos e escuta cada palavra que você diz. Ele ama e se preocupa com você. Sempre que quiser falar, Deus vai ouvir! —CB

CURIOSIDADE

A cidade mais populosa do mundo é Tóquio, no Japão, com quase 38 milhões de pessoas.

LEIA MAIS

Descubra em Gênesis 19:23-29 o que aconteceu com as cidades de Sodoma e Gomorra.

Rápido ou lento

25 DE ABRIL

Se você estiver correndo os 100 metros rasos, tem que correr o mais rápido possível. Se estiver no meio do lago num barco e começar a chover, remará bem rápido até a margem. Se o vento arrancar o seu boné, você correrá atrás dele na hora. Algumas coisas devem ser feitas com rapidez.

Mas outras precisam de mais tempo. Se tomar um sorvete rápido demais, poderá ficar com dor de cabeça. Se fizer seu dever de casa correndo, poderá errar muito. Quando você começou a aprender a ler, lia devagar, pronunciando cada sílaba com cuidado. Algumas vezes é bom ser rápido, porém em outras, é melhor ser lento.

> *Lembrem disto, meus queridos irmãos: cada um esteja pronto para ouvir, mas demore para falar e ficar com raiva.*
> **TIAGO 1:19**

Serei rápido para ouvir a Deus.

Sabia que a Bíblia diz que há tempo para ser rápido e tempo para ser lento? A carta de Tiago fala para sermos rápidos em ouvir a Deus; que devemos prestar atenção à Sua Palavra e obedecê-la imediatamente. Mas também diz que devemos ser lentos para falar e para ficar com raiva. Significa que quando estamos chateados, é importante pensar antes de falar algo que possa magoar mais alguém. Precisamos controlar nossa raiva e paciência. Nessas horas é bom ser lento.

Da próxima vez que tiver um problema, lembre-se de ser rápido e lento. Seja rápido para pedir ajuda a Deus, e lento para ficar com raiva. —CB

LEIA MAIS
O que Provérbios 17:27,28 diz sobre ser lento ao falar?

CURIOSIDADE
A preguiça de três dedos é o mamífero mais lento da Terra, e o guepardo é o mais rápido.

26 DE ABRIL

> Então o Espírito Santo levou Jesus ao deserto para ser tentado pelo Diabo.
>
> MATEUS 4:1

Tentação no deserto

Depois de ser batizado, Jesus foi passar 40 dias no deserto. Ele não comeu nada nesse tempo, e estava com muita fome. Então o diabo veio e tentou convencer Jesus a fazer algo errado. Isso se chama "tentação".

O diabo disse: "Se você é o Filho de Deus, mande que estas pedras virem pão." Jesus poderia ter feito isso e acabado com Sua fome, mas não quis ouvir o inimigo. Então respondeu: "As Escrituras Sagradas afirmam: "O ser humano não vive só de pão, mas vive de tudo o que Deus diz".

Depois, o diabo levou Jesus para o alto do Templo e mandou que pulasse. Disse que se as palavras de Deus fossem verdade, os anjos protegeriam Jesus. Mas Ele também não fez aquilo, e falou: "…as Escrituras Sagradas também dizem: 'Não ponha à prova o Senhor, seu Deus'".

Quando foi tentado, Jesus repetiu a Palavra de Deus.

Por fim, o diabo levou Jesus ao alto de um monte e mostrou os reinos do mundo. Disse que Ele poderia ter tudo caso adorasse ao diabo. E Jesus respondeu: "Vá embora, Satanás! As Escrituras Sagradas afirmam: 'Adore o Senhor, seu Deus, e sirva somente a Ele.'"

Satanás tinha perdido. Ele foi embora e os anjos de Deus cercaram Jesus.

Todos seremos tentados a fazer o que é errado. Até Jesus foi tentado! Mas Ele nunca pecou. Quando a tentação vier, podemos seguir o Seu exemplo. Repetir a Bíblia ajudará a lembrar da força e do amor de Deus, e Ele vai nos ajudar a fazer o certo. —TM

CURIOSIDADE

Algumas pessoas podem ficar sem comer mais de dois meses, mas só sobrevivem até cinco dias sem água.

LEIA MAIS

Veja Hebreus 2:18. Jesus foi tentado, e o que Ele pode fazer por nós, quando nós somos?

Três formas de amar a Deus

27 DE ABRIL

> Escute, povo de Israel! O Senhor [...] é o nosso Deus. Portanto, amem o Senhor, nosso Deus, com todo o coração, com toda a alma e com todas as forças.
>
> DEUTERONÔMIO 6:4,5

Moisés recebeu os Dez Mandamentos de Deus. Ele explicou as regras aos israelitas, e terminou com um mandamento final. Muitos anos depois, Jesus disse que aquele era o mandamento mais importante. Ele dizia que Deus é o único Deus verdadeiro, e que devemos amá-lo de três formas: com todo o nosso coração, com toda a nossa alma, e com toda a nossa força.

Quando amamos a Deus com todo o nosso coração, escolhemos mostrar que estamos comprometidos com Ele através dos nossos atos. Não quer dizer que nos sentiremos bem o tempo todo, mas que falamos com delicadeza e demonstramos respeito aos outros. Passamos tempo louvando e aprendendo sobre Deus.

Quando amamos a Deus com toda a nossa alma, entregamos nossa vida a Ele. Honramos a Deus com nosso corpo e mente. Tentamos respeitar ao Senhor em tudo, e nos mantemos comprometidos com Ele.

Quando amamos a Deus com toda a nossa força, usamos o que temos para Ele. Entregamos nossos bens e nossas habilidades, honrando a Deus no serviço aos outros.

Vou amar a Deus com meu coração, alma e força.

Esses versículos são chamados de "mandamentos", o que soa como obrigações. Mas quando conhecemos realmente a Deus, queremos amá-lo com todo o nosso coração, alma e força. Amar a Deus será uma alegria, porque Ele nos amou primeiro com Seu coração, alma e força. —TM

CURIOSIDADE

O povo judeu chama Deuteronômio 6:4 de *Shema*, que é a palavra em hebraico para "Ouça". Muitos o escrevem em um pedaço de papel e o colocam nos portais de suas casas.

LEIA MAIS

Leia Mateus 22:35-40. Jesus disse que o *Shema* era o maior mandamento. Qual o segundo maior?

28 DE ABRIL

Saindo de casa

...o Senhor Deus disse a Abrão: "Saia da sua terra, do meio dos seus parentes e da casa do seu pai e vá para uma terra que eu lhe mostrarei."
GÊNESIS 12:1

Em Gênesis aprendemos sobre Abrão, que mais tarde passou a se chamar Abraão. Ele vivia em Harã com a família de seu pai. Um dia, Deus mandou Abrão sair de Harã, mas não disse para onde deveria ir. O Senhor apenas falou para Abrão deixar sua casa e seus parentes, e que o levaria para outro lugar.

Abrão não fez perguntas. Ele não discutiu com Deus, nem disse que não queria ir. Simplesmente fez as malas e obedeceu. Ele pegou sua esposa, Sarai, e seu sobrinho, Ló, e todos os seus empregados. Eles viajaram até um lugar chamado Siquém, na terra de Canaã. Enquanto estavam lá, Deus prometeu a Abrão que um dia daria aquela terra aos seus descendentes. Então Abrão construiu um altar para o Senhor e o adorou.

Você já precisou se mudar para outro lugar? Algumas famílias mudam de cidade, outras precisam até mudar de país. Às vezes, pessoas trocam de igreja ou de escola. A maioria tem motivos para se mudar. Elas podem querer ficar mais perto de amigos ou de parentes; pode ser por causa um emprego novo ou uma casa diferente. Mudar-se pode ser legal, mas também pode ser assustador. Então, se alguma vez tiver que se mudar, lembre-se da história de Abrão. Pode ser que não entenda o motivo, mas Deus pode ter coisas muito boas para você no lugar novo. —TM

Irei para onde Deus levar minha família.

CURIOSIDADE
A distância que Abrão viajou entre Harã e Siquém foi cerca de 600 quilômetros. Siquém situava-se na região de Canaã, assim chamada em homenagem a um neto de Noé.

LEIA MAIS
O que Deus prometeu a Abraão em Gênesis 12:1-3?

Continue somando

29 DE ABRIL

Quando as crianças são bem novas, aprendem a contar. Então, quando crescem um pouco, aprendem a fazer somas. Um mais um é igual a dois. Dois mais dois, igual a quatro. Sempre que você adiciona um número a outro, a soma é maior do que cada uma das parcelas. Você pode até mesmo somar coisas. Se adicionar chocolate ao leite, terá leite achocolatado. Se você juntar manteiga, queijo e pão, terá um delicioso sanduíche. Quando juntamos coisas, esperamos ter algo maior ou melhor.

Por isso mesmo façam todo o possível para juntar a bondade à fé que vocês têm. À bondade juntem o conhecimento.
2 PEDRO 1:5

A Bíblia fala sobre coisas que podemos juntar. Começamos com nossa fé, acreditando que Deus nos ama e que Jesus morreu na cruz pelos nossos pecados. Mas a Bíblia diz que podemos juntar outras coisas à nossa fé; coisas como bondade e conhecimento.

Vou continuar somando à minha fé.

Os primeiros cristãos foram bons exemplos disso. Eles se reuniam no Templo todos os dias e compartilhavam tudo o que tinham uns com os outros. Queriam aprender mais sobre Deus e ser bons com as pessoas. Como adicionaram conhecimento e bondade à sua fé, cada vez mais pessoas eram salvas.

Quanto mais lermos a Bíblia e aprendermos sobre Deus, mais conhecimento teremos. Quando somos bons com os outros, eles veem o amor de Deus em nossas ações. Ao continuarmos somando bondade e conhecimento à nossa fé, outros perceberão como Deus é incrível! —CB

LEIA MAIS

Leia Atos 2:41-47 para saber como os primeiros cristãos acrescentavam ações à sua fé.

CURIOSIDADE

O ábaco é o bisavô da calculadora, e ainda hoje é usado em algumas partes da Ásia e da África.

30 DE ABRIL

> ...o homem se levantou na frente de todos, pegou a cama e saiu. Todos ficaram muito admirados e louvaram a Deus, dizendo:
> — Nunca vimos uma coisa assim!
>
> MARCOS 2:12

Quatro bons amigos

Quando Jesus começou a fazer milagres, multidões o seguiam por onde Ele fosse. Um dia Ele estava ensinando numa casa na cidade de Cafarnaum. A casa estava tão cheia que não havia mais lugar para ninguém ficar de pé.

Quatro homens chegaram trazendo um amigo numa maca, pois ele não podia andar. Seus amigos sabiam que Jesus podia curá-lo, mas não conseguiam nem chegar perto da porta da casa. Ela estava simplesmente lotada.

Então os quatro tiveram uma ideia: subiram até o telhado da casa e fizeram um buraco. Por ali, desceram o amigo na maca para que ficasse bem na frente de Jesus.

Jesus viu que os homens tinham muita fé, assim disse ao que estava na maca, que seus pecados estavam perdoados. E depois falou: "Pegue sua maca e vá para casa." Com as pessoas olhando, o homem se levantou, pegou a maca e saiu andando. Todos ficaram maravilhados e louvaram a Deus. As pessoas nunca tinham visto algo igual.

Vou ajudar meus amigos a conhecerem Jesus.

Aqueles homens trouxeram seu amigo até Jesus, pois sabiam que Ele podia ajudar. Fizeram o possível para garantir que ele se encontrasse com o Mestre.

Você já levou um amigo à sua casa ou à igreja? Não é possível levar amigos pessoalmente até Jesus, já que Ele está no céu, mas pode convidá-los aos lugares onde possam aprender sobre Jesus. Você pode fazer o que for preciso para trazer seus amigos até Jesus. —CB

CURIOSIDADE

O telhado nesta história provavelmente era feito de folhas, cascas e barro sobre vigas de madeira.

Leia mais

Mateus 8:5-13 conta a história de outro homem que tinha fé.
Leia e saiba o que aconteceu.

Peça, busque, bata

1 DE MAIO

Jesus usava exemplos do dia a dia para ajudar as pessoas a entenderem melhor a Deus. Um dia Ele perguntou a uma multidão: "algum de vocês será capaz de dar uma cobra ao seu filho, quando ele pede um peixe? Ou, se o filho pedir um ovo, vai lhe dar um escorpião?".

Um pai amoroso jamais trataria seu filho assim! Jesus disse isso para que as pessoas compreendessem que, se pedissem, Deus lhes daria coisas boas. Ele não estava falando de roupas caras ou joias. Falava sobre boas coisas espirituais, como saber mais sobre o Senhor, ou ter a sabedoria do Espírito Santo.

Quando lemos a Bíblia, podemos pedir para Deus nos ajudar a entendê-la. Podemos pedir que Ele nos ajude a amar os outros do jeito que Ele quer; que nos dê amigos cristãos e uma boa igreja para frequentar. Pedir coisas boas na oração é como bater na porta da casa de Deus. E depois, temos que buscar. Buscar significa procurar por maneiras de aprender mais sobre Deus, por formas de ajudar os outros, por amigos e uma boa igreja.

> Por isso eu digo: peçam e vocês receberão; procurem e vocês acharão; batam, e a porta será aberta para vocês.
> **LUCAS 11:9**

Vou pedir coisas boas a Deus.

Deus nunca se cansa de que nós peçamos boas coisas. Então, continue pedindo. O Senhor vai ouvir você e responder. Continue buscando, e encontrará a Deus.

Como um pai que dá bons presentes ao seu filho, Deus dá bons presentes aos Seus filhos. —CB

LEIA MAIS
O que Jeremias 29:12,13 nos diz sobre buscar a Deus?

CURIOSIDADE
Os escorpiões são animais venenosos, que eram comuns onde Jesus viveu. Eles têm a aparência como de lagostas e medem entre 5 e 7 centímetros.

2 DE MAIO

> Jesus respondeu: "[...] se vocês tivessem fé, mesmo que fosse do tamanho de uma semente de mostarda, [...] teriam poder para fazer qualquer coisa!"
>
> **MATEUS 17:20**

Sementes de mostarda

Jesus e Seus discípulos, um dia, se aproximaram de uma multidão, e um homem veio pedir: "Senhor, tenha pena do meu filho!". E explicou que o garoto tinha problemas de saúde: "Eu o trouxe para os Seus discípulos a fim de que eles o curassem, mas eles não conseguiram". Jesus mandou que trouxessem o menino. Então disse palavras de cura e o garoto ficou bom na hora.

Depois, quando estavam sozinhos, os discípulos perguntaram ao Mestre por que tinham tentado, mas não puderam curar o garoto. Jesus disse que eles não acreditavam em Deus do jeito que deveriam: "Se vocês tivessem fé, mesmo que fosse do tamanho de uma semente de mostarda, poderiam dizer a este monte: 'Saia daqui e vá para lá', e ele iria. E vocês teriam poder para fazer qualquer coisa!".

Deus usa um pouco de fé para fazer grandes coisas.

Grãos de mostarda são bem pequenos: não passam de 2 milímetros! Mas quando uma semente é plantada e regada, pode se transformar numa planta grande. Algumas árvores chegam a ter mais de dois metros!

Jesus usou o grão de mostarda como exemplo para ensinar aos discípulos uma lição importante. Uma semente nos mostra que algo grandioso pode surgir de algo bem pequeno.

Não precisamos ter muita idade ou talentos especiais. Se tivermos a fé do tamanho de uma semente de mostarda, e colocarmos essa fé em Deus, Ele pode nos usar para fazer grandes coisas. —TM

CURIOSIDADE

Os países que mais produzem sementes de mostarda no mundo são Canadá, Nepal e Ucrânia.

LEIA MAIS

Veja Naum 1:4,5. Como a natureza responde à voz de Deus?

Nunca acaba

3 DE MAIO

Você já ficou sem algo de que precisava? Por exemplo, na hora de escovar os dentes, não tinha pasta; ou queria fazer um sanduíche, mas o pão tinha acabado. Muito do que usamos no dia a dia, acaba. Então, ou temos que comprar mais no mercado, ou usar outra coisa no lugar.

Mas Deus nos dá duas coisas que nunca se acabam: uma é o Seu amor; e a outra, a Sua bondade.

> *O amor do S*ENHOR *Deus não se acaba, e a Sua bondade não tem fim. Esse amor e essa bondade são novos todas as manhãs!*
>
> **LAMENTAÇÕES 3:22,23**

Depois que Deus tirou os israelitas do Egito, eles se viraram contra o Senhor diversas vezes. Estando no deserto, ou na Terra Prometida, o povo, com frequência, adorava falsos deuses, e desobedecia ao Deus verdadeiro de diversas formas. Mas o Senhor nunca deixou de amar os israelitas porque Seu amor nunca acaba. Quando o povo pedia perdão, Deus era bondoso, ou seja, não os castigava como mereciam. A bondade de Deus também nunca acaba.

O amor e a bondade de Deus nunca acabam.

O amor e a bondade que Deus teve pelos israelitas, é o mesmo amor e bondade que Ele tem por você. Como um rio que continua correndo, o amor de Deus nunca acaba; como o sol que nos traz um dia novo, as bondades do Senhor são novas todos os dias. Seu amor e bondade continuam para sempre.

Quando acordar de manhã, lembre-se de que Deus tem um estoque inesgotável de amor e bondade para você, então, por que não agradecer Seu amor e bondade todos os dias? —TM

LEIA MAIS

O que o Salmo 36:5-10 nos fala sobre o amor de Deus, e até onde ele alcança?

CURIOSIDADE

O chocolate, o queijo de cabra e o bacon podem um dia acabar ou serem difíceis de achar. Muitas pessoas os querem e está ficando caro produzi-los.

4 DE MAIO

Um homem agradecido

> E, quando um deles, que era samaritano, viu que estava curado, voltou louvando a Deus em voz alta.
>
> LUCAS 17:15

Jesus seguia para Jerusalém. Ele estava passando por uma cidadezinha quando dez homens gritaram para chamar Sua atenção. Eles eram leprosos. Lepra é uma doença que causa feridas bem feias na pele. Para evitar a contaminação, os leprosos não podiam se aproximar das outras pessoas. Mas os dez leprosos sabiam que Jesus poderia curá-los, então gritaram: "Jesus, Mestre! Tenha pena de nós!".

Jesus mandou que eles fossem ao Templo se apresentar ao sacerdote. Se o sacerdote visse que os homens estavam curados, deixaria que voltassem para suas casas e vivessem de novo perto dos outros. Enquanto os homens se afastavam de onde Jesus estava, suas feridas foram se fechando e a lepra foi sumindo.

Os dez homens foram curados. Eles estavam alegres e animados enquanto seguiam para ver o sacerdote. Mas um deles parou e voltou correndo, gritando louvores a Deus. Então ele se inclinou aos pés de Jesus e agradeceu.

Jesus perguntou: "Onde estão os outros nove? Por que só este [...] voltou para louvar a Deus?". Então mandou o homem se levantar e ir, porque a fé dele o tinha curado.

Assim como fez com aqueles dez homens, Jesus nos ama e nos ajuda. Todos os dias Ele faz coisas boas para nós, e devemos nos lembrar de agradecer. Assim como aquele que voltou, podemos gritar: "Louvado seja Deus!". —CB

Vou me lembrar de agradecer a Jesus.

CURIOSIDADE

Jesus observou que o homem que voltou era samaritano. Judeus e samaritanos não costumavam se falar. Por isso esse homem é admirável!

Leia mais

Veja Mateus 8:1-4. Como Jesus curou esse leproso?

5 DE MAIO

> Há muitas outras coisas que Jesus fez. Se todas elas fossem escritas, uma por uma, acho que nem no mundo inteiro caberiam os livros que seriam escritos.
>
> JOÃO 21:25

Sem espaço suficiente

Você já viu uma enciclopédia? Antes que a internet fosse inventada, as pessoas achavam as respostas em livros e enciclopédias. Elas são coleções de livros, chamados de "volumes", organizados em ordem alfabética, com artigos e imagens para ensinar coisas diferentes. Enciclopédias são coletâneas de conhecimento que podem ser passadas de pais para filhos.

A Bíblia também está repleta de conhecimento. O Antigo Testamento nos conta como Deus criou o mundo. Ela mostra a história das primeiras pessoas da Terra; nos fala sobre os israelitas, que eram o povo escolhido de Deus, e sobre seus reis, juízes e profetas. O Novo Testamento nos conta sobre o nascimento de Jesus e Seus ensinamentos sobre Deus. Ele descreve os seguidores e os milagres de Jesus. Depois nos mostra como a Igreja começou, e como a mensagem de Cristo foi espalhada pelo mundo. Ele ensina que Jesus voltará um dia! A Bíblia é para todos no mundo, e pode ser passada de pai para filho.

A vida de Jesus na Terra não cabe nos livros.

João foi um dos discípulos de Jesus. Ele passou três anos seguindo o Mestre e viu quase tudo o que Ele fez. Então, escreveu sobre os milagres e as lições de Jesus. Mas João disse que não tinha escrito tudo o que Jesus havia feito, pois não teria espaço no mundo para todos os livros!

Não podemos saber tudo sobre Jesus. Mas, pela Bíblia, podemos saber o que Deus quer que a gente saiba sobre Ele. —CB

CURIOSIDADE

A primeira enciclopédia, *Naturalis Historia*, foi escrita por Plínio, o Velho, no primeiro século d.C. Os volumes falavam de temas como animais, plantas, medicina, o tempo e o corpo humano.

LEIA MAIS

João 20:30,31 conta por que ele escreveu sua versão da vida de Jesus. Qual foi o motivo?

6 DE MAIO

> O SENHOR Deus estava com José. Ele morava na casa do seu dono e ia muito bem em tudo.
>
> GÊNESIS 39:2

Dias bons e dias ruins

Você se lembra de José? Aquele que os irmãos venderam como escravo? Ele foi levado para trabalhar no Egito, e Deus o ajudou a ter sucesso em tudo o que fez. Ele não demorou a ser responsável pela casa de Potifar, um dos conselheiros mais importantes do rei. Mas quando tudo ia bem, a esposa de Potifar mentiu sobre José, e ele foi preso! Porém, mesmo na cadeia, Deus estava com José.

Dois prisioneiros tiveram sonhos estranhos e não entenderam, então Deus ajudou José a interpretar e contar aos homens o que ia acontecer. E tudo aconteceu do jeito que ele disse. José tinha esperança de sair logo da prisão, mas ficou lá por dois anos.

Então, o rei do Egito, o Faraó, teve sonhos que o incomodaram. Mais uma vez, Deus ajudou José para explicá-los. Ele disse ao Faraó que o Egito teria sete anos de grandes colheitas e depois sete anos de fome.

O Faraó ficou feliz em saber o significado dos sonhos, libertou José e o deixou como responsável pelo Egito.

Deus está comigo nos dias bons e nos ruins.

Você já teve um bom dia, e depois um dia ruim, ou vice-versa? A vida é assim. José teve alguns dias bons e outros ruins. Ele foi escravo, e acabou vivendo no palácio real. Mas, quer na prisão ou quer responsável pelo Egito, ele continuou a confiar em Deus.

Deus está com você, assim como estava com José. Nos dias bons e também nos ruins, confie que Ele vai cuidar de você. —CB

CURIOSIDADE

Enquanto José era governador do Egito, teve dois filhos. Ao primeiro ele chamou de Manassés, que significa: "Deus me fez esquecer", e ao segundo de Efraim, que significa: "Deus me fez frutificar".

LEIA MAIS

Veja Gênesis 37:5-11 para saber quais sonhos José teve na adolescência.

As grandes obras de Deus

7 DE MAIO

Na sua família, existe uma comemoração especial? Talvez uma tradição para celebrar aniversários ou feriados?

Quando Deus libertou os israelitas do Egito, mandou que fizessem uma refeição especial: deviam fazer o pão sem fermento. O fermento deixa o pão macio, mas precisa de tempo no preparo. Então, o Senhor mandou que a massa fosse feita sem fermento, para o povo sair rapidamente do Egito.

> Como lhes ordenei, comam pão sem fermento durante sete dias no mês de Abibe, que é o tempo certo, pois foi nesse mês que vocês saíram do Egito.
>
> ÊXODO 34:18

Depois do resgate, Deus deu instruções e regras para o povo seguir. Uma delas era a organização de uma festa especial todos os anos para comemorar a fuga do Egito: a "Festa dos Pães sem Fermento". Deus mandou que, durante a festa, o povo comesse pão sem fermento nos sete dias, e a comemoração deveria acontecer durante o mês

Vou comemorar as grandes obras de Deus.

em que o Senhor os tinha libertado. Deus queria que o povo se lembrasse do que Ele havia feito e que fosse grato por Sua proteção e ajuda. Era importante que os israelitas não se esquecessem de que Deus os tinha salvado. E com os anos, os filhos e netos também deveriam aprender sobre as grandes coisas que Deus tinha feito.

Você também pode ter uma comemoração especial para agradecer a Deus pelas grandes coisas que Ele fez em sua vida. E você pode fazer essa comemoração todos os anos, todas as semanas, ou todos os dias! Não importa quando, é sempre bom se lembrar das grandes obras de Deus. —TM

LEIA MAIS

Veja Marcos 14:1,2. O que acontecia durante a Festa dos Pães sem fermento quando Jesus estava em Betânia?

CURIOSIDADE

O pão feito sem fermento se chama *matzá*.

8 DE MAIO

> *Quando ele já estava grande, ela o levou à filha do rei, que o adotou como filho. Ela pôs nele o nome de Moisés e disse: "Eu o tirei da água".*
>
> ÊXODO 2:10

Um bebê numa cesta

Depois que José governou o Egito, a quantidade de israelitas cresceu muito. Um novo rei surgiu, e ele não conhecia José. O Faraó ficou com medo dos israelitas, pois eram tantos, que achou que podiam tomar o seu reino.

Por isso, o Faraó escravizou os israelitas. Mas quanto mais ele tentava controlar, mais a população crescia. Então o rei teve uma ideia terrível para impedir que os judeus se multiplicassem: mandou que todos os bebês meninos fossem jogados no rio Nilo ao nascerem.

Um casal teve um bebê e o escondeu enquanto pôde, mas quando ele fez três meses, a mãe o colocou numa cesta feita de hastes de papiro, e a levou para o rio Nilo.

A irmã tomou conta do bebê para ver o que ia acontecer; e a filha do Faraó chegou. Ela viu a cesta no rio, achou o bebê chorando lá dentro, e ficou com pena dele.

Deus ama todos os Seus filhos.

Nessa hora, a irmã do bebê perguntou à filha do Faraó se ela queria uma babá. A princesa aceitou, e a menina foi buscar sua própria mãe!

Quando o bebê ficou mais velho, foi levado até à filha do Faraó, e adotado por ela. Ele recebeu o nome de Moisés. Muitos anos mais tarde, Deus usaria Moisés para libertar os israelitas da escravidão no Egito.

Deus usou a adoção de Moisés com um propósito especial. Você pode ter sido adotado ou não pelos seus pais, mas ao acreditar em Jesus, você se torna adotado por Deus. E Ele também pode usar você para fazer coisas especiais. —TM

CURIOSIDADE

O papiro é um material fino como papel e, na antiguidade, as pessoas escreviam sobre ele. O papiro também era usado para fazer cestos, esteiras, cordas e sandálias.

Leia mais

Veja Êxodo 8:1-6 para saber o que mais Moisés fez no rio Nilo.

Além das palavras

9 DE MAIO

Qual a coisa mais incrível que você já viu?

Algumas vezes é difícil descrever uma coisa maravilhosa ou incrível. Você já viu um grupo de golfinhos saltando no mar, ou uma estrela cadente à noite no céu? Já ficou bem perto de uma enorme cachoeira que espirrava água e fazia um barulhão? Talvez você tenha visto um lindo pôr do sol, com sombras brilhantes nas cores vermelho, laranja e rosa. Quando tentamos descrever algo assim para alguém, é quase impossível conseguir explicar tudo com palavras.

> *Agradeçamos a Deus o presente que Ele nos dá, um presente que palavras não podem descrever.*
> 2 CORÍNTIOS 9:15

O que Jesus nos dá é muito bom para ser descrito.

No Novo Testamento, o apóstolo Paulo fala sobre o presente do Filho de Deus, Jesus Cristo. Jesus é o maior presente que alguém pode receber, mas Paulo disse que é difícil explicar como o presente Jesus é grandioso, lindo e maravilhoso, simplesmente porque é incrível demais! Jesus nos traz esperança, paz e amor. Jesus nos dá alegria, consolo e amizade. Mas, acima de tudo, é através de Jesus que recebemos perdão por tudo o que fizemos de errado.

O presente de Jesus é tão difícil de explicar, como as coisas que são maravilhosas. E se você não consegue achar palavras para descrever esse presente maravilhoso, simplesmente agradeça a Deus. —CB

LEIA MAIS

Veja Mateus 15:29-31 para conhecer muitas pessoas que agradeceram a Deus por Jesus.

CURIOSIDADE

A cachoeira *Angel Falls*, na Venezuela, é maravilhosa. É a mais alta do mundo com quase mil metros de altura!

10 DE MAIO

> Eu senti a presença poderosa do Senhor, e o seu Espírito me levou e me pôs no meio de um vale onde a terra estava coberta de ossos.
> **EZEQUIEL 37:1**

Ossos secos

Ezequiel foi profeta dos israelitas enquanto foram obrigados a viver na Babilônia. Um dia, numa visão, Deus o levou até um vale cheio de ossos humanos secos. Então Deus perguntou: "Esses ossos podem ter vida de novo?".

O profeta respondeu: "Senhor, meu Deus, só tu sabes se podem ou não".

Deus mandou Ezequiel dizer aos ossos: "...deem atenção à mensagem do Senhor! [...] Eu lhes darei tendões e músculos e os cobrirei de pele. Porei respiração dentro de vocês e os farei viver de novo. Aí vocês ficarão sabendo que eu sou o Senhor".

Ezequiel falou, e os ossos começaram a mexer e se juntar; depois foram cobertos por músculos e pele, mas não estavam vivos. Então Deus mandou que o profeta chamasse o vento para soprar nos corpos. Ele obedeceu, e os corpos ganharam vida e se levantaram.

Jesus nos dá esperança e vida.

Deus disse a Ezequiel que o povo de Israel era como aqueles ossos secos: sua esperança havia secado. Mas o Senhor queria que o profeta desse esperança ao povo falando assim: "Eu, o Senhor Deus, porei a minha respiração neles, e os farei viver novamente, e os deixarei morar na sua própria terra".

Hoje, as pessoas são como aqueles ossos secos. A menos que sigam a Jesus, vivem sem esperança. Mas o Espírito Santo pode soprar vida nelas. Deus pode dar a elas um lugar para viver para sempre com Ele. Quem conhece a Jesus, tem esperança. —CB

CURIOSIDADE

Bebês nascem com 300 ossos, mas alguns ossos se unem, fazendo com que os adultos tenham 206 ossos.

LEIA MAIS

Que promessa Deus faz aos israelitas em Ezequiel 11:17-20?

Rugir como um leão

11 DE MAIO

Você já viu leões no zoológico? Se você já ouviu o rugido de um leão, sabe como o som é alto e forte, tanto que pode ser ouvido a uma distância de 8 quilômetros. É difícil não perceber o grande estrondo que um rugido de leão provoca: quase parece um trovão!

Deus é grande e forte. Como um leão, Ele é muito poderoso. Sabia que o Senhor até disse que rugiria como um leão? Depois que Deus tirou os israelitas do Egito, eles se afastaram dele. Começaram a adorar falsos deuses e deixaram de ser leais ao Deus verdadeiro. Por causa de sua desobediência, o Senhor castigou Seu povo, dizendo que seriam retirados de sua terra, e viveriam sob o poder de um rei duro e cruel.

> *Quando eu rugir como leão contra os inimigos, o meu povo me seguirá. O meu povo virá correndo do oeste.*
> **OSEIAS 11:10**

Deus ruge como um leão.

Mas esse não era o fim do plano de Deus para o Seu povo. Ele não ficaria zangado e os castigaria para sempre. O Senhor é amoroso e bom, por isso disse ao povo que os resgataria; que Ele rugiria como um leão, e todos os israelitas correriam em direção àquele som. Mas eles tremeriam perante Deus, pois temeriam Seu poder.

Deus cumpriu o que disse. Ele trouxe os israelitas de volta para a terra que lhes pertencia, pois o Senhor é poderoso e amoroso ao mesmo tempo. O poder e o amor de Deus são para nós também. Da próxima vez que vir um leão, pense na enorme força de Deus. Lembre-se de que o amor do Senhor é tão grande quanto o Seu rugido. —TM

LEIA MAIS
Veja Joel 3:16,17. O que Deus diz que fará pelo Seu povo?

CURIOSIDADE
O rugido de um leão é tão forte e alto quanto uma britadeira, ou um avião a jato.

12 DE MAIO

Almas com sede

> *Mas a pessoa que beber da água que eu lhe der nunca mais terá sede. Porque a água que eu lhe der se tornará nela uma fonte de água que dará vida eterna.*
>
> JOÃO 4:14

Uma vez, quando Jesus ia de uma cidade para outra, encontrou uma mulher perto de um poço. Jesus pediu um pouco de água. Ela ficou surpresa porque era uma samaritana, e os judeus não falavam com os samaritanos.

A mulher perguntou a Jesus por que estava falando com ela, e Ele lhe respondeu: "Se você soubesse o que Deus pode dar e quem é que está lhe pedindo água, você pediria, e Ele lhe daria a água da vida".

Ela pensou que Ele estivesse falando da água do poço, porque as pessoas chamavam de "água da vida" a que ficava no fundo do poço. Assim, a mulher perguntou a Jesus como Ele alcançaria o fundo se não tinha uma corda e um balde.

Jesus é o único que pode dar a água da vida.

Jesus explicou que a água do poço não mataria a sua sede para sempre. Mas que se a mulher bebesse do tipo de água da qual Ele estava falando, ela jamais teria sede. Então ela respondeu: "Por favor, me dê dessa água! Assim eu nunca mais terei sede e não precisarei mais vir aqui buscar água".

Mas Jesus não estava falando sobre a água que as pessoas bebem quando têm sede, Ele estava usando o exemplo da água para explicar como o Espírito Santo age. Quando decidimos seguir a Jesus, o Espírito Santo passa a habitar em nós. Como a água, Ele nos limpa e nos refresca. Através do Espírito Santo, Deus satisfaz nossa sede espiritual para sempre. —TM

CURIOSIDADE

Dependendo da idade, crianças devem beber entre cinco e sete copos de água (de um litro a um litro e meio) todos os dias.

Leia mais

Veja João 7:37-39. De onde vem a "água da vida" quando cremos em Jesus?

Placas de trânsito

13
DE MAIO

Pense em todas placas que você vê na estrada. Umas informam a velocidade máxima que o motorista deve atingir para guiar o carro com segurança. Outras placas informam em qual estrada e em que direção você está seguindo. Uma placa que diz "Não ultrapasse" avisa ao motorista que não é seguro passar por ali.

A pessoa sensata vê o perigo e se esconde, mas a insensata vai em frente e acaba mal.
PROVÉRBIOS 27:12

Placas de trânsito ajudam as pessoas a saber aonde ir e o que fazer. Quem é cuidadoso, presta atenção nelas, pois ajudam a nos manter seguros e a encontrar o caminho. Quem é irresponsável, não presta atenção nas placas de trânsito, e pode se perder, ou até mesmo colocar a si e aos outros em perigo.

O livro de Provérbios é repleto de conselhos e alertas. Os versículos desse livro são como placas de trânsito para nossa vida. Eles foram escritos para nos dar sabedoria. Os conselhos de Provérbios podem nos mostrar o caminho certo e nos manter em segurança.

Os versículos de Provérbios me orientam bem.

Alguns deles nos dizem o que fazer. Provérbios 4:1 diz: "Filhos, escutem o que o seu pai ensina. Prestem atenção e compreenderão as coisas." Outros nos alertam. Provérbios 1:10 diz: "Filho, se homens perversos quiserem tentar você, não deixe".

Pessoas sensatas obedecem às palavras de Provérbios. Assim como as placas de trânsito, os ensinos de Provérbios manterão você em segurança. Deus os colocou na Bíblia para o ajudar. —TM

CURIOSIDADE

Em 1861, o Reino Unido colocou a primeira placa de limite de velocidade: 16 km/h! Hoje, o limite de velocidade mais alto do mundo é de 140 km/h, nas placas de algumas estradas na Polônia e Bulgária.

LEIA MAIS

Provérbios 1:1-7 explica o motivo deste livro ter sido escrito. Quantas razões você consegue achar?

14 DE MAIO

Olhar para cima

> ...como Moisés levantou a serpente no deserto, assim também é necessário que o Filho do homem seja levantado, para que todo o que nele crer tenha a vida eterna.
>
> JOÃO 3:14,15 (NVI)

Enquanto viajavam pelo deserto, os israelitas precisavam ficar longe de terras inimigas. Ao seguirem pela estrada para o mar Vermelho, fizeram um grande desvio para não passar por Edom. Este povo, mesmo sendo parente dos israelitas, era seu inimigo.

Os israelitas começaram a resmungar, pois estavam cansados e famintos. Reclamavam com Moisés pela falta de comida ou água, e diziam que não aguentavam mais o maná, a comida milagrosa que Deus mandava toda manhã.

Deus ouviu as reclamações e ficou zangado, pois o povo não confiava nele para suprir as necessidades. Então o Senhor mandou serpentes venenosas como castigo. Algumas pessoas foram picadas e morreram. Todos perceberam que tinham pecado contra Deus e pediram para Moisés implorar ao Senhor que sumisse com as serpentes. E Moisés orou.

O Senhor ouviu e disse: "Faça uma cobra de metal e pregue num poste. Quem for mordido deverá olhar para ela e assim ficará curado".

Moisés fez uma cobra de bronze. Quem fosse mordido, poderia olhar para a cobra e ficar curado.

Vou olhar para Jesus para ser salvo.

Quando Jesus viveu na Terra, um homem chamado Nicodemos perguntou a Ele como poderia ser salvo. Jesus explicou que Ele era como a cobra de bronze no deserto, que seria levantado numa cruz, e todos os que cressem nele teriam vida eterna.

Deus deu um caminho para que Seu povo fosse salvo. Olhe para cima, para Jesus, e viva! —CB

CURIOSIDADE

O bronze é um metal resistente composto de cobre e estanho. Ele era tão usado há 4 mil anos, que o período ficou conhecido como "Idade do Bronze".

LEIA MAIS

Veja 2 Reis 18:1-4 para saber mais sobre a serpente de bronze. O que aconteceu com ela?

15 DE MAIO

> Sejam sempre humildes, bem educados e pacientes, suportando uns aos outros com amor. Façam tudo para conservar, por meio da paz [...], a união que o Espírito dá.
>
> EFÉSIOS 4:2,3

Povo pacífico

Quando o apóstolo Paulo escreveu a carta aos cristãos da cidade de Éfeso, disse que deveriam viver em paz e tratar uns aos outros com bondade. Paulo queria que fossem pacientes, porque faziam parte da família de Deus. O apóstolo também disse: "Nada de gritarias, insultos e maldades! Pelo contrário, sejam bons e atenciosos uns para com os outros. E perdoem uns aos outros".

Não é legal discutir com nossos amigos ou brigar com alguém da família, mas às vezes é difícil viver com os outros. Nossos amigos podem dizer coisas maldosas; seu irmão pode usar suas coisas sem pedir. Ninguém é perfeito. De vez em quando vamos discordar e magoar uns aos outros, mas podemos ter certas atitudes para deixar os dias mais pacíficos.

É bom viver em paz com os outros.

A carta de Paulo aos efésios também é para os cristãos de hoje. Ela nos diz que podemos escolher viver em paz com quem está ao nosso redor. Podemos falar e fazer coisas boas; podemos dividir o que temos, e sermos pacientes quando as coisas não saem do nosso jeito. Podemos pedir desculpas se magoarmos alguém quando nos magoam, podemos escolher perdoar.

Em Salmos está escrito: "Como é bom e agradável que o povo de Deus viva unido como se todos fossem irmãos". A paz deixa a gente feliz e também agrada a Deus. —TM

LEIA MAIS

Veja 1 Pedro 3:8. Que cinco coisas você pode fazer para viver em paz com os outros?

CURIOSIDADE

Em Nova Iorque, EUA, existe um "sino da paz" feito com moedas doadas por crianças do mundo todo.

16 DE MAIO

> O sangue será um sinal para indicar as casas em que vocês estiverem; quando eu vir o sangue, passarei adiante. A praga de destruição não os atingirá quando eu ferir o Egito.
>
> ÊXODO 12:13 (NVI)

Instruções especiais

O dia dos israelitas saírem do Egito havia chegado. Eles tinham sido escravos durante muitos anos, mas Deus os estava libertando.

O Senhor já tinha enviado nove problemas terríveis, as "pragas", sobre o Egito, mostrando Seu poder ao rei. Mas o coração do Faraó era duro; ele era teimoso e não deixava os israelitas partirem. Então Deus deu instruções especiais a Moisés e a Aarão para proteger o Seu povo da última praga.

Eles passaram as instruções ao povo. Todos precisavam preparar um jantar especial com pão sem fermento e cordeiro assado com ervas. Deviam também passar um pouco do sangue do cordeiro sobre a porta da frente de suas casas. Teriam que comer vestidos e prontos para partir a qualquer momento. Todos os que obedecessem às ordens de Deus, seriam salvos.

Jesus é o Cordeiro de Deus.

A noite chegou e os israelitas esperaram. Logo a praga começou! Os filhos mais velhos das famílias egípcias morreram naquela noite. Mas Deus protegeu os judeus por causa do sangue do cordeiro sobre suas portas. O sangue mostrava que eles acreditavam no Senhor e confiavam que Ele iria salvá-los. A praga "passou direto" pelas casas deles. Aquela noite até hoje é conhecida pelos judeus como o *Pessach*.

Jesus é o "Cordeiro de Deus" porque morreu na cruz pelos nossos pecados. Quando você crê em Jesus, é como o povo naquela noite. Está protegido pelo amor e poder do Senhor; é salvo pelo Cordeiro de Deus! —TM

CURIOSIDADE

Até hoje os judeus comemoram o *Pessach* todos os anos. A festa dura uma semana.

LEIA MAIS

Veja Marcos 14:13-16. Como foi o *Pessach* de Jesus com os discípulos? Onde eles se encontraram?

Conte aos seus filhos

17 DE MAIO

Seus pais ou avós contam histórias sobre quando eram crianças? É divertido saber as coisas que eles fizeram muito tempo atrás. E é bom que contem, em especial, se aprenderam boas lições.

Deus fez coisas maravilhosas para os israelitas. Ele os ajudou a sair do Egito e cuidou deles enquanto estavam no deserto. E, quando ajudou Josué a liderar o povo na travessia do rio Jordão, Deus mandou Josué escolher doze homens que deveriam pegar uma pedra bem grande de dentro do rio. Depois, eles deveriam empilhar as pedras no lugar onde o povo iria acampar.

> *Falaremos aos nossos descendentes a respeito do poder de Deus, o Senhor, dos Seus feitos poderosos e das coisas maravilhosas que Ele fez.*
> **SALMO 78:4**

Deus deu essas instruções porque: "Quando no futuro os filhos perguntarem aos pais o que estas pedras querem dizer, vocês explicarão que o povo de Israel atravessou o rio Jordão em terra seca. O Senhor, o Deus de vocês, secou o Jordão para vocês atravessarem, assim como secou o mar Vermelho para nós passarmos. Por causa disso todos os povos da terra vão conhecer o poder do Senhor, o Deus de vocês, e vocês o respeitarão para sempre".

É importante que as pessoas se lembrem de como Deus é maravilhoso. Quando Ele responder suas orações, ou o abençoar de forma especial, você pode anotar num caderno ou diário, para não se esquecer do que aconteceu. Quando tiver filhos ou netos, poderá contar a eles histórias de como Deus é maravilhoso! —CB

Lembre-se das grandes coisas que Deus faz.

LEIA MAIS
Por que o Salmo 78:1-8 diz que os pais devem contar aos seus filhos histórias sobre Deus?

CURIOSIDADE
Antes de existir a escrita e o papel, os pais contavam as histórias para os filhos. As informações importantes eram passadas desta maneira, de memória.

18 DE MAIO

> *Quando o rapaz ainda estava longe de casa, o pai o avistou. E, com muita pena do filho, correu, e o abraçou, e beijou.*
>
> **LUCAS 15:20**

O filho irresponsável

Jesus estava ensinando e contou uma história sobre dois filhos. O mais novo queria sair de casa e foi pedir dinheiro ao pai.

O rapaz estava sendo irresponsável, mas o pai foi bondoso e deu o dinheiro que ele queria. O filho foi para longe e gastou tudo em coisas bobas. Quando o dinheiro acabou, ele não tinha o que comer e estava com problemas! Finalmente conseguiu um trabalho para cuidar de porcos. Mas tinha tanta fome, que queria comer a comida nojenta desses animais!

Por fim, o garoto percebeu que os empregados de seu pai estavam melhor do que ele. Não achava que o pai fosse aceitá-lo de volta, mas esperava que concordasse em lhe dar trabalho. Assim, decidiu voltar para casa.

Deus sempre aceita as pessoas de volta.

Ele ainda estava longe, quando o pai o viu e correu para abraçar e beijar o filho. Então o garoto disse: "Pai, pequei contra Deus e contra o senhor e não mereço mais ser chamado de seu filho!". Mas antes mesmo que ele pedisse um emprego, o pai começou a planejar uma comemoração porque estava feliz demais pela volta do filho. Além da festa, deu a ele lindas roupas e o acolheu de volta na família.

Essa história mostra que Deus aceita as pessoas de volta, mesmo depois de terem pecado. Ele aceita todos que querem fazer parte de Sua família. Se você fez algo errado, não precisa fugir de Deus. Pode voltar para Ele e aproveitar do Seu carinho.
—TM

CURIOSIDADE

Porcos são chamados "onívoros", porque comem muitos tipos de alimentos. Na história de Jesus, os porcos comiam vagens ou cascas — partes de plantas que eram jogadas fora.

LEIA MAIS
Aqui o filho recebe lindas roupas. Leia Zacarias 3:3-5 para ver quem também recebeu roupas novas.

Levado para sempre

19 DE MAIO

Você já jogou uma moeda numa fonte? É divertido jogar o metal brilhante na água e ficar olhando ele afundar. Se a fonte é rasa, você pode ver a moeda chegando ao fundo. Se ela é funda, talvez não consiga mais ver a moeda depois de jogá-la, mas sabe que não vai pegá-la de volta, porque estará muito longe de você. Ela se foi para sempre.

A Bíblia nos diz que podemos pensar em nossos pecados da mesma forma. Quando entregamos nossa vida a Jesus e dizemos que nos arrependemos, Ele perdoa nossos pecados para sempre. A Palavra de Deus fala que é como se Ele pegasse nossos pecados e os jogasse na parte mais funda do oceano. Não podemos pegá-los de volta, e nunca mais os veremos.

Na verdade, não é possível ver um monte de pecados no fundo do oceano, mas Deus quer que a gente pense neles dessa forma para entendermos como Jesus nos perdoa. Quando cremos nele e pedimos o Seu perdão, Ele leva nossos pecados para longe. Eles se vão para sempre! —TM

> *Novamente, terás compaixão de nós; acabarás com as nossas maldades e jogarás os nossos pecados no fundo do mar.*
>
> **MIQUEIAS 7:19**

Jesus leva embora os meus pecados.

Leia mais

Veja Salmo 103:3-12. Quão longe Deus afasta nossos pecados de nós?

CURIOSIDADE

Todos os dias turistas jogam moedas na *Fontana di Trevi*, em Roma. A soma chega a 3 mil euros. Para nós, seria mais de 10 mil reais!

20 DE MAIO

> Tudo neste mundo tem o seu tempo; cada coisa tem a sua ocasião.
> **ECLESIASTES 3:1**

Que horas são?

De manhã, quando você se levanta, é hora de se vestir e tomar o café da manhã. Quando está na escola, é hora de aprender. Quando está na praça ou no parque, é hora de se divertir. Há horas em que pode falar, e horas em que deve ficar quieto. À noite, é hora de dormir. Ao longo do dia, há horas certas e erradas para muitas coisas.

Quando Jesus estava ensinando aos Seus discípulos, falou que chegaria uma hora em que os líderes judeus tentariam se livrar dele. Ele disse que em breve teria que sofrer e morrer. E também contou que três dias após a Sua morte, se levantaria dos mortos. Todas essas coisas aconteceram do jeito que Ele falou.

Depois de ressuscitar, Jesus passou mais um tempinho com Seus discípulos, e eles o viram subir aos céus. Quando Ele desapareceu de vista, dois anjos vieram e disseram aos discípulos: "Por que vocês estão aí olhando para o céu? Esse Jesus que estava com vocês e que foi levado para o céu voltará do mesmo modo que vocês o viram subir."

Há um tempo em que Jesus voltará.

Ninguém sabe quando Jesus voltará. Somente Deus, o Pai, sabe. Mas podemos esperar esse acontecimento. E, até que essa hora chegue, Jesus pode lhe dar sabedoria para usar bem o seu tempo. —CB

CURIOSIDADE
Um relógio de sol informa as horas através da sombra que o sol faz em seu ponteiro.

Leia mais
Veja Eclesiastes 3:1-8 para saber a hora certa para determinadas coisas.

21 DE MAIO

> Então eles jejuaram, e oraram, e puseram as mãos sobre Barnabé e Saulo. E os enviaram na sua missão.
>
> ATOS 13:3

Os primeiros missionários

Você conhece algum missionário? Eles são enviados a diversos lugares para falar sobre Jesus e convidar as pessoas a fazerem parte da Sua igreja. Alguns viajam para outros países, outros podem ir a uma cidade vizinha, ou falar em sua própria cidade. Missionários são chamados por Deus para fazer Seu trabalho especial.

Os primeiros missionários da Bíblia foram Saulo, também conhecido como Paulo, e Barnabé. Eles eram professores na cidade de Antioquia, onde ficava uma das primeiras igrejas cristãs. No início da Igreja, os discípulos só falavam sobre a boa-nova da salvação com os judeus. Explicavam que Jesus era o Messias que os judeus estavam esperando. Mas Deus mandou Saulo e Barnabé começarem a falar com todas as pessoas, independentemente de serem ou não judias. Todos eram bem-vindos a crer em Jesus e a receber perdão pelas coisas erradas que tinham feito.

Posso encorajar missionários.

Paulo e Barnabé sabiam que o Espírito Santo os tinha chamado para o trabalho missionário. A igreja orou por eles e os enviou para falar sobre Jesus.

Você também pode ajudar os missionários orando por eles. Pode enviar cartas ou e-mails para encorajá-los. Talvez um dia Deus o chame para ser um missionário! Mas mesmo que você nunca viaje para longe, pode levar as boas-novas de Jesus a outras pessoas também. —TM

LEIA MAIS

Veja Atos 13:44-48. Quem foram as primeiras pessoas para quem Paulo e Barnabé falaram?

CURIOSIDADE

A primeira viagem missionária de Paulo e Barnabé durou dois anos. Eles falaram sobre Jesus em oito cidades.

22 DE MAIO

> *Ouça os conselhos e esteja pronto para aprender; assim, um dia você será sábio.*
> **PROVÉRBIOS 19:20**

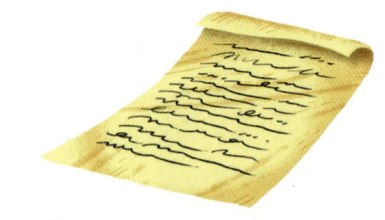

Tanto quanto puder

Durante muitos, muitos anos, o povo de Deus fez coisas erradas. Então o Senhor os castigou, deixando que um país chamado Babilônia capturasse muitos deles e os levasse para longe.

Após 70 anos na Babilônia, os israelitas foram libertados e puderam voltar para sua própria terra. Eles reconstruíram o altar de Deus e fizeram ofertas diárias ao Senhor. Então trabalharam pesado para reconstruir o Templo. Celebraram algumas de suas festas e tentaram honrar a Deus. Mas também continuaram fazendo coisas contra a Lei de Deus. Viviam como pessoas que não pertenciam ao Senhor. Alguns dos líderes davam péssimos exemplos, fazendo coisas que Deus tinha dito que não deviam fazer.

Um dia, Esdras reuniu o povo e subiu numa plataforma alta de madeira para que todos pudessem ver e ouvi-lo. Durante o dia todo, ele leu em voz alta a Lei de Deus. Esdras louvou ao Senhor, o grande e poderoso Deus de Israel. Todo o povo levantou as mãos e disse "Amém!".

Eu preciso da Palavra de Deus.

Esdras sabia que o povo precisava da Lei de Deus. Da mesma forma, precisamos da Bíblia. Ela nos ajuda a conhecer a Deus e a Sua sabedoria. Se você tem uma Bíblia, leia-a. O Senhor usa a Bíblia para nos transformar em pessoas melhores. —CB

CURIOSIDADE

Os primeiros cinco livros da Bíblia são Gênesis, Êxodo, Levítico, Números e Deuteronômio. São conhecidos como os livros de Moisés, da Lei ou Torá.

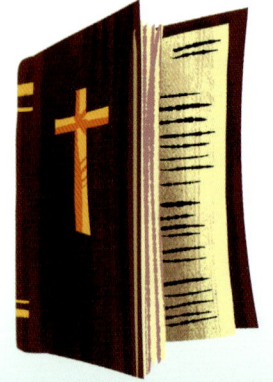

LEIA MAIS
O que o Salmo 119:97-104 nos fala sobre a Palavra de Deus?

Brilhar na Terra

23
DE MAIO

Alguma vez você já viu um anel ou colar feito de pedras preciosas? Diamantes, rubis, safiras e esmeraldas são conhecidas como pedras preciosas. Elas são cortadas e polidas para fazer belas joias. São preciosas, porque valem muito.

Eles brilharão no seu país como pedras preciosas numa coroa.
ZACARIAS 9:16

Algumas joias são feitas com pedras falsas. São parecidas com as pedras preciosas, mas não valem tanto. Deus chama Seu povo de "joias da coroa". A coroa de um rei possui pedras preciosas de grande valor, e não pedras baratas e falsas.

Quando fazemos parte da família de Deus, Ele nos vê como pedras preciosas e valiosas. Somos preciosos para o Senhor e Ele quer que brilhemos. Isso quer dizer, que o Senhor quer que vivamos de um jeito que demonstre aos outros que pertencemos a Deus. Ele quer que sejamos cristãos verdadeiros.

Vou brilhar como uma pedra preciosa.

Da mesma forma como as pedras preciosas são polidas para que brilhem, Jesus nos faz brilhar com Seu amor, perdão e alegria. As pessoas são atraídas pelo valor e pela beleza das pedras preciosas e, quando brilharmos com Jesus em nossa vida, as pessoas serão atraídas a nós.

Você vale mais do que diamantes, rubis, safiras ou esmeraldas. Você tem um grande valor, porque Jesus o transforma numa pedra preciosa: pura e brilhante pela Sua glória. —CB

LEIA MAIS
Apocalipse 21:10-21 descreve a visão do céu.
Que joias existem na Jerusalém celeste?

CURIOSIDADE
Diamantes coloridos normalmente valem mais do que os transparentes ou brancos. Os mais caros são os azuis e os vermelhos.

24 DE MAIO

Bons presentes de Deus

> "Tudo aquilo que eu ouvi no meu país a respeito de você e da sua sabedoria é, de fato, verdade. Porém eu [...] vim e vi com os meus próprios olhos."
> 1 REIS 10:6,7

Já reparou que algumas pessoas são muito inteligentes? Outras são engraçadas. Há pessoas ótimas em esportes, e as que têm muito dinheiro. Algumas podem não ter muitas coisas, mas são felizes. Todos os bons presentes que temos vêm de Deus.

Na Bíblia, Salomão era rico. Ele tinha muito dinheiro e também era muito sábio. Deus fez de Salomão o rei de Israel, e lhe deu muitas coisas boas. Sua fama se espalhou e um dia, a rainha de Sabá veio visitar o rei para saber se as histórias eram verdadeiras.

A rainha testou Salomão, fazendo perguntas difíceis para ver se ele era sábio como diziam. Ela ficou maravilhada com tudo o que escutou e viu. Salomão havia construído uma casa incrível e tinha muitos empregados que usavam belas roupas. Ela provou a comida deliciosa, e viu os sacrifícios que ele oferecia a Deus. A rainha disse: "Tudo aquilo que eu ouvi no meu país a respeito de você e da sua sabedoria é, de fato, verdade. [...] A sua sabedoria e a sua riqueza são muito maiores do que ouvi dizer". E então louvou a Deus: "Bendito seja o SENHOR, seu Deus, que ficou tão contente com você, que o tornou rei de Israel".

Posso compartilhar meus presentes com os outros.

Deus abençoa de formas diferentes. Seja você inteligente, atleta, divertido, ou tenha outro dom que o mundo precisa, lembre-se de que foi Deus quem o deu. E esteja pronto a compartilhar esse dom com quem precisa! —TM

CURIOSIDADE

Acredita-se que a rainha de Sabá veio de um lugar que hoje é conhecido como Etiópia.

LEIA MAIS

Veja sobre a grande riqueza que Deus deu a Salomão em 1 Reis 10:14-20.

25 DE MAIO

À imagem de Deus

Quando se olha no espelho, você vê um reflexo de sua imagem. Alguém já disse que se parece com outra pessoa? Normalmente, crianças se parecem com alguém da família.

Quando Deus criou o mundo, fez tudo: desde o sol, a lua e as estrelas, até as árvores, plantas e animais. Ele criou um homem e uma mulher. E Deus fez as pessoas para serem especiais.

Quando criou os seres humanos, os fez "parecidos com Deus". Isso não quer dizer que fossem exatamente como Ele. Significa que eram parecidos de um jeito muito importante. O Senhor nos fez para podermos falar, pensar e ter sentimentos. Deus nos criou para que pudéssemos aproveitar Seu mundo maravilhoso e ter amizade com Ele.

Cada pessoa é feita à imagem de Deus. Cada uma pode acreditar no Senhor e falar com Ele. Cada um de nós pode amar a Deus. Mas nem todos fazem isso. O Senhor não obriga ninguém, Ele quer que as pessoas escolham amá-lo.

Quando escolhemos amar a Jesus, nos tornamos mais parecidos com Deus na forma como agimos e nas coisas que falamos. Se amamos ao Senhor de verdade, refletimos Sua imagem, assim como um espelho reflete a nossa.

Na medida em que sua amizade com Deus cresce, outros podem ver as mudanças em sua vida. Você ficará cada vez mais parecido com aqueles que fazem parte da família do Senhor. —CB

> *Assim Deus criou os seres humanos; Ele os criou parecidos com Deus. Ele os criou homem e mulher.*
> **GÊNESIS 1:27**

Quero refletir a imagem de Deus.

LEIA MAIS
Veja João 14:8-12. Como Jesus explicou a Felipe que Ele era Deus?

CURIOSIDADE
Os primeiros espelhos foram feitos há mil anos de vidro vulcânico polido, na Turquia. Os primeiros espelhos modernos foram feitos na Alemanha há quase 200 anos.

26 DE MAIO

> *Ele bebia água do riacho, e os corvos vinham trazer pão e carne todas as manhãs e todas as tardes.*
> 1 REIS 17:6

Comida trazida por pássaros

Acabe foi o rei mais cruel que governou Israel. Ele não obedecia aos mandamentos de Deus. Na verdade, adorava um falso deus chamado Baal, e até construiu templos e altares em homenagem a falsos deuses.

No tempo de Acabe, Elias era o profeta escolhido por Deus. Ele amava ao Senhor, obedecia aos Seus mandamentos, e fazia o que era certo. Um dia, Elias foi falar com o rei e disse: "Em nome do Senhor, o Deus vivo de Israel, de quem sou servo, digo ao senhor que não vai cair orvalho nem chuva durante os próximos anos, até que eu diga para cair orvalho e chuva de novo".

Depois desse encontro, Deus mandou Elias sair da cidade e se esconder perto de um riacho chamado Querite. O Senhor prometeu cuidar dele de um jeito especial durante a seca, e falou: "Você terá água do riacho para beber; e eu mandei que os corvos levem comida para você ali." Elias obedeceu. Todos os dias, grandes pássaros pretos traziam carne e ele bebia a água do riacho.

Deus cuida daqueles que o obedecem.

Deus cuida daqueles que o obedecem. Ele promete cuidar de nós. Às vezes, a forma como nos ajuda pode ser diferente da que esperamos. O Senhor não mandou Elias para um restaurante, ou deu-lhe uma cesta de comida. Mas quando confiamos nele, Deus jamais nos decepciona. É maravilhoso ver como Ele supre as nossas necessidades! —TM

CURIOSIDADE
O corvo é um dos animais mais inteligentes do mundo: quase tanto quanto golfinhos ou macacos.

LEIA MAIS
Veja Salmo 147:7-11 e veja como Deus cuida de nós. Conforme o texto, o que agrada a Deus?

Dar louvores a Deus

27 DE MAIO

Enquanto viajavam em sua missão, Paulo e Barnabé pararam num lugar chamado Listra. O povo de lá não era israelita, não conhecia a história da lei de Moisés e nada sabia sobre o único e verdadeiro Deus.

Em Listra, Paulo e Barnabé encontraram um homem que nunca tinha andado. E Paulo disse a esse homem, em voz alta: "Levante-se e fique de pé!". O homem deu um pulo e começou a andar!

> *Nós somos apenas seres humanos, como vocês. [...] Convertam-se ao Deus vivo, que fez o céu, a terra, o mar e tudo o que existe neles.*
> ATOS 14:15

Todos os que viram isso, ficaram maravilhados e começaram a gritar: "Os deuses tomaram a forma de homens e desceram até nós!". E chamaram Barnabé de "Júpiter" e Paulo de "Mercúrio", os nomes dos falsos deuses que aquele povo adorava. Como não tinham entendido que o único Deus verdadeiro havia feito um milagre através dos missionários, o povo queria adorar Paulo e Barnabé.

Deus merece o louvor.

Quando os dois perceberam o que estava acontecendo, mandaram o povo parar, e disseram que eram apenas humanos que serviam ao verdadeiro Deus vivo. E então explicaram que esse Deus havia feito a Terra, o mar e tudo o que tinha neles, e que era o único que merecia os louvores.

Às vezes, as pessoas podem querer elogiar você por seus dons e bênçãos. Não tem problema receber um elogio, mas quando isso acontecer, lembre à pessoa que o elogiar, de onde vêm os seus dons e talentos. Você pode usar seus talentos para falar aos outros sobre Deus, como fizeram Paulo e Barnabé. E quando for elogiado, você pode honrar a Deus. —TM

LEIA MAIS

Veja 1 Coríntios 3:5-7. De quem é o crédito quando falamos sobre Jesus e a salvação?

CURIOSIDADE

A cidade de Listra, da Bíblia, hoje se chama Klistra, e fica no país chamado Turquia.

28 DE MAIO

> *Com a força que Cristo me dá, posso enfrentar qualquer situação.*
>
> **FILIPENSES 4:13**

Força extra

Antes de voltar para o céu, Jesus disse aos Seus seguidores que eles teriam que enfrentar muitas coisas difíceis. Algumas pessoas odiariam os amigos de Jesus da mesma forma como odiavam Jesus; outras os perseguiriam do mesmo jeito que perseguiam Jesus. Mas Ele não deixou Seus seguidores sem esperança.

Jesus prometeu que mandaria Seu Espírito Santo para dar força aos Seus amigos. Com a força do Espírito Santo, os cristãos seriam capazes de enfrentar situações difíceis, poderiam ter coragem de falar sobre Jesus e sobre o que significa segui-lo.

O Espírito Santo me dá força.

O apóstolo Paulo vivenciou muitas das coisas sobre as quais Jesus havia alertado. Enquanto viajava e pregava o evangelho, ele recebeu chicotadas e foi preso; esteve em barcos que afundaram; ficou sem comer ou dormir. Ele encarou perigos muitas vezes, e em algumas delas, quase morreu. Mas Paulo disse que poderia fazer qualquer coisa com a força que Jesus dá. Ele entendia que, por seguir Jesus, tinha o Espírito Santo para fortalecê-lo, independentemente do que tivesse que fazer.

Você quer força extra? Todos nós precisamos dela! Se você aceitou Jesus como seu Salvador, então tem o Seu Espírito Santo dentro de você. Ele lhe dará força para contar a seus amigos sobre Jesus. Ele irá ajudar você em qualquer dificuldade que enfrentar.
—CB

CURIOSIDADE

O osso mais forte do corpo humano é o fêmur. Ele também é o mais longo.

Leia mais

O que Jesus disse sobre o Espírito Santo em João 14:15-17?

Formigas em ação

29 DE MAIO

Formigas são pequenos insetos incríveis. Algumas são tão pequenas que você mal consegue vê-las, mas elas são muito fortes. Uma formiga pode carregar um peso dez ou vinte vezes maior do que o dela!

Elas também são trabalhadeiras e funcionam muito bem juntas. As formigas se dividem em grupo de trabalhadores, soldados e rainhas. Ao dividir o trabalho, são capazes de manter seus ninhos (as "colônias") fortes, onde muitas espécies armazenam alimento. Elas andam entre a colônia e o lugar onde pegam a comida, montando um estoque para durar todo o inverno.

> *Elas não têm líder, nem chefe, nem governador, mas guardam comida no verão, preparando-se para o inverno.*
> **PROVÉRBIOS 6:7,8**

Quando o rei Salomão escreveu os versículos de Provérbios 6, disse para nos lembrarmos das formigas. Elas têm grupos distintos de trabalhadores e cuidam umas das outras sem ninguém mandar. Ao invés de serem preguiçosas, elas se preparam para o futuro, mantendo-se ocupadas e usando seu tempo com sabedoria.

Eu honro a Deus quando trabalho bem.

Trabalhar também é bom para nós. Podemos descobrir no que somos bons, e fazer isso com toda a nossa força. Podemos trabalhar com nossa família e amigos, assim como fazem as formigas. Quando nos esforçamos muito em tudo o que fazemos, aproveitamos ao máximo a vida que Deus nos deu.

O Senhor quer que aproveitemos a vida que Ele nos deu, e você pode mostrar a Deus que é grato por sua vida, fazendo o seu melhor. —TM

LEIA MAIS

Veja João 6:27-29. Qual é o trabalho mais importante que Deus quer que a gente faça?

CURIOSIDADE

Os cientistas calculam que existem cerca de 22 mil espécies diferentes de formigas!

30 DE MAIO

Apenas um toque

> Pois [ela] pensava assim: "Se eu apenas tocar na capa dele, ficarei curada."
> MARCOS 5:28

Jesus tinha maravilhado Seus discípulos, acalmando uma tempestade. E quando foi para a terra firme, uma enorme multidão se juntou. Um importante líder judeu passou por entre o povo e caiu aos Seus pés, pedindo que curasse a sua filha que estava muito doente em casa. Então, Jesus foi com o homem.

A multidão que seguia Jesus só aumentava. No meio dos empurrões, Ele parou e perguntou: "Quem foi que tocou na minha capa?".

Os discípulos estranharam a pergunta e disseram: "O Senhor está vendo como esta gente o está apertando de todos os lados e ainda pergunta isso?". Mas Jesus continuou procurando quem o tinha tocado. Não demorou e uma mulher se apresentou, tremendo de medo.

Ela sofria há 12 anos com uma doença. Tinha tentado de tudo para melhorar; consultado com muito médicos, sem resultados. Quando ouviu falar de Jesus e de Seu poder para curar, pensou: "Se eu apenas tocar na capa dele, ficarei curada." Ela foi se acotovelando pela multidão até chegar a Jesus e tocou Suas roupas. E, na mesma hora, ficou curada!

Jesus tinha sentido o poder de cura sair dele, por isso procurou quem o tocara, e quando ela contou sua história, Ele disse: "Minha filha, você sarou porque teve fé. Vá em paz; você está livre do seu sofrimento".

Posso acreditar no poder de Jesus.

O poder de Jesus ainda funciona. Às vezes Ele cura, como fez com aquela mulher. Em outras, Ele mostra Seu poder dando força para as pessoas enfrentarem suas doenças. Mas um dia todos os que creem em Jesus serão saudáveis no céu. —TM

CURIOSIDADE

Jesus provavelmente usava algo chamado *haluk*. Um tipo de poncho feito de tecido retangular, com uma abertura no meio para passar a cabeça.

LEIA MAIS

Veja Marcos 5:35-43. O que aconteceu com a filha do líder judeu?

Maravilhoso

31 DE MAIO

A palavra "maravilhoso" existe há muito tempo. Ela vem do latim *mirabilius*.

Maravilhoso se tornou uma palavra muito comum. Hoje em dia, é usada para dizer que algo é realmente muito bom. É outra forma de dizer "incrível!".

Mas essa palavra tem um significado maior e melhor: algo que nos "maravilha", que é "maravilhoso", nos deixa "de boca aberta", cheios de adoração, talvez até um pouco temerosos. Muitas traduções da Bíblia usam a palavra maravilhoso para descrever Deus.

Deus fez uma coisa maravilhosa pelo povo de Israel quando os ajudou a sair do Egito. Os soldados do Faraó perseguiram o povo até a costa do mar Vermelho. O que o povo poderia fazer? Os israelitas ficaram paralisados de medo, mas Deus mandou Moisés colocar seu cajado na água. Ele obedeceu, e o Senhor dividiu o mar ao meio, permitindo que o povo atravessasse andando em terreno seco. Depois

> *Não há outro deus como tu, ó Senhor! Quem é santo e majestoso como tu? Quem pode fazer os milagres e as maravilhas que fazes?*
> **ÊXODO 15:11**

Meu Deus é maravilhoso!

de todos terem passado, Deus mandou Moisés levantar a mão sobre o mar. De novo, ele obedeceu e o mar voltou para o lugar. E os soldados egípcios foram engolidos pelos paredões de água.

Quando os israelitas viram a poderosa ação do Senhor, cantaram um hino, louvando Sua grandiosidade, força e poder. Eles o chamaram de Deus "maravilhoso".

Hoje em dia, Ele continua sendo nosso Deus maravilhoso, inspirando a admiração e a adoração de Seu povo. Ele é grande e maravilhoso de todas as maneiras. —CB

CURIOSIDADE

O mar Vermelho está ligado ao Oceano Índico, que está entre a África, Ásia e Austrália. Este mar tem 300 km de largura na parte mais larga, e 1.900 km de extensão.

LEIA MAIS

O Salmo 47 é outro hino de louvor a Deus. O que diz este salmo sobre Deus?

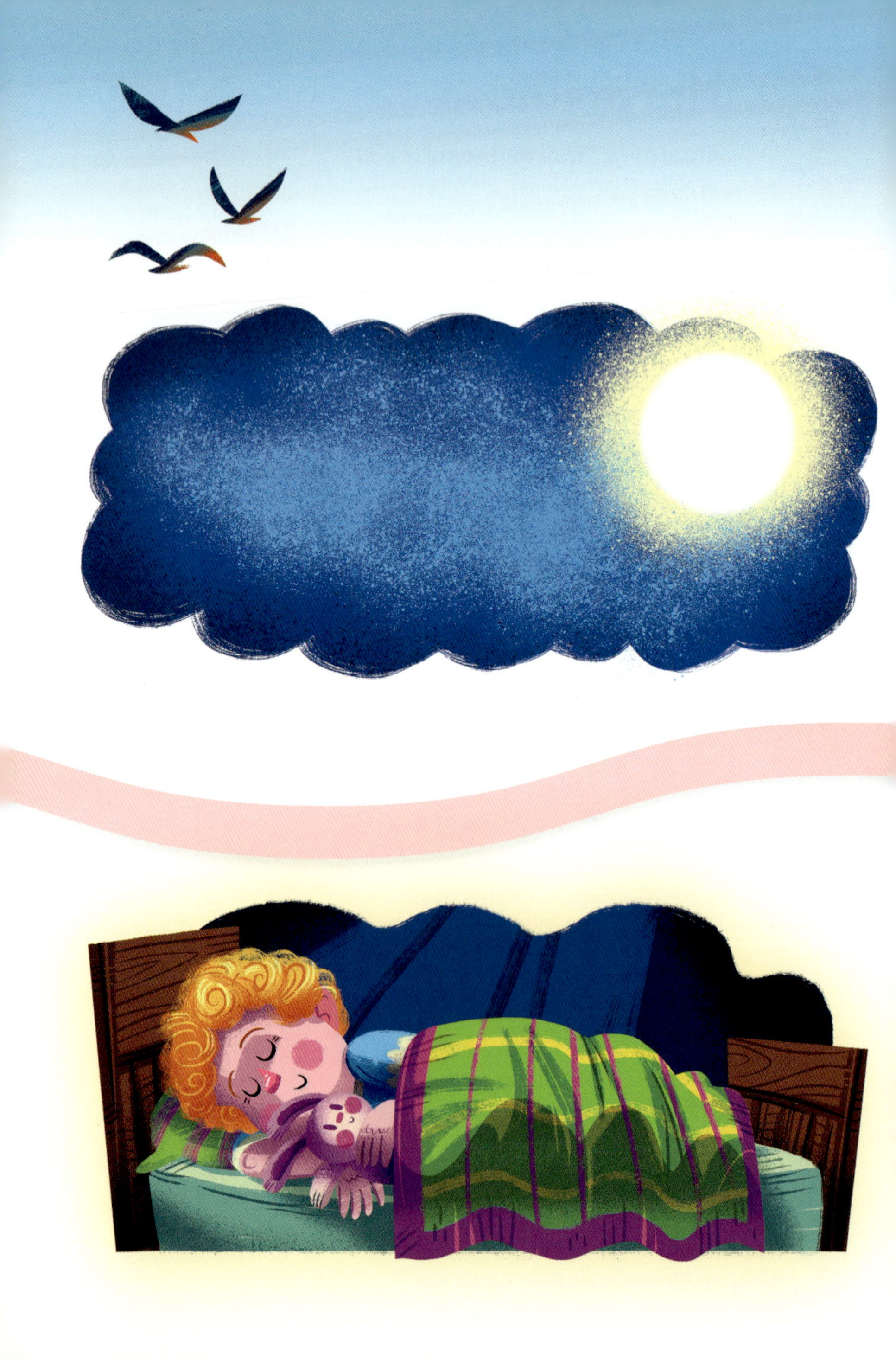

1 DE JUNHO

E aquele que sonda os corações conhece a intenção do Espírito, porque o Espírito intercede pelos santos de acordo com a vontade de Deus.

ROMANOS 8:27 (NVI)

As palavras certas

Quando Jesus viu que Seu tempo na Terra estava terminando, fez uma oração especial pelos Seus seguidores; uma oração para Deus proteger Seu povo depois que Ele voltasse para o céu.

Ele orou pedindo que Deus estivesse com Seus seguidores e que os protegesse do mal; para que todos os cristãos trabalhassem juntos como um só corpo e que tivessem a alegria de Jesus. Jesus orou para que eles entendessem a verdade da Palavra de Deus, que estivessem prontos a servir, para que o mundo visse que Seus seguidores pertenciam a Ele, e que estavam cheios de Seu amor.

O Espírito Santo me ajuda a orar.

Pelo fato de Jesus ser o Filho de Deus, Sua oração foi perfeita. Ele sabia as palavras certas e como dizê-las. Já imaginou se, para Deus o escutar, você tivesse que fazer uma oração perfeita? Não se preocupe! Não precisa aprender as palavras certas, ou orar de um jeito especial. Você só precisa usar o seu coração para falar com Deus. Apenas fale o que deseja. Se orar com seu coração, suas palavras serão as corretas.

Você pode orar agradecendo por sua comida, ou pedindo que Deus o mantenha em segurança durante a noite. Pode orar por si mesmo ou por outras pessoas. Pode dizer ao Senhor tudo o que achar importante. Quando você ora, o Espírito Santo está orando por você! —CB

LEIA MAIS

Mateus 6:9-13 fala de dois lugares onde a vontade de Deus deve ser feita. Quais são eles?

CURIOSIDADE

Mais de quinhentos anos atrás, as crianças inglesas aprendiam a ler em cartilhas feitas de madeira com as letras do alfabeto coladas sobre elas.

2 DE JUNHO

> Ezequias confiou no Senhor, o Deus de Israel; Judá nunca teve um rei como ele, nem antes nem depois daquela época.
>
> 2 REIS 18:5

O bom rei

Ezequias tinha apenas 25 anos quando se tornou rei de Judá. Seu pai, Acaz, tinha sido um rei malvado e, por isso, Ezequias tinha um trabalho difícil à sua frente.

Como mandava em tudo e em todos, ele podia tomar qualquer decisão e fazer o que tivesse vontade. Mas, em vez de ser orgulhoso e mau, Ezequias escolheu seguir a Deus e usou sua condição de rei para obedecer ao Senhor e fazer o que era certo.

Sua primeira decisão como rei foi derrubar todos os ídolos que o povo adorava, quebrando as estátuas em pedaços. Ezequias até derrubou a serpente de bronze que Moisés tinha feito muitos anos antes, porque ela estava sendo adorada pelo povo. Então, se colocou contra o rei da Assíria, se recusando a servi-lo, e derrotou os inimigos de Israel, os filisteus, deixando seu reino em segurança.

Posso escolher fazer a coisa certa.

Ezequias governou por 29 anos, e não deixou de seguir e ser fiel a Deus, obedecendo todos os Seus mandamentos. Deus estava com ele sempre. E tudo o que o rei fez deu certo porque ele confiava em Deus.

O rei Ezequias era um homem de fé que teve coragem para fazer a coisa certa. O trabalho não era fácil, mas o Senhor estava lá para ajudá-lo.

Alguma vez você achou difícil fazer a coisa certa? Pode confiar na ajuda de Deus, que nem Ezequias confiou. Provavelmente, você nunca será um rei, mas Deus se importa com as escolhas que você faz. —TM

CURIOSIDADE

Manassés foi o rei de Judá que governou mais tempo. Ele ficou no trono durante 55 anos.

LEIA MAIS

Ezequias orava quando tinha desafios. Leia 2 Reis 19:15-19 para saber como ele falava com Deus.

Um perfume agradável

3 DE JUNHO

Que a vida de vocês seja dominada pelo amor, assim como Cristo nos amou e deu a sua vida por nós, como uma oferta de perfume agradável e como um sacrifício que agrada a Deus!

EFÉSIOS 5:2

Jesus estava na casa de Marta, Maria e Lázaro (que tinha sido ressuscitado por Ele). Os três irmãos ofereciam um jantar em homenagem a Jesus.

Enquanto Lázaro e Jesus estavam à mesa e Marta servia a comida, Maria se aproximou com um pequeno vidro de perfume caro, derramou-o nos pés de Jesus e os enxugou com seus próprios cabelos. O suave aroma do perfume encheu a casa.

Um dos discípulos ficou zangado por Maria ter desperdiçado um perfume tão caro. Foi Judas, que mais tarde entregaria Jesus aos Seus inimigos. Ele não era um homem honesto e disse que se Maria tivesse vendido o perfume, poderia ter dado o dinheiro aos pobres. Mas como Judas era o responsável pelas finanças do grupo, na realidade, ele queria ficar com um pouco do dinheiro para si. Jesus conhecia o coração de Judas, então disse: "Deixe Maria em paz".

Minha vida pode ser agradável para Jesus.

Jesus também conhecia o coração de Maria, e ela parecia entender que Ele não ficaria na Terra por muito tempo, pois estava prestes a dar Sua vida por ela. Maria amava tanto a Jesus que queria demonstrar seu amor enquanto Ele ainda estava por perto: nada era bom demais, ou caro demais para ser dado a Jesus.

Jesus demonstrou Seu amor por nós quando morreu na cruz. Seu sacrifício custou muito mais do que o perfume caro que Maria derramou aos Seus pés. Se você ama a Jesus e quer mostrar isso, viva para agradá-lo. Você será como um perfume agradável para aqueles que estiverem à sua volta. O cheirinho bom vai encher a casa! —CB

CURIOSIDADE

O perfume usado nessa história é o nardo, feito de uma flor da Ásia, e custava o salário de um ano!

LEIA MAIS

Veja Mateus 26:6-12 para conhecer outra mulher que queria mostrar seu amor por Jesus.

4 DE JUNHO

> "A Minha casa será chamada de 'Casa de Oração' para todos os povos." Mas vocês a transformaram num esconderijo de ladrões!
>
> MARCOS 11:17

Uma casa de adoração

Jesus e Seus discípulos chegaram a Jerusalém para a celebração da Páscoa, e foram para o Templo, que era o costume dos judeus naquele feriado.

Porém, ao chegar lá, Jesus viu algo terrível: havia muitos mercadores no Templo, e não estavam lá para adorar. Eles queriam ganhar dinheiro se aproveitando das pessoas que iam ao Templo durante a Páscoa, e isso deixou Jesus muito zangado.

Os mercadores eram gananciosos e, em vez de respeitar o dia sagrado, estavam pensando nos lucros. Porém Jesus não iria permitir que a casa de Seu Pai fosse desrespeitada. Ele empurrou as mesas em que as pessoas faziam câmbio, virou as bancas dos homens que vendiam pássaros para sacrifícios e expulsou todos os que estavam vendendo e comprando coisas no Templo, gritando: "A minha casa será chamada de 'Casa de Oração' para todos os povos. Mas vocês a transformaram num esconderijo de ladrões".

Eu vou respeitar a Deus.

Jesus ficou muito zangado com a cobiça que viu. Ele não queria que coisas ruins acontecessem no Templo, porque era um lugar especial que Deus tinha feito para se encontrar com o Seu povo.

Quando estamos em nosso lugar de adoração, as coisas que fazemos e dizemos devem demonstrar respeito por Deus. Atualmente, podemos adorar ao Senhor na igreja, na rua, ou até sozinhos em nosso quarto. Onde quer que você o adore, agradeça e respeite a Deus por Seu amor. —TM

CURIOSIDADE

As pessoas ofereciam bois, cabras, cordeiros e pombas como sacrifício no Templo.

LEIA MAIS

Leia Isaías 56:6,7. Deus diz que Sua "casa" serve para quê?

5 DE JUNHO

Quando olho para o céu, que Tu criaste [...]. Que é um ser mortal para que te preocupes com ele?
SALMO 8:3,4

Olhe para as estrelas

É muito bom olhar para o céu numa noite clara. Se puder esticar uma manta num gramado, deitar e ficar olhando o que Deus fez, então... é maravilhoso!

Se você estiver longe das luzes da cidade, terá uma bela vista, com milhares de estrelas brilhando no céu. É como se Deus tivesse espalhado purpurina acima de nós! O brilho silencioso das estrelas faz a gente se sentir pequeno porque elas estão longe. E ao passar alguns minutos olhando as estrelas, podemos ver a grandiosidade do Senhor. Ele colocou o sol, a lua e as estrelas lá em cima, pois sabia que ficariam lindos e nos mostrariam o Seu poder.

Somos importantes para Deus.

Muitos anos atrás, o rei Davi teve essa sensação quando olhou para as estrelas. Ele sabia que Deus era incrível, e se sentiu pequeno. Davi se perguntou por que o Senhor se preocupava com as pessoas, se tinha todo o Universo para cuidar. Mas o rei se lembrou de que Deus nos ama e que fez os seres humanos diferentes do restante da criação. As pessoas são o mais importante entre tudo o que o Senhor criou, porque são feitas à Sua imagem. Deus colocou toda a Sua criação sob a responsabilidade das pessoas.

Podemos olhar para o céu e ver a grandiosidade de Deus, mas Ele olha para nós com amor, porque somos muito importantes para Ele. —TM

CURIOSIDADE

Os cientistas acham que existem 400 bilhões de estrelas na Via Láctea. Isso representa o número 4 acompanhado de 11 zeros. O máximo que podemos contar a olho nu é 9 mil estrelas.

LEIA MAIS

Veja o Salmo 148:3-6 e responda: O que o sol, a lua e as estrelas estão fazendo?

6 DE JUNHO

Este é o dia da vitória de Deus, o S<small>ENHOR</small>; que seja para nós um dia de felicidade e alegria!
SALMO 118:24

Seja alegre

Todo novo dia é criado por Deus e é um presente especial. O Senhor quer que aproveitemos cada um deles. Alguns dias são cheios de diversão e risos, mas outros não acontecem do jeito que a gente gostaria.

Jó amava a Deus e se mantinha longe do mal. Ele tinha sete filhos e três filhas, e era o homem mais rico da sua região. Mas um dia Satanás disse que Jó não amava a Deus, apenas amava tudo o que Ele tinha dado. Então o Senhor deixou que Satanás testasse Jó. E o diabo fez que acontecessem muitas coisas ruins até Jó perder tudo. Ele perdeu até mesmo seus dez filhos! Além disso, apareceram feridas horríveis em sua pele e seus amigos ficaram contra ele. Jó ficou completamente arrasado, mas nunca perdeu a fé e confiança em Deus.

Finalmente, os dias ruins de Jó acabaram. Deus lhe deu o dobro do que tinha antes, e abençoou a segunda parte de sua vida mais ainda do que a primeira parte. E também lhe deu mais dez filhos.

Todo dia é um dia para se alegrar.

Talvez você nunca precise sofrer como Jó, mas às vezes a vida é difícil. Continue confiando em Deus e Ele vai abençoá-lo. Fique alegre ao pensar em o quanto o Senhor o ama e cuida de você. Deus merece o nosso louvor nos dias bons, e nos que não são tão bons assim. Alegre-se pelo dia que Deus lhe dá. —CB

CURIOSIDADE

Um dia tem 24 horas, que equivalem a 1.440 minutos, que é igual a 86.400 segundos. É bastante tempo para ser alegre!

LEIA MAIS

Veja o Salmo 96. Que partes da criação se alegram porque Deus julgará a Terra?

Uma história de perdão

7 DE JUNHO

Pedro tinha uma pergunta sobre perdoar pessoas, então Jesus contou uma parábola.

Na história, um rei queria receber o dinheiro que seus empregados lhe deviam. Um deles devia uma enorme quantia e não tinha como pagar. O rei decidiu que o empregado, sua família e tudo o que eles tinham deveria ser vendido para que o rei recuperasse, pelo menos, uma parte de seu dinheiro. Mas o empregado implorou por bondade, dizendo: "Seja paciente comigo. Vou pagar tudo o que devo." O rei ficou com pena do homem e o soltou.

Mais tarde, o mesmo empregado encontrou alguém que lhe devia um pouquinho de dinheiro. Ele agarrou o devedor e disse: "Pague o que me deve!". O homem se ajoelhou e disse: "Seja paciente comigo. Vou pagar tudo o que devo." Mas o empregado que foi perdoado, não perdoou o outro, e pediu a um juiz que colocasse o homem na prisão.

> *Pedro [...] perguntou: "Senhor, quantas vezes devo perdoar? [...]" respondeu Jesus. "Você não deve perdoar sete vezes, mas setenta e sete vezes."*
> **MATEUS 18:21,22**

Posso perdoar os outros, porque Deus me perdoa.

Quando o rei soube o que tinha acontecido, ficou furioso. Mandou chamar o empregado e disse: "Você implorou para eu perdoar a sua dívida, e eu disse que não precisava pagar nada. Devia ter feito o mesmo com o outro homem!". Então o rei mandou o empregado para a prisão, até que ele pagasse sua dívida.

Jesus contou essa história para mostrar como é importante perdoar. O rei é como Deus, quando pedimos perdão ao Senhor, Ele nos perdoa, não importa o tamanho dos nossos pecados. Nós somos como o empregado do rei. Quando as pessoas nos pedem perdão, deveríamos aceitar. Devemos perdoar como Deus nos perdoa. —TM

LEIA MAIS
Veja Lucas 17:3,4. Quantas vezes por dia devemos perdoar alguém?

CURIOSIDADE
A palavra *perdoar* vem do latim "perdonare" (per + donare), que significa "dar completamente" ou absolver, desculpar, esquecer.

8 DE JUNHO

Jacó se casa

> Ele ouviu as novidades a respeito do seu sobrinho e logo saiu correndo. Quando encontrou Jacó, Labão o abraçou, e beijou, e o levou para casa.
>
> GÊNESIS 29:13

Alguém já enganou você? Às vezes pode ser divertido, mas outras, pura maldade.

Jacó e Esaú eram gêmeos, filhos de Isaque e Rebeca. Quando Jacó enganou o irmão e o pai, Rebeca mandou ele se mudar para longe por um tempo, e Isaque disse para ele ir encontrar o tio Labão e casar com uma de suas filhas.

Jacó chegou até um poço e conheceu uma moça chamada Raquel, filha de Labão. O tio ficou feliz quando soube que Jacó estava lá. Ele o levou para casa e lhe deu trabalho. Durante um mês, Jacó trabalhou de graça, mas então Labão disse: "Não é certo você trabalhar sem receber pagamento".

Jacó estava apaixonado e disse: "Trabalharei durante sete anos para o senhor, a fim de poder me casar com Raquel". Labão concordou.

Ele trabalhou durante 7 anos e, como amava muito Raquel, o tempo passou rápido. Depois desse tempo, Labão organizou uma grande festa de casamento.

Atitudes ruins têm consequências.

Jacó estava animadíssimo para se casar, mas Labão deu um jeito de enganar o sobrinho. Na manhã seguinte, Jacó descobriu que tinha se casado com Leia, a irmã de Raquel! E foi perguntar ao tio: "Por que você me enganou?".

"Em nossa terra, a irmã mais velha deve se casar primeiro", ele respondeu. "Daqui a uma semana, pode se casar com Raquel também, mas terá que trabalhar mais sete anos".

Jacó tinha enganado o pai e o irmão, e agora tinha sido enganado por seu tio Labão. Ele aprendeu as consequências de se fazer o que não deve. Mas também aprenderia a confiar em Deus. O Senhor estava com ele e o abençoou.

—CB

CURIOSIDADE

No dia 29 de abril de 2011, 2 bilhões de pessoas assistiram pela TV o casamento do Príncipe William, do Reino Unido.

Leia mais

Veja Gênesis 28:10-15. O que Deus disse a Jacó num sonho?

Semeando e colhendo

9 DE JUNHO

Quando os fazendeiros plantam sementes, esperam uma grande colheita. A lavoura é um trabalho difícil porque muitas coisas podem estragar a safra. Se chover demais, ou fizer muito sol, se vierem insetos ou ervas daninhas, a safra não será boa. O fazendeiro planta e espera que tudo corra bem. Mas uma coisa é certa: ele só colherá o que semeou. Se plantar milho, terá milho; se plantar trigo, vai colher trigo; se plantar sementes de melancia, terá melancia!

> Eu lhes disse: "Preparem os campos para a lavoura, semeiem a justiça e colham as bênçãos que o amor produzirá...".
>
> **OSEIAS 10:12**

Outra palavra para plantar é "semear". Depois que as plantas crescem, são "colhidas". Já ouviu um ditado que diz: "Você colhe o que semeia"? Ele vem da Bíblia e quer dizer que as atitudes e escolhas que você faz, provocam determinado resultado. Se for maldoso com seus amigos, provavelmente eles também serão com você. Se quiser que os outros sejam bons com você, deverá plantar bondade.

Vou plantar o tipo certo de sementes.

No Antigo Testamento, Deus mandou o profeta Oseias aos israelitas. O povo tinha se afastado do Senhor, e o profeta disse que iriam pagar pelos seus pecados. Oseias também falou que o coração deles era como um terreno duro que precisava ser arado, eles precisavam mudar seu comportamento. O profeta lembrou ao povo que se plantassem sementes de amor e obediência, Deus ficaria feliz.

Se plantarmos boas ações, colheremos bênçãos de Deus. E nem sempre elas chegam do jeito que esperamos. Às vezes elas não parecem bênçãos. Mas as palavras de Oseias são verdadeiras hoje em dia. Plante boas sementes! —CB

CURIOSIDADE

Mesmo sementes muito antigas podem resultar em novas plantas. Algumas sementes podem perdurar 50 anos antes de germinar. Alguns cientistas dizem que, anos atrás, conseguiram fazer uma semente de 2 mil anos brotar.

LEIA MAIS

Oseias 14 nos diz como o povo de Israel devia voltar para Deus. Que coisas boas eles colheriam?

10 DE JUNHO

> "E vocês? Quem vocês dizem que eu sou?" perguntou Jesus. "O Senhor é o Messias!" respondeu Pedro.
>
> MARCOS 8:29

Palavras importantes de Pedro

Os discípulos estavam seguindo a Jesus há quase três anos. Eles o viram realizar muitos milagres: Jesus tinha alimentado cinco mil homens (além de suas esposas e filhos) com apenas o almoço de um garotinho e o haviam visto andar sobre a água durante uma tempestade. Eles também tinham escutado Jesus ensinar muitas lições importantes: explicava o significado das parábolas e os ensinava a viver em paz. Jesus ajudava os discípulos a entender os prêmios que receberiam no céu. Os seguidores de Jesus o viram fazer coisas que ninguém mais conseguiria, e sabiam que Ele ensinava com uma sabedoria que ninguém mais possuía.

Todo mundo que viu ou escutou Jesus se perguntava quem Ele era, pois sabiam que havia alguma coisa especial nele. Uma vez, enquanto o Mestre e Seus discípulos estavam andando, Jesus perguntou: "Quem o povo diz que Eu sou?".

Eles responderam: "Alguns dizem que o Senhor é João Batista; outros, que é Elias; e outros, que é um dos profetas."

Jesus é o Messias.

Então Jesus perguntou: "E vocês? Quem vocês dizem que eu sou?".

E Pedro respondeu: "O Senhor é o Messias!".

Deus havia prometido aos israelitas que mandaria alguém para salvá-los, e eles esperavam por essa pessoa, chamada de Cristo ou de Messias, há muito tempo. Mas não eram muitos que acreditavam que Jesus era o Salvador prometido. Deus ajudou Pedro a perceber a verdade.

Em algum momento, todos terão que decidir se acreditam que Jesus é o Cristo. Mas agora, assim como Pedro, podemos ter fé para dizer com segurança que Jesus é o Salvador do mundo. —TM

CURIOSIDADE

Cristo (em grego) e Messias (em hebraico) significam "o ungido", ou "escolhido por Deus".

LEIA MAIS

Veja Filipenses 2:9-11. No futuro, quantas pessoas reconhecerão que Jesus é o Senhor?

11 DE JUNHO

Oito sacos de dinheiro

Um homem rico ia viajar. Antes de sair chamou seus empregados, pediu que cuidassem de suas posses e entregou algum dinheiro a três deles.

O primeiro recebeu cinco sacos de dinheiro, o segundo, recebeu dois e o terceiro, ficou com um saco. Enquanto o patrão estava fora, cada empregado cuidou do dinheiro de um jeito diferente. O primeiro usou o dinheiro para ganhar o dobro. O segundo fez a mesma coisa. Mas o terceiro empregado enterrou o saco quer tinha recebido.

Depois de muito tempo, o patrão voltou e fez um acerto de contas com eles. O empregado que havia recebido quinhentas moedas chegou e entregou mais quinhentas, dizendo: "O senhor me deu quinhentas moedas. Veja! Aqui estão mais quinhentas que consegui ganhar."
MATEUS 25:19,20

Quando o homem voltou, perguntou aos empregados o que tinham feito com o dinheiro. O primeiro e o segundo contaram que tinham dobrado a quantia que receberam.

Deus me dá dons e talentos para usá-los para Ele.

Então o patrão falou: "Vocês fizeram muito bem. São bons empregados em quem posso confiar." Mas quando soube que o terceiro tinha enterrado o dinheiro, disse: "Você é um empregado ruim e preguiçoso!". E mandou o homem embora.

Jesus contou essa história para ajudar Seus seguidores a compreender que Deus dá dons a cada um de nós que devem ser usados para Ele. O Senhor não quer que a gente esconda nossos dons e talentos, como fez o empregado que enterrou o saco de dinheiro. E não importa se seus talentos são grandes ou pequenos. Cada um deles é importante para Deus. Ele quer que você use seus dons para ajudar os outros e para honrá-lo. —TM

CURIOSIDADE

Algumas traduções da Bíblia usam a palavra "talento". Naquele tempo isso era muito dinheiro. O equivalente a 20 anos de salário.

LEIA MAIS

Veja Romanos 12:6-8. O que o texto diz sobre usar suas habilidades especiais?

12 DE JUNHO

Deus chama Jeremias

> *Antes do seu nascimento, quando você ainda estava na barriga da sua mãe, eu o escolhi e separei para que você fosse um profeta para as nações.*
>
> **JEREMIAS 1:5**

Quando Josias era rei de Judá, Deus falou com um homem chamado Jeremias e disse que ele seria um profeta para as nações.

"Ó Senhor, meu Deus", Jeremias respondeu, "eu não sei como falar, pois sou muito jovem".

"Não diga que é muito jovem", falou Deus. "Não tenha medo, pois Eu estarei com você para protegê-lo".

Então o Senhor esticou a mão, tocou a boca de Jeremias e disse: "Coloquei as Minhas palavras em sua boca. Quero que você fale para as nações e reinos".

Deus contou a Jeremias o que ia acontecer aos israelitas por terem se afastado do Senhor. Deus queria que o profeta levasse Sua mensagem ao Seu povo.

Era um trabalho difícil, mas Deus disse: "Levante-se e se apronte! Diga ao povo tudo o que Eu mandar. Não tenha medo. Você será como uma cidade cercada de muralhas, como um poste de ferro, como um muro de bronze. Eles não o derrotarão, pois Eu estarei ao seu lado para protegê-lo".

Jeremias serviu a Deus durante 40 anos. O Senhor esteve sempre ao seu lado, porque quando Deus pede para alguém fazer alguma coisa, Ele dá a força para o trabalho.

Deus me ajudará a fazer o que Ele pedir.

Se Deus pedir que você o sirva, Ele vai lhe dar a força que precisar. Ele vai colocar as palavras certas na sua boca. Você pode se levantar e se aprontar para servir a Deus, assim como fez Jeremias. —CB

CURIOSIDADE

Jeremias é conhecido como "profeta chorão". Ele era triste porque sabia o que aconteceria ao povo, mas eles não o ouviam.

LEIA MAIS

Veja Jeremias 13:1-11. O que Deus usou para ajudar Jeremias a entender como Ele se sentia sobre o povo?

Deus humilha um rei

13 DE JUNHO

O rei Nabucodonosor teve um sonho estranho: viu uma árvore grande e forte que estava sendo usada como alimento e abrigo pelos animais. As folhas eram lindas e o povo gostava de comer sua fruta gostosa. Mas um anjo desceu do céu e disse em voz alta: "Derrubem a árvore e cortem seus galhos. Tirem todas as folhas e espalhem as frutas. Mas deixem o toco e as raízes na terra." O rei chamou os sábios para explicarem o sonho, mas eles não conseguiram. Apenas Daniel sabia o significado porque Deus tinha dito a ele.

> *O senhor será expulso do meio dos seres humanos [...] até que o senhor reconheça que o Deus Altíssimo domina todos os reinos do mundo.*
> **DANIEL 4:25**

Daniel disse a Nabucodonosor: "Rei, o senhor é aquela árvore! Este é o significado do sonho. O senhor será forçado a viver entre animais selvagens. Aprenderá que Deus é quem governa sobre os reinos humanos, e que Ele lhes dá o que Ele quer."

Um ano depois, o rei estava andando pelo terraço do palácio e falou: "Olhe só Babilônia! Construí este grande palácio com o meu poder para mostrar como sou maravilhoso!". Nabucodonosor era muito orgulhoso, por isso achava que era mais

Deus humilhará o orgulhoso.

importante do que Deus. Mas assim que disse aquilo, o Senhor falou dos céus e repetiu as palavras de Daniel. E todas as coisas ruins aconteceram com o rei.

Depois de passar sete anos confuso e vivendo como um animal, a mente de Nabucodonosor ficou curada. Ele louvou e reconheceu que Deus é quem reina para sempre. E então o Senhor devolveu o reino a Nabucodonosor.

Ninguém é maior do que Deus. Reis e governantes estão sob Sua autoridade. O Senhor não gosta quando as pessoas são orgulhosas. E mesmo Ele nos permitindo fazer grandes coisas, é Deus quem merece o louvor. —CB

Leia mais

Leia em Daniel 4:34,35 a oração que Nabucodonosor fez depois de ser castigado.

CURIOSIDADE

Nabucodonosor era o rei da Babilônia. Ela ficava onde hoje está localizado o Iraque.

14 DE JUNHO

Regras perfeitas

A lei do Senhor é perfeita e nos dá novas forças. Os seus conselhos merecem confiança e dão sabedoria às pessoas simples.
SALMO 19:7

Deus colocou Adão e Eva num lindo jardim com muitas árvores e plantas, e deu uma regra: eles podiam comer as frutas de quase todas as árvores do jardim, menos de uma.

E o Senhor explicou o que aconteceria se desobedecessem essa regra. Adão e Eva comeram a fruta da árvore que não podiam; e trouxeram o pecado e todos os seus problemas para o mundo perfeito.

Deus nos ama como um pai que ama seus filhos, e sabe o que é melhor para nós. Suas regras são perfeitas, porque Ele é perfeito. As pessoas que seguem as regras e os ensinamentos do Senhor são sábias e felizes.

Vou aprender e seguir as regras perfeitas de Deus.

Quando Noé fez o que o Senhor mandou, ele e sua família foram salvos na arca. Quando Abraão obedeceu a Deus, se tornou o pai de uma grande nação. Moisés seguiu as instruções do Senhor, e Ele o ajudou a se tornar um grande líder dos israelitas. Daniel obedeceu a Deus em vez de obedecer às ordens do rei, e o Senhor o protegeu dos leões.

Seguir as regras de Deus pode nos manter em segurança e evitar que a gente se machuque, mas para isso, precisamos saber quais são essas regras. Elas e os ensinamentos do Senhor estão na Bíblia. Quanto mais lemos a Bíblia, mais aprendemos como Deus quer que a gente viva. Ele nos ama e quer que sejamos felizes, por isso nos dá regras perfeitas! —CB

CURIOSIDADE
Em Mateus 7:12, Jesus disse: "Façam aos outros o que querem que eles façam a vocês". Essa é conhecida como a "Regra de Ouro".

Leia mais
Leia Salmo 19:8-11. Quais são alguns bons motivos para obedecer as regras de Deus?

Coma seus legumes

15 DE JUNHO

Daniel e seus amigos foram capturados e levados para a Babilônia quando ainda eram adolescentes. Como eram inteligentes, fortes e trabalhadores, foram levados para viver no palácio do rei.

Eles se viram num palácio estranho, leram livros e aprenderam uma língua nova. O rei queria que comessem sua comida chique e que bebessem do seu vinho, mas Daniel não quis fazer isso porque os israelitas tinham regras especiais sobre o que podiam comer. A comida do palácio não era feita do jeito certo, e Daniel sabia que se a comesse estaria desobedecendo a Deus.

Durante dez dias, dê-nos somente legumes para comer e água para beber. No fim dos dez dias, faça uma comparação entre nós e os jovens que comem a comida do rei.
DANIEL 1:12,13

Então ele teve uma ideia: pediu ao cozinheiro do rei que desse apenas frutas e legumes a ele e a seus amigos. No princípio, o cozinheiro ficou com medo porque achou que os rapazes ficariam doentes e fracos se não comessem as comidas do rei, e que ele teria problemas se isso acontecesse!

Mas Daniel disse: "Por favor, faça esse teste conosco durante dez dias. Depois desse tempo, nos compare com os jovens que comeram a comida do rei. Veja você mesmo quem estará mais saudável, e então decida como vai querer nos tratar".

Posso confiar em Deus.

O cozinheiro concordou. Ao final dos dez dias, Daniel e seus amigos pareciam mais saudáveis do que todos os jovens que haviam se alimentado com a comida chique do rei. Eles continuaram comendo frutas e legumes, e ficaram mais inteligentes e sábios do que todos os outros servos do reino.

Deus amava Daniel e seus amigos e cuidou deles mesmo quando estavam numa terra tão longe de casa. O Senhor fará o mesmo por você. Independentemente de onde estiver, Deus o ama, e você pode confiar nele. —TM

LEIA MAIS

Leia Levítico 11:1-8. Que animais Deus disse que os israelitas não deveriam comer?

CURIOSIDADE

Frutas e legumes têm vitaminas importantes, e deve-se comer cinco porções delas por dia.

16 DE JUNHO

Feliz é a pessoa que acha a sabedoria e que consegue compreender as coisas.

PROVÉRBIOS 3:13

Entenda!

Na Bíblia, há três homens chamados Filipe. Um deles é conhecido como "o evangelista" porque contava às pessoas o que Jesus tinha feito e quem Ele era.

Um dia um anjo apareceu e mandou Filipe ir até o deserto, por numa estrada que ia de Jerusalém até Gaza. Lá, ele viu um homem numa carruagem, lendo o livro do profeta Isaías. O homem era um oficial importante da rainha da Etiópia, mas Filipe perguntou: "O senhor entende o que está lendo?".

O homem falou que precisava de ajuda e pediu a Filipe para explicar o que o livro dizia. Os versículos eram sobre Jesus, mas o homem não entendia. Então Filipe contou tudo sobre Jesus e como fazer para ser salvo. Quando o oficial viu um lugar com água, perguntou se podia ser batizado. Filipe disse: "Se o senhor crê de todo o coração, é claro que pode". E ele respondeu: "Eu creio que Jesus Cristo é o Filho de Deus".

Filipe ficou feliz em batizar o oficial, que voltou para casa alegre por ter entendido as palavras de Isaías. E melhor: agora ele conhecia Jesus!

Até conhecer Jesus como Salvador, as pessoas não entendem as coisas de Deus. Elas podem escutar cristãos falarem que são felizes, e podem ler a Bíblia, mas sem o Espírito de Deus dentro delas, não entendem de verdade.

Posso entender a Bíblia quando creio em Jesus.

Porém, quando aceitamos Jesus como nosso Salvador, o Espírito Santo nos ajuda a compreender as palavras da Bíblia. Ele enche nosso coração de alegria!
—CB

CURIOSIDADE

A rainha da Etiópia era chamada de "Candace". Não era um nome, mas sim um título (como "Faraó"). Cerca de 500 anos atrás, as pessoas começaram a chamar suas filhas de Candace.

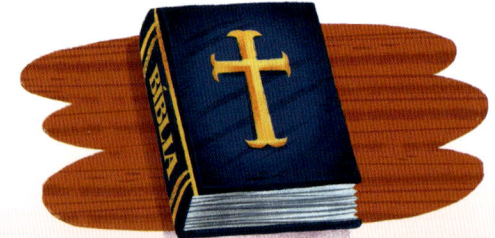

LEIA MAIS

O oficial estava lendo Isaías 53:7,8. Como Filipe sabia que o texto falava de Jesus?

A graça é o suficiente

17 DE JUNHO

> "A minha graça é tudo o que você precisa, pois o Meu poder é mais forte quando você está fraco."
>
> **2 CORÍNTIOS 12:8,9**

O apóstolo Paulo enfrentou muitos desafios enquanto pregava o evangelho. Ele naufragou e apanhou três vezes, e passou muitos dias na prisão. Mas ele tinha outra batalha. Em uma de suas cartas, disse que tinha um problema que era como um espinho cravado em seu corpo.

Não sabemos o que era, mas devia ser uma doença ou dor muito forte. Paulo orou três vezes pedindo que Deus tirasse aquele sofrimento, mas o Senhor deixou o "espinho" e falou uma coisa importante. Ele disse que a Sua graça era a força que Paulo necessitava para aguentar a dor. E Paulo aprendeu que o poder de Deus é mais real quando as pessoas se sentem mais fracas.

Podemos pedir a Deus para nos curar de doenças, feridas ou incapacidades porque Ele pode resolver qualquer problema. Mas nem sempre Ele nos cura como queremos.

Deus é forte quando eu me sinto fraco.

Deus nos ama e ouve nossas orações, porém às vezes permite que as pessoas passem por períodos difíceis. Nem sempre entendemos porque, mas devemos confiar que Deus tem um motivo para tudo o que faz.

Se o Senhor não responder ao nosso pedido, podemos nos lembrar do que Ele disse a Paulo. Deus é mais forte em nossa vida quando nos sentimos mais fracos. Sua graça dá força para encarar a dor, tanto para nós, quanto para aqueles que amamos.
—TM

CURIOSIDADE

Os cientistas têm feito pesquisas para avaliar o poder da oração na cura de pessoas. Uma das pesquisas revelou que os pacientes que oram precisam de menos remédios e têm menos complicações em sua recuperação!

LEIA MAIS

Leia 2 Coríntios 12:9,10. Como Paulo se sentiu sabendo que ao ser fraco, a força de Deus era mais forte dentro dele?

18 DE JUNHO

Ele tem de ficar cada vez mais importante, e eu, menos importante.
JOÃO 3:30

Maior ou menor

Em matemática estudamos os conceitos de "maior que" e "menor que". Cinco é maior que quatro; seis é menor que sete. Números podem ser maiores ou menores que outros, mas quando se trata de pessoas, Deus vê todas iguais. Ninguém é maior que o outro, com exceção de Jesus. Ele é maior que todos nós, porque é o Filho de Deus.

João Batista era primo de Jesus. Ele nasceu um pouco antes de Jesus e sua vida tinha um propósito especial. Deveria preparar as pessoas para a chegada de Jesus. Mesmo quando pregava no deserto, muitas pessoas apareciam para ver e ouvir ele falar. Talvez alguns gostassem de ver suas roupas engraçadas (ele usava um casaco feito de pelo de camelo) ou outros quisessem ver quando ele comia gafanhotos! Mas quando vinham, João dizia que deveriam se afastar de seus pecados e serem batizados.

Jesus é maior do que todos.

Alguns líderes religiosos não confiavam em João e apenas queriam saber quem ele era. Então perguntaram se era um profeta especial ou o Messias, o Salvador escolhido por Deus. E João respondeu: "Não sou. Sou a voz gritando no deserto: Preparem o caminho para o Senhor!".

João dizia a todos que seu trabalho era levar o povo a Jesus. Muitas pessoas vinham para reconhecer que tinham feito coisas erradas e pediam que os batizassem. Um dia, João até batizou Jesus, mas deixou claro que Jesus era maior do que ele.

Podemos ser como João quando mostramos Jesus às pessoas. Nós nos tornamos menores e Jesus se torna maior! —CB

CURIOSIDADE
Deus disse ao povo que alguns insetos eram bons para comer. Entre eles, gafanhotos e grilos.

LEIA MAIS
João 3:31-36. O que esses versículos nos dizem sobre Jesus?

Palavras na parede

19 DE JUNHO

Belsazar foi o rei da Babilônia depois de Nabucodonosor. Uma noite, ele deu uma grande festa para mil pessoas em seu palácio. O rei mandou seus servos pegarem taças de ouro e prata para todos usarem. Muitos anos antes, quando atacou Jerusalém, Nabucodonosor havia roubado aquelas taças do Templo de Deus. Elas deviam ser usadas apenas durante a adoração ao Deus verdadeiro, mas o rei Balsazar estava louvando seus falsos deuses enquanto usava as taças.

> *Belsazar disse: "Aquele que ler o que está escrito na parede e me explicar o que quer dizer [...] será a terceira autoridade mais importante no meu reino."*
> **DANIEL 5:7**

De repente, o rei viu uma coisa estranha! Parecia uma mão humana escrevendo uma mensagem na parede do palácio. O rei ficou pálido e, como não entendia o que estava escrito, mandou chamar os sábios da Babilônia para explicar. Balsazar disse que quem decifrasse a mensagem ganharia roupas especiais e um cargo importante no reino.

Os sábios vieram, mas nenhum conseguiu ler o que estava escrito. Então a rainha se lembrou de Daniel. Muitos anos antes, ele havia interpretado os sonhos do rei Nabucodonosor. Quando o rei morreu, muita gente se esqueceu de Daniel, mas a rainha tinha certeza de que ele poderia ler a mensagem.

Posso me manter fiel a Deus onde eu estiver.

Então Daniel veio falar com o rei. Ele não quis a recompensa, mas disse a Balsazar o que a mensagem significava. Falou que Deus acabaria com o governo do rei, e que ele seria derrotado por seus inimigos.

Assim como muita gente hoje, Daniel vivia num país onde as pessoas não amavam nem respeitavam a Deus. Mas ele se manteve fiel ao Senhor, e Deus sempre esteve com ele. Independentemente de onde estiver, você pode ser como Daniel e se manter fiel a Deus. E pode ajudar outros a saberem que o Senhor está sempre no comando. —TM

LEIA MAIS

Leia Esdras 5:13-15. O que aconteceu com algumas taças que Nabucodonosor roubou do Templo?

CURIOSIDADE

"Escrito nas estrelas" é um ditado que quer dizer que algo está garantido para acontecer, e vem da história de hoje.

20 DE JUNHO

Deus envia Gideão

> Então o S<small>ENHOR</small> Deus ordenou a Gideão: "Vá com toda a sua força e livre o povo de Israel dos midianitas. Sou Eu quem está mandando que você vá."
>
> JUÍZES 6:14

Os israelitas estavam sendo intimidados. Durante sete anos, os midianitas arrasaram suas plantações e roubaram seus animais. Os israelitas tinham que se esconder nas montanhas, e pediram ajuda a Deus. O Senhor escolheu Gideão para lutar.

Deus mandou um anjo falar com Gideão. "Você é corajoso, e o Senhor está com você!", ele disse. E quando Gideão se virou, viu o anjo sentado sob um carvalho. "Vá com toda a sua força e livre o povo de Israel dos midianitas."

Gideão ficou com medo e respondeu: "A minha família é a mais pobre da tribo de Manassés, e eu sou a pessoa menos importante da minha família".

O Senhor respondeu: "Eu estarei com você".

Gideão pediu a Deus uma prova de que Ele o ajudaria. De noite colocou um pedaço de lã do lado de fora da casa e pediu ao Senhor para molhar a lã com orvalho, mas deixar o chão em volta bem seco. Deus fez o que ele pediu. Na noite seguinte, Gideão pediu para deixar a lã seca, mas o chão molhado. Novamente, Deus o fez. Assim, Gideão teve certeza de que o Senhor estaria com ele.

Deus usa a nossa fraqueza, porque Ele é forte.

Gideão reuniu um enorme exército, mas Deus disse que precisava só de 300 homens, pois o povo deveria entender que a vitória viria de Deus e não de um grande exército.

Foi uma batalha estranha. Gideão deu uma tocha, um jarro de barro e uma trombeta para cada homem. Na escuridão da noite, quando deu a ordem, os homens quebraram os jarros, tocaram as trombetas e gritaram: "Pelo Senhor e por Gideão!". Os midianitas ficaram tão assustados, que começaram a brigar entre si, em vez de lutar contra os israelitas!

Gideão se achava fraco, mas Deus o usou para derrotar os midianitas. Quando esquecemos a nossa fraqueza e dependemos de Deus, Ele também pode nos usar! —CB

CURIOSIDADE

Os midianitas eram da família de Midiã, filho do segundo casamento de Abraão. Ou seja, eram parentes dos israelitas.

LEIA MAIS

Leia Juízes 6:11,12. O que Gideão estava fazendo quando o anjo veio falar com ele?

21 DE JUNHO

> Hoje na caverna o Senhor Deus o entregou a mim. Alguns me disseram que o matasse, mas eu não quis fazer isso [...] pois o Senhor o escolheu para ser rei.
>
> **1 SAMUEL 24:10**

Dois reis numa caverna

Quando Deus escolheu Davi para ser o próximo rei de Israel, ele era apenas um pastor. Ser rei era uma tarefa especial e Davi estava ansioso, mas devia esperar.

O rei Saul governava os israelitas, e ainda não era a hora de Davi. Mas ele era famoso e popular, por isso muitos homens começaram a segui-lo. Eles queriam que Davi fosse rei e achavam que ele tinha o direito de tomar o trono. Por outro lado, Saul tinha medo e queria se livrar de Davi.

Um dia Saul saiu para procurar e matar Davi, e certa hora decidiu descansar numa caverna. Ele achou que estava sozinho, mas Davi e seus homens estavam escondidos no fundo da caverna! Os homens de Davi disseram que era a chance dele se tornar rei. Se matasse Saul, assumiria o trono. Mas Davi sabia que esse não era o caminho de Deus.

Posso usar o autocontrole para obedecer a Deus.

Ele confiava que o Senhor cumpriria a Sua promessa na hora certa. Davi não atacou Saul, pois sabia que era melhor fazer as coisas do jeito de Deus.

Davi demonstrou autocontrole. Ele poderia ter feito algo ruim para ser mais importante, mas isso seria contra a lei de Deus. Ele escolheu ser paciente e deixar o Senhor realizar o Seu plano. E um dia, Davi se tornou rei, como Deus havia prometido.

Podemos aprender com Davi e praticar autocontrole. Um dia, alguém pode sugerir que você faça algo para se tornar mais importante. Mas se isso for contra o plano de Deus, lembre-se de Davi. O Senhor o abençoou por causa de sua obediência. —TM

LEIA MAIS

Leia 2 Samuel 5:1-5. Como Deus cumpriu a promessa que fez a Davi?

CURIOSIDADE

Existem mais de mil cavernas em Israel. A maior delas se chama Malcham.

22 DE JUNHO

> Ninguém é santo como o SENHOR; não existe outro deus além dele, e não há nenhum protetor como o nosso Deus.
> 1 SAMUEL 2:2

O Deus Santo

As palavras do versículo bíblico de hoje são parte da oração de uma mulher chamada Ana. Ela amava e adorava a Deus. Mas Ana estava muito triste porque não podia ter um bebê.

Então, Ana orou pedindo que Deus a deixasse ter um filho. Ela pediu com o coração humilde e prometeu dedicar seu filho ao Senhor.

Depois de um tempo, Deus respondeu a oração de Ana. Ela ficou grávida e teve um menino chamado Samuel. E quando Samuel chegou a certa idade, Ana levou o filho para viver no Templo, cumprindo sua promessa. Ele seria um sacerdote.

Meu Deus é santo.

Antes de sair do Templo, Ana louvou ao Senhor por Sua grandiosidade. Ela compreendeu que Deus era santo, ou seja, que Deus é perfeito em Sua bondade. Não há ninguém como Ele. Deus merece nossa atenção e amor. Ele deve ser respeitado por quem é.

Ana sabia que Deus era o único que poderia responder suas orações. Ela entregou Samuel como uma forma de demonstrar que acreditava na santidade de Deus, além de querer honrá-lo também. Ela louvava ao Senhor por ser o único Deus no Universo.

Ninguém é santo como Deus. Ele é totalmente perfeito! É por isso que cantamos hinos de louvor. Quando cantamos, nos juntamos aos anjos do céu que dizem: "Santo, santo, santo, é o Senhor Deus Todo Poderoso". —TM

CURIOSIDADE

Outra palavra para "santo" é honrado, que significa honorável, respeitável e bom.

LEIA MAIS

O que o Salmo 89:5-9 fala sobre a santidade de Deus?

23 DE JUNHO

Dois irmãos fazem as pazes

Jacó estava com medo. Depois de muitos anos, ia encontrar seu irmão, Esaú, pela primeira vez. Os dois eram gêmeos, mas Esaú tinha nascido primeiro, por isso deveria receber a bênção da família e se tornar o chefe da família quando seu pai, Isaque, morresse.

> *Porém Esaú saiu correndo ao encontro de Jacó e o abraçou; ele pôs os braços em volta do seu pescoço e o beijou. E os dois choraram.*
> GÊNESIS 33:4

Mas Jacó queria aquela bênção. Ele queria ser o filho mais importante. Um dia, quando Esaú estava com muita fome, Jacó enganou o irmão, trocando a bênção por um prato de ensopado. Então Jacó foi ver Isaque, que estava velho e cego, e também enganou o pai, e recebeu a bênção que deveria ser de Esaú. Quando o irmão descobriu, ficou tão zangado, que Jacó precisou fugir e ir morar com o tio.

Jacó não sabia o que Esaú faria quando se encontrassem novamente. Por isso, mandou muitos animais de presente, para acertar as coisas. Ele foi na frente falar com Esaú, deixando a família para trás. Quando viu o irmão chegando, Jacó demonstrou respeito, se inclinando no chão sete vezes. Então Esaú correu na direção de Jacó... e o abraçou! Os irmãos choraram, e Esaú perguntou: "Para quê todos aqueles animais?".

Posso perdoar os outros, porque Deus me perdoa.

Jacó respondeu: "São presentes, para que você pudesse me aceitar".

Mas Esaú falou: "Você não precisa me dar presentes, irmão. Eu já tenho o bastante".

Jacó sabia que tinha magoado seu irmão, mas quando teve uma chance de corrigir o erro, aproveitou. Esaú perdoou Jacó e aceitou suas desculpas. Quando uma pessoa pede desculpas e a outra perdoa, tudo fica em paz. —TM

LEIA MAIS

Leia Mateus 5:23,24. O que Deus quer que a gente faça antes de fazer ofertas a Ele?

CURIOSIDADE

Jacó quer dizer "agarrado ao calcanhar", porque ele segurava o calcanhar de Esaú quando nasceu.

24 DE JUNHO

Davi quer se vingar

> Davi respondeu: "Louvado seja o Senhor, o Deus de Israel, que mandou você! [...] fui impedido de me vingar por mim mesmo."
> 1 SAMUEL 25:32,33

Davi ainda não era rei, e estava escondido do rei Saul, no deserto. Nabal, um homem rico, vivia ali perto e tinha muitos pastores e ovelhas.

Estava na época de as ovelhas serem tosquiadas, ou seja, ter a lã aparada. Davi e seus soldados tratavam com respeito os pastores e as ovelhas de Nabal, e agora ele queria pedir um favor.

Os homens de Davi cumprimentaram Nabal e disseram: "Que tudo vá bem com o senhor e sua família. Temos tratado bem seus pastores. Por favor, seja bom conosco e compartilhe um pouco de sua comida e bebida".

Mas Nabal foi grosseiro: "Quem é Davi? Tenho pão, água e carne para meus homens. Por que deveria dar comida a quem não conheço?".

Quando soube o que Nabal falou, Davi ficou furioso. Chamou 400 homens e mandou pegarem as espadas. Davi queria matar Nabal!

Eu não vou querer vingança.

Mas alguém avisou Abigail, a esposa de Nabal, que era sábia. Ela carregou seus jumentos com muito pão, carne, bebidas, grãos e bolos de figos, e foi encontrar Davi.

Quando o viu, Abigail se inclinou em sinal de respeito e implorou por perdão. Ela disse para ignorar Nabal, pois era insensato. Abigail entregou seus presentes e lembrou a Davi que deveria lutar apenas as batalhas do Senhor.

As palavras dela acalmaram Davi e não deixaram que ele matasse Nabal e seus homens. Davi percebeu que quem deveria cuidar de Nabal era Deus, e que não deveria se vingar.

Nós também não devemos querer vingança. Quando ficarmos zangados com alguém, precisamos deixar Deus cuidar dessa pessoa. —CB

CURIOSIDADE

As ovelhas são tosquiadas no início da primavera, para ficarem fresquinhas no verão.

Leia mais

Leia 1 Samuel 25:39-42. O que aconteceu com Abigail depois que Nabal morreu?

25 DE JUNHO

> *Paulo sacudiu a cobra para dentro do fogo e não sentiu nada. Eles pensavam que ele ia ficar inchado ou que ia cair morto de repente.*
> ATOS 28:5,6

A picada da cobra

Paulo e seu grupo de missionários viajaram para uma ilha chamada Malta. Quando lá chegaram, os habitantes da ilha foram muito gentis. Como chovia e fazia frio, fizeram uma fogueira para aquecer Paulo e seus amigos.

O apóstolo ajudou a recolher gravetos e, quando os estava jogando no fogo, uma cobra, escondida entre os galhos, pulou, cravou as presas na mão de Paulo e apertou bastante. O povo viu a cobra atacando Paulo e ficou com medo, pois achavam que a picada da cobra era um sinal de que ele era mau.

Mas Paulo não teve medo, nem saiu correndo aos berros. Apenas sacudiu a mão, jogando a cobra no fogo. Ele não estava ferido. As pessoas ficaram olhando, achando que ele iria inchar ou cair morto. Depois de muito tempo, viram que não aconteceu nada. Elas ficaram maravilhadas e entenderam que tinha sido um milagre.

Confiarei em Deus não importa o que aconteça.

Quando foi picado, Paulo podia ter se apavorado ou se irritado. Mas o apóstolo sabia que Deus tinha um plano, e que estava no controle. Por isso, ele não deixou que o problema o impedisse de fazer o trabalho que o Senhor havia mandado.

Algumas vezes, como Paulo, vamos enfrentar situações difíceis. Esperamos nunca sermos picados por uma cobra! Mas não importa o que acontecer, podemos ter certeza de que Deus está conosco. Ele pode usar coisas inusitadas para nos ajudar a falar aos outros sobre Jesus. —TM

LEIA MAIS

Continue a ler Atos 28:7-10. Que outras coisas aconteceram enquanto Paulo estava na ilha?

CURIOSIDADE

Malta é uma ilha ao sul da Itália, tem apenas 316 Km², e é um dos menores países do mundo.

26 DE JUNHO

> Toda a multidão ficou alegre com as coisas maravilhosas que Ele [Jesus] fazia..
> LUCAS 13:17

Levante-se

Jesus estava ensinando no sábado, o dia de descanso do povo judeu. Ele viu uma mulher toda encurvada, que não conseguia se esticar há dezoito anos.

Então Jesus pediu que ela chegasse mais perto e disse: "Mulher, você está curada." Depois Ele colocou Suas mãos sobre a mulher. Ela se levantou e começou a louvar a Deus!

Os líderes judaicos viram o que Jesus fez e ficaram zangados. Reclamaram que, ao curar a mulher, Ele tinha trabalhado num sábado. "Há seis dias para trabalhar", falou um deles. "Pois venham nesses dias para serem curados, mas, no sábado, não!"

Jesus não ficou satisfeito com os líderes, e disse: "Vocês são hipócritas e não sabem o que dizem! Fingem não trabalhar no sábado, mas trabalham. Por acaso não desamarram o seu boi ou o seu jumento no sábado para levá-lo para beber água? Esta mulher pertence ao seu povo. Ela ficou encurvada durante dezoito anos. Por que é que no sábado ela não devia ficar livre dessa doença?".

Os líderes que criticaram Jesus ficaram envergonhados, mas as outras pessoas, que viram o que Ele fez, estavam felizes. Elas louvavam a Deus por todas as coisas maravilhosas que Jesus estava fazendo.

Vou me levantar e louvar a Deus.

O sábado é quando as pessoas devem descansar, mas Jesus disse que não havia problema fazer coisas boas nesse dia. Ajudar os outros é uma coisa boa. Louvar a Deus também. E podemos ajudar os outros e louvar a Deus em qualquer dia da semana. —CB

CURIOSIDADE

Alguns judeus ainda evitam trabalhar no sábado. Há lugares onde nem apertam o botão do elevador. Os elevadores são programados para, por si mesmos, pararem em todos os andares.

LEIA MAIS

Leia Lucas 4:14-21. Que outras coisas importantes Jesus fez no sábado?

27 DE JUNHO

Com a sabedoria se constrói o lar e sobre a prudência ele se firma. Na casa da pessoa sábia os quartos ficam cheios de coisas bonitas e de valor.

PROVÉRBIOS 24:3,4

Construindo casas

Para construir uma casa, os operários precisam dos materiais e ferramentas certos. Primeiro fazem uma fundação de concreto; depois fazem o contorno das paredes com madeira, e então colocam os tijolos e o reboco. Um telhado feito de telhas de barro ou metal protege a casa.

Quando uma família se muda para uma casa nova, enche os quartos e salas com suas coisas prediletas. Fazem uma decoração caprichada para deixar tudo bonito. Alguns objetos, como fotos, têm significado especial. São considerados preciosos.

Construir nossa vida se parece muito com a construção de uma casa. As ferramentas e os materiais que precisamos são compreensão, sabedoria e conhecimento. Podemos conseguir todas essas ferramentas lendo a Bíblia e aprendendo o que ela diz.

Posso construir minha vida como uma bela casa.

Quando entende o que Deus quer que você faça, e como Ele quer que viva, você pode ser forte e seguro. Essa é a sua fundação. Quando usa a sabedoria da Bíblia para fazer boas escolhas, você está em segurança. É como ter um bom telhado acima de sua cabeça. Quando sabe o quanto Deus ama e se preocupa com você, sente alegria e paz em seu interior. Você é um de Seus bens preciosos.

Quando ler a Bíblia, peça a Deus para lhe dar sabedoria, compreensão e conhecimento. Ao construir sua vida com essas ferramentas, ela se tornará mais bela do que a casa mais bonita do bairro! —TM

LEIA MAIS
Descubra em João 14:2-4 por que Jesus está construindo uma casa agora.

CURIOSIDADE
No Japão, muitas casas têm amortecedores também, para evitar que caiam durante um terremoto!

28 DE JUNHO

Jesus abençoa as crianças

> [Jesus] disse: "Deixem que as crianças venham a mim e não proíbam que elas façam isso, pois o Reino do Céu é das pessoas que são como estas crianças."
>
> **MATEUS 19:14**

Jesus tinha seguidores de todas as idades. Nas multidões que se juntavam quando Ele ensinava ou curava, havia idosos, jovens e crianças pequenas.

Um dia alguns pais levaram seus filhos até Jesus para que Ele colocasse as mãos sobre as crianças e orasse. Mas os discípulos tentaram afastar os pais e os filhos, pois achavam que as crianças incomodariam Jesus. Estavam errados!

Jesus disse: "Deixem que as crianças venham a mim e não proíbam que elas façam isso, pois o Reino do Céu é das pessoas que são como estas crianças." Então eles deixaram as crianças chegarem perto. E quando os adultos se aproximaram com os filhos, Jesus colocou as mãos sobre as cabeças deles e os abençoou. Ele amava as crianças, tanto quanto amava Seus seguidores adultos.

As crianças ficam animadas em conhecer Jesus. Elas amam escutar histórias e saber mais sobre Ele. Estão prontas para crer no que Jesus fala. Chegam sem orgulho, e é assim que Jesus quer que todos se aproximem.

Jesus quer que eu me aproxime dele.

Pais e avós podem levar as crianças à igreja e à Escola Bíblica; podem ler as histórias da Bíblia e ensinar cânticos de louvor aos filhos. Ninguém é muito novo (ou muito velho) para conhecer Jesus. Todos somos Seus filhos e Ele ama a todos do mesmo jeito. —CB

CURIOSIDADE

Algumas igrejas fazem a cerimônia de dedicação do bebê, onde os pais prometem ensinar aos filhos os caminhos do Senhor, orar com eles, e ser um bom exemplo.

Leia mais

Veja em Gênesis 48:8-16 quem abençoou os dois filhos de José.

29 DE JUNHO

A trilha de comida

Depois que os israelitas saíram do Egito, Moisés recebeu de Deus leis para o povo. Ele leu todas e explicou cada uma das leis ao povo. Muitas delas eram sobre comida. Uma lei em especial, dizia como os agricultores deveriam cuidar de seus campos.

> Pode acontecer que na colheita do trigo ou da cevada você esqueça de pegar um feixe de espigas; nesse caso, não volte para pegá-lo, mas deixe-o lá no campo para os estrangeiros, para os órfãos e para as viúvas. Assim o Senhor, nosso Deus, abençoará tudo o que você fizer.
>
> DEUTERONÔMIO 24:19

Quando chegasse o tempo da colheita, os agricultores deveriam recolher suas lavouras. Dava muito trabalho colher todos os grãos ou frutas, então era comum se perder um pouco ao longo do caminho. Deus sabia que isso aconteceria e tinha um plano para aquelas sobras. Moisés disse ao povo o que Deus queria: "...não volte para pegá-lo, mas deixe-o lá no campo para os estrangeiros, para os órfãos e para as viúvas". E Deus mandou que aqueles que cultivavam oliveiras fizessem o mesmo.

Posso ser generoso e doar aos outros.

O Senhor lembrou ao Seu povo que tinham sido escravos no Egito, e queria que eles se lembrassem de como era ruim ser tratado de forma injusta. Por isso, queria que Seu povo fosse generoso e que desse um pouco do que tinha aos que necessitavam.

Você pode não ter lavoura nem um campo de oliveiras para compartilhar, mas pode dar um pouco do que tem a quem precisa de ajuda. Quando compartilha o que tem, você agrada a Deus! —TM

CURIOSIDADE

Algumas das frutas e vegetais que são cultivadas em Israel, atualmente, incluem laranja, kiwi, goiaba, abacate, manga e uvas. Além do trigo e milho que também são plantados lá.

LEIA MAIS

O que o texto de Deuteronômio 15:7,8 fala sobre ajudar aos pobres?

30 DE JUNHO

Três ingredientes

> O que Ele quer é que façamos o que é direito, que amemos uns aos outros com dedicação e que vivamos em humilde obediência ao nosso Deus.
>
> MIQUEIAS 6:8

Alguma vez você já ajudou a fazer o café da manhã ou o jantar para a sua família? Quando cozinha, segue uma receita? Muitos cozinheiros usam receitas, porque elas dizem quais ingredientes devem ser misturados para o prato ficar bom.

No tempo do Antigo Testamento, antes de Jesus vir à Terra, Deus deu a "receita" de como queria que Seu povo vivesse. A receita é simples e tem apenas três ingredientes!

O primeiro ingrediente é: fazer o certo. Quando Deus mostra a diferença entre o certo e o errado, escolha fazer a coisa certa. Escolha ser honesto ao invés de mentir; ser amigo de alguém que é solitário.

O segundo ingrediente é: amar bondosamente. Amar os outros da mesma forma como Deus ama você. Mesmo quando as pessoas fazem besteiras ou dizem coisas maldosas, perdoe e continue a ser gentil.

O terceiro ingrediente é: andar humildemente com Deus. Coloque o jeito de Deus muito à frente do seu, porque Ele é Deus. Quando sua mãe pedir ajuda com os pratos, você pode não querer, mas faz porque Deus quer que ajude os outros sempre que puder.

Fazer o que é certo. Amar. Andar humildemente.

Esses três ingredientes são fáceis de lembrar. Nunca serão demais, e você pode misturá-los em qualquer ordem. Quando Deus os derramar em sua vida, você ficará surpreso com o que Ele pode fazer! —TM

CURIOSIDADE

Som tam é uma salada tailandesa que leva tomate, vagem, amendoim, limão, camarão seco e melaço de cana.

LEIA MAIS

Descubra em Deuteronômio 10:12,13 a receita que Deus deu ao povo de como agradá-lo.

1 DE JULHO

Respeite o seu pai e a sua mãe, para que você viva muito tempo na terra que estou lhe dando.

ÊXODO 20:12

Respeite seus pais

Nos tempos bíblicos, algumas pessoas viviam centenas de anos. Adão viveu 930 anos; Noé morreu com 950 e Abraão viveu até os 175. Hoje em dia as pessoas não vivem tanto, mas uns poucos conseguem chegar até os 100 anos.

"Respeite o seu pai e a sua mãe" é o quinto dos Dez Mandamentos que Deus deu a Moisés. Em algumas traduções está escrito "honrar", que quer dizer obedecer, respeitar e confiar. É um mandamento que vem com uma promessa. Deus mandou Seu povo respeitar os pais, para que eles vivessem muito tempo na terra que Ele estava lhes dando.

Deus sabe que honra e respeito começam em casa. Bons pais sabem o que é melhor para os filhos, e é por isso que Deus quer que eles obedeçam aos pais. É respeitoso obedecer e pode proteger você de perigos.

Vou honrar a Deus e aos meus pais.

Algumas crianças vivem com os avós ou com outros adultos que as amam e cuidam delas da mesma forma que os pais fariam. Deus também quer que as crianças respeitem esses adultos. Na Bíblia, a rainha Ester não tinha mãe e pai, pois tinham morrido quando ela era pequena. Então seu primo Mordecai a adotou e cuidou dela. Ester respeitava e obedecia Mordecai, e por causa disso, Deus a usou para salvar Seu povo.

Deus pode ajudá-lo a respeitar o seu pai e a sua mãe. Ele quer que todos nós honremos nossos pais da mesma forma que honramos o Senhor. Quando demonstramos respeito — aos nossos pais na Terra e ao nosso Pai do céu — temos as bênçãos de Deus em nossa vida. —CB

Leia mais
O que diz Efésios 6:1-4 sobre filhos e pais?

CURIOSIDADE
O homem que viveu mais tempo foi Matusalém. Ele viveu até os 969 anos!

2 DE JULHO

> *Então Débora disse a Baraque: "Vá agora porque é hoje que o S*ENHOR* lhe dará a vitória sobre Sísera. O S*ENHOR* está com você!"*
>
> JUÍZES 4:14

Juíza Débora

Débora é bem diferente das mulheres da Bíblia. Ela foi profetisa e juíza de Israel numa época em que a maior parte dos líderes era homem.

Na época de Débora, os inimigos dos israelitas eram os cananeus. O comandante do exército deles, Sísera, era perverso com o povo de Israel, por isso eles pediram ajuda a Deus.

Um dia, Débora pediu a um homem chamado Baraque que fosse falar com ela sob uma palmeira, e disse: "O Senhor, o Deus de Israel, está lhe dando esta ordem: 'Escolha dez mil homens para a luta. Eu ajudarei a derrotar Sísera.'"

Baraque estava com medo e não tinha coragem para enfrentar Sísera sozinho, então falou: "Só irei se você for comigo. Se você não for, eu também não irei."

"Vou", Débora respondeu, "mas você não ficará com as honras da vitória, pois o Senhor Deus entregará Sísera nas mãos de uma mulher."

Deus vai me ajudar quando eu fizer o que Ele pedir.

E tudo aconteceu exatamente como ela disse. Baraque derrotou o exército de Sísera, mas o comandante escapou e foi até a tenda de uma mulher chamada Jael. E foi ela quem o derrotou sozinha.

Para uma mulher de seu tempo, Débora recebeu uma tarefa incomum. Mas Deus a ajudou em tudo. Quando o Senhor lhe der uma tarefa, também o ajudará. Você pode depender da força de Deus! Não importa o quanto acha que está preparado, ou o que os outros vão dizer; quando você estiver pronto para obedecer, Deus vai ajudá-lo. —TM

CURIOSIDADE

As rainhas-faraó do Egito foram as primeiras mulheres da história a serem líderes. Quinhentos anos antes do nascimento de Jesus, Hatshepsut governou o Egito, e Nefertiti governou cerca de 100 anos depois dela.

Leia mais

Em Juízes 5:1-12, leia as músicas cantadas pelos israelitas depois de derrotarem Sísera.

Qual o tamanho?

3 DE JULHO

Para que assim, junto com todo o povo de Deus, vocês possam compreender o amor de Cristo em toda a sua largura, comprimento, altura e profundidade.
EFÉSIOS 3:18

Alguma vez você já pensou sobre o tamanho da Terra? Mesmo que nosso planeta seja gigantesco, alguns cientistas conseguiram medi-lo.

Normalmente pensamos na Terra como uma bola, mas ela não é totalmente redonda. É um pouquinho mais larga no meio, onde fica a linha do Equador: o diâmetro dela mede cerca de 12.756 quilômetros. Mas se medir o diâmetro da parte mais alta, do Polo Norte ao Polo Sul, terá cerca de 12.720 quilômetros. Se medir a circunferência da Terra pela linha do Equador, achará 40.075 quilômetros, mas se a medição for feita passando pelos polos, terá cerca de 40.008 quilômetros. É difícil acreditar que alguém consiga medir algo tão grande, mas os cientistas o fizeram!

Na Bíblia, o apóstolo Paulo fala sobre outra coisa que é muito grande. Podemos tentar medi-lo, mas nunca o conseguiremos. Paulo está falando sobre o amor de Deus.

Deus me ama mais do que eu posso imaginar.

O amor de Deus é largo, comprido, profundo e alto. É maior do que a Terra, maior do que o Sistema Solar, e maior do que o Universo inteiro! Quanto mais lemos a Bíblia e oramos, mais aprendemos sobre Deus; e mais compreendemos a grandeza de Seu amor.

Deus nos ama tanto, que mandou Seu Filho para morrer na cruz por nossos pecados. Ele nos ama tanto, que quer que a gente viva com Ele para sempre. O amor de Deus é maior do que qualquer coisa que possamos imaginar. —CB

CURIOSIDADE

O diâmetro de um círculo é a extensão de uma linha reta passando pelo centro da figura. A circunferência é a distância de suas bordas externas.

LEIA MAIS
Veja Salmo 136:1-9. Quanto tempo dura o amor de Deus?

4 DE JULHO

Remédio para a alma

> Jesus respondeu: "Os que têm saúde não precisam de médico, mas sim os doentes. Eu não vim para chamar os bons, mas para chamar os pecadores."
> **LUCAS 5:31,32**

Uma vez Jesus viu um cobrador de impostos chamado Levi e disse: "Venha comigo!".

Ele largou tudo e foi com Jesus. Então Levi deu um grande banquete em sua casa para Jesus, e convidou alguns cobradores de impostos.

A maioria das pessoas não gostava de cobradores porque eles eram desonestos. Pegavam muito dinheiro de impostos, mas ficavam com uma parte para si mesmos. O povo achava que eram ladrões. Por isso, quando os líderes judeus viram Jesus comendo com cobradores de impostos, eles o desprezaram.

"Por que você come com cobradores de impostos e pecadores?", perguntaram. Mas Jesus tinha uma boa resposta: "Os que têm saúde não precisam de médico", disse, "mas sim os doentes."

Os líderes judeus se achavam perfeitos. Acreditavam que tinham recebido a aprovação de Deus e que não precisavam de Jesus. Eles se sentiam como uma pessoa saudável que não precisa de médico. Além disso, pensavam que os cobradores de impostos eram ruins e que não eram aceitos por Deus.

Mas as palavras de Jesus explicam como Deus vê as pessoas. Ele quer ajudar aqueles que mais precisam. Muitos não se acham bons o suficiente para Deus, mas Jesus os ama e quer que sejam salvos.

Jesus quer ajudar aqueles que precisam dele.

Todo mundo peca e ninguém é perfeito. Levi era um cobrador de impostos muito impopular, mas Jesus o chamou para ser um de Seus doze discípulos. Mais tarde seu nome foi trocado para Mateus, e ele é a prova de que Jesus remove os pecados. —TM

CURIOSIDADE
Em 1928, o cientista escocês Alexander Fleming descobriu a penicilina por acidente. Ela é um remédio muito importante até hoje.

LEIA MAIS
Veja Isaías 61:1-3. Que tipo de pessoa Jesus veio ajudar?

Músicas alegres

5 DE JULHO

Ouvir música pode deixar você alegre. Se quiser escutar música, pode ligar o rádio, tocar um CD ou usar seu smartphone. Mas no tempo da Bíblia não era assim. Não havia gravações, e se as pessoas quisessem ouvir uma música, tinham que encontrar quem soubesse cantar ou tocar um instrumento.

Um dia o rei Saul estava de mau humor. Ele tinha se afastado de Deus e estava muito perturbado. Os empregados do rei disseram: "Vamos procurar alguém para tocar harpa para o senhor quando estiver chateado". E Saul achou que essa era uma boa ideia.

Um dos empregados lembrou: "Jessé, de Belém, tem um filho chamado Davi que sabe tocar harpa. É um rapaz corajoso e o Senhor está com ele!".

> *Animem uns aos outros com salmos, hinos e canções espirituais. Cantem, de todo o coração, hinos e salmos ao Senhor.*
> **EFÉSIOS 5:19**

Cantar para Deus pode me deixar alegre.

Então Saul enviou mensageiros até a casa de Jessé com uma mensagem: "Mande seu filho Davi para mim." Jessé colocou presentes para o rei no lombo de um jumento e os mandou junto com Davi. Quando Saul conheceu Davi, gostou muito do jovem. Sempre que ele tocava sua harpa, o rei se sentia muito melhor. Saul gostava tanto de Davi que o convidou para passar um tempo em sua casa.

Davi escreveu mais da metade dos salmos da Bíblia, e muitos são músicas de louvor a Deus! Quando estiver se sentindo triste, talvez as músicas de Davi possam fazer você se sentir melhor. Ou talvez você possa criar seu próprio cântico de louvor. A música que honra a Deus coloca um sorriso em seu rosto! —CB

LEIA MAIS
Por que o Salmo 145 diz que devemos louvar a Deus?

CURIOSIDADE
Segundo pesquisas, existem mais de 44 mil estações de rádio no mundo!

6 DE JULHO

> Simão Pedro respondeu: "Quem é que nós vamos seguir? O Senhor tem as palavras que dão vida eterna! E [...] sabemos que o Senhor é o Santo que Deus enviou."
>
> JOÃO 6:68,69

Continue seguindo

Jesus tinha doze discípulos, mas Pedro era um dos três mais próximos. Pedro amava muito a Jesus: viu o Mestre realizar muitos milagres e até participou de alguns.

Pedro sabia que Jesus era o Filho de Deus e queria ser fiel a Ele, por isso era um bom discípulo. Ele não queria sair do lado de Jesus.

Um dia Jesus estava ensinando aos Seus seguidores na cidade de Cafarnaum. Ele explicou ao povo que ia morrer para que seus pecados fossem perdoados. Jesus disse que Ele era o único caminho para que as pessoas se acertassem com Deus, e o povo achou estranho o exemplo que Ele usou para ensinar essa lição. As pessoas ficaram confusas.

Depois disso, muitos deixaram de seguir a Jesus porque achavam difícil demais o que Ele estava ensinando. Então Jesus perguntou aos Seus doze discípulos: "Será que vocês também querem ir embora?".

Vou continuar a seguir Jesus.

Pedro respondeu: "Quem é que nós vamos seguir? O Senhor tem as palavras que dão vida eterna! E nós cremos e sabemos que o Senhor é o Santo que Deus enviou."

Mesmo quando achou difícil compreender os ensinamentos, Pedro não desistiu porque estava comprometido em seguir Jesus. Muitas vezes não entenderemos tudo sobre seguir Jesus. E pode haver ocasiões em que seguir Seus ensinamentos será muito difícil. Mas, assim como Pedro, podemos continuar, porque sabemos que Jesus é o Filho de Deus, e que é apenas através dele que podemos nos acertar com o Senhor. —TM

CURIOSIDADE

As ruínas da antiga Cafarnaum, onde Jesus viveu, foram descobertas em 1838 pelo explorador americano Edward Robinson.

LEIA MAIS

Veja João 6:47-51. Que lição estranha Jesus tentou ensinar aos Seus seguidores?

Amigos de Jesus

7 DE JULHO

Se você for viajar, vai contar a um amigo. Se souber que vai ganhar um irmãozinho, ou se um dente cair durante uma brincadeira, também vai contar a um amigo. Amigos contam coisas importantes um para o outro.

Eu [...] chamo vocês de amigos, pois tenho dito a vocês tudo o que ouvi do meu Pai.

JOÃO 15:15

Jesus é nosso Senhor e Salvador. Ele é nosso Criador e Rei. É a Ele que adoramos e louvamos porque Ele é muito, muito importante. Mas sabia que Jesus também quer seu amigo? Muitos dos Seus seguidores se tornaram Seus amigos, e Ele também quer que você seja.

Quando Jesus estava com Seus seguidores, Ele disse coisas muito importantes. Falou sobre o amor, o perdão, a paz e a alegria que queria dar a eles. Ele falou sobre o reino de Deus e o que ia acontecer no futuro. Contou-lhes que ia morrer, mas que viveria novamente, e sobre como eles poderiam estar para sempre no céu com Ele. Jesus queria que Seus amigos soubessem todas as coisas que Deus havia lhe dito.

Posso ser um amigo de Jesus.

Jesus é o melhor amigo que alguém pode ter. Algumas vezes, os amigos se mudam para longe, nos entristecem ou nos magoam, mas Jesus é um amigo que jamais vai nos deixar tristes. Ele nunca vai magoá-lo, nem o abandonar ou se mudar para longe. Jesus ama você mais do que qualquer outra pessoa. Ele é um amigo verdadeiro! —CB

LEIA MAIS

Veja João 15:14. Como podemos ser amigos de Jesus?

CURIOSIDADE

A sigla BFF (em inglês "*best friends forever*") significa "melhor amigo para sempre". Essa expressão tem sido usada desde 1980, mas foi nos últimos anos que se tornou popular.

8 DE JULHO

> Durante o dia o Senhor ia na frente deles numa coluna de nuvem, [...]. Durante a noite Ele ia na frente deles numa coluna de fogo, para iluminar o caminho.
>
> ÊXODO 13:21

Duas colunas

Os israelitas foram escravos no Egito durante muitos anos. Depois que Deus enviou as dez pragas, o Faraó deixou o povo ir embora.

O Senhor deu ordens claras para os israelitas saírem do Egito rapidamente, mas não levou o povo até a Terra Prometida pelo caminho mais curto. Ele não queria que fossem direto até a terra dos filisteus e entrassem em guerra com eles. Assim, os levou através do deserto, uma região enorme e vazia, em direção ao mar Vermelho. Para ajudar o povo a seguir o caminho, Deus usou duas visões incríveis: uma coluna de nuvem que indicava a direção durante o dia, e uma coluna de fogo que iluminava o caminho durante a noite.

Deus estava ajudando o Seu povo a escapar da vida difícil no Egito, e conduzindo-o para a nova terra que tinha prometido a Abraão muitos anos antes. Êxodo 13:22 diz: "A coluna de nuvem sempre ia adiante deles durante o dia, e a coluna de fogo ia durante a noite." As colunas de nuvem e fogo mostravam ao povo que Deus estava sempre com eles.

Deus está comigo dia e noite.

E sabe de uma coisa? O Senhor ainda hoje conduz o Seu povo, mas não é preciso olhar para uma coluna de nuvem ou de fogo. Hoje em dia, Deus usa a Bíblia e o Espírito Santo dentro de nós para nos conduzir.

Assim como Deus estava com os israelitas dia e noite, Ele está sempre com a gente hoje. —CB

CURIOSIDADE

Os israelitas andaram por uma região chamada Sinai: a única parte do Egito que fica na Ásia e não na África.

LEIA MAIS

Veja Êxodo 40:34-38. Como o povo sabia quando Deus queria que fossem para outro lugar?

A tenda sagrada

9 DE JULHO

Enquanto os israelitas estavam no deserto, Deus disse a Moisés que queria que o povo construísse uma tenda grande e importante. Seria um lugar onde poderiam adorar e oferecer sacrifícios; e onde o Senhor se encontraria com Seu povo.

Então Moisés disse ao povo: "Aqueles que quiserem, podem trazer ofertas para o Senhor. Tragam seu ouro, prata e bronze. Tragam linhas púrpuras, azuis e vermelhas, e tecidos finos. Tragam madeira, peles, azeite e especiarias. Tragam pedras preciosas e joias."

Moisés chamou Bezalel, Aoliabe e todos os outros homens a quem o Senhor tinha dado habilidade e que tinham boa vontade para ajudar.
ÊXODO 36:2

Todos queriam ajudar e trouxeram muitas ofertas. Deus mandou Moisés escolher dois homens, Bezalel e Aoliabe, para trabalhar com os outros na construção da tenda. E não demorou muito, os dois avisaram: "O povo trouxe mais do que precisamos!".

Muita gente trabalhou na construção. As mulheres teceram os fios e fizeram cortinas para a tenda e roupas para os sacerdotes. Os homens entalharam formas na madeira e construíram mesas e altares. Todos queriam participar. Eles deram o que tinham e ajudaram da forma como podiam.

Posso me encontrar com Deus onde eu estiver.

A tenda sagrada também era chamada de "tenda do encontro" ou "tabernáculo". Ela ajudou o povo a saber que Deus estava com eles no meio do deserto.

Hoje em dia muitas pessoas vão à igreja para se encontrar com Deus. Mas se pedir perdão a Jesus, o Espírito Santo de Deus viverá em seu coração e você estará sempre perto do Senhor, não importa onde esteja. Você pode orar em qualquer lugar, a qualquer hora. Ele estará com você onde quer que esteja. —CB

LEIA MAIS
Veja Êxodo 39:32 e 43. Como o povo fez o tabernáculo?

CURIOSIDADE
Algumas traduções de Êxodo 25:5 dizem que usaram peles de carneiro, e outras, peles de texugos para fazerem o Tabernáculo.

10 DE JULHO

> Não tenham medo do povo daquela terra. [...] O Senhor está com a gente e derrotou os deuses que os protegiam. Portanto, não tenham medo.
>
> NÚMEROS 14:9

A história dos doze espiões

Deus havia prometido a terra de Canaã aos israelitas, mas, enquanto ainda estavam no deserto, Ele mandou Moisés enviar doze espiões até aquela região para descobrir tudo o que pudessem. Depois de 40 dias, eles voltaram com o relatório.

De acordo com os espiões, a terra era cheia de frutas. Os cachos de uvas eram tão grandes, que era preciso dois homens para levá-los pendurados numa vara! Porém, apesar da terra ser rica em comida, dez espiões estavam com medo. "O povo que vive lá é muito poderoso", disseram. "Não podemos lutar contra eles! São mais fortes do que nós."

O relatório assustou os israelitas. Eles queriam largar Moisés e voltar para o Egito, onde tinham sido escravos. Então os outros dois espiões falaram. "A terra é muito boa", disseram Josué e Calebe. "Nós os venceremos com facilidade. O Senhor está com a gente e derrotou os deuses que os protegiam. Portanto, não tenham medo."

Eu posso confiar em Deus porque Ele é forte.

Mas o povo não acreditou neles, então Deus castigou os israelitas, deixando-os no deserto durante 40 anos. Josué e Calebe entrariam na Terra Prometida, mas nenhum dos outros israelitas adultos chegaria lá. Apenas seus filhos poderiam entrar em Canaã.

Deus estava pronto para lutar pelo Seu povo, mas o povo não confiou em Sua promessa. Apenas Josué e Calebe confiaram no Senhor. Você já se perguntou se pode confiar em Deus? Ao invés de pensar como os dez espiões assustados, você pode ser como Josué e Calebe. Pode confiar em seu Deus maravilhoso! —TM

CURIOSIDADE

Depois, Josué enviou espiões a Jericó: um oásis, cheio de nascentes de água no meio do deserto.

LEIA MAIS

Veja Josué 6:1-20. Como Deus ajudou os israelitas a derrotar Jericó?

"Estou aqui"

11 DE JULHO

Samuel cresceu no Templo e foi criado pelo sacerdote Eli que tinha filhos, mas eles eram maus.

Uma noite, quando estava na cama, Samuel escutou alguém chamar seu nome. Ele se levantou e foi até onde estava Eli: "Estou aqui. Você me chamou."

"Não chamei você", Eli respondeu. "Volte para a cama."

E novamente Samuel escutou chamarem seu nome, e foi até Eli que, de novo, disse: "Volte para a cama."

Samuel voltou para o quarto e ouviu a voz pela terceira vez. Quando foi falar com Eli, o sacerdote percebeu que era Deus quem estava chamando e disse: "Volte para a cama. Se alguém o chamar de novo, diga 'Fala, pois o Teu servo está escutando!'".

Samuel foi para a cama e logo escutou uma voz dizendo: "Samuel, Samuel!".

E ele respondeu: "Fala, pois o Teu servo está escutando!".

> *"Fala, pois o Teu servo está escutando!"* respondeu Samuel.
> **1 SAMUEL 3:10**

Vou ouvir a Deus.

O Senhor disse que os filhos de Eli eram maus e que ia castigar a família do sacerdote. Na manhã seguinte, Samuel estava com medo de contar o que Deus tinha dito, mas Eli quis saber. Então o menino passou a mensagem de Deus para o sacerdote.

"Ele é Deus o Senhor", Eli falou. "Que Ele faça tudo o que achar melhor."

Samuel se tornou um grande profeta, e continuou a ouvir a Deus. Um dia, quando você estiver lendo a Bíblia ou orando, talvez sinta como se Deus estivesse lhe falando. Assim como Samuel, você pode dizer: "Fala, pois o Teu servo está escutando!". —CB

LEIA MAIS
Veja 1 Samuel 7:12. O que Samuel fez para os israelitas se lembrarem da ajuda de Deus?

CURIOSIDADE
Samuel foi o último juiz de Israel e ungiu Saul, o primeiro rei de Israel. Samuel quer dizer "Deus ouviu".

12 DE JULHO

Os cristãos

> Foi em Antioquia que, pela primeira vez, os seguidores de Jesus foram chamados de cristãos.
> ATOS 11:26

Depois que Jesus voltou para o céu, Seus discípulos começaram a viajar para falar a todos sobre Ele. A notícia se espalhou por diversas cidades.

No início falavam apenas com judeus. Mas quando alguns deles chegaram a uma cidade chamada Antioquia, começaram a ensinar a pessoas que não eram judias. Deus tocou o coração daquele povo e muita gente decidiu seguir a Jesus.

Os líderes da igreja em Jerusalém queriam saber mais sobre o que estava acontecendo lá e mandaram Barnabé descobrir. Quando ele viu que não-judeus estavam crendo em Jesus, ficou feliz. "Sejam sempre fiéis ao Senhor", disse Barnabé. "Sirvam-no com todo o seu coração."

Conforme mais e mais pessoas se tornavam parte da família de Deus, Barnabé foi procurar Saulo para ele ajudar a orientar o povo. Saulo, que mais tarde passou a se chamar Paulo, ficou em Antioquia com Barnabé durante um ano. Eles se encontraram com os seguidores de Jesus e ensinaram a muitas pessoas. E, enquanto estavam lá, as pessoas começaram a chamar os seguidores de Jesus de "cristãos".

Hoje em dia, a palavra "cristão" pode ter significados diferente para diversas pessoas. Mas no tempo de Barnabé e Paulo, ela queria dizer "seguidor de Cristo". Em Antioquia, a palavra era tão forte, que o nome cristão significava "pertencente a Cristo".

Ser um cristão significa que pertenço a Jesus.

Quando falamos que somos cristãos, estamos dizendo que pertencemos a Jesus. É uma forma de dizer que a coisa mais importante de nossa vida é seguir a Cristo. Assim como os cristãos de Antioquia, podemos ser conhecidos pelo nosso amor por Jesus. —TM

CURIOSIDADE
A palavra "cristão" em português vem do grego *Christianós*.

LEIA MAIS
Veja João 13:34,35. Como as pessoas saberão que somos seguidores de Jesus?

13 DE JULHO

Levar a cruz

Jesus estava cansado, no percurso que seguia para o Calvário, onde Ele morreria na cruz.

Jesus tinha passado por muita coisa desde a noite anterior. Foi preso, mesmo sem ter feito nada de errado. Os líderes judeus o julgaram e o entregaram ao governador romano para Seu julgamento final. O governador sabia que Jesus era inocente, mas o entregou ao povo, que queria a Sua morte.

Soldados romanos bateram em Jesus, mas Ele não brigou, nem tentou se livrar de Seu castigo. Então Jesus ficou fraco depois de apanhar durante horas e escutar pessoas caçoando dele. Quando os soldados colocaram uma enorme e pesada cruz de madeira sobre Seus ombros, Ele mal conseguiu ficar em pé. Enquanto Jesus caminhava em direção ao Calvário, os soldados tiraram Simão da multidão e o fizeram levar a cruz para Jesus.

> *Então os soldados levaram Jesus. No caminho, eles encontraram um homem chamado Simão [...] e o obrigaram a carregar a cruz, seguindo atrás de Jesus.*
> **LUCAS 23:26**

Posso levar uma cruz por Jesus.

Simão teve que mudar seus planos para andar com Jesus. Ele viu a dor que Jesus estava enfrentando no caminho em direção à morte. E Simão sentiu um pouco de Sua dor enquanto levava a enorme e pesada cruz pela estrada.

Simão é um bom exemplo para nós. Ele andou com Jesus assim como nós podemos. E fez uma coisa difícil por Ele. Quando enfrentamos situações difíceis ao seguirmos Jesus, começamos a entender um pouco das situações difíceis pelas quais Ele passou por nós. É isso que significa levar a Sua cruz. —TM

LEIA MAIS

Veja Mateus 16:24,25. De acordo com Jesus o que vai encontrar aquele que pegar a sua cruz e o seguir?

CURIOSIDADE

Ninguém sabe ao certo de que madeira era feita a cruz de Jesus. Pesquisadores acham que a cruz de Jesus era de madeira de cedro, de oliveira ou de cipreste.

14 DE JULHO

Eu poderia falar todas as línguas que são faladas na terra e até no céu, mas, se não tivesse amor, as minhas palavras seriam como o som de um gongo.
1 CORÍNTIOS 13:1

Um ingrediente que falta

Se você quiser fazer um bolo, é importante seguir a receita. Se faltar um dos ingredientes, o bolo pode solar! Ninguém vai gostar de comer seu bolo, e você pode ter que jogar tudo fora. Os ingredientes corretos são muito importantes.

Sabia que o ingrediente mais importante da sua vida é o amor? Você pode fazer muitas coisas legais, mas se não as fizer com amor, não estarão bem certas.

Caim e Abel eram filhos de Adão e Eva. Eles foram as duas primeiras crianças da Bíblia. Caim era agricultor e Abel era pastor. Um dia, cada um deles trouxe uma oferta para o Senhor. Caim trouxe um pouco da sua colheita e Abel, uma ovelha. O Senhor aceitou a oferta de Abel, mas não aceitou a de Caim.

O amor é o melhor ingrediente.

Faltava um ingrediente importante em Caim. Ele não amava a Deus como Abel amava. Se Caim amasse a Deus com todo o seu coração, sua oferta teria sido aceita. Infelizmente, Caim também não amava Abel do jeito que Deus queria. E ele ficou tão zangado que matou seu irmão. Então Deus castigou Caim, mandando-o para longe de sua casa.

Deus quer que o amemos. Ele quer que amemos as pessoas de nossa família, nossos amigos e vizinhos. E Ele até mesmo nos ajuda a fazer isso. O amor é o ingrediente da vida que nunca deve faltar. Em qualquer coisa que fizer, lembre-se de incluir amor! —CB

CURIOSIDADE

Os egípcios antigos eram bons padeiros. Usavam mel e frutas secas para fazer pães doces. Os bolos macios que comemos foram inventados apenas poucas centenas de anos mais tarde.

Leia mais

Veja Gênesis 4:13-15. Como Deus demonstrou que amava Caim, mesmo depois de ele matar o irmão?

Irmãs invejosas

15 DE JULHO

Como Labão era desonesto, seu sobrinho Jacó acabou ficando com duas esposas! Ele amava Raquel, mas não gostava muito da outra esposa, Leia. Havia muitos problemas naquela casa.

Raquel tinha várias coisas boas: ela era bonita, e Jacó a amava muito. Ao se casar com Jacó, ela passou a fazer parte da família de Abraão, o que significava que seria incluída na promessa que Deus tinha feito de abençoar a família de Abraão e transformá-la numa grande nação.

Quando Raquel percebeu que não podia ter filhos, ficou com inveja da sua irmã.
GÊNESIS 30:1

Mas Raquel estava infeliz. Ela não podia ter filhos, enquanto que a irmã, Leia, tinha muitos. Raquel ficou com inveja e disse que Jacó devia fazer alguma coisa. Mas Jacó sabia que Rachel se tornar ou não mãe, era uma decisão de Deus.

"Não sou Deus", ele disse. "É Deus quem não deixa você ter filhos."

Por causa da inveja, Raquel tentou resolver as coisas do seu jeito, mas isso só fez piorar as brigas entre as duas. Por fim Deus respondeu às orações de Raquel e lhe deu um filho: José.

Serei grato ao invés de invejoso.

É fácil nos compararmos com os outros quando vemos que eles têm uma coisa que queremos. Quando nos concentramos no que não temos, esquecemos todas as coisas boas que Deus já nos deu. Comparar-nos com os outros, pode levar à inveja, da mesma forma como Raquel invejava Leia.

Deus não quer que sejamos invejosos. Ele quer que sejamos gratos! Quando sentir inveja, tente se lembrar de que Deus está no controle. Ele vai cuidar de suas necessidades, mas do Seu jeito e em Seu tempo. Não importa o que acontecer em nossa vida, sempre podemos ser gratos porque Deus faz o que é melhor. —TM

LEIA MAIS
Veja Tiago 3:16-18. O que acontece quando vivemos guiados pela inveja? E pela sabedoria?

CURIOSIDADE
Jacó teve doze filhos ao todo. As famílias deles se tornaram as "doze tribos de Israel".

16 DE JULHO

"Não sei o que fazer"

> O Senhor Deus diz: "Não se assustem, não fiquem com medo deste enorme exército, pois a batalha não é contra vocês, mas contra mim."
> 2 CRÔNICAS 20:15

Alguns homens contaram a Josafá, o rei de Judá, que um grande exército estava vindo atacar seu país. Ele ficou com medo e foi perguntar a Deus o que fazer. Josafá mandou o povo parar de comer e orar. As pessoas se reuniram na frente do Templo, e o rei orou:

"Ó Senhor, Deus de nosso povo e Deus que está no céu", começou. "O Senhor governa sobre todos os reinos e nações. Ninguém pode lutar contra o Senhor e vencer. Nós não temos o poder para enfrentar esse enorme exército que está nos atacando. Não sabemos o que fazer. Mas estamos olhando para o Senhor e pedindo socorro."

Jaaziel, um dos profetas de Deus, disse ao rei: "Não perca a esperança porque aquele exército enorme está vindo atacar. Você não terá que lutar. A batalha pertence ao Senhor." Então Josafá e todo o povo se inclinaram e adoraram a Deus.

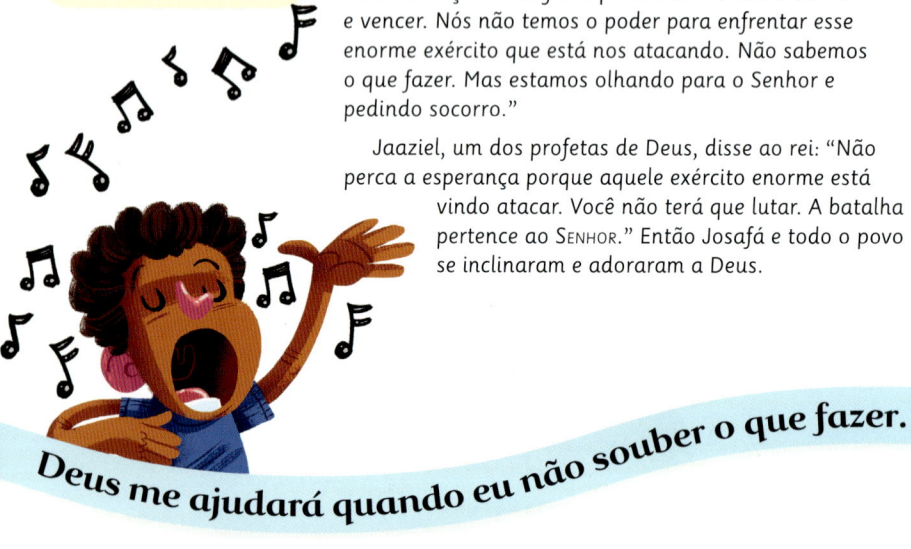

Deus me ajudará quando eu não souber o que fazer.

Na manhã seguinte, o exército de Josafá saiu. Mas o rei mandou que alguns homens marchassem na frente, cantando louvores ao Senhor. "Louvem a Deus, o Senhor", os homens gritavam. "Porque o Seu amor dura para sempre."

Quando os cantores e os soldados de Judá chegaram perto do exército inimigo, viram que eles haviam atacado uns aos outros, e ninguém tinha ficado vivo. O povo de Deus venceu a batalha sem nem precisar lutar, porque tinham pedido ajuda a Deus.

Quando você estiver enfrentando um grande problema, pode orar como fez Josafá. Diga: "Senhor, não sei o que fazer, mas estou lhe pedindo ajuda". —CB

CURIOSIDADE

Quatro dias depois, todos se reuniram no Vale de Beracá para louvar. Beracá significa "bênção".

LEIA MAIS

Veja 2 Crônicas 20:27-30. O que aconteceu depois de Deus ajudar o povo a vencer a batalha?

Dia após dia

17 DE JULHO

Se você sair na rua num dia quente, vai ficar com muita sede! Depois de um tempo, vai querer um copo de água bem gelada. E era exatamente assim que os israelitas estavam depois de atravessarem o mar Vermelho.

Deus havia acabado de tirá-los do Egito, quando os ajudou a atravessar o mar em terra seca. Ao chegarem ao outro lado, os israelitas tiveram que andar durante três dias através do deserto. E não estavam conseguindo encontrar água. Por fim, chegaram a um lugar chamado Mara, que tinha uma fonte. Mas a água daquela fonte era amarga demais, e o povo não conseguia beber. Então começaram a reclamar, gritando para Moisés: "O que vamos beber?".

Moisés pediu ajuda a Deus e o Senhor lhe mostrou um pedaço de madeira. Moisés jogou a madeira na fonte, e a água mudou. Agora o povo podia beber!

> *Moisés, em voz alta, pediu socorro a Deus [...] e o Senhor lhe mostrou um pedaço de madeira. Moisés jogou a madeira na água, e a água ficou boa de beber.*
> **ÊXODO 15:25**

Deus cuida de mim dia após dia.

Os israelitas se sentiram muito melhor. Saíram de Mara e continuaram andando. Não demorou muito, chegaram a um oásis chamado Elim, que tinha 12 fontes de água e 70 palmeiras. Eles montaram acampamento e ficaram lá.

Deus cuidou das necessidades dos israelitas dia após dia. Ele os ajudou a transformar água amarga em boa para beber, e então lhes deu mais água e sombras para que pudessem descansar. O Senhor faz o mesmo por você. Ele cuida de você dia após dia, e o ajuda no que precisa. —TM

LEIA MAIS

Veja Filipenses 4:18,19. O que Deus fez por Paulo? O que Paulo diz que Deus fará por você?

CURIOSIDADE

Em hebraico, a palavra *marah* significa "amargo". A palavra hebraica para "doce" é *mathoq*.

18 DE JULHO

> *De repente, o Senhor mandou um vento que trouxe do mar bandos de codornas. Elas caíram no acampamento e em volta.*
>
> NÚMEROS 11:31

Codornas demais

Comer a mesma coisa todo dia pode ser chato! E era assim que os israelitas estavam se sentindo no deserto. Todos os dias Deus mandava o mesmo tipo de pão, o maná. No início, o povo era grato, mas depois de um tempo, começou a reclamar. "Ah, se tivéssemos carne para comer!", clamavam. "Que saudade do peixe que comíamos quando éramos escravos no Egito. Agora não temos fome, mas a única coisa que vemos é esse maná!".

Moisés ficou zangado com o choramingo dos israelitas. Deus também ouviu a reclamação, e mandou que Moisés passasse o seguinte recado: "Amanhã vocês terão carne, e não será apenas por um ou dois dias. Comerão carne um mês inteiro, até ficarem enjoados. E isso é porque rejeitaram o Senhor."

Moisés imaginou como Deus mandaria carne suficiente para um mês, para alimentar centenas de milhares de pessoas. Mas no dia seguinte, milhares de pássaros apareceram de todos os lados. Eram codornas, e havia tantas que todo mundo recolheu, pelo menos, 50 cestos grandes cheios! Todos comeram tanto, que passaram mal. Como sempre, a palavra de Deus era verdade!

Em vez de reclamar, posso agradecer a Deus.

Ao invés de agradecer a Deus, os israelitas reclamaram. E mesmo quando Ele deu o que pediram, não ficaram satisfeitos. Podemos aprender com esse mau exemplo.

É bom agradecer a Deus pelo que Ele nos dá, mesmo que não seja o que teríamos escolhido. Resmungar por coisas que não temos, apenas nos deixa mais infelizes. Ao contrário disso, podemos louvar a Deus pelas coisas boas que Ele nos dá, e pelas que nos dará no futuro. —TM

CURIOSIDADE

Existem dois tipos dessas aves que as pessoas reconhecem: codorna e perdiz. O que os israelitas comeram no deserto foi codorna.

Leia mais

Veja Salmo 105:37-45.
Por quais coisas Davi agradeceu a Deus?

Seguidores importantes

19 DE JULHO

> *Os doze discípulos foram com Ele, e também algumas mulheres [...] Joana, mulher de Cuza, que era alto funcionário do governo de Herodes.*
>
> LUCAS 8:1-3

É fácil pensar que os discípulos de Jesus eram apenas os doze homens que Ele escolheu para ajudar em Seu ministério. Esses homens foram muito importantes no trabalho e começaram a igreja cristã depois que Jesus ressuscitou. Porém muitas outras pessoas seguiam Jesus, e também eram importantes. Uma delas foi uma mulher chamada Joana.

Joana era casada com Cuza, um alto funcionário do governo de Herodes. Jesus havia curado Joana de uma doença séria e, depois disso, ela passou a viajar com Ele e os outros seguidores. Joana usava seu próprio dinheiro para ajudar a Jesus, e se manteve fiel a Ele, mesmo quando outros se afastaram.

Após a morte de Jesus, Joana foi até o túmulo com outras mulheres. Elas queriam perfumar o corpo dele, como forma de lhe prestar homenagem. Mas quando chegaram, viram que a pedra que servia de porta tinha sido afastada. O túmulo estava vazio! Dois anjos que estavam lá dentro disseram: "Jesus não está aqui. Ele ressuscitou!".

Deus pode me usar para contar a história de Jesus.

Então Joana e as outras mulheres se lembraram do que Jesus tinha dito antes. Lembraram-se de como Ele havia dito que iria morrer e ressuscitar no terceiro dia. Joana foi uma das mulheres que contaram aos discípulos a notícia maravilhosa de que Jesus estava vivo.

Não importa a sua idade, você pode ser um seguidor importante de Jesus. Independentemente de onde você tenha vindo, se é garoto ou garota, quando segue a Jesus, pode contar aos outros sobre Ele, assim como fez Joana. —TM

LEIA MAIS

Veja Atos 18:24-28. Quem Deus usou para contar aos outros sobre Jesus?

CURIOSIDADE

O nome Joana quer dizer "agraciada por Deus".

20 DE JULHO

> Leve este bastão porque é com ele que você vai fazer os milagres.
>
> **ÊXODO 4:17**

Três sinais

Quando Deus escolheu Moisés para conduzir a retirada dos israelitas do Egito, ele não achou que fosse o homem certo para a tarefa. "E se o povo não acreditar em mim, nem me ouvir?", ele perguntou. "E se disserem, 'O Senhor não apareceu para você'?"

Então Deus mandou Moisés jogar seu cajado de pastor no chão. E ele se transformou numa cobra! O Senhor mandou Moisés pegar a cobra pela cauda. E quando Moisés obedeceu, ela voltou a ser um cajado.

Depois Deus disse a Moisés: "Coloque sua mão dentro de sua capa." Ele obedeceu, e quando tirou, a mão estava branca e leprosa. Moisés pôs a mão de novo dentro da capa, e quando a tirou, sua pele estava saudável.

Deus usa qualquer coisa para mostrar o Seu poder.

"Mas, se com esses dois milagres ainda não crerem", Deus falou, "tire água do rio Nilo e derrame no chão, que ela virará sangue".

Mas Moisés ainda estava com medo de voltar para o Egito, então o Senhor disse que ele poderia levar seu irmão Arão junto. Deus os instruiria sobre o que dizer, e os dois juntos, Moisés e Arão, falaram aos israelitas.

Muitas coisas podem nos dar medo. Algumas vezes, até mesmo os adultos têm medo! Mas Deus nos dá tudo o que precisamos para sermos corajosos. Ele pode usar nossos amigos ou família para nos encorajar, e o próprio Deus estará sempre com a gente. Não precisamos ter medo nunca. —CB

CURIOSIDADE

A Bíblia cita pelo menos dez vezes em que Moisés usou seu cajado para mostrar o poder de Deus.

LEIA MAIS

Veja Êxodo 7:14-21.
Como Moisés e Arão usaram seus bastões dessa vez?

21 DE JULHO

> O Reino do Céu é como um rei que preparou uma festa de casamento [...]. Depois mandou os empregados chamarem os convidados, mas eles não quiseram vir.
>
> **MATEUS 22:2,3**

O convite para a festa

Se você for convidado para uma festa importante, vai querer confirmar a presença logo. Se um presidente ou um rei der uma festa, vai querer participar. Mesmo que tivesse outros planos, você mudaria para poder ir à festa.

Jesus disse que o reino de Deus é como uma festa importante. Ele contou a história de um rei que planejou um grande banquete para o casamento do filho e mandou os empregados convidarem algumas pessoas. Mas ninguém aceitou. Em vez de ir a um banquete, elas preferiram fazer coisas normais, e alguns até maltrataram os empregados que levaram os convites.

Quando o rei soube, ficou furioso e decidiu chamar a cidade inteira. Agora, a festa estava aberta a todos! Muitas pessoas aceitaram o convite e foram ao banquete. O salão ficou cheio de convidados felizes.

Todos são convidados ao reino de Deus.

Assim como o rei que deu uma festa, Jesus convida a todos para fazer parte de Seu reino. Todos nós temos a chance de aceitar esse convite. Algumas pessoas dizem que estão ocupadas demais para dar atenção ao convite; outras riem daqueles que os convidam a fazer parte da família de Deus; algumas até pensam ser possível chegar ao céu sem Jesus. Mas todos nós que dizemos sim a Jesus, um dia estaremos com Ele no céu. E será a melhor festa de todas! —TM

LEIA MAIS
Veja Apocalipse 19:6-9 para saber sobre um casamento no céu. De quem é esse casamento?

CURIOSIDADE
Na antiga Israel, os casamentos eram feitos na casa do noivo, e a festa durava sete dias! Os noivos se vestiam de forma especial e eram tratados como rei e rainha.

22 DE JULHO

> *"Agora eu sei que, de fato, Deus trata a todos de modo igual, pois ele aceita todos os que o temem e fazem o que é direito, seja qual for a sua raça."*
> ATOS 10:34,35

Todos iguais

Cornélio era um oficial do exército romano. Ele e sua família amavam a Deus, oravam e, com frequência, davam dinheiro para ajudar os pobres. Uma tarde, um anjo apareceu a Cornélio e o chamou pelo nome. Ele ficou com medo e perguntou: "O que quer, Senhor?".

O anjo respondeu: "Deus ouviu suas orações. Ele tem visto como você tem ajudado os pobres. Mande alguns homens à cidade de Jope para buscarem um homem chamado Pedro."

Cornélio obedeceu e, enquanto seus homens estavam à caminho, Pedro teve um sonho. Ele viu um grande lençol descendo do céu, cheio de animais. Alguns animais eram "puros." O que queria dizer que os israelitas podiam comê-los. Alguns animais eram "impuros", significando que o povo de Deus não tinha permissão para comê-los. Mas então Pedro ouviu uma voz dizendo: "Deus purificou todas essas coisas."

Deus ama todas as pessoas da mesma forma.

Pedro não entendeu o significado daquele sonho e, enquanto estava pensando sobre isso, os homens de Cornélio chegaram à sua casa. No dia seguinte, Pedro foi ver Cornélio.

Na casa do oficial, Pedro conheceu muitas pessoas que não eram judias. E então ele, que era judeu, compreendeu o sonho! Ele percebeu que Deus não olha o país de onde a pessoa veio, ou em que família ela nasceu. O Senhor vê todos da mesma forma. Ele ama quem o respeita e crê nele. Todo mundo tem a oportunidade de fazer parte da família de Deus. —CB

CURIOSIDADE

Alguns judeus ainda seguem as regras de alimentação de Levítico 11. Eles evitam comer animais "impuros", como porcos, e comem apenas os animais "limpos". A comida que podem comer é chamada *kosher*.

Leia mais

Veja Atos 10:44-48. O que aconteceu aos não-judeus que creram na mensagem sobre Jesus?

Torre forte

23 DE JULHO

"Pega-pega" é uma brincadeira popular entre as crianças. Se você já brincou de pega-pega, conhece as regras. Uma pessoa corre atrás dos outros até "pegar" alguém, que passa a ser o perseguidor. A brincadeira segue com todos correndo de um lado para outro tentando não ser pego, e normalmente rindo muito!

> *O nome do Senhor é como uma torre forte para onde as pessoas direitas vão e ficam em segurança.*
> **PROVÉRBIOS 18:10**

Quem está brincando pode ser pego em qualquer lugar menos se estiverem com a mão num ponto conhecido como "pique". O pique é escolhido antes de começar a brincadeira. Qualquer um que correr até o pique está a salvo, ou seja, não pode ser pego. Quem estiver no pique estará protegido.

O livro de Provérbios, na Bíblia, diz que podemos pensar em Deus como o nosso "pique". Ele é um lugar seguro para onde podemos correr quando precisamos de ajuda. Deus é como uma torre forte, que nos cerca, nos protegendo. Ele levanta um escudo para nos manter longe do perigo. Deus é como um poderoso castelo com grandes muros.

Da próxima vez que sentir medo, você pode correr para Deus. Pode fazer isso orando ou lendo Suas palavras na Bíblia. Pode correr para Deus chamando pelo Seu nome. Quando precisar de ajuda, Deus é sua torre forte e lugar de segurança. Ele sempre será o lugar mais seguro para onde você poderá correr. —TM

Posso buscar segurança em Deus

LEIA MAIS
Veja Salmo 18:1-3. De que forma Davi descreve Deus e Sua proteção?

CURIOSIDADE
A "galinha e a raposa" é uma brincadeira parecida. O escolhido como a galinha é a "zona de segurança".

24 DE JULHO

> E o meu Deus, de acordo com as gloriosas riquezas que Ele tem para oferecer por meio de Cristo Jesus, lhes dará tudo o que vocês precisam.
>
> **FILIPENSES 4:19**

Tudo o que você precisa

O apóstolo Paulo era grato pela forma como os outros seguidores de Jesus o ajudavam: eram bondosos e lhe davam o que precisava. Às vezes, Paulo tinha muito pouco, por isso o que o povo dividia era muito importante. Mas o apóstolo disse que poderia ser feliz com pouco ou com muito, porque Deus sempre supriria tudo o que ele precisasse.

Paulo disse aos seus amigos em Filipos que Deus também lhes daria o que precisassem por causa de todas as riquezas que Ele tem. Ele não disse que Deus daria tudo o que quisessem, mas ao amar e servir ao Senhor, Ele lhes daria exatamente o que precisassem. Deus os ajudaria a crescer em seu amor uns pelos outros; os ajudaria com seus problemas; e jamais deixaria de amá-los.

Sabia que Deus também dará a você tudo o que precisar? Ele manda o sol e a chuva para que você tenha alimento para comer. Também colocou adultos em sua vida, para amar e cuidar de você. O Senhor lhe deu inteligência para aprender muitas coisas: especialmente sobre Jesus. E quando você crê em Jesus, Deus lhe dá o Espírito Santo para ajudá-lo a amar e obedecer ao Senhor.

Deus me dá tudo o que preciso.

Muitas vezes você tem mais do que precisa. E é nessa hora que pode dividir o que tem com os outros, assim como os cristãos dividiam com Paulo. Quando você compartilha com os outros, mostra o amor de Deus, Aquele que nos dá tudo. —CB

CURIOSIDADE

O rei Filipe II fundou a cidade de Filipos 350 anos antes de Jesus nascer. Ele construiu essa cidade porque havia minas de ouro perto dela!

LEIA MAIS

Veja Filipenses 4:14-18. Por que Paulo diz que era bom que as pessoas o ajudassem?

25 DE JULHO

Mudança de nome

Nomes são importantes. Nos tempos bíblicos, os nomes tinham significados especiais. Eles diziam aos outros o que as pessoas eram ou de onde tinham vindo. Às vezes, anjos visitavam os pais para dizer que nome deveriam dar ao filho!

De vez em quando, Deus mudava o nome de uma pessoa. Ele mudou o nome de Abrão para Abraão, e o de Sarai para Sara. Deus mudou também o nome de Jacó.

Quando jovem, Jacó enganou seu pai para receber a bênção que deveria ser de seu irmão, Esaú. Isso deixou Esaú muito irritado, então Jacó fugiu. Mas Deus continuou com ele.

Um dia o Senhor disse: "Você se chama Jacó, porém esse não será mais o seu nome; agora o seu nome será Israel." E falou também: "E lhe dou essa bênção: tenha muitos filhos e se transforme numa grande nação. Outras nações e outros reis sairão de você."

Jacó ouviu o Senhor e teve muitos filhos. Eles se tornaram as doze tribos de Israel. Dali em diante, o povo de Deus seria chamado de "filhos de Israel" ou "israelitas", e sua nação passou a se chamar "Israel".

> "Você se chama Jacó, porém esse não será mais o seu nome; agora o seu nome será Israel." Assim, Deus pôs nele o nome de Israel.
>
> **GÊNESIS 35:10**

Deus me diz quem eu sou.

Deus mudou o nome e a vida de Jacó. Ele tinha feito muitas coisas erradas, mas quando percebeu que precisava de Deus, o Senhor usou Jacó para realizar grandes coisas. Deus também pode mudar nossa vida e nos tornar úteis. —TM

LEIA MAIS

Veja Gênesis 32:22-32. O que aconteceu a Jacó enquanto ele lutava com Deus?

CURIOSIDADE

Acredita-se que Israel signifique "ele luta com Deus", pois Jacó lutou com Deus no rio Jaboque.

26 DE JULHO

> *Tira de mim o meu pecado, e ficarei limpo; lava-me, e ficarei mais branco do que a neve.*
>
> SALMO 51:7

Hora de um banho

Se você passar o dia brincando no quintal ou na praça, vai precisar de um banho quando chegar em casa. Brincar no playground, praticar esportes ou apenas ficar correndo, deixa você suado e sujo, e lavar seu corpo com água e sabão, o fará ficar limpo de novo. E é tão bom ficar limpo!

Sabia que você também pode ficar limpo por dentro? Quando desobedecemos a Deus e pecamos, é como se sujar por dentro. Mas não precisamos ficar assim.

No tempo do Antigo Testamento, as pessoas ofereciam sacrifícios por seus pecados. Elas pediam perdão a Deus e lhe davam um animal de presente. E o Senhor as perdoava. Mas como faziam muitas coisas erradas, ofereciam sacrifícios o tempo todo.

Jesus me deixa limpo.

Quando Jesus morreu na cruz, Ele se tornou o sacrifício pelos nossos pecados. Seu sacrifício era tudo o que Deus queria, e precisou ser feito apenas uma vez. Quando cremos em Jesus como nosso Salvador e pedimos perdão a Deus pelos nossos pecados, Ele nos perdoa e os lava. É como tomar um banho por dentro.

Desde a morte e ressurreição de Jesus, não precisamos mais oferecer sacrifícios, mas ainda precisamos confessar a Deus os nossos pecados. Quando fazemos coisas que sabemos que são erradas, podemos dizer ao Senhor que estamos arrependidos, e pedir que Ele nos perdoe. Deus vai lavar nossos pecados todas as vezes. E é tão bom ficar limpo! —CB

CURIOSIDADE

Hissopo é uma planta da família da hortelã. Era usada como símbolo de pureza nos tempos bíblicos

LEIA MAIS

Veja Salmo 32:1-5.
O que acontece quando confessamos nossos pecados?

27 DE JULHO

Dez sinais do poder de Deus

> Mas eu vou fazer com que o rei fique teimoso e farei muitos milagres e coisas espantosas no Egito.
> ÊXODO 7:3

Deus mandou dez pragas ao Egito porque o Faraó não deixava os israelitas saírem. Primeiro, Ele transformou a água do rio Nilo em sangue. O rio ficou fedido e os peixes morreram. E o Faraó não deixou o povo ir. Então o Senhor mandou uma invasão de rãs. O Faraó disse que se Deus tirasse as rãs, ele libertaria os israelitas. Moisés orou e o Senhor respondeu, mas o Faraó mudou de ideia.

As duas pragas seguintes foram os piolhos e as moscas. Estavam em todos os lugares! Mas o coração do Faraó estava endurecido, então Deus mandou uma doença que matou os rebanhos egípcios. Em seguida, Ele colocou feridas na pele do povo e dos animais. Depois, Deus mandou granizo do céu, que bateu em tudo e em todos. O Faraó disse que se o granizo parasse, ele libertaria os israelitas. Moisés orou e o granizo parou. Porém, o Faraó mudou de ideia de novo. Então o Senhor mandou os gafanhotos, e depois a escuridão dominou a Terra.

Por fim, Deus mandou a morte. O filho mais velho de cada família egípcia morreu. Inclusive o filho do Faraó. Então ele mandou Moisés e os israelitas embora.

Ninguém pode deter o poder de Deus.

O Faraó teve muitas chances de acreditar em Deus, mas não aproveitou. Hoje em dia, o Senhor nos dá muitas oportunidades de conhecê-lo. Ele pode usar nossos pais, professores, um pastor ou um amigo para nos ajudar a saber quem é Deus e o quanto nos ama. Ele também pode até usar os textos deste livro para mostrar a Sua grandiosidade! Não importa como Deus nos chama, Ele está mostrando mais um sinal de Seu poder. —TM

LEIA MAIS
Veja Êxodo 15:1-18 para saber o que o povo disse a Deus depois que Ele os libertou.

CURIOSIDADE
Piolhos vivem muito pouco. Alguns não passam de vinte e quatro horas de vida.

28 DE JULHO

Continue crescendo

> Porém continuem a crescer na graça e no conhecimento do nosso Senhor e Salvador Jesus Cristo.
>
> 2 PEDRO 3:18

Você já ouviu um ditado que diz: "crescendo que nem erva daninha"? Alguns pais falam isso sobre os filhos. É um ditado popular porque erva daninha cresce rápido. Que nem as crianças!

Boa alimentação e exercício ajudam no crescimento das crianças. A maioria das pessoas cresce até os 16 ou 18 anos. Mas algumas partes de nosso corpo continuam a crescer depois de adultos. As unhas e os cabelos, por exemplo. Crescimento é sinal de um corpo saudável.

Sabia que também podemos crescer na fé? Quanto mais aprendemos sobre Deus, mais crescemos espiritualmente. Quanto mais oramos e vemos o Senhor responder às nossas orações, mais crescemos em nossa fé. Quanto mais entendermos o quanto Deus nos ama, mais crescerá o nosso amor por Ele.

E ainda há outro tipo de crescimento. Assim como o nosso corpo cresce, o Corpo de Cristo também pode crescer. O que é o Corpo de Cristo? São todas as pessoas que amam e seguem a Jesus. Conforme nossa vida cresce espiritualmente, queremos encontrar formas de compartilhar essa alegria com outras pessoas. Vamos gostar de falar sobre Jesus e o que Ele faz em nossa vida. E quando elas passam a crer em Jesus, o Corpo de Cristo cresce!

Posso continuar crescendo em Jesus.

Jesus Cristo é a cabeça do corpo de cristãos. O corpo inteiro precisa crescer junto e se fortalecer no amor. Quando os cristãos crescem juntos, é sinal de um corpo saudável.
—CB

CURIOSIDADE

Há épocas em que as crianças crescem mais rápido. São chamados "estirão de crescimento".

LEIA MAIS

O que Efésios 4:4-16 nos fala sobre o Corpo de Cristo?

Salomão constrói a casa de Deus

29 DE JULHO

Salomão já era rei há alguns anos quando começou um grande projeto de construção. Deus deu a ele a especial tarefa de construir o primeiro Templo em Jerusalém. Salomão negociou com o rei de Tiro, que era um rei amigo, para coletar o material necessário. Quando tudo estava preparado, começou a construção.

> *Quatrocentos e oitenta anos depois que o povo de Israel havia saído do Egito, [...] Salomão começou a construir o Templo.*
> 1 REIS 6:1

O Templo era tão grande e elegante, que levou sete anos para ser erguido. Os operários foram muito cuidadosos no trabalho, como haviam sido orientados. O Templo tinha 27 metros de profundidade, 9 de largura, e 14 de altura. Havia uma ampla varanda em toda a frente e janelas estreitas no alto das paredes. Uma série de salas da altura de três andares cercava todo o prédio na parte principal do Templo. E, do lado de fora, as paredes foram construídas para criar um pátio.

Para construir a casa de Deus, foram usados somente os melhores materiais. Todas as pedras foram cortadas do tamanho certo antes de serem trazidas para o canteiro de obras. Assim, não havia barulho de construção. Madeiras de cedro e de oliveira foram usadas no interior do prédio, e a sala mais importante foi revestida de ouro puro.

O Templo foi construído para glorificar a Deus.

O Templo de Deus era uma obra-prima. Salomão o construiu com as coisas mais caras porque ele sabia que era o que o Senhor merecia.

Deus também merece o nosso melhor. Seja em nossa família, na escola ou praticando um esporte, devemos servir a Deus com toda a nossa força. Quando fazemos o nosso melhor, honramos o Seu nome. —TM

LEIA MAIS

Veja 1 Reis 6:11-13. Que promessas Deus fez a Salomão enquanto ele construía o Templo?

CURIOSIDADE

O primeiro Templo de Jerusalém foi construído 950 anos antes de Jesus para substituir a "tenda sagrada". O Templo permaneceu por 400 anos, até que foi destruído pelos Babilônios.

30 DE JULHO

> "O Reino do Céu é como o fermento que uma mulher pega e mistura em três medidas de farinha, até que ele se espalhe por toda a massa."
>
> **MATEUS 13:33**

Deixar crescer

São necessários diversos ingredientes para fazer pão. Dependendo da receita, o padeiro vai misturar farinha com ovos, sal, mel e leite, por exemplo. Porém, o ingrediente mais importante é o fermento.

O fermento não muda a aparência da massa, e é até difícil vê-lo depois de misturado. Mas sem ele a massa não cresce. E se a massa não crescer o pão não ficará macio e saboroso do jeito que você gosta para fazer sanduíches ou torradas. O fermento faz a massa se transformar de um monte de ingredientes, num alimento gostoso.

Uma vez Jesus disse que falar aos outros sobre Ele, é como adicionar fermento à massa.

Olha o que Jesus quis dizer: o cristianismo começou com um pequeno grupo de crentes. Mas o número foi crescendo, crescendo à medida em que as notícias sobre Jesus se espalhavam entre vizinhos e amigos. Os cristãos cuidavam de pessoas doentes e ajudavam os pobres. Eles oravam e contavam aos outros como Deus havia respondido suas orações. Quando os cristãos faziam coisas boas e generosas, outras pessoas se tornavam cristãs também. Era como o fermento fazendo a massa do pão crescer.

Deus pode me usar para falar sobre Jesus.

Hoje em dia, o número de cristãos continua a crescer! Você pode ajudar a espalhar os ensinamentos de Jesus, contando aos seus amigos e vizinhos. Você pode ajudar pessoas doentes e pobres. Quando falar aos outros sobre Jesus, as pessoas que ouvirem podem contar a outras. As palavras que você diz para alguém podem se espalhar. É como uma massa que continua crescendo! —TM

CURIOSIDADE

A máquina de fatiar pão foi inventada por um americano chamado Otto Rohwedder. Na década de 1930, o pão fatiado começou a ser vendido nas lojas.

LEIA MAIS

Veja Marcos 4:26-29. Que exemplo Jesus usou para mostrar como Sua mensagem se espalha?

31 DE JULHO

> Roboão respondeu: "Voltem daqui a três dias, e aí eu darei a minha resposta."
> 1 REIS 12:5

Dois conselhos

Roboão era filho do rei Salomão e, quando o pai morreu, ele se tornou rei.

Jeroboão e os israelitas foram falar com ele: "Salomão, o seu pai, nos tratou com dureza e nos fez carregar cargas pesadas. Se o senhor tornar essas cargas mais leves e a nossa vida mais fácil, nós seremos seus servidores."

Roboão disse para eles voltarem em três dias e foi procurar os líderes mais velhos de Israel para se aconselhar. E eles disseram: "Seja bondoso com o povo, e eles o servirão."

O rei também se aconselhou com alguns de seus amigos mais jovens. E eles disseram: "Diga ao povo que você os fará trabalhar ainda mais do que o seu pai fez."

Roboão decidiu ouvir seus amigos insensatos em vez de escutar os homens sábios. E quando disse ao povo que iria forçá-los a trabalhar ainda mais, eles romperam com Israel e fundaram seu próprio país.

Vou ouvir bons conselhos.

O rei Roboão governou apenas os israelitas que viviam nas cidades de Judá. Sua nação se chamava "Judá". O resto do povo coroou Jeroboão como rei, e manteve o nome da nação de "Israel". O rei Roboão queria lutar contra Israel, mas Deus falou com ele por meio de um profeta. "Não lute contra Israel", disse o Senhor. "Eles são seus parentes."

O rei Roboão perdeu a maior parte de seu reino porque escutou o conselho errado. Quando precisar tomar uma decisão importante, tenha certeza de pedir conselho a quem pode confiar. Sempre peça a Deus para ajudá-lo a decidir corretamente. —CB

CURIOSIDADE

O Reino de Israel durou 200 anos até ser derrotado pelos assírios. O Reino de Judá durou mais de 300 anos antes de serem derrotados pelos babilônios.

LEIA MAIS

Veja Ezequiel 37:15-23. O que o profeta diz que, um dia aconteceria com Israel e Judá.

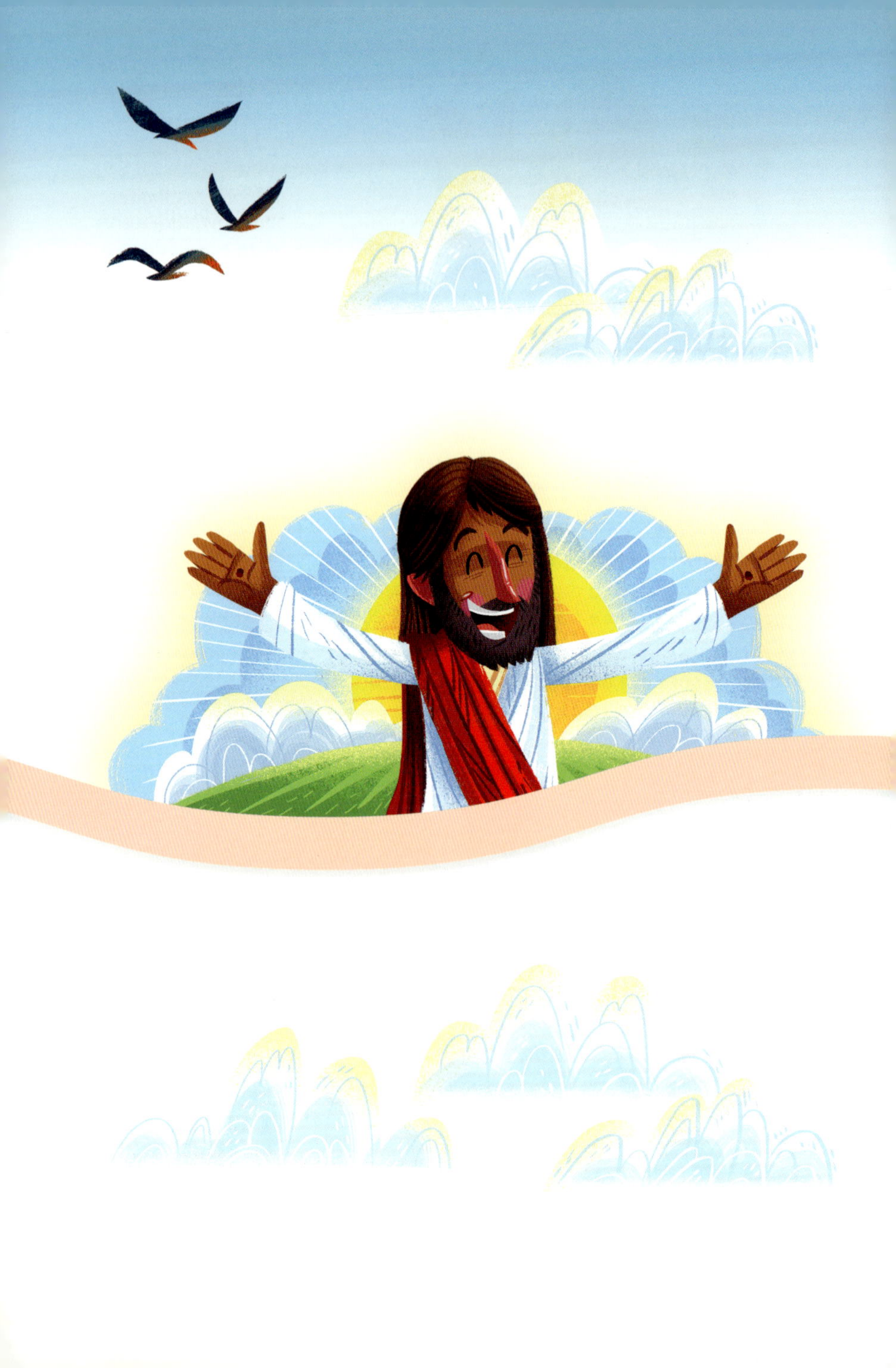

1 DE AGOSTO

> Então a cortina do Templo se rasgou em dois pedaços, de cima até embaixo. A terra tremeu, e as rochas se partiram.
>
> MATEUS 27:51

A cortina do Templo

Você tem um lugar que considera especial? Um esconderijo secreto? Ou quem sabe, simplesmente goste de passar tempo em seu quarto.

O Templo de Jerusalém tinha uma sala especial, diferente de todos os lugares daquele prédio. Chamava-se o "Santo dos Santos" e era cheio da presença de Deus. Uma cortina pesada separava o Santo dos Santos do resto do Templo. A cortina era feita do tecido mais caro, com bordados em azul, púrpura e vermelho.

Essa cortina foi feita para proteger os sacerdotes do Templo, da santidade de Deus. Eles sabiam que o Senhor era perfeito, e que seus pecados os separavam de Deus. A presença do Senhor era tão poderosa que os sacerdotes poderiam morrer se não se purificassem de seus pecados da forma correta. Muito embora os sacerdotes fossem muitos, apenas um, o "sumo sacerdote", tinha permissão para entrar no Santo dos Santos e apenas uma vez por ano.

Sempre posso falar com Deus por causa de Jesus.

No dia em que Jesus morreu na cruz, algo incrível aconteceu no Templo. A cortina se rasgou ao meio, de cima abaixo! O Santo dos Santos ficou aberto e qualquer pessoa no Templo podia ver lá dentro. Apenas Deus poderia rasgar a cortina. Ela era tão alta e tão grossa, que nenhum ser humano conseguiria fazer isso.

A morte de Jesus na cruz abriu caminho para que as pessoas fossem limpas de seus pecados. Quando somos lavados por Jesus, podemos falar direto com Ele. Não precisamos de um sumo sacerdote para falar com Deus em nosso lugar. Podemos estar na presença de Deus a qualquer hora. —TM

CURIOSIDADE

Deus deu a Moisés as instruções para confeccionar a cortina para o Santo dos Santos. Deus queria que pessoas criativas bordassem a imagem de um anjo sobre a cortina.

LEIA MAIS

Veja Hebreus 10:19-23. Por que Paulo diz que podemos ir com coragem ao lugar santo de Deus?

2 DE AGOSTO

> Então, ali em frente de todo o povo, o rei Davi louvou a Deus, o Senhor.
> 1 CRÔNICAS 29:10

Louve ao Senhor

Quando o rei Davi envelheceu, sabia que seu filho Salomão logo o substituiria no trono. Davi sabia que Deus havia escolhido Salomão para construir o Templo em Jerusalém, e ele queria que o povo ajudasse.

Como exemplo, Davi doou ouro, prata, bronze, ferro e madeira para o Templo, além de pedras preciosas e joias. E agora estava pedindo ao povo para fazer o mesmo: "Quem está disposto a dar ofertas ao Senhor Deus por vontade própria?".

Os líderes israelitas seguiram o exemplo de Davi, e deram ouro, prata, bronze e ferro. E o povo que tinha pedras preciosas, as deu para o Templo. Davi ficou muito feliz quando viu que todos estavam ofertando tanto para o trabalho.

Então o rei Davi "louvou ao Senhor" na frente do povo. Algumas traduções da Bíblia dizem que ele "bendisse a Deus". Bendizer ao Senhor significa honrar e respeitar a Deus por Sua grandiosidade.

Posso louvar a Deus por me abençoar.

Com frequência, os cristãos falam sobre as bênçãos de Deus. Dizem coisas como: "Deus abençoou nossa família com filhos", ou "Deus nos abençoou com um dia lindo". Quando dizemos que Deus nos abençoa, quer dizer que Ele nos dá coisas boas. Quer dizer que Ele faz nossa vida ficar melhor com Sua bondade.

Mas nós também podemos alegrar a Deus! Tudo o que temos vem dele. Você pode alegrar a Deus hoje dizendo o quanto Ele é maravilhoso. Você pode louvá-lo todos os dias! —CB

CURIOSIDADE

O povo deu mais de 172 mil quilos de ouro para o Templo. Esse é o peso de 95 minivans!

Leia mais

Abra sua Bíblia em 1 Crônicas 29:10-14 para ler a oração de Davi diante do povo.

3 DE AGOSTO

> *Quando o pote que o oleiro estava fazendo não ficava bom, ele pegava o barro e fazia outro, conforme queria.*
>
> JEREMIAS 18:4

A roda do oleiro

Deus mandou Jeremias ir se encontrar com um homem que fazia vasos de barro. Então o profeta foi e viu o homem trabalhando. Em cima da roda havia uma massa de barro. Conforme ela rodava, o oleiro usava suas mãos para moldar o barro e fazer com que tomasse a forma que ele queria. Ele estava moldando um vaso.

Mas o pote não estava ficando do jeito que o homem queria. Então ele recomeçou o trabalho e usou a mesma massa de barro para fazer outro vaso.

Deus disse a Jeremias que os israelitas eram como aquele barro, e Ele era como o oleiro que decide como moldar e qual forma dar ao barro. Se o Senhor não estivesse satisfeito com a forma que o Seu barro estava tomando, recomeçaria o trabalho e faria outro vaso.

Deus fará da minha vida o que Ele quiser.

Todo o povo de Deus é como barro em Suas mãos. Ele pode nos moldar do jeito que quiser. O barro não decide que tipo de vaso será, ou para que será usado. É o oleiro quem decide.

A vida é como a roda do oleiro que fica girando. Algumas vezes acontecem coisas boas conosco, e outras vezes, acontecem coisas ruins. Mas quando confiamos em Deus nos bons e maus momentos, Ele molda nossa vida em uma forma linda. E Ele poderá usar nossa vida para o bem. —CB

LEIA MAIS

Veja Isaías 45:9-13. O que esses versículos falam sobre o trabalho das mãos de Deus?

CURIOSIDADE

A cerâmica é uma arte popular no México. Lá, os oleiros costumam cavar seu próprio barro ou pagam para que alguém o traga de jumento ou caminhão.

4 DE AGOSTO

Carona num cesto

> Mas certa noite os seguidores de Saulo o puseram dentro de um cesto e o desceram por uma abertura que havia na muralha da cidade.
>
> ATOS 9:25

Antes de Paulo se tornar missionário, ele se chamava Saulo. Durante muito tempo ele odiou os cristãos e tentou se livrar deles. Mas tudo mudou um dia, quando estava indo para Damasco. Uma forte luz brilhou e Jesus falou com ele. Depois disso, Saulo creu que Jesus era o Filho de Deus.

Saulo ficou com os cristãos em Damasco por alguns dias. E não demorou até começar a pregar nas sinagogas onde os judeus se reuniam. Saulo dizia: "Jesus é o Filho de Deus!". E as pessoas que escutavam, ficavam espantadas, pois conheciam o passado dele, e não conseguiam acreditar que ele tinha mudado. Ele passou de perseguidor dos cristãos, a um deles!

Os judeus de Damasco estavam irritados com Saulo. Não podiam questionar seus ensinamentos, pois sabiam que sua pregação era forte, e tinham medo de que mais pessoas começassem a acreditar em Jesus. Por isso, começaram a fazer planos para matar Saulo, e vigiavam os portões da cidade dia e noite, para atacá-lo quando ele saísse.

Deus me ajudará a terminar a tarefa que me deu.

Mas Saulo ficou sabendo e pediu ajuda aos seus novos amigos. Então uma noite, eles o ajudaram a fugir. Colocaram Saulo num grande cesto, amarraram o cesto numa corda e desceram Saulo pelo muro da cidade. Ele fugiu de Damasco e foi para Jerusalém.

Saulo aprendeu rapidamente que não é fácil ser cristão. Muitas vezes, os cristãos enfrentam dificuldades, mas Deus está sempre lá para nos ajudar nessas horas. O Senhor nos protege para que a gente possa terminar a tarefa que Ele nos deu para fazer.
—TM

CURIOSIDADE

A cestaria é arte muito antiga. Quem as fazia usava grama, junco, gravetos e folhas. Esses artesãos também faziam esteiras, bolsas e sandálias.

LEIA MAIS

Veja 1 Samuel 19:11,12. Nessa história, quem fugiu? E como conseguiu?

Honre o nome de Deus

5 DE AGOSTO

Você conhece a "Oração dominical"? Jesus usou essa prece para ensinar os discípulos a orar. Ela começa assim: "Pai nosso que estais no céu, santificado seja o Seu nome" (RA).

Meu Deus e meu Rei, eu anunciarei a Tua grandeza e sempre serei grato a ti.

SALMO 145:1

"Santificado" significa "santo" ou "especial". Quando algo é santificado, é separado do restante. Jesus falou que o nome de Deus é santo. Não é um nome qualquer! Muitos anos antes dele viver na Terra, Deus disse aos israelitas que Seu nome era santo. Está no terceiro, dos Dez Mandamentos: "Não use o meu nome sem o respeito que ele merece; pois Eu sou o Senhor, o Deus de vocês, e castigo aqueles que desrespeitam o meu nome".

Outros versículos na Bíblia falam isso. O Salmo 52:9 diz: "E esperarei no teu nome, porque é bom diante de teus santos" (ARC). Jeremias 10:6 fala: "Ó Senhor Deus, […] o teu nome é poderoso". Salmo 8:9 diz: "Ó Senhor, Senhor nosso, quão admirável é o Teu nome sobre toda a terra!" (ARC). O nome de Deus é "admirável". Isso quer dizer que merece admiração!

Você gosta quando gritam o seu nome com raiva? Claro que não! Você quer que as pessoas usem seu nome de um jeito gentil e amoroso. Deus acha o mesmo sobre o nome dele. O nome de Deus não é só santo, é também bom, poderoso e admirável. Por isso é importante honrar o Seu nome. Se você ama a Deus, pode mostrar isso na forma como usa o nome dele. —CB

Vou honrar e respeitar o nome de Deus.

LEIA MAIS
Veja Salmo 135:1-3. Por que devemos louvar o nome de Deus?

CURIOSIDADE
Em 1551, o governo escocês fez uma lei que proibia o uso indevido do nome de Deus em público. Quem descumprisse a lei seria multado ou preso.

6 DE AGOSTO

> Um leão novo veio rugindo para cima dele. Mas o Espírito do Senhor fez com que Sansão ficasse forte [...] Sansão despedaçou o leão.
>
> JUÍZES 14:5,6

Superforça

Antes de Israel ter um rei, o povo era liderado por "juízes". Uma época, os filisteus começaram a governar os israelitas, porque o povo tinha desobedecido a Deus. Os filisteus ameaçavam os israelitas, e era muito difícil viver sob o poder deles. Mas Deus não esquece Seu povo.

O Senhor providenciou um juiz especial para lutar contra os filisteus. Ele deu um filho a Manoá e à sua esposa. Um anjo ensinou como deveriam cuidar do menino, porque Deus o usaria para salvar Israel. Manoá e sua esposa obedeceram, o menino recebeu o nome de Sansão, e o Espírito do Senhor começou a trabalhar nele.

Um dia, quando Sansão já era adulto, estava andando por uma estrada. De repente, um leão rugiu bem alto e pulou em sua direção! Sansão simplesmente agarrou o leão com as mãos e o rasgou em pedaços, sem precisar de uma arma, nem da ajuda de ninguém. Deus deu a Sansão uma superforça para derrotar o leão.

Deus me faz ser forte.

Deus deu mais superforça a Sansão para derrotar os filisteus. Ele nem sempre foi obediente a Deus, mas, ainda assim, foi usado para ajudar o povo de Israel. Um pouco antes de morrer, Sansão recebeu poder especial de Deus para derrotar os reis filisteus.

O Senhor usou Sansão para mostrar que as pessoas podem fazer grandes coisas com a Sua força. E Ele dá força a todos nós. Provavelmente não teremos que lutar com um leão, mas não devemos ter medo de enfrentar desafios. Deus ajuda Seus filhos a serem fortes, assim como ajudou Sansão. —TM

CURIOSIDADE

Os pais de Sansão o consagraram a Deus e seguiram regras especiais. Ele não poderia comer uvas, tomar bebidas alcoólicas ou cortar o cabelo. Devido a isso, Sansão foi chamado de "Nazireu".

Leia mais

Veja Juízes 15:13-15 para saber o que aconteceu quando os filisteus amarraram Sansão.

Jumentos perdidos

7 DE AGOSTO

> O Senhor Deus está ungindo você como o chefe do seu povo, o povo de Israel.
>
> 1 SAMUEL 10:1

Quando jovem, Saul vivia com seu pai, Quis. Um dia, seus jumentos fugiram, e Quis mandou Saul chamar um empregado e irem procurar os jumentos.

Saul e o empregado procuraram por todos os lugares, mas não acharam os animais. Estava ficando tarde, e Saul queria voltar para casa para não deixar seu pai preocupado. Mas o empregado disse: "Há um homem de Deus na cidade de Ramá. Tudo o que ele diz acontece. Vamos procurá-lo. Talvez ele possa nos dizer para que lado ir".

Quando chegaram à cidade, se encontraram com o profeta Samuel. Saul não sabia, mas Deus já havia dito a Samuel que ele estava chegando!

"Hoje, você e seu empregado comerão comigo", Samuel falou. "Não se preocupe com os jumentos que você perdeu três dias atrás. Eles já foram encontrados."

Deus vai realizar Seus planos em nossa vida.

Mas Samuel deu um recado especial de Deus para Saul. "Quem é que o povo de Israel está querendo?", o profeta perguntou. "Eles querem você e a família do seu pai." No dia seguinte, Samuel ungiu a cabeça de Saul com óleo, e disse que ele se tornaria o rei de Israel.

Deus vai realizar Seu plano em nossa vida. Porém, às vezes, não entendemos de imediato os planos de Deus. Saul jamais teria imaginado que, enquanto procurava pelos jumentos, iria se tornar o rei de Israel! Às vezes, Deus trabalha de maneiras que nos surpreendem. —CB

CURIOSIDADE

Jumentos são animais espertos e com boa memória. As orelhas grandes os ajudam a escutar muito bem e a manterem-se frescos em dias quentes.

LEIA MAIS

Veja 1 Samuel 10:17-25. Como Samuel contou ao povo que Saul seria o rei?

8 DE AGOSTO

Quando Jesus viu aquelas multidões, subiu um monte e sentou-se. Os Seus discípulos chegaram perto dele, e Ele começou a ensiná-los.
MATEUS 5:1,2

Pessoas abençoadas

Um dia, muitas pessoas seguiram Jesus até a encosta de uma montanha. Ele se sentou e começou a ensinar sobre as bênçãos do reino de Deus.

"Felizes as pessoas que sabem que são espiritualmente pobres", Jesus falou, "pois o reino do Céu é delas."

"Felizes as pessoas que choram, pois Deus as consolará. Felizes as pessoas humildes, pois receberão o que Deus tem prometido. Felizes as pessoas que têm fome e sede de fazer a vontade de Deus, pois Ele as deixará completamente satisfeitas."

"Felizes as pessoas que têm misericórdia dos outros, pois Deus terá misericórdia delas. Felizes as pessoas que têm o coração puro, pois elas verão a Deus. Felizes as pessoas que trabalham pela paz, pois Deus as tratará como Seus filhos. Felizes as pessoas que sofrem perseguições por fazerem a vontade de Deus, pois o Reino do Céu é delas."

Sou abençoado quando sigo a Jesus.

Jesus disse que as pessoas deveriam ser felizes, mesmo quando zombassem delas. Se seguissem a Jesus, teriam um grande prêmio no céu.

Essa mensagem de Jesus é conhecida como as "Bem-aventuranças", e a expressão quer dizer "abençoado" ou "feliz", e significa ter a bondade e a ajuda de Deus. Você se lembra de um momento em que a ajuda do Senhor o deixou feliz?

Jesus não prometeu que segui-lo seria fácil, mas que quem o seguir será abençoado. —CB

CURIOSIDADE

Na década de 1930, construíram uma igreja próxima ao local onde Jesus proferiu o "Sermão do Monte". Essa construção tem oito lados, um para cada uma das oito bem-aventuranças.

Leia mais

Veja Mateus 5:43-48.
O que Jesus falou sobre amar os outros?

Laços familiares

9 DE AGOSTO

Enquanto os israelitas estavam no deserto, Moisés teve que realizar uma grande tarefa. Deus mandou que contasse todas as pessoas e que escrevesse os seus nomes. Esse projeto se chama "recenseamento". É parecido com a chamada que o professor faz na escola, só que Moisés tinha mais de 600 mil homens para contar!

Quando o recenseamento acabou, Deus mandou que Moisés e seu irmão, Aarão, ajudassem o povo a montar acampamento, organizando de acordo com as famílias e tribos. As tribos eram grupos de famílias parentes dos 12 filhos de Jacó. E Moisés disse: "Os israelitas armarão as tendas de cada família perto da bandeira de sua tribo. E armarão suas tendas de frente para a 'Tenda Sagrada'".

> "Quando os israelitas armarem o acampamento, cada um ficará perto da bandeira do seu grupo [...] em volta da Tenda Sagrada e de frente para ela."
> **NÚMEROS 2:1,2**

Cada tribo tinha um lugar especial para montar acampamento. Deus mandou que a tribo de Judá acampasse ao leste. Ao seu lado, Deus colocou as tribos de Issacar e Zebulom. No lado sul, o Senhor colocou as tribos de Rúben, Simeão e Gade. As tribos

Serei um bom parente e vizinho.

colocadas no lado oeste foram Manassés, Benjamim e Efraim. As tribos de Dã, Aser e Naftali acamparam no norte, enquanto que a família de Levi foi colocada no meio. Os israelitas fizeram exatamente como Deus mandou.

Nossas famílias e nossas comunidades são importantes. Deus nos coloca em determinada família para viver em determinado lugar. Ele nos dá parentes e vizinhos com quem aprendemos e a quem ajudamos. O Senhor nos criou para viver com os outros, e Ele se alegra quando trabalhamos juntos e vivemos em amor. —TM

LEIA MAIS
Veja Efésios 2:18,19.
A qual família você pode pertencer além da sua?

CURIOSIDADE
Há quase mil anos, cavaleiros passaram a usar brasões nos escudos, representando suas famílias.

10 DE AGOSTO

As minhas ovelhas escutam a minha voz; eu as conheço, e elas me seguem.
JOÃO 10:27

A história sobre uma ovelha

Muitas pessoas seguiam Jesus para ouvir Seus ensinamentos. Um dia, Ele contou a história de uma ovelha.

"Quem entra pela porta é o pastor do rebanho", Jesus disse. "As ovelhas reconhecem a sua voz quando ele as chama pelo nome, e elas o seguem porque conhecem a voz dele. Mas de jeito nenhum seguirão um estranho! Pelo contrário, elas fugirão dele."

As pessoas não entenderam o que Jesus estava querendo dizer, então Ele falou mais. "O que eu digo é verdade. Eu sou a porta por onde as ovelhas passam. Eu sou o Bom Pastor; o bom pastor dá a vida pelas ovelhas. Assim como o Pai me conhece, e eu conheço o Pai, assim também conheço as minhas ovelhas, e elas me conhecem. As minhas ovelhas escutam a minha voz, e elas me seguem. Eu lhes dou a vida eterna. O poder que o Pai me deu é maior do que tudo, e ninguém pode arrancá-las da mão dele. Eu e o Pai somos um."

Jesus é o Bom Pastor.

Quando Jesus disse "ovelhas", estava falando sobre pessoas que acreditam que Ele é o Salvador; que Ele é o Pastor que deu a vida por todos os que o seguem. Jesus conhece Seus seguidores e eles o conhecem. Ele protegerá o Seu povo, porque os ama como um pastor ama suas ovelhas.

Algumas pessoas ficaram confusas porque Jesus disse que Ele e o Pai eram um. Mas muitos acreditaram e entenderam que a história era verdadeira, e se tornaram Suas ovelhas. Você já se tornou ovelha de Jesus? —CB

CURIOSIDADE
O masculino de ovelha é carneiro. E os filhotes são chamados de cordeiros ou borregos.

LEIA MAIS
Veja Mateus 9:35-38. Por que Jesus sentiu pena do povo?

Você não pode comprar

11 DE AGOSTO

> *Então Pedro respondeu: "Que Deus mande você e o seu dinheiro para o inferno! Você pensa que pode conseguir com dinheiro o dom de Deus?"*
>
> **ATOS 8:20**

Você já viu um mágico fazer truques? Alguns são incríveis, mas são apenas truques. Mágicos não podem tirar uma moeda da sua orelha ou fazer alguém flutuar. Nada é de verdade!

Na Bíblia, mágicos faziam truques e queriam que o povo acreditasse que tinham poderes como Deus. Um mágico chamado Simão, que vivia em Samaria, encantava a todos com seus truques. Ele era orgulhoso e se dizia um grande homem. Muita gente falava: "Esse homem tem o poder de Deus". Mas ele não tinha, e as pessoas não sabiam que o poder de Simão era falso.

Quando os discípulos de Jesus chegaram em Samaria para pregar, as pessoas ouviram e creram. E, por eles acreditarem em Jesus, os discípulos pediram que Deus lhes desse o Espírito Santo. E Ele deu! Simão viu que os discípulos ajudavam as pessoas a receber o Espírito Santo, e também quis o poder de Deus. Mas não pelo motivo certo. Ele só queria impressionar e ser mais importante.

Os dons de Deus são gratuitos.

Simão levou dinheiro e pediu o poder de Deus aos discípulos, mas Pedro ficou zangado. "Você não pode fazer parte do nosso trabalho", falou. "Seu coração não é honesto diante de Deus. Arrependa-se, deixe o seu plano perverso e ore ao Senhor."

Pedro sabia que nosso lugar na família de Deus é um presente gratuito. Quando cremos em Jesus como o Filho de Deus, o Senhor nos dá o Espírito Santo, porque Ele nos ama. Ninguém pode comprar o Espírito Santo. Ninguém pode pagar para entrar no céu. Deus se alegra em dar Seus bons presentes a qualquer um que os desejar pelos motivos certos. —TM

LEIA MAIS

Veja Efésios 2:8-10. Quem tem permissão de se orgulhar por fazer parte da família de Deus?

CURIOSIDADE

Um ditado diz que "as melhores coisas são de graça". Ou seja, não pagamos por amor ou amizade.

12 DE AGOSTO

O filho da viúva

> *Todos ficaram com muito medo e louvavam a Deus, dizendo: "Que grande profeta apareceu entre nós! Deus veio salvar o Seu povo!"*
>
> **LUCAS 7:16**

Nos tempos bíblicos, se o marido morresse, os filhos da viúva tomariam conta dela. Mas se ela não tivesse filhos, ficaria muito pobre.

Um dia, Jesus e Seus discípulos estavam seguindo para um lugar chamado Naim. Quando se aproximaram da cidade, Jesus viu um funeral. Muitas pessoas andavam ao lado de uma viúva, cujo único filho tinha morrido. A mulher estava muito triste. Primeiro o marido morrera, e agora seu filho também.

Ao ver a viúva, Jesus sentiu compaixão e disse: "Não chore". Depois Ele foi até onde estava o corpo e falou: "Moço, se levante!". O rapaz se sentou e começou a falar! Então Jesus o devolveu à sua mãe.

Todos os que viram o que tinha acontecido, ficaram maravilhados. Era um milagre! E as pessoas começaram a louvar a Deus e a chamar Jesus de grande profeta. Elas acreditaram que Deus estava cuidando de Seu povo através de Jesus.

Mas Jesus era mais do que um grande profeta. Ele fez o milagre porque Ele é o Filho de Deus. Ele tem o poder de ressuscitar pessoas! Mas Jesus também era um homem, e tinha sentimentos como nós. Ele sentiu pena da viúva, porque sabia a vida difícil que ela teria sem o filho. Então a ajudou.

Jesus cuida de Seu povo.

Deus ainda ajuda Seu povo através de Seu Filho, Jesus. Também podemos louvar a Deus, como fizeram as pessoas que viram o milagre do Senhor em Naim. —CB

CURIOSIDADE

Naim era uma cidade na região da Galileia e só é citada na Bíblia uma vez. Essa foi a primeira vez que Jesus ressuscitou alguém.

LEIA MAIS
Veja 2 Reis 4:32-37.
Como Eliseu ajudou uma mulher de Suném?

Neemias e o rei

13 DE AGOSTO

Neemias era israelita, mas trabalhava na corte do rei persa Artaxerxes. A Pérsia tinha se tornado o país mais forte do mundo depois de derrotar a Babilônia. E a Babilônia havia atacado Jerusalém e levado muitos israelitas como cativos.

Um dia, alguns israelitas de Judá vieram à Pérsia. Neemias perguntou como estavam as coisas em Jerusalém. "Os judeus que não foram levados estão em dificuldades", disseram. "Estão tendo problemas porque os muros de Jerusalém estão caídos, e os portões foram queimados."

Neemias ficou tão triste ao ouvir a notícia, que se sentou e chorou. E começou a fazer seu trabalho com muita dificuldade, porque estava preocupado demais com seu povo e com sua terra natal.

O rei percebeu que algo estava incomodando Neemias. "Por que você está tão triste?", perguntou Artaxerxes. "Acho que seu coração está infeliz."

Neemias sentiu medo, pois sabia que o rei era poderoso, e que tinha mandado parar o trabalho em Jerusalém uma vez. Então, antes de responder, Neemias orou. E depois

> "Se o senhor está contente comigo e quiser atender um pedido meu, deixe que eu vá para a terra de Judá a fim de reconstruir a cidade."
>
> **NEEMIAS 2:5**

Posso pedir por coisas que honrem a Deus.

disse: "Se isso deixar o rei contente, e se eu tiver sido bom com o senhor, por favor me mande para Jerusalém. Quero reconstruir a cidade."

O rei Artaxerxes concordou! Neemias teve coragem o suficiente para pedir ao rei o material que precisava. E Deus usou Neemias para fazer o rei a mudar de ideia sobre reconstruir Jerusalém.

Se estamos fazendo um trabalho que honra a Deus, Ele se alegra em ouvir nossas orações e nos dar o que precisamos. Isso, quando pedimos por algo que necessitamos, assim como fez Neemias! —TM

CURIOSIDADE

Quando inimigos tentaram assustar Neemias para parar o trabalho que fazia, ele deu armas às pessoas que reconstruíam os muros. Eles seguravam as ferramentas de trabalho em uma das mãos e na outra, uma espada.

LEIA MAIS

Veja Neemias 2:11-18. O que Neemias fez quando chegou a Jerusalém?

14 DE AGOSTO

Ele é um deles

> *Então Pedro disse a Jesus: "Estou pronto para ser preso e morrer com o Senhor!"*
> **LUCAS 22:33**

Jesus sabia que seria preso como um criminoso, então disse a Pedro: "Tenho orado para que você não perca a sua fé. E que ajude seus irmãos a serem fortes."

Pedro falou: "Estou pronto para ser preso e morrer com o Senhor!".

"Pedro", Jesus disse, "hoje, antes que o galo cante, você dirá três vezes que não me conhece."

Naquela noite Jesus foi levado pelos guardas. Pedro o seguiu, mas se manteve afastado. E quando Pedro se aproximou de pessoas que estavam ao redor de uma fogueira, uma mulher olhou e disse: "Ele é um dos seguidores de Jesus."

"Eu nem conheço aquele homem", Pedro respondeu.

Mais tarde, outra pessoa falou: "Você é um deles!".

"Não, eu não sou!", disse Pedro.

Uma hora depois, outro homem declarou: "Esse homem é um dos discípulos de Jesus. Ele é da Galileia!".

E Pedro respondeu: "Não sei do que você está falando!".

Eu conheço Jesus.

E o galo cantou. Jesus se virou e olhou para Pedro, então ele se lembrou do que Cristo havia dito, então se afastou correndo e chorou.

Deve ter sido uma noite assustadora para os discípulos de Jesus. Pedro devia estar com medo de ser preso pelos soldados, como Jesus fora. E, por causa desse medo, disse que nem conhecia Jesus. Mas quando viu o rosto do Mestre, se arrependeu profundamente pelo que tinha feito.

Quando as pessoas perguntarem se você conhece Jesus, não tenha medo. Ele vai ajudá-lo a dizer que sim. Então, talvez outras pessoas também aprendam a conhecer Jesus. —CB

CURIOSIDADE

Os cientistas descobriram que os galos não precisam da luz do sol para saber que já é dia. Esses animais têm uma boa noção de tempo.

LEIA MAIS

Veja Atos 4:13-20. Como o texto mostra que Pedro não estava mais com medo?

Nunca é tarde demais

15 DE AGOSTO

Três homens pregados em cruzes num lugar chamado "Calvário". Jesus no meio, e um criminoso de cada lado.

Enquanto os três sofriam, um dos criminosos gritou para Jesus: "Você não é o Messias? Então salve a si mesmo, e a nós também!".

Mas o outro criminoso defendeu Jesus. "Você deveria temer a Deus", falou. "Todos nós morreremos logo. Você e eu somos culpados, e merecemos morrer. Mas esse homem não fez nada de errado." Aquele criminoso acreditava que Jesus era quem dizia ser. Então olhou para Ele e disse: "Lembre-se de mim quando começar a reinar!".

Jesus sentiu amor pelo homem que estava morrendo. "Eu afirmo", disse, "hoje você estará comigo no paraíso."

> *Jesus respondeu: "Eu afirmo a você que isto é verdade: hoje você estará comigo no paraíso."*
> **LUCAS 23:43**

Nunca é tarde demais para Jesus nos perdoar.

Um homem numa cruz acreditou em Jesus apenas minutos antes de morrer. Jesus o aceitou no reino de Deus e prometeu que se veriam novamente no céu. Não era tarde demais para acreditar em Jesus!

Algumas pessoas acham que é tarde demais para Deus aceitá-las. Outras acreditam que fizeram tanta coisa errada, que Deus não vai perdoá-las. Mas esta história nos mostra que nunca é tarde demais para alguém se tornar parte da família de Deus. Nenhum pecado é grande demais que não possa ser perdoado por Jesus.

Se você conhece alguém que acha que Deus não pode perdoar as coisas ruins que ele fez, você tem uma boa resposta. Pode contar a essa pessoa a história do criminoso na cruz. —TM

LEIA MAIS
Veja Colossenses 1:13,14. Para onde Deus nos traz?

CURIOSIDADE
A cruz era um castigo vergonhoso no Império Romano, reservado aos piores criminosos.

16 DE AGOSTO

> Mas Josué tinha dado ordem ao povo para não gritar, nem fazer barulho até que ele mandasse.
>
> JOSUÉ 6:10

Sete dias de marcha

O povo de Jericó ficou apavorado quando os israelitas cruzaram o rio Jordão e montaram acampamento nos arredores da cidade. E os moradores da cidade esperavam que as muralhas e os portões os protegessem.

Josué estava liderando os israelitas até a terra que Deus lhes havia prometido. O Senhor disse a Josué que já havia lhes dado Jericó, seu rei e seu exército; e tudo o que precisavam fazer era marchar ao redor da cidade durante sete dias. Durante os seis primeiros dias, o povo deveria dar uma volta, enquanto os sacerdotes soavam suas trombetas, conduzindo a marcha.

O povo e Josué fizeram o que Deus havia mandado: deram uma volta na cidade enquanto os sacerdotes tocavam as trombetas, e voltaram para o acampamento. Fizeram isso durante os seis dias.

Mas no sétimo dia, conforme Deus tinha mandado, os israelitas deram sete voltas ao redor da cidade. Depois da sétima volta, os sacerdotes deram um longo toque nas trombetas e o povo deu um grito bem alto. E as fortes muralhas de Jericó caíram no chão!

A maneira de Deus agir mostra o Seu poder.

Exércitos não derrotavam seus inimigos marchando ao redor de uma cidade. Eles lutavam com armas! Mas Deus queria fazer as coisas do jeito dele, e a conquista de Jericó mostrou aos israelitas que precisavam depender de Deus para vencer. Ela mostrou ao povo de Jericó, que o Senhor era muito maior do que as grandes e fortes muralhas da cidade.

Se você quiser realizar o que Deus lhe pedir, confie nele. Não importa o que os outros façam, você precisa fazer tudo do jeito do Senhor. Faça tudo no poder de Deus! —CB

CURIOSIDADE

Acredita-se que Jericó é uma das cidades mais antigas do mundo. Hoje, 20 mil pessoas vivem lá.

Leia mais

Veja Deuteronômio 26:16. Como os israelitas deviam obedecer a Deus?

O tesouro do Senhor

17 DE AGOSTO

Quando as pessoas vão à igreja, costumam colocar dinheiro no ofertório. Esse dinheiro pode ser usado para a manutenção do prédio da igreja e para o pagamento dos funcionários. Pode ser usado também para ajudar missionários em lugares distantes, ou pessoas próximas que precisam de comida e de roupas. Quando levamos nossas ofertas em dinheiro para a igreja, estamos entregando-a para o Senhor.

> *Mas os objetos de prata, ouro, bronze e ferro serão separados para o Senhor e colocados no seu tesouro.*
> **JOSUÉ 6:19**

Quando Deus ajudou os israelitas a tomar a cidade de Jericó, deu ordens muito claras. Deus disse que tudo que fosse feito de ouro, prata, bronze e ferro tinha que ser entregue para o Seu trabalho. O resto deveria ser queimado. Se alguém desobedecesse, traria problemas ao acampamento.

Um homem chamado Acã não seguiu as ordens de Deus e pegou para si algumas coisas de prata e de ouro que deveriam ser postas no tesouro do Senhor. O líder de Israel, Josué, não sabia o que Acã tinha feito, e quando liderou o exército em outra batalha, os israelitas foram derrotados.

Josué ficou tão triste, que rasgou suas roupas e clamou a Deus. Então, o Senhor disse que alguém no acampamento havia desobedecido. Josué acabou descobrindo que tinha sido Acã. A escolha de Acã trouxe problemas ao acampamento e fez com que ele perdesse a vida.

Posso dar o que Deus pedir.

Quando obedecemos a Deus devolvendo parte do que Ele nos deu, o Senhor fica satisfeito. Ser egoísta como Acã, nos fará mal. Estar disposto a dar a Deus, nos deixa alegres. —CB

LEIA MAIS
Veja Malaquias 3:6-12.
O que Deus prometeu aos antigos israelitas?

CURIOSIDADE
Igrejas usam pratos, sacolas de veludo ou até baldes de plástico para recolher as ofertas.

18 DE AGOSTO

Uma segunda chance para Israel

> E todo o povo gritava bem alto e louvava o SENHOR porque a construção do seu novo Templo já havia começado. Muitos sacerdotes, levitas e chefes de famílias eram velhos e tinham visto o primeiro Templo. Eles choravam alto.
>
> **ESDRAS 3:11,12**

Os israelitas foram escravos na Babilônia durante 70 anos. Os babilônios atacaram Jerusalém, destruíram o Templo e tiraram muitos judeus de suas casas. Porém, muitos anos depois, o rei Ciro da Pérsia derrotou os babilônios e disse: "O Senhor me chamou para construir um templo para Ele em Jerusalém. Todos que são do povo de Deus devem ir para Jerusalém. Que o Deus de Israel esteja com vocês. Os que ficarem devem apoiar os que quiserem ir. Deem a eles prata e ouro, suprimentos e gado. Deem presentes para o templo de Deus."

Então o povo recolheu ouro, prata, suprimentos e os presentes para o Templo, e entregaram aos outros que estavam voltando. Quando chegaram a Jerusalém, prepararam a fundação: a parte mais profunda do Templo. Os sacerdotes tocaram trombetas e címbalos para comemorar. Muitas pessoas louvaram ao Senhor, cantando: "O Senhor é bom, e o Seu amor pelo povo de Israel dura para sempre!". E gritaram de alegria.

Deus dá segundas chances.

Mas muitos dos mais velhos choraram, pois se lembraram do primeiro Templo, e ficaram tristes por todas as coisas ruins que tinham acontecido.

Os israelitas tinham perdido seu Templo e seu país por terem feito muitas coisas erradas. Mas Deus estava dando uma segunda chance a Israel. Ele trouxe o povo para casa e os deixou recomeçar. Deus é assim!

Mesmo quando não fazemos o que é certo, Deus nos deixa recomeçar. Podemos ficar tristes por causa das coisas erradas do passado, mas quando reconhecemos nossos pecados, Ele está pronto a perdoar. Então também podemos gritar de alegria. —TM

CURIOSIDADE

Os israelitas viveram na Babilônia durante 70 anos para compensar todos os "anos sabáticos" que o povo não respeitara. A cada sete anos eles não deveriam plantar nem colher.

LEIA MAIS
Veja Miquéias 7:18,19. O que Deus gosta de fazer?

O Autor

19 DE AGOSTO

Você gosta de escrever? Talvez um dia você se torne escritor e escreva seus livros.

Sabe quem escreveu a Bíblia? Como é uma coletânea de livros, ela tem muitos autores. Moisés escreveu os cinco primeiros. Os "profetas" escreveram outros livros do Antigo Testamento. O rei Davi escreveu mais da metade dos salmos, e o rei Salomão, escreveu muitos dos provérbios. Alguns dos doze discípulos escreveram livros do Novo Testamento. Assim como o apóstolo Paulo.

Mesmo com tantas pessoas escrevendo os livros da Bíblia, o verdadeiro autor é Deus. O Espírito Santo de Deus orientou todos os autores. Deus usou pessoas, mas Ele inspirou cada palavra que deveriam escrever.

> *Toda a Escritura Sagrada é inspirada por Deus e é útil para ensinar a verdade, condenar o erro, corrigir as faltas e ensinar a maneira certa de viver.*
> **2 TIMÓTEO 3:16**

Deus escreveu a Bíblia.

A Bíblia é a mensagem de Deus para todos os que a lerem. As palavras de Deus na Bíblia nos ajudam a conhecer, amar e obedecer ao Senhor. As histórias nos ajudam a entender Deus; a ver como Ele nos abençoa quando fazemos o que é certo, e o que acontece quando o desobedecemos.

A Bíblia nos ensina sobre o amor e o perdão de Deus. Ela nos ajuda a conhecer a graça e a misericórdia do Senhor; e nos mostra também como tratar outras pessoas.

Podemos confiar em tudo o que está escrito na Bíblia, porque as palavras de Deus são verdadeiras. Como Deus é o autor, a Bíblia é o melhor livro que alguém pode ler! —CB

LEIA MAIS

Veja 2 Timóteo 3:14,15. Que conselho Paulo dá a Timóteo?

CURIOSIDADE

A Bíblia é o livro mais famoso do mundo. Foram impressas mais de 5 bilhões de cópias nos últimos 200 anos.

20 DE AGOSTO

> E agora a única pessoa que o dono da plantação tinha para mandar lá era o seu querido filho. [...] "O meu filho eles vão respeitar."
>
> MARCOS 12:6

O filho do dono do vinhedo

Jesus contou uma parábola sobre um homem que plantou um vinhedo, preparou tudo para as uvas crescerem, e então deixou que outros agricultores cuidassem enquanto ele estava fora.

Quando chegou a hora da colheita, o dono do vinhedo mandou um empregado pegar a sua parte. Mas os agricultores viram o empregado, bateram nele, e ele voltou sem nada. Então o dono do vinhedo mandou outro empregado. Os agricultores também o trataram muito mal. O dono do vinhedo continuou enviando empregados, mas os agricultores espancaram todos eles.

Por fim, o dono do vinhedo tinha apenas mais uma pessoa para mandar. Era o seu filho. Ele amava muito o filho, e esperava que os agricultores não o machucassem. "O meu filho eles vão respeitar", disse.

Mas quando os agricultores viram o rapaz chegando, fizeram um plano terrível. "Esse é o filho do dono: o vinhedo será dele", disseram entre si. "Se nós o matarmos, o vinhedo será nosso!". Então os agricultores mataram o filho do dono.

Cada um pode escolher aceitar o Filho de Deus.

Na verdade, a parábola de Jesus era sobre a história de Deus enviando profetas aos israelitas. Os profetas diziam como agradar a Deus, mas muitas vezes o povo não ouvia. Eles feriam e matavam os profetas. Por fim, Deus enviou Seu próprio Filho, Jesus, para salvar o povo. Mas os líderes judaicos não aceitaram Jesus. Ao invés disso, o mataram.

A Bíblia apenas nos conta quem é Jesus. Cada um tem a escolha de aceitá-lo ou não. Quando as pessoas acreditam em Jesus, a triste parábola do dono da vinha é transformada numa história com final feliz. —TM

CURIOSIDADE

A lei de Moisés permitia que judeus comessem uvas do vizinho, mas não podiam levar para casa!

LEIA MAIS

Veja Isaías 27:2-5.
Como o povo de Deus é igual a um vinhedo?

21 DE AGOSTO

"O que devemos fazer?"

Os discípulos sabiam que Jesus voltaria logo para o céu. Provavelmente estavam tristes porque não veriam mais o Mestre. Mas antes de ir para o céu, Jesus disse que mandaria para eles o dom do Espírito Santo. O Espírito Santo é a terceira pessoa da "Trindade" — Deus o Pai, Jesus o Filho, e o Espírito Santo. O Espírito Santo é Deus, que vem viver no coração de quem segue a Jesus.

> *Vocês receberão de Deus o Espírito Santo. Pois essa promessa é para vocês, para os seus filhos e [...] para todos aqueles que o Senhor, nosso Deus, chamar.*
> **ATOS 2:38,39**

Num feriado chamado Pentecostes, o Espírito Santo veio para a Terra. Parecia um vento forte! O Espírito Santo encheu os discípulos com o poder de Deus. Eles começaram a fazer milagres, como Jesus havia feito, a ensinar e a pregar em línguas diferentes.

Algumas pessoas de outros países ficaram maravilhadas ao ouvir os discípulos falando em seus idiomas. Mas outras não entenderam o que estava acontecendo e começaram a caçoar deles.

Recebo o dom do Espírito Santo ao crer em Jesus.

Pedro era corajoso! Ele se levantou para falar com as pessoas sobre Jesus e Suas promessas. Pedro disse que os profetas do Antigo Testamento tinham falado que Jesus iria morrer numa cruz, e que ressuscitaria. Ele ainda disse que o Espírito Santo habitaria em todos os que acreditassem em Jesus.

"O que devemos fazer?", muitos perguntaram.

"Arrependam-se e sejam batizados em nome de Jesus", respondeu Pedro. E falou também que Deus perdoaria os seus pecados e que eles receberiam o dom do Espírito Santo.

Essa promessa é para todos os que crerem em Jesus. Incluindo você! —CB

CURIOSIDADE

Quando os discípulos receberam o Espírito Santo, pequenas labaredas de fogo apareceram sobre cada um deles.

LEIA MAIS

Quando Pedro estava falando ao povo, citou o Salmo 16:8-11. O que ele disse?

22 DE AGOSTO

Comida rápida

> O Senhor diz: "Amanhã a esta hora, você poderá comprar em Samaria três quilos e meio do melhor trigo ou sete quilos de cevada por uma barra de prata."
> **2 REIS 7:1**

Os samaritanos eram vizinhos dos israelitas, e estavam com sérios problemas. Um rei tinha enviado soldados para cercar Samaria e não deixava ninguém entrar com comida na cidade.

O povo estava com tanta fome, que pagava muito dinheiro por coisas que normalmente não comeria, como uma cabeça de jumento! Um dia, o rei de Israel estava andando no topo de uma grande muralha perto de Samaria, e uma mulher gritou para o rei: "Meu senhor e rei, por favor me ajude!". E contou que o povo estava morrendo de fome.

O rei ficou triste com aquilo e culpou o profeta Eliseu. Mas Eliseu mandou uma mensagem: "Escute o que o Senhor diz!", ele falou. "Amanhã a esta hora, haverá muita comida, e ela será barata novamente."

Deus sempre cumpre Sua palavra.

Quatro homens leprosos viviam do lado de fora das muralhas da cidade, e estavam com tanta fome, que foram pedir ajuda aos soldados inimigos. Mas quando chegaram ao acampamento, ele estava vazio! Durante a noite, os soldados pensaram ter escutado o exército israelita vindo atacar. Deus havia mandado aquele som para assustar os inimigos. E eles fugiram correndo, deixando toda a comida e suprimentos para trás. Quando os leprosos mandaram uma mensagem para a cidade, os samaritanos correram até o acampamento e pegaram toda a comida que precisavam.

Deus providenciou comida para Samaria, assim como Eliseu disse que Ele faria. Deus sempre cumpre Sua palavra do jeito que Ele diz que fará. Nós precisamos apenas confiar nele. —TM

CURIOSIDADE

Em algumas partes do mundo pessoas comem *a-ping*. Isto é, tarântula frita!

Leia mais

Veja Gênesis 22:12-14. O que Deus mandou para Abraão e Isaque? Que nome o lugar recebeu?

Um novo discípulo

23 DE AGOSTO

> *Senhor, tu conheces o coração de todos. Mostra agora qual dos dois escolheste para trabalhar conosco.*
> ATOS 1:24,25

Depois que Jesus voltou para o céu, os discípulos foram para Jerusalém. Eles se reuniram no segundo andar de um prédio com os irmãos de Jesus, com Sua mãe e outras mulheres.

Pedro se levantou e disse que era hora de escolher outro discípulo. Eles precisavam substituir Judas Iscariotes, que tinha entregado Jesus para ser preso. "Precisamos escolher outro homem para pertencer ao nosso grupo. Deve ser um daqueles que nos acompanharam durante o tempo em que o Senhor Jesus andou entre nós", falou. "Desde que Ele foi batizado por João até o dia em que foi levado para o céu. O escolhido deve ser capaz de testemunhar junto conosco a ressurreição do Senhor Jesus."

Os discípulos colocaram para o grupo os nomes de dois homens: um deles era José Barsabás, e o outro Matias. Todos oraram a Deus e pediram: "Senhor, tu conheces o coração de todos. Mostra agora qual dos dois escolheste para trabalhar conosco".

Deus sabe como as pessoas são por dentro.

Deus respondeu as orações e mostrou a eles que Matias deveria ser o décimo segundo discípulo, no lugar de Judas.

Nós não sabemos o que se passa no coração e na mente de outra pessoa, mas Deus sabe. Assim como os discípulos pediram ajuda a Deus para escolher o homem certo para ser o décimo segundo discípulo, você pode pedir que Ele o ajude a escolher os amigos certos. Pode pedir que Ele o ajude a conhecer aqueles que o amam e que seriam bons companheiros. Deus gosta de responder a orações como essa, assim como gostou de responder a oração dos discípulos. —CB

LEIA MAIS
Veja Provérbios 13:20.
Por que é importante escolher bons amigos?

CURIOSIDADE
O nome Matias é uma abreviação de Matatias, que quer dizer "presente de Deus".

24 DE AGOSTO

Louvando na prisão

> Aí o carcereiro [...] se ajoelhou, tremendo, aos pés de Paulo e Silas. [...] e perguntou: "Senhores, o que devo fazer para ser salvo?"
>
> ATOS 16:29,30

Paulo e Silas estavam falando sobre Jesus, mas algumas pessoas não gostaram de seus ensinamentos, e os acusaram de desobedecer a lei. Os governantes romanos prenderam os dois e disseram ao carcereiro: "Vigie esses homens com cuidado!". O carcereiro obedeceu, colocou Paulo e Silas numa parte solitária da prisão e prendeu os pés deles com correntes.

Tarde da noite, Paulo e Silas estavam orando e cantando louvores a Deus, e os outros prisioneiros escutavam. De repente, aconteceu um terremoto! Foi tão forte que sacudiu a cadeia. As correntes dos prisioneiros se soltaram e as portas das celas se abriram. Quando o carcereiro acordou e viu tudo aberto, deduziu que os prisioneiros tinham fugido. Ele sabia que estava com um problema enorme, e queria morrer. Mas Paulo gritou: "Estamos todos aqui!".

O carcereiro pediu uma tocha. Tremendo de medo, foi até Paulo e Silas, e perguntou: "O que eu preciso fazer para ser salvo?".

Posso louvar a Deus todo o tempo.

"Creia no Senhor Jesus", responderam, "e será salvo." Naquela noite, o carcereiro e sua família se tornaram cristãos.

Mesmo tendo sido injustiçados, Paulo e Silas louvaram a Deus. E Deus os usou para levar pessoas para Jesus.

Também podemos louvar a Deus mesmo quando as coisas não acontecem do jeito que queremos. Deus usou Paulo e Silas e também pode usar nossa fidelidade como exemplo para os outros. —TM

CURIOSIDADE

Em 2005, duas antigas celas de prisão foram descobertas numa escavação em Tiberíades, Israel. Havia pequenos buracos em suas paredes para que os familiares alimentassem seus prisioneiros.

LEIA MAIS

Veja Filipenses 1:3-11. Paulo escreveu essa carta na prisão. Qual era o seu comportamento?

O primeiro milagre

25 DE AGOSTO

Jesus estava num jantar de casamento com Sua mãe e Seus discípulos. O responsável pela festa estava com um problema vergonhoso. O vinho tinha acabado antes do jantar! "Eles não têm mais vinho", a mãe de Jesus falou.

Jesus ainda não tinha feito nenhum milagre, mas Sua mãe certamente sabia que Ele podia ajudar. Então ela disse aos empregados da festa: "Façam tudo o que Ele mandar".

> *Jesus fez esse seu primeiro milagre em Caná da Galileia. Assim Ele revelou a Sua natureza divina, e os Seus discípulos creram nele.*
> JOÃO 2:11

Jesus viu seis grandes jarros de água que estavam por perto. Os judeus usavam a água dos jarros para fazer limpezas especiais para se purificar. Então Ele disse aos empregados para encherem aqueles jarros com água. Eles obedeceram e encheram até a borda. E Jesus fez o milagre, transformando a água em vinho!

"Peguem um pouco", falou, "e levem para o responsável pelo jantar."

Jesus me dá o melhor.

Eles levaram uma taça de vinho para a pessoa responsável pelo jantar. Ele provou e ficou maravilhado com a ótima qualidade do vinho. E então disse ao noivo: "Todo mundo serve primeiro o melhor vinho, mas você deixou o melhor para o final".

O responsável pela festa não sabia de onde o vinho tinha vindo, mas os empregados sabiam, e também os discípulos de Jesus. Esse foi o primeiro dos muitos milagres. Ele mostrou Seu poder como Deus num jantar de casamento, e Seus discípulos puseram sua fé nele.

Quando Jesus fazia milagres, normalmente estava ajudando quem precisava. Ele ainda hoje ajuda pessoas. E, como o vinho que Jesus forneceu para um jantar de casamento, Sua ajuda sempre é a melhor. —CB

LEIA MAIS

Veja João 4:43-54. Qual foi o segundo milagre que Jesus fez?

CURIOSIDADE

No jarro dessa história cabia cerca de 100 litros de água. Foram mais ou menos 600 litros de vinho neste milagre!

26 DE AGOSTO

> *Os gafanhotos, que não têm rei, mas avançam em bandos.*
> PROVÉRBIOS 30:27

Os poderosos gafanhotos

Gafanhotos são criaturas pequenas. Medem entre 1,3 a 7,5 cm. São tão pequenos, que você pode até nem perceber que um está por perto.

Mas em algumas regiões, quando chega o verão e as plantas começam a crescer, aparece uma enorme quantidade de gafanhotos. Eles se movem em enormes enxames, com muita força. Juntos, são capazes de destruir plantações inteiras. Gafanhotos comem tanto, que podem provocar a fome em grandes comunidades. Sozinho, um inseto pequeno não pode fazer muito, mas quando trabalham juntos, se tornam uma força poderosa.

O livro de Provérbios, na Bíblia, nos diz para aprendermos com os gafanhotos. Eles não têm um líder, mas quando trabalham em conjunto, podem realizar grandes coisas. Como povo de Deus, podemos também fazer grandes coisas em conjunto. O trabalho em equipe nos ajuda a realizar mais do que poderíamos fazer sozinhos. Porém, ao contrário dos gafanhotos, nós temos um líder para seguir: Jesus!

Faremos grandes coisas se trabalharmos juntos.

Quando trabalhamos em conjunto para servir a Deus, alcançamos muito mais. Por que não experimentamos a lição dos gafanhotos? Você pode convidar um grupo de crianças de sua igreja ou escola para realizar um projeto comunitário. Quem sabe possam angariar alimentos para quem precisa, ou levar presentes e cartões para alguém doente. Ao trabalhar em equipe, ficará maravilhado com o quanto Deus pode fazer através de você! —TM

CURIOSIDADE

Um enxame de gafanhotos pode cobrir 1.200 km²: um pouco menos que a cidade de São Paulo!

LEIA MAIS

Veja Êxodo 10:12-19.
O que Deus fez através dos gafanhotos no Egito?

Ajudante especial de Adão

27 DE AGOSTO

No sexto dia da criação, Deus fez um homem usando barro e deu a ele o nome de Adão. Então o Senhor colocou o homem num lugar lindo chamado Jardim do Éden. O jardim tinha todos os tipos de árvores, e um rio corria por ele para refrescar a terra. Deus deu a Adão a tarefa de cuidar do jardim.

> Ele pôs nomes nas aves e em todos os animais domésticos e selvagens. Mas para Adão não se achava uma ajudadora que fosse como a sua outra metade.
> **GÊNESIS 2:10**

O Senhor deu a Adão outra tarefa: trouxe-lhe os animais que havia criado, e mandou que ele desse nomes aos animais. Não acha que devia ser divertido dar nome aos animais? Adão deu o nome à ovelha e aos leões, aos macacos e aos cavalos, aos pardais, às águias e aos corvos. Ele deu nome aos animais grandes e pequenos e a todas as aves. Adão escolheu o nome de cada criatura viva.

O casamento é ideia de Deus.

Havia muitos animais para Adão colocar nome! Mas passando por cada uma das criaturas, ele não encontrou nenhuma ajudante boa para ele. Deus disse: "Não é bom que o homem viva sozinho", e colocou Adão para dormir. Então o Senhor tirou uma costela do homem e a usou para criar uma mulher. Ela se tornou esposa de Adão e recebeu o nome de Eva. Ela foi criada para ser a ajudante especial de Adão.

Adão e Eva foram o primeiro casal. Deus queria que eles se amassem e se ajudassem, assim como maridos e esposas devem fazer hoje em dia. O casamento entre um homem e uma mulher foi ideia de Deus. Um dia, Ele talvez também dê a você um ajudante especial. —CB

LEIA MAIS
Veja Mateus 19:3-6. O que Jesus fala sobre o casamento?

CURIOSIDADE
A águia-de-cabeça-branca recebeu este nome por causa da plumagem branca de sua cabeça. De longe, ela parece careca.

28 DE AGOSTO

Paulo escolhe as palavras certas

> *Quando eu estava andando pela cidade e olhava os lugares onde vocês adoram os seus deuses, encontrei um altar em que está escrito: "Ao Deus Desconhecido".*
> **ATOS 17:23**

Um dia Paulo estava andando por Atenas e viu muitos ídolos e falsos deuses. O povo acreditava em tantas divindades, que até havia um monumento ao "deus desconhecido". Paulo falou sobre Jesus, mas as pessoas não entenderam.

Muita gente em Atenas gostava de conversar sobre novas ideias. Então algumas pessoas convidaram Paulo para uma reunião onde estariam os pensadores e homens inteligentes. "Por favor, nos explique o que está ensinando", disseram. "Queremos entender o que isso quer dizer".

Paulo lembrou-se do monumento ao deus desconhecido e disse: "Vou contar quem é o Deus desconhecido." E então falou sobre como o único e verdadeiro Deus criou o mundo; explicou que o Senhor era grandioso demais para viver numa casa feita por humanos. E disse que Jesus é o Filho de Deus, que ressuscitou dos mortos.

Posso ajudar os outros a entender quem é Jesus.

Alguns riram de Paulo, mas outros ouviram, acreditaram e decidiram seguir a Jesus.

Paulo era um bom professor, porque falava de forma que as pessoas pudessem entender. Ele contava a história de Jesus com palavras que faziam sentido a quem as escutava.

Às vezes, você pode falar com quem não conhece Jesus, e as pessoas podem não entender as palavras que usamos na igreja. Porém, assim como Paulo, você pode falar de um jeito mais fácil. A história de Jesus não é complicada, e pode pedir a Deus as palavras certas para falar aos outros sobre Jesus. Ele vai ajudar ajudá-lo.
—TM

CURIOSIDADE

Paulo falou sobre o "deus desconhecido" no Aerópago, um lugar muito visitado na Grécia, hoje em dia. Lá há uma placa de metal que lembra o sermão de Paulo.

LEIA MAIS

Veja Atos 7:48-50. Segundo esses versículos, onde fica o trono de Deus?

As pessoas vão saber

29 DE AGOSTO

Jesus sabia que não ficaria muito mais tempo com Seus discípulos. Durante os anos que passaram juntos, ensinou a eles muitas coisas. Uma das mais importantes foi amar as outras pessoas.

> *Se tiverem amor uns pelos outros, todos saberão que vocês são meus discípulos.*
> JOÃO 13:35

Um dia Jesus falou: "Estou dando a vocês um novo mandamento: amar uns aos outros." Ele queria que Seus seguidores amassem os outros da forma como Ele os amava. Se os discípulos demonstrassem o tipo de amor que Jesus demonstrava, os outros saberiam que eles eram Seus seguidores.

Sabia que isso ainda vale nos dias de hoje? As palavras de Jesus não foram apenas para os doze discípulos. Elas são para nós também! O amor de que Jesus falou não era o tipo de amor "sentido", mas amor "demonstrado". Há muitas maneiras de demonstrar amor pelos outros.

Posso amar como Jesus.

Quando você está em casa, pode demonstrar amor falando gentilmente com sua família. Pode demonstrar amor ajudando nas tarefas e obedecendo a seus pais. Se tem irmãos, pode se divertir com eles, ou ajudar se estiverem com um problema.

Quando você está na escola, pode demonstrar amor sendo educado com seus professores e colegas de turma. Pode ser amigo de alguém que precise de amigos. Se um aluno novo entra em sua turma, pode fazer essa pessoa se sentir bem-vinda.

Quando amamos os outros da forma como Jesus nos ama, as pessoas reconhecem que somos Seus seguidores. —CB

LEIA MAIS
Veja Hebreus 13:1,2.
O que esses versículos falam sobre acolher visitantes?

CURIOSIDADE
A expressão "amar uns aos outros" e seus derivados é encontrada 20 vezes na Nova Tradução na Linguagem de Hoje, da Bíblia.

30 DE AGOSTO

O discurso de despedida de Josué

> Por isso se esforcem para obedecer fielmente a tudo o que está escrito no Livro da Lei de Moisés. Não desprezem nenhuma parte desta Lei.
> **JOSUÉ 23:6**

Josué confiou em Deus em tudo o que fez. Ele conduziu o povo de Israel com coragem, ajudando-os a derrotar inimigos e a chegar até a Terra Prometida.

No final da vida de Josué, os israelitas estavam em paz. Ele ajuntou os líderes do povo para encorajá-los a assumir o seu trabalho, e deu conselhos importantes, dizendo como deveriam se tornar uma grande nação.

Primeiro, Josué lembrou ao povo tudo o que Deus havia feito para trazê-los até a Terra Prometida. E disse: "Vocês precisam ter cuidado em obedecer tudo o que está escrito na lei de Moisés. Nunca se afastem dela". E também: "O Senhor ajudou vocês a derrotar muitas nações poderosas. Com Sua ajuda, um israelita pode derrotar mil soldados inimigos. O Senhor, seu Deus, luta por vocês".

Josué terminou seu discurso com um alerta: disse ao povo que amar a Deus era o mais importante que poderiam fazer. Qualquer coisa que desviasse a atenção deles do Senhor era perigosa. Se adorassem qualquer coisa além de Deus, teriam problemas. Mas se os israelitas continuassem a seguir o Senhor, Ele manteria Sua promessa de abençoá-los.

Posso escolher fazer parte das promessas de Deus.

Um dia você irá crescer e tomar suas próprias decisões. Terá a escolha de seguir a Deus ou a outras coisas. Quando você crer em Jesus como seu Salvador, conhecerá a fidelidade e as bênçãos de Deus. Para sempre! —TM

CURIOSIDADE

A "Lei de Moisés" está nos primeiros cinco livros da Bíblia, também chamados de Pentateuco, que quer dizer "cinco livros".

LEIA MAIS

Veja Josué 1:1-9. Que instruções Josué recebeu quando se tornou o líder? Quem o instruiu?

Um homem incomum

31 DE AGOSTO

O dia em que Jesus foi crucificado não foi um dia comum, porque Jesus não era um homem comum.

Jesus foi colocado na cruz às nove da manhã e foi tratado como um criminoso. Os soldados romanos que estavam por perto riram dele.

Mas enquanto Jesus estava na cruz, Deus mostrou o Seu poder. Do meio-dia até às três da tarde, o céu ficou escuro. Só Deus pode escurecer o céu no meio do dia! E no momento em que Ele morreu, a cortina do Templo se rasgou em duas partes de cima abaixo. A terra tremeu e rochas se partiram. Tumbas se abriram e algumas das pessoas do povo de Deus que haviam morrido, saíram dos túmulos. Apenas Deus poderia ter feito aquilo!

> *De fato, este homem era o Filho de Deus!*
> **MARCOS 15:39**

Jesus é o Filho de Deus.

Os soldados romanos que estavam próximos da cruz ficaram apavorados. Um deles disse: "De fato, este homem era o Filho de Deus!".

Não existe outra maneira de explicar o que aconteceu naquele dia. Deus demonstrou Seu poder e as pessoas ficaram com medo quando viram o que Ele podia fazer.

Hoje, algumas pessoas acreditam que Jesus foi apenas um profeta ou mestre. Alguns dizem que Ele foi um homem bom. Mas Jesus é muitos mais do que um profeta ou apenas um bom homem. Jesus, com certeza, é o Filho de Deus! —CB

LEIA MAIS
Veja Marcos 15:42-47. Onde Jesus foi sepultado?

CURIOSIDADE
Jesus foi crucificado num lugar chamado Gólgota. Esse nome vem do aramaico e significa "caveira". Em latim, o nome é Calvário.

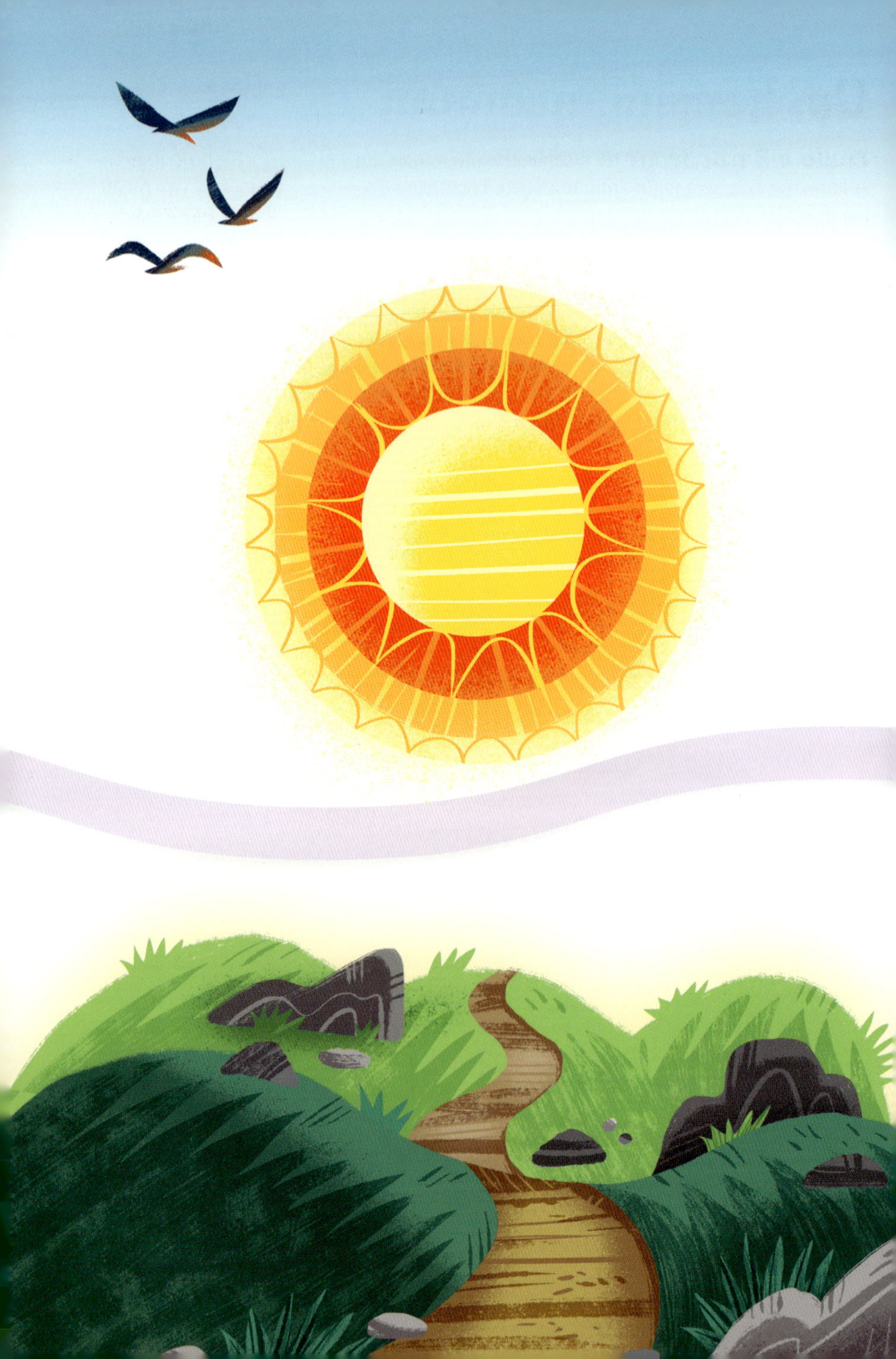

Opiniões diferentes

1 DE SETEMBRO

Paulo e Barnabé eram missionários; amavam Jesus e trabalhavam juntos falando sobre Ele em muitos lugares diferentes.

Depois de algum tempo, Paulo queria voltar às cidades que já tinham visitado. Ele achava importante encorajar os novos cristãos naquelas cidades. Barnabé concordou. Mas quando disse que queria levar o sobrinho, João Marcos, Paulo não gostou. João Marcos já tinha viajado com eles dois, mas voltara antes, sem terminar o trabalho.

> *Tiveram uma discussão tão forte, que se separaram. Barnabé levou João Marcos [...] para a ilha de Chipre, [...] Paulo escolheu Silas e seguiu viagem.*
> ATOS 15:39,40

Barnabé e Paulo discutiram. E, como não chegaram a um acordo, decidiram que a única solução seria se separarem. Barnabé levou João Marcos com ele, e foi para a ilha de Chipre. Paulo escolheu Silas e começou sua viagem para a Síria.

Mesmo sendo bons cristãos, Paulo e Barnabé discordaram. Não importa o quanto duas pessoas amem a Deus, elas podem ter opiniões diferentes. Nesta história, Paulo e Barnabé deixaram de viajar juntos como solução para o problema. Mas Deus deu novos amigos a cada um deles e os abençoou no trabalho de compartilhar a história de Jesus.

Posso respeitar os outros, mesmo discordando.

Barnabé e Paulo não deixaram que sua discussão os impedisse de realizar o trabalho missionário. E continuaram a respeitar um ao outro. Paulo falou bem de Barnabé e de João Marcos nas cartas que escreveu mais tarde.

Nem sempre concordamos com os outros. Mas quando as discussões acontecerem, podemos continuar fazendo o que Deus nos mandou fazer. Também podemos falar bem dos outros, mesmo que tenhamos opiniões diferentes. Deus ainda pode nos usar para fazer o Seu trabalho.
—TM

CURIOSIDADE

Paulo também levou Timóteo em muitas viagens, e dizia que Timóteo era seu "filho na fé".

LEIA MAIS

Veja o conselho de Paulo para evitar discórdias em Colossenses 3:12-15.

2 DE SETEMBRO

> Pois, se o nosso Deus, a quem adoramos, quiser, Ele poderá nos salvar da fornalha e nos livrar do seu poder, ó rei.
>
> DANIEL 3:17,18

Três homens que se posicionaram

Nabucodonosor, rei da Babilônia, construiu um enorme ídolo de ouro. Todos os governadores do país vieram vê-lo. O funcionário do rei declarou: "Vocês devem se ajoelhar e adorar o ídolo quando escutarem o som da música. Quem não se ajoelhar, será jogado numa fornalha quente".

Três jovens israelitas tinham funções importantes no palácio do rei. Seus nomes eram Sadraque, Mesaque e Abede-Nego. Mas, como amavam a Deus, não adorariam o ídolo do rei. Alguns empregados tinham ciúmes dos três israelitas, e contaram ao rei que os jovens estavam desrespeitando a lei. O rei Nabucodonosor ficou furioso! E chamou os três até a corte.

"É verdade que vocês não se ajoelharão nem adorarão o ídolo de ouro?", perguntou. "Se não o adorarem, serão jogados na fornalha. Nenhum deus poderá salvar vocês."

Sadraque, Mesaque e Abede-Nego disseram: "Nosso Deus pode nos salvar."

Deus é o maior.

Nabucodonosor ficou com tanta raiva que mandou que a fornalha ficasse sete vezes mais quente do que o normal. Seus soldados amarraram os três jovens e os jogaram lá dentro. Mas quando o rei olhou para dentro da fornalha, viu quatro homens, e não três! Um anjo estava com Sadraque, Mesaque e Abede-Nego. Ele não deixou que se queimassem.

O rei Nabucodonosor percebeu que Deus é real. "Nenhum outro deus pode salvar Seu povo assim", disse, e fez uma nova lei, dizendo que ninguém poderia falar contra Deus.

O Deus que salvou Sadraque, Mesaque e Abede-Nego é o Deus a quem servimos. Ninguém é maior do que Ele. —TM

CURIOSIDADE

O ídolo de ouro construído pelo rei tinha 27 metros de altura e 2,7 metros de largura.

Leia mais

Veja Isaías 43:1,2.
Que promessa Deus faz ao Seu povo nesses versículos?

Costurando para Deus

3 DE SETEMBRO

Uma mulher chamada Tabita vivia na cidade de Jope. Seu nome em grego era Dorcas. Ela seguia a Jesus e gostava de fazer coisas boas para os outros. Como sabia costurar, usava seu talento para fazer roupas para as viúvas. Dorcas também dava dinheiro aos pobres.

> *Ela usava todo o seu tempo fazendo o bem e ajudando os pobres.*
> ATOS 9:36

Mas ela ficou doente e morreu. Seus amigos ficaram muito tristes: lavaram seu corpo e o colocaram numa sala. Mas quando algumas pessoas de Jope souberam que o apóstolo Pedro estava numa cidade vizinha, enviaram dois homens para procurá-lo. Eles imploraram a Pedro que fosse até Jope.

Pedro seguiu os homens e entrou na sala onde estava o corpo de Dorcas. As viúvas choraram ao mostrar ao apóstolo as roupas que ela tinha feito.

Então Pedro mandou todo mundo sair, se ajoelhou e orou a Deus. Enquanto orava, disse: "Dorcas, se levante!". E, na mesma hora, ela abriu os olhos e se sentou! Quando o apóstolo chamou os amigos de Dorcas de volta, eles a encontraram viva. A história se espalhou bem rápido pela cidade de Jope, e muitas pessoas acreditaram em Jesus quando souberam da notícia.

Dorcas não era uma líder importante em sua cidade. Parece que ela vivia sozinha. Mas Deus tinha lhe dado a habilidade de costurar, e ela a usava para ajudar muitas pessoas. E mesmo quando ela morreu, Deus trabalhou por meio da vida de Dorcas para ajudar muitos a crerem em Jesus.

Deus pode me usar para ajudar os outros.

Podemos ser como Dorcas. Usar os talentos que Deus nos dá para ajudar os outros e mostrar Jesus a eles. —CB

LEIA MAIS

Veja Atos 9:32-35. O que Pedro fazia na cidade de Lida quando Dorcas morreu?

CURIOSIDADE

Algumas igrejas têm uma "Sociedade Dorcas", reunindo pessoas que doam roupas aos pobres.

4 DE SETEMBRO

> Ó SENHOR Deus, ensina-me o que queres que eu faça, e eu te obedecerei fielmente! Ensina-me a te servir com toda a devoção.
> SALMO 86:11

A coisa mais importante

Fazemos coisas importantes todos os dias. O que você aprende na escola é importante porque o prepara para o futuro. Comida saudável é importante para que tenha as vitaminas e os sais minerais necessários ao crescimento. Fazer exercícios é importante, para deixar seus ossos e músculos fortes. Que outras coisas importantes você faz todos os dias?

O rei Davi tinha muitas coisas importantes a fazer. Como rei de Israel, era responsável pelo país inteiro. Comandava a todos e ao exército, e tinha muita coisa para pensar e cuidar.

Mas quando orava, o rei Davi pedia a Deus para que uma coisa fosse a mais importante em sua vida. Ele queria que a parte mais importante fosse adorar a Deus. Queria aprender os caminhos do Senhor e sabia como Ele era maravilhoso. "Não há nenhum deus como tu, Senhor", Davi orou. "Não há nenhum que possa fazer o que tu fazes."

Davi louvava a Deus com sua oração, e pedia que Ele lhe desse força. Mas o rei não falava da força de grandes músculos, ele queria força para ser paciente e fazer o certo.

Adorar a Deus é a atitude mais importante.

Nós podemos fazer a mesma oração que o rei Davi fez. Podemos pedir a Deus que a parte mais importante de nossa vida seja adorar ao Senhor. Podemos dizer como Ele é maravilhoso e pedir que nos dê força. Quando colocamos Deus em primeiro lugar, Ele está conosco em todas as outras coisas importantes que fazemos. —TM

CURIOSIDADE

A palavra adoração significa honrar algo que é digno. Quando adoramos, estamos dizendo que Deus é digno — que Ele é incomparável.

LEIA MAIS

Veja o Salmo 86. Quais partes da oração de Davi você pode praticar hoje?

Duas trombetas de prata

5 DE SETEMBRO

Faça duas trombetas de prata batida. Com elas você chamará o povo para se reunir e dará o sinal de partida do acampamento.

NÚMEROS 10:2

Já ouviu os sinos da igreja tocando? Algumas igrejas tocam sinos para avisar que está na hora da adoração. Eles soam alto e claro, e podem ser ouvidos de muito longe.

Quando os israelitas estavam no deserto, não havia igrejas com sinos, e era difícil juntar mais de dois milhões de pessoas. Então Deus mandou Moisés fazer duas trombetas de prata para reunir o povo.

Quando as duas trombetas eram tocadas, todos tinham que se reunir na frente da entrada da Tenda Sagrada. Se apenas uma trombeta fosse tocada, somente os líderes viriam. Ao toque curto e forte, as tribos acampadas a leste deveriam sair. Ao segundo toque, as tribos acampadas ao sul começariam a andar. Apenas os filhos de Arão tinham permissão para tocar as trombetas.

A música pode me ajudar a adorar a Deus.

As trombetas de prata também eram usadas para avisar ao povo de um ataque. Deus disse que se isso acontecesse, Ele os salvaria de seus inimigos. Mas também havia momentos alegres. Deus mandou Moisés usar as trombetas de prata para celebrar festas e ofertas. As trombetas lembravam ao povo que Deus estava sempre com eles.

Hoje em dia, as igrejas não usam trombetas para chamar as pessoas para a adoração. E muitas não tocam sinos. Mas Deus pode usar qualquer tipo de música para ajudar você a adorá-lo. Você pode estar fora ou dentro de uma igreja, num domingo ou em qualquer outro dia da semana, a música pode lembrá-lo das trombetas de prata. A música pode lembrar-lhe de que Deus está sempre ao seu lado. —CB

LEIA MAIS

Descubra, em 2 Crônicas 29:25-30, quem tocou trombetas. Por quê?

CURIOSIDADE

Hoje em dia existem orquestras de sinos. Cada integrante segura dois sinos e toca música com eles.

6 DE SETEMBRO

> Pois eu pediria a Deus que, em pouco ou muito tempo, não somente o senhor, mas todos os que estão me ouvindo hoje chegassem a ser como eu.
> ATOS 26:29

A história corajosa de Paulo

Os líderes judeus queriam que Paulo parasse de falar sobre Jesus. Eles foram procurar o novo governador, Festo, e lhe disseram que Paulo desrespeitou as leis. Festo queria agradar o povo judeu, então ouviu o que os líderes tinham para contar.

Alguns dias depois, o rei Agripa foi visitar o governador. Festo falou sobre Paulo e o rei quis ouvir a história dele. Paulo ficou feliz em falar com o rei, e contou-lhe sobre o dia que conheceu Jesus na estrada para Damasco. Festo o chamou de louco. "Paulo, você está louco!", disse. Mas o apóstolo sabia que era a sua chance de falar sobre Jesus com o rei Agripa.

"Eu não estou louco, governador", disse Paulo. "Sei que o rei ouviu falar sobre Jesus. Rei Agripa, o senhor acredita no que os profetas escreveram? Eu sei que acredita!".

E o rei respondeu: "Você acha que é tão fácil me convencer a me tornar cristão?".

Posso ter coragem de falar sobre Jesus.

"Se é fácil ou difícil, não importa", falou Paulo. "Oro a Deus que todos os que estão me ouvindo sejam salvos."

Paulo estava sempre animado a falar sobre Jesus. Não importava se fosse um sermão, se estava preso ou falando com um rei. Ele usava todas as chances: podia ser com pessoas importantes ou com as comuns. Ele sabia que todos precisavam acreditar em Jesus.

Nós também podemos fazer o que Paulo fazia. Independentemente de com quem estamos nos encontrando ou falando, podemos pedir que Deus nos dê uma chance de falar-lhes sobre Jesus. —TM

CURIOSIDADE

Agripa foi o último rei da família de Herodes, o Grande, o rei que quis matar Jesus quando era um bebê.

LEIA MAIS

Descubra em Atos 28:30,31 o que Paulo fez enquanto esperava pelo julgamento em Roma.

Proteja a verdade

7 DE SETEMBRO

Timóteo foi um jovem que se tornou muito amigo do apóstolo Paulo, aprendeu e viajou com ele. E então se tornou pastor da igreja em Éfeso.

Paulo e Timóteo trabalhavam muito falando sobre Jesus, mas a infância de Timóteo foi bem diferente da de Paulo. Ele cresceu com a mãe e a avó, que eram cristãs. Elas ensinaram ao menino tudo sobre Deus e Jesus. E Paulo sabia que Timóteo tinha uma fé forte.

> *Por meio do poder do Espírito Santo, que vive em nós, guarde esse precioso tesouro que foi entregue a você.*
> **2 TIMÓTEO 1:14**

Ser criado num lar cristão é uma bênção e um presente especial de Deus. Paulo não tinha crescido num lar cristão, por isso lembrava a Timóteo que deveria proteger a verdade que tinha aprendido quando criança. "Não tenha vergonha de falar com as pessoas sobre o Senhor Jesus", disse, e lembrou a Timóteo que o Espírito Santo lhe daria poder para ser corajoso ao falar com os outros sobre Jesus.

Posso aprender sobre Deus enquanto cresço.

Os pais ou avós cristãos podem ajudar seus filhos e netos a aprenderem sobre Deus e Seu amor por eles. É maravilhoso quando famílias leem a Bíblia e oram juntas. Mas as crianças que não têm pais ou avós cristãos, também podem aprender sobre Deus, lendo a Bíblia.

Se você está crescendo numa família cristã, como Timóteo, ou se é de uma família que não conhece a Jesus, como Paulo, Deus quer que você o conheça. Conhecer e acreditar na verdade sobre Jesus, é como ter um tesouro especial para proteger. —CB

LEIA MAIS

Veja em 2 Timóteo 1:13,14 o que Paulo disse para Timóteo fazer.

CURIOSIDADE

Timóteo nasceu em Listra, era filho de Eunice e neto de Loide. A Bíblia diz que seu pai era grego.

8 DE SETEMBRO

"Você creu porque me viu?" – disse Jesus. – "Felizes são os que não viram, mas assim mesmo creram!"

JOÃO 20:29

O discípulo que duvidou

Maria Madalena foi a primeira pessoa a ver Jesus depois que Ele ressuscitou. Ela correu para contar a novidade aos discípulos. "Eu vi o Senhor!", disse. Mais tarde naquela noite, os discípulos estavam reunidos numa sala trancada. De repente, Jesus apareceu! "A paz esteja com vocês", falou e mostrou Suas mãos e o lado do Seu corpo. Eles ficaram muito felizes.

Um dos discípulos, Tomé, não estava na reunião quando Jesus apareceu. Mas os outros estavam ansiosos para contar a ele que tinham visto o Senhor.

Porém, quando contaram, Tomé não acreditou. "Primeiro eu preciso ver as marcas dos pregos em Suas mãos", disse. "Preciso colocar meu dedo onde os pregos furaram, e botar minha mão no lado do Seu corpo. Então vou acreditar."

Vou acreditar sem ver.

Uma semana mais tarde, os discípulos estavam reunidos de novo quando, de repente, Jesus apareceu. "Que a paz esteja com vocês!", disse. Então falou diretamente com Tomé. "Vê as minhas mãos? Coloque seu dedo aqui. Estique a mão e a coloque na lateral do meu corpo. Pare de duvidar e creia."

Tomé olhou para Jesus, mas não precisou colocar o dedo, nem a mão nele. Tomé apenas disse: "Meu Senhor e meu Deus!".

Quando Tomé viu Jesus frente a frente, acreditou que Ele tinha ressuscitado. Mas nós podemos acreditar que Jesus está vivo, mesmo sem vê-lo em pessoa. Esse é o significado de ter fé. —CB

CURIOSIDADE

A expressão "ver para crer" vem da história bíblica de Tomé.

LEIA MAIS

Descubra em 1 Coríntios 15:3-8 quantas pessoas viram Jesus depois que Ele ressuscitou.

Pessoas salgadas

9 DE SETEMBRO

Você coloca um pouco de sal em sua comida? Purê de batatas, por exemplo, sem sal, não tem gosto. Salgadinhos sem sal, não têm graça. O sal faz a comida ter mais sabor e ajuda a realçar o gosto natural dos alimentos.

O sal era muito importante nos tempos bíblicos. Não só dava sabor à comida, mas também evitava que ela estragasse. Como não existia geladeira, as pessoas colocavam sal na carne para ela não apodrecer. Todos precisam de sal.

> *Vocês são o sal para a humanidade; mas, se o sal perde o gosto, deixa de ser sal e não serve para mais nada. É jogado fora e pisado pelas pessoas.*
> **MATEUS 5:13**

Quando Jesus ensinava, usava exemplos da vida diária para que as pessoas pudessem entender. Ele disse que Seus seguidores deveriam ser como o sal. Da mesma forma que o sal deixa a comida mais gostosa, os crentes podem fazer do mundo um lugar melhor, vivendo como Ele ensinou. E, assim como o sal não deixa a comida estragar, os cristãos podem evitar que outros estraguem a vida com o pecado e a desobediência.

Sendo um seguidor de Jesus, você também pode ser "salgado". Assim como o sal deixa seu purê de batatas mais gostoso, o amor e a bondade que você demonstra podem dar alegria e felicidade às vidas dos outros. E, como o sal que não deixa a comida apodrecer, você pode motivar outros a fazerem boas escolhas.

Sempre que investir seu tempo com alguém, não deixe de colocar o sal na vida dessa pessoa! —CB

Posso fazer do mundo um lugar melhor.

LEIA MAIS
De acordo com Colossenses 4:5,6, de que maneira podemos ser como o sal para os não-cristãos?

CURIOSIDADE
Nos tempos bíblicos, se colocava água do mar em poços para evaporar o líquido e coletar o sal.

10 DE SETEMBRO

> "Pai, meu Pai, tu podes fazer todas as coisas! Afasta de mim este cálice de sofrimento. Porém que não seja feito o que eu quero, mas o que tu queres."
>
> **MARCOS 14:36**

Orando no jardim

Jesus sabia que logo iria morrer na cruz, mas os discípulos não entendiam. Quando Jesus os levou ao jardim do Getsêmani para orar, mandou que ficassem perto da entrada, mas levou Pedro, Tiago e João com Ele para dentro do jardim. "Minha alma está muito triste", disse aos Seus amigos mais próximos. "Sinto que a morte está chegando. Fiquem aqui. Vigiem."

Jesus andou um pouco mais para dentro, se ajoelhou no chão e orou. Ele sabia que Deus o tinha enviado ao mundo para dar Sua vida pelos pecados do povo, e pediu a Deus para não deixar que Ele sofresse. Mas Jesus também orou dizendo: "Pai, que não seja feito o que Eu quero, mas o que tu queres."

Jesus orou a noite toda. E, mesmo tendo dito aos discípulos para orarem também, eles pegaram no sono. Jesus continuou falando com Deus e se preparando para morrer na cruz. Ele faria qualquer coisa que Deus mandasse.

Jesus tinha entendido como seria doloroso morrer pelos pecados de todos, mas mesmo assim concordou em fazer isso. Sua morte era o plano de Deus para o mundo, e Ele queria obedecer ao Seu Pai mais do que tudo.

Jesus morreu por mim. Posso viver para Ele!

A Bíblia diz que a morte de Jesus prova que Deus nos ama. Como o Senhor demonstrou Seu amor por nós dessa forma tão forte, também podemos demonstrar a Ele o nosso amor. A melhor maneira de amarmos a Deus, é dando a Ele cada parte de nossa vida. —TM

CURIOSIDADE

Os cientistas dizem que as oliveiras do jardim do Getsêmani são as mais antigas do mundo.

Leia mais

Veja Mateus 14:23, Marcos 1:35 e Lucas 5:16.
O que Jesus sempre fazia? Ele estava sempre sozinho?

Um sinal e uma promessa

11 DE SETEMBRO

> ...vou colocar o meu arco nas nuvens. O arco-íris será o sinal da aliança que estou fazendo com o mundo.
>
> **GÊNESIS 9:13**

Noé e sua família viveram na arca alguns meses. Deus os manteve em segurança durante o grande dilúvio que acabou com todas as coisas vivas na Terra. Quando finalmente a terra seca apareceu, Noé e sua família deixaram a arca. Os animais também saíram da mesma forma como entraram: em pares. Noé construiu um altar para o Senhor e ofereceu um sacrifício. E Deus se alegrou.

Deus fez uma promessa a Noé, sua família e a todas as criaturas vivas que estavam na arca: "Nunca mais haverá outro dilúvio para destruir a terra", Deus disse. "E estou dando a vocês um sinal desta promessa. É para vocês e todas as criaturas vivas, para sempre."

O arco-íris é um sinal da promessa de Deus.

O sinal da promessa foi um belo arco-íris no céu. O Senhor disse: "Quando no céu o arco-íris aparecer entre as nuvens, eu verei. Eu lembrarei que minha promessa é para sempre. É uma aliança que fiz com vocês e com todo tipo de ser vivo na Terra."

O primeiro arco-íris apareceu há milhares de anos. E Deus ainda coloca arco-íris no céu hoje em dia. Ele é fiel e Sua palavra é verdadeira. O Senhor nunca mais enviou um dilúvio para destruir o mundo todo.

Da próxima vez que você vir um arco-íris, lembre-se da promessa que Deus fez a Noé. Ela também é para você, e o Senhor sempre cumpre Suas promessas. —CB

LEIA MAIS

Observe em Gênesis 8:22 uma outra promessa que Deus fez a Noé.

CURIOSIDADE

Às vezes, se forma um segundo arco-íris atrás do primeiro, e suas cores estão na ordem inversa. O segundo é duas vezes maior do que o primeiro, mas não tão nítido.

12 DE SETEMBRO

> *Evódia e Síntique, peço, por favor, que procurem viver bem uma com a outra, como irmãs na fé.*
>
> **FILIPENSES 4:2**

Relacionando-se bem

Você já teve uma discussão com sua mãe, seu vizinho ou seu melhor amigo? É difícil se dar bem com as pessoas o tempo todo. Não importa o quanto você ame alguém, algumas vezes vai discordar dessa pessoa. Às vezes, as pessoas o irritam, mesmo quando não estão fazendo nada de errado. E podemos até dizer algo que magoe o outro, mesmo sem querer.

Na Bíblia, Evódia e Síntique eram amigas que discordavam. As duas mulheres faziam parte da igreja de Filipos. Elas tinham ajudado Paulo e seus companheiros missionários a espalhar os ensinamentos de Jesus. Mas, por algum motivo, Evódia e Síntique estavam tendo problemas uma com a outra. Paulo lhes disse que era importante que se dessem bem. Elas pertenciam a Deus e representavam Seu reino. O apóstolo sabia que elas não estavam dando um bom exemplo.

Como Deus é amoroso e bom, era importante que Evódia e Síntique fossem boas e amorosas. Elas precisavam demonstrar o amor e a bondade de Deus uma com a outra, de modo que as pessoas pudessem ver como o Senhor era. Paulo encorajou as duas dizendo: "Tenham sempre alegria, porque vocês pertencem ao Senhor! Repito: tenham alegria! Mostrem a todos como vocês são amáveis."

Posso demonstrar bondade e amor sempre.

Nós também devemos tentar ser alegres e amáveis. Podemos mostrar nossa alegria e gentileza nos relacionando bem com as pessoas. Mesmo quando discordamos, ou não gostamos do que os outros fazem, podemos ser gentis e amorosos. Quando somos assim, mostramos às pessoas como Deus é. —TM

CURIOSIDADE

Em Filipos foi criada a primeira igreja cristã da Europa. Paulo a usava como exemplo de generosidade.

LEIA MAIS

O que Romanos 12:9-12 diz sobre se relacionar bem com os outros?

13 DE SETEMBRO

Deus faz algumas perguntas

Jó amava a Deus, e o Senhor o abençoou com muitas coisas boas. Mas então, coisas ruins aconteceram. Ele perdeu quase tudo e ficou muito doente. Os amigos de Jó ficaram com pena, mas achavam que ele tinha provocado seus problemas e disseram que Deus o estava castigando por seus pecados! E Jó ficou tão cansado de tanta coisa que passou a questionar os planos de Deus.

> *"Onde é que você estava quando criei o mundo? Se você é tão inteligente, explique isso."*
> JÓ 38:4

O Senhor sabia o que Jó estava pensando e fez algumas perguntas. Deus disse: "Onde você estava quando criei o mundo? Diga-me, se souber. Quem mediu a terra? Ela foi construída sobre o quê? Quem criou o oceano e lhe deu vida? Eu coloquei as nuvens sobre ele como se fossem suas roupas. Eu o envolvi em escuridão. Eu disse: 'Você virá até aqui, mas não poderá ir mais longe. É aqui onde suas orgulhosas ondas devem parar.'"

Jó escutava, e Deus falava mais: "Você pode fazer a manhã chegar? De onde vem a luz? Para onde vai a escuridão? Sabe onde o granizo e a neve estão guardados? Pode fazer chover? Você pode fazer aparecer um raio?".

Às vezes acontecem coisas que não podemos explicar.

Jó não podia responder as perguntas de Deus, e percebeu que não deveria ter questionado o Senhor. E quando por fim os problemas de Jó acabaram, Deus deu a ele ainda mais bênçãos do que antes.

O que podemos aprender com a história de Jó? Talvez nem sempre a gente entenda as coisas que acontecem, mas o poder e a sabedoria de Deus são muito maiores do que imaginamos. Podemos confiar que o Senhor faz o que é certo. —CB

CURIOSIDADE

Jó vivia em Uz. Ninguém sabe ao certo, mas dizem que Uz podia ser perto de Midiã, para onde Moisés fugiu e viveu por 40 anos.

LEIA MAIS

No capítulo 38 há outras perguntas que Deus fez a Jó. Qual foi a resposta em Jó 40:3-5?

14 DE SETEMBRO

É bom trabalhar

> Há entre vocês algumas pessoas que vivem como os preguiçosos [...]. Ordenamos com insistência a essas pessoas que vivam de um modo correto e trabalhem.
>
> 2 TESSALONICENSES 3:11,12

Quando escreveu uma carta à igreja em Tessalônica, o apóstolo Paulo deu alguns conselhos. Ele ficou sabendo de pessoas que não estavam fazendo o que deveriam: eram preguiçosos, e não obedeciam aos ensinamentos que ele lhes tinha dado quando passou por lá.

Quando Paulo e seus auxiliares visitavam igrejas para falar sobre Jesus, eles tinham outro trabalho para ganhar dinheiro e não pegavam nada sem pagar. Paulo e sua equipe passavam a vida viajando; tinham abandonado seus empregos e vidas normais, para trabalhar para Deus. Mas faziam questão de dar o exemplo, trabalhando onde quer que chegassem.

Algumas pessoas em Tessalônica não queriam trabalhar e começaram a incomodar os outros, se intrometendo em tudo. Paulo disse que isso não era certo, e que os membros da igreja precisavam ajudar aquelas pessoas a mudar.

Estarei sempre disposto ao que Deus mandar.

Paulo sabia que Deus quer que usemos nossos dons e habilidades para Ele. O Senhor quer que aproveitemos ao máximo a vida que Ele nos dá. Através do trabalho, Deus nos dá a comida e roupas que precisamos, e também nos permite ajudar os que não podem trabalhar.

Deus nos criou para fazer alguma coisa. Se não estivermos ocupados fazendo algo bom para o Senhor, somos levados a fazer coisas ruins. Então, ao invés de sermos preguiçosos, podemos ser como Paulo. Com a ajuda de Deus podemos fazer coisas boas e usar nossa energia para servir a Ele e aos outros. —TM

CURIOSIDADE

Há um ditado que diz: "O único lugar onde o sucesso vem antes do trabalho, é no dicionário". Isso é apenas outra maneira de dizer que ninguém consegue chegar onde almeja sem trabalhar duro.

LEIA MAIS

Veja Colossenses 3:23,24. O que conseguimos com o trabalho?

15 DE SETEMBRO

Aí o bastão do homem que eu escolher vai brotar. Assim farei com que parem as reclamações que esses israelitas fazem contra mim.

NÚMEROS 17:5

O bastão de Arão

O povo de Israel estava reclamando... de novo.
Então Deus disse a Moisés: "Pegue doze bastões de madeira, um de cada tribo. O líder de cada tribo deve escrever seu nome no bastão. Coloque os bastões na Tenda Sagrada."

Alguns líderes de Israel não queriam seguir as ordens de Moisés e de Arão. O povo não estava respeitando os dois como deveria. Então, Deus disse a Moisés que Ele iria mostrar exatamente a quem o povo deveria seguir. O homem cujo bastão brotasse e florisse, seria o sacerdote.

Então os líderes das tribos entregaram seus bastões a Moisés, e ele os colocou dentro da Tenda Sagrada. No dia seguinte, quando Moisés entrou na tenda, viu que o bastão de Arão havia brotado, florido, e estava coberto de amêndoas!

Deus ajuda as pessoas que Ele escolhe.

Moisés mostrou os doze bastões a todos. Não havia dúvida de que Deus tinha escolhido Arão, da tribo de Levi, para ser o líder dos sacerdotes.

Deus mandou Moisés deixar o bastão de Arão na Tenda Sagrada, para que o povo se lembrasse de que Ele o tinha escolhido. Como sacerdotes, Arão e seus filhos serviriam a Deus na Tenda Sagrada e ensinariam as Suas leis aos israelitas.

Deus escolhe certas pessoas para servir a outras em Seu trabalho. Podem ser pastores, missionários ou professores da Escola Bíblica. Quando Ele escolhe as pessoas, também as ajuda. Não importa o que o Senhor mandar você fazer, Ele vai ajudá-lo. —CB

CURIOSIDADE

No Santo dos Santos, que ficava dentro da Tenda Sagrada, Arão usava um "peitoral" com quatro fileiras de pedras preciosas.

LEIA MAIS

Números 6:22-27 explica como os sacerdotes abençoavam o povo de Israel.

18 DE SETEMBRO

> Mas Jesus disse: "Um profeta é respeitado em toda parte, menos na sua terra, entre os seus parentes e na sua própria casa."
>
> MARCOS 6:4

A cidade não o considera herói

Jesus estava viajando com Seus discípulos e ensinando sobre o reino de Deus. Um dia, eles pararam em Nazaré, o lugar onde Jesus cresceu.

Jesus estava ensinando na sinagoga no dia de sábado. Muitas pessoas que o escutavam ficaram surpresas. "De onde Ele tirou toda essa sabedoria e poder para fazer milagres?", perguntavam uns aos outros. "Ele não passa de um carpinteiro. É apenas o filho de Maria, e Sua família vive aqui." Eles achavam que Jesus não era alguém especial e se recusavam a acreditar nele.

E Jesus disse ao povo: "Um profeta é respeitado em toda parte, menos na sua terra." E como eles não acreditavam, Jesus não fez milagres. Apenas curou algumas poucas pessoas doentes, mas não demonstrou todo o Seu poder. Ele ficou surpreso porque Seus vizinhos se recusaram a acreditar. Então saiu e foi ensinar em outras cidades.

As pessoas de Nazaré achavam que sabiam quem era Jesus, que entendiam o conhecimento e os talentos que Ele tinha. Não achavam que um homem que trabalhava com as mãos pudesse compreender os ensinamentos de Deus sem ter aprendido com um rabino. Elas já tinham decidido o que pensar sobre Jesus, e não acreditaram que Ele fosse capaz de fazer alguma coisa grandiosa.

Deus me diz quem eu sou.

Algumas vezes, você pode achar que as pessoas não o aceitam, assim como os vizinhos de Jesus fizeram. Elas podem achar que entendem você completamente, mas Deus é o único que diz quem você é. Jesus era o Messias, mesmo as pessoas não o escutando. E, não importa o que os outros pensem sobre você, Deus o acha incrível! —TM

CURIOSIDADE

Quando Jesus morou lá, Nazaré tinha umas 200 pessoas. Hoje tem mais de 60 mil habitantes.

Leia mais

Veja em João 7:1-9 quais outras pessoas não creram em Jesus. Ele fez o que elas queriam?

Sem palavras

19 DE SETEMBRO

O céu anuncia a glória de Deus e nos mostra aquilo que as suas mãos fizeram.
SALMO 19:1

Quando olhamos o mundo em volta, podemos ver as coisas que Deus criou. De dia, vemos o céu azul e o sol brilhante; à noite, podemos ver a linda lua e as estrelas. Vemos a água dos rios e córregos fluindo para onde o Senhor as direciona. As pessoas que vivem perto de montanhas, podem perceber como elas são majestosas. E quem mora perto do mar, pode ver como ele é poderoso.

Toda a criação mostra a glória e a grandeza de Deus. Ela nos diz como Ele é criativo e poderoso. Todos os dias o sol nasce nos lembrando de que Deus é Luz. Durante a noite, a lua e as estrelas nos mostram que o Senhor está cuidando de nós enquanto dormimos. A beleza e a grandeza da criação dizem ao mundo que Deus é o seu Criador. A mensagem da criação se espalha por todo lugar. A glória do Senhor está sempre exposta a quem quiser ver.

O Salmo 19 é um dos muitos escritos por Davi. Ele adorava a Deus com suas palavras. E há milhares de anos, muitas pessoas vêm usando palavras para louvar a Deus e falar sobre o Seu poder e glória. Mas a natureza não precisa de palavras. A beleza da criação de Deus fala por si mesma.

Não importa onde você mora, pode ver a glória de Deus nas coisas que Ele criou. Se parar para olhar e ouvir, a mensagem da criação é alta e clara. —CB

A criação fala de Deus.

LEIA MAIS
Como o Salmo 19:1-6 descreve o sol?

CURIOSIDADE
A distância de 150 milhões de km entre o Sol e a Terra varia durante o ano, porque a volta da Terra em torno do Sol tem forma ovalada.

20 DE SETEMBRO

Davi constrói um altar

> *Mas Davi respondeu: "Isso não! Eu pagarei o preço justo. Não vou dar como oferta ao Senhor coisas que são de você, coisas que não me custaram nada."*
>
> 1 CRÔNICAS 21:24

O rei Davi pecou contra Deus porque contou todos os israelitas. Essa pode não parecer uma coisa errada, mas o Senhor não queria que ele fizesse isso.

Davi estava orgulhoso do quanto sua nação era grande, mas tinha esquecido que Deus é quem tinha dado a nação a ele. Por causa do pecado do rei, o Senhor castigou Israel. Muitas pessoas ficaram doentes e morreram.

Na mesma hora, Davi percebeu que tinha errado e queria fazer o certo. Então Deus o mandou construir um altar nas terras de um homem chamado Araúna. Davi foi até lá e pediu para comprar a terra. "Pagarei o preço justo", ele disse. "Então poderei construir um altar para adorar ao Senhor."

Mas Araúna disse que Davi poderia pegar a terra sem pagar nada. "Também darei bois para o sacrifício", ele disse.

Darei o meu melhor para Deus.

"Não", respondeu Davi. "Pagarei o preço justo. Não pegarei nada do que é seu para dar ao Senhor. Não darei ofertas que não me custaram nada."

Davi comprou a terra por uns 7 quilos de ouro, construiu o altar e orou. Então Deus parou de castigar os israelitas.

O rei sabia que sua oferta tinha que custar alguma coisa para ter significado. Ele queria dar o melhor presente a Deus para mostrar sua obediência. Deus nos dá o melhor de tudo, e nós podemos dar a Ele o nosso melhor para mostrar o quanto nós o amamos. —TM

CURIOSIDADE

Vinte e oito gramas de ouro podem ser transformados numa linha bem fina de 8 quilômetros.

LEIA MAIS

Descubra em 1 Crônicas 21:28–22:5 o que foi construído naquele mesmo lugar anos depois.

A água e a Palavra

21 DE SETEMBRO

Você já colheu uma maçã ou banana de uma árvore? Já puxou uma cenoura ou batata da terra? Deus nos dá esses bons alimentos para comer!

Deus manda a chuva para regar o chão. Quando a terra recebe a quantidade certa de água, plantas e árvores crescem e produzem frutas e legumes. É assim que temos comidas deliciosas como morangos, milho e feijão. A água também ajuda as sementes de trigo a crescer e brotar. O grão do trigo pode ser transformado em farinha para fazer pão, panquecas e macarrão. Deus manda a chuva para dar comida às pessoas que Ele criou.

A chuva e a neve caem do céu e não voltam até que tenham regado a terra [...]. Assim também é a minha palavra: ela não volta para mim sem nada.
ISAÍAS 55:10,11

No livro de Isaías, Deus nos lembra de que Ele nos dá coisas boas. E, assim como Ele nos dá alimento, também nos dá Suas palavras na Bíblia. A Bíblia é um alimento espiritual!

A Palavra de Deus pode me fazer crescer.

Assim como as sementes plantadas na terra, as palavras de Deus são plantadas em nosso coração e mente ao lermos a Bíblia. O Espírito Santo é como a chuva que rega o solo. Ele ajuda as sementes da Palavra de Deus a crescerem dentro de nós. E quando elas crescem, entendemos mais sobre o amor de Deus e como podemos demonstrar nosso amor por Ele e pelos outros.

O propósito de Deus ao nos dar Sua Palavra, é nos ajudar a crescer nele. —CB

LEIA MAIS

Em 2 Coríntios 9:10, o que Deus dá ao agricultor?
O que Ele dá ao Seu povo?

CURIOSIDADE

Uma plantação de 1 acre de milho, precisa de mais de 1 milhão de litros de água para crescer!

22 DE SETEMBRO

> Porque é o "sim" de todas as promessas de Deus. Por isso dizemos "amém", por meio de Jesus Cristo, para a glória de Deus.
> 2 CORÍNTIOS 1:20

Uma resposta

Crianças fazem testes e provas na escola. Em alguns, o professor deixa um espaço para o aluno completar com a resposta certa. Em outros, deve-se escolher entre algumas opções: são os de múltipla escolha. E também há as provas onde o aluno deve relacionar as colunas.

Seja qual for o tipo de teste ou prova, normalmente só existe uma resposta certa. Você não pode marcar A e B num teste de múltipla escolha, nem pode escrever duas palavras num espaço para uma só. Existe uma resposta certa para cada questão.

Quando se trata das promessas de Deus, também só há uma resposta certa, e é a mesma para todas elas. A Bíblia nos diz que Jesus é a resposta! O versículo de hoje diz que o "sim" para todas as promessas de Deus está em Cristo. Isso significa que todas elas são cumpridas em Jesus. Ele faz com que cada uma seja verdadeira.

Jesus é a única resposta.

Deus promete que cuidará das nossas necessidades através das bênçãos de Jesus. Sabe por quê? Porque Jesus é o exemplo perfeito do amor e do poder de Deus! Ele nos mostrou o tamanho de Seu amor ao mandar Seu Filho ao mundo. Jesus perdoa todos os nossos pecados e nos dá um relacionamento com Deus que será para sempre! Nada pode afastar de nós o amor de Deus, por causa do que Jesus fez.

Cada promessa de Deus é cumprida em Jesus. Ele é a resposta para as questões mais importantes da vida!
—TM

CURIOSIDADE

Um teste "padronizado" tem as mesmas perguntas para todos os alunos. Eles foram aplicados primeiramente na China, cerca de 100 anos depois que Jesus viveu na Terra. Tinha temas como música, aritmética, escrita, e arco e flecha.

Leia mais

O que 1 Timóteo 2:5,6 nos fala sobre Jesus?

Anjos por toda parte

23 DE SETEMBRO

O rei da Síria estava em guerra com Israel. Eliseu era o profeta de Deus nessa época. O Senhor contou o que o rei da Síria estava planejando, e ele foi alertar o rei de Israel.

O rei da Síria ficou furioso e mandou um exército com cavalos e carros de guerra capturar Eliseu. Os homens chegaram de noite e cercaram a cidade de Dotã, onde o profeta vivia. Quando o empregado de Eliseu saiu na manhã seguinte, viu os soldados. "Ah, não!", ele disse. "O que vamos fazer?".

> *Deus mandará que os anjos dele cuidem de você para protegê-lo aonde quer que você for.*
> **SALMO 91:11**

"Não tenha medo", Eliseu respondeu. "O exército que luta por nós é maior do que o que está contra nós". Então o profeta orou: "Ó Senhor Deus, abre os olhos do meu empregado e deixa que ele veja!".

O Senhor respondeu a oração e o empregado pôde ver as montanhas repletas de cavalos e carruagens de fogo. Deus tinha enviados Seu exército de anjos para proteger Eliseu do exército sírio! Quando os soldados inimigos se aproximaram, o profeta orou novamente. "Senhor, cegue esses homens", pediu.

Os anjos de Deus me protegem.

Então Deus deixou os soldados cegos. Eles não conseguiam ver e Eliseu se ofereceu para ajudar. O profeta conduziu os homens até a cidade de Samaria. Em seguida, Eliseu pediu a Deus que abrisse os olhos dos soldados, e eles viram que estavam em frente a Eliseu e ao rei de Israel!

Eliseu mandou o rei de Israel demonstrar bondade aos inimigos, e o rei deu a eles comida, água e os libertou. E depois que foram embora, os soldados da Síria não perturbaram mais os israelitas.

Não importa o tamanho do inimigo, o exército de anjos de Deus é maior. Você pode não ver esses anjos, mas eles estão por toda parte. —CB

LEIA MAIS
Em Gênesis 19:15-17, Deus enviou Seus anjos para proteger a quem?

CURIOSIDADE
Eliseu conduziu os soldados cegos por 19 km, de Dotã até Samaria.

24 DE SETEMBRO

> "Amanhã e depois de amanhã, a esta hora, eu vou fazer algumas perguntas ao meu pai. Se a intenção dele para com você for boa, eu lhe mandarei dizer."
>
> **1 SAMUEL 20:12**

O código secreto de Jônatas

O rei Saul não estava obedecendo a Deus. Ele tinha ciúmes de Davi e queria matá-lo.

O filho de Saul, Jônatas, era o melhor amigo de Davi. Eles se amavam como irmãos e Jônatas sabia que Deus estava do lado do amigo. Quando Davi perguntou a Jônatas: "O que eu fiz de errado? Por que o seu pai está tentando me matar?", ele não soube responder, mas fez um plano para descobrir.

Davi estava escondido, e Jônatas ia descobrir o plano de Saul. Então os dois amigos combinaram um código secreto.

"Voltarei em três dias e lançarei flechas com o meu arco", Jônatas disse. "Meu jovem empregado vai correr para pegar as flechas. Se tudo estiver bem, direi ao rapaz: 'As flechas estão para cá de você, pegue-as'. Mas se houver problemas, direi: 'As flechas estão mais para lá de você'. Se eu disser isso, você deve fugir."

Posso ser um amigo útil.

Três dias depois, Jônatas foi ao campo e atirou suas flechas. Quando o rapaz correu para pegá-las, ele disse: *"As flechas estão mais para lá de você."* Davi sabia que isso queria dizer que Saul planejava alguma coisa ruim. Depois que o empregado foi embora, Davi saiu do esconderijo e se despediu do amigo.

Jônatas ajudou Davi porque sabia que o amigo estava servindo a Deus. Quando vemos outras pessoas seguindo ao Senhor, podemos ajudar e encorajá-las. Podemos ser leais a elas, mesmo quando os outros estão contra.

Quando ajudamos pessoas que servem a Deus, também servimos ao Senhor! —TM

CURIOSIDADE

Nos tempos bíblicos, as pontas das flechas eram de pedra, bronze ou ferro. Os arcos eram de madeira e a corda era feita de vísceras de bois.

LEIA MAIS

Veja em 2 Samuel 9:1-10 como Davi manteve sua promessa de amar a família de Jônatas.

25 DE SETEMBRO

> *Pois pela graça de Deus vocês são salvos por meio da fé. Isso não vem de vocês, mas é um presente dado por Deus.*
>
> EFÉSIOS 2:8,9

O presente da graça

Você já emprestou livros na biblioteca? Eles têm data para devolução. Se você não devolver os livros dentro do prazo, terá que pagar uma multa.

Mas, às vezes, as bibliotecas fazem um "dia do perdão". Nesse dia, quem está em atraso, pode devolver os livros sem pagar multas. A biblioteca perdoa a dívida, e ela é apagada da ficha. Perdão é um presente que não se conquista. É dado.

Deus salva as pessoas por Sua graça, que tem o mesmo significado de perdão. Não podemos conquistar a salvação. Não importa quantas boas obras nós façamos, ou quanto dinheiro damos para ajudar os outros, não podemos conquistar o caminho para o céu.

Sou salvo pela graça de Deus.

Todos pecam e têm uma dívida. Mas ninguém pode pagar a dívida por seus pecados. Foi por isso que Jesus morreu na cruz. Ele pagou essa dívida por nós.

Salvação é um presente da graça de Deus. Quando cremos em Jesus, nossa dívida é apagada e nunca mais precisaremos nos preocupar em sermos bons o bastante para irmos ao céu. Só precisamos acreditar em Jesus como nosso Salvador.

As bibliotecas podem ter um dia do perdão de vez em quando, mas com Jesus, todo dia é dia do perdão. Você não precisa esperar um dia especial para receber Seu perdão. Pode receber o perdão de Jesus hoje! —CB

LEIA MAIS
O que João 1:14–18 nos fala sobre Jesus (a Palavra)?

CURIOSIDADE
Em inglês, o nome Grace, que significa graça, é muito popular desde os anos de 1500.

26 DE SETEMBRO

> Naquele dia o Reino do Céu será como dez moças que pegaram as suas lamparinas e saíram [...]. Cinco eram sem juízo, e cinco eram ajuizadas.
>
> MATEUS 25:1,2

A festa do casamento

Os israelitas tinham tradições para o casamento. Depois do noivado, o noivo saía para preparar a casa para a noiva. Normalmente levava um ano para ele aprontar tudo. A noiva não sabia exatamente quando ele voltaria: era uma surpresa! Então a noiva e suas madrinhas deveriam estar prontas para a volta do noivo.

Quando estava na hora do retorno do noivo, seus amigos andavam pelas ruas avisando que ele estava chegando. Muitas pessoas se juntavam a eles até a casa da noiva. A noiva e o noivo faziam os votos de casamento e então uma grande festa começava.

Jesus contou uma parábola aos Seus seguidores sobre um casamento. Ele disse que dez madrinhas estavam na rua, esperando o noivo chegar. Elas seguravam lamparinas de óleo acesas. Cinco delas eram sábias, e tinham levado óleo extra para manter as lamparinas acesas. As outras cinco não levaram óleo extra.

Estarei pronto para a volta de Jesus.

Durante a noite, enquanto esperavam, ficaram cansadas e adormeceram. De repente, alguém gritou: "O noivo chegou!". Rapidamente, as madrinhas aprontaram suas lamparinas, mas as que não tinham levado óleo extra, precisaram sair para buscar mais. Quando voltaram, o casamento havia começado e as portas estavam fechadas. Cinco madrinhas perderam toda a festa.

Jesus é como o noivo que volta para Sua noiva. Ela é a Igreja, ou seja, todas as pessoas que amam a Jesus. Ninguém sabe quando Ele voltará, então podemos ser como as madrinhas sábias e estarmos preparados para a volta de Jesus. Podemos obedecer à Palavra de Deus e pedir Sua ajuda para amá-lo ainda mais. Podemos falar aos outros sobre Jesus. Se estivermos prontos quando Jesus voltar, não perderemos a grande comemoração. —TM

CURIOSIDADE

A celebração dos nos casamentos israelitas durava 7 dias, com muita comida, dança e música.

Leia mais

Em João 14:2,3, o que Jesus está fazendo, que os noivos dos tempos bíblicos faziam?

Café da manhã com Jesus

27 DE SETEMBRO

Jesus disse: "Venham comer!"
JOÃO 21:12

Depois que Jesus ressuscitou, passou mais algum tempo na Terra antes de voltar para o céu. Um dia, Jesus surpreendeu Seus discípulos com um milagre.

Sete discípulos tinham saído para pescar durante a noite, mas não pegaram nada. De manhã, Jesus estava de pé na praia, mas os discípulos não o reconheceram. Ele perguntou se tinham conseguido pescar e, quando responderam que não, Jesus disse: "Joguem suas redes no lado direito do barco e pegarão peixes".

Eles fizeram o que Jesus mandou, e pegaram tantos peixes que não foram capazes de puxar as redes! Então João disse a Pedro: "É o Senhor!".

Pedro pulou do barco e foi correndo em direção a Jesus. Os outros discípulos trouxeram o barco rebocando a rede cheia de peixes. Quando todos chegaram à praia, viram uma fogueira com peixes. E também tinha pão.

Jesus cuida dos Seus discípulos.

"Tragam um pouco do peixe que acabaram de pescar", Jesus falou. "Venham comer."

Jesus dividiu o alimento com Seus discípulos, assim como tinha feito tantas vezes antes. Ele fez um milagre, como tantas outras vezes. Jesus mostrou aos Seus discípulos que o Seu amor e cuidado por eles não tinha mudado, mesmo depois de Ele ter morrido e ressuscitado.

Jesus é o mesmo hoje. Ele quer que você seja Seu discípulo. Ele também ama e cuida de você. —CB

LEIA MAIS
Como Jesus provou que não era um fantasma em Lucas 24:36-42?

CURIOSIDADE
Quando os discípulos jogaram a rede do lado direito do barco, pegaram 153 peixes.

28 DE SETEMBRO

> *E perguntou pela segunda vez: "Simão, filho de João, você me ama?"*
> JOÃO 21:16

Perguntas a Pedro

Depois que Jesus e Seus discípulos terminaram de tomar o café da manhã na praia, Jesus fez uma pergunta a Simão Pedro. "Simão, filho de João, você me ama mais do que estes outros me amam?".

"Sim, Senhor", Pedro respondeu. "O Senhor sabe que eu o amo."

"Tome conta das minhas ovelhas", Jesus disse.

E Ele perguntou de novo a Pedro: "Simão, filho de João, você me ama?".

Pedro respondeu: "Sim, o Senhor sabe que eu o amo, Senhor."

"Tome conta das minhas ovelhas", Jesus falou.

E perguntou pela terceira vez: "Simão, filho de João, você me ama?".

Pedro ficou magoado por Jesus perguntar a mesma coisa pela terceira vez. "O Senhor sabe tudo", ele disse. "E sabe que eu o amo."

"Tome conta das minhas ovelhas", Jesus disse.

Se eu amo Jesus, amarei os outros.

Quando Jesus mandou Pedro cuidar de Suas ovelhas, estava falando sobre os cristãos. Eles tinham passado muito tempo juntos, e Jesus queria que ele ajudasse outras pessoas a conhecê-lo. Alguns cristãos novos eram como cordeirinhos que precisavam de cuidado e ensinamento, mas mesmo quem já era cristão há mais tempo, necessitava de atenção e orientação. Já que Pedro amava a Jesus, também amaria e cuidaria do Seu povo.

Jesus é o pastor. As ovelhas são Seu povo. Se realmente amamos Jesus, podemos demonstrar isso tratando os outros com amor e bondade. Podemos ajudar as pessoas a conhecerem melhor a Jesus. —CB

CURIOSIDADE

Ovelhas comem grama e pequenas flores silvestres que crescem nos campos onde pastam.

LEIA MAIS

O que Jesus disse a Pedro em Mateus 16:17-19?

Escravo fugitivo

29 DE SETEMBRO

A escravidão é terrível. Durante grande parte da história, pessoas acreditavam que poderiam ser donos de outros seres humanos, e faziam os escravos trabalharem muito. Nos tempos bíblicos, muita gente no Império Romano tinha escravos.

O apóstolo Paulo conhecia um dono de escravos chamado Filemom, e lhe escreveu uma carta dizendo que, em suas orações, agradecia a Deus por ele. Paulo tinha ouvido falar sobre o amor que ele demonstrava pelo povo de Deus, e sobre sua fé em Jesus.

> *Peço a Deus que a fé que une você a nós faça com que compreendamos [...] as bênçãos que temos recebido na nossa vida, por estarmos unidos com Cristo.*
> **FILEMOM 1:6**

Mas o apóstolo falou mais. Filemom tinha um escravo chamado Onésimo, que havia fugido, e que talvez tivesse roubado algum dinheiro. Mas Onésimo conheceu Paulo em Roma e se tornou cristão.

Paulo pediu que Filemom deixasse Onésimo voltar não como escravo, mas como um irmão em Cristo! "Se você me considera seu amigo, deixe Onésimo voltar para você", Paulo disse. "Se ele lhe deve alguma coisa, eu pagarei o que for. Como um seguidor do Senhor, por favor, faça isso por mim. Estou escrevendo esta carta, sabendo que você fará o que eu lhe peço."

Cristãos são como irmãos e irmãs.

Paulo sabia que se Filemom tivesse realmente o amor de Jesus dentro dele, perdoaria Onésimo e o receberia de volta como amigo. Quando Onésimo se tornou cristão, passou a ser irmão espiritual de Filemom.

Deus quer que todos nós amemos e perdoemos as pessoas da mesma forma que Ele nos ama e perdoa. Quando perdoamos os outros, todos veem um exemplo do perdão do Senhor. Deus fica feliz quando perdoamos, assim como nós ficamos felizes quando Ele nos perdoa! —CB

LEIA MAIS
Saiba mais sobre Onésimo em Colossenses 4:7-9.

CURIOSIDADE
Em Roma, a fuga de um escravo era considerada um crime muito grave e podia até ser punido com a morte.

30 DE SETEMBRO

> *Antes de viajar, chamou dez dos seus empregados, deu a cada um uma moeda de ouro e disse: "Vejam o que vocês conseguem ganhar com este dinheiro."*
>
> LUCAS 19:13

Servos e moedas

Jesus contou uma história aos Seus seguidores sobre um homem que viajou para outro país para se tornar rei. Antes de sair, deu uma moeda a cada um dos seus empregados e disse: "Vejam o que vocês conseguem ganhar com este dinheiro, até a minha volta." Depois que foi coroado, o rei voltou e perguntou aos empregados o que ganharam com seu dinheiro.

O primeiro disse: "Senhor, ganhei dez moedas com aquela que o senhor me deu."

"Muito bem", falou o rei. "Como você foi fiel com coisas pequenas, governará dez cidades."

"Patrão", disse o segundo, "Ganhei cinco moedas com aquela que o senhor me deu."

O rei respondeu: "Você governará cinco cidades."

Vou trabalhar pelos prêmios de Deus.

Mas o terceiro empregado devolveu a moeda que tinha recebido. "Eu escondi a moeda num lenço", disse. "Fiquei com medo, porque o senhor é um homem duro."

O rei ficou zangado e mandou que a moeda do terceiro homem fosse dada ao empregado que ganhou dez moedas. "Pessoas que usam o que têm, ganharão mais", disse o rei. "Mas daqueles que não usam o que tem, tudo será tirado."

Deus dá tarefas e a habilidade de realizá-las a cada um de Seus seguidores. Quando fazemos nosso trabalho da melhor forma que podemos, outras pessoas são ajudadas e o Senhor fica satisfeito. Deus nos recompensa por deixar que Ele trabalhe por meio de nossa vida. —TM

CURIOSIDADE

Cada saco de dinheiro dessa história se chamava mina, e cada mina valia o salário de três meses de um trabalhador.

Leia mais

Descubra em Efésios 6:7,8 quais atitudes devemos ter quando trabalhamos para o Senhor.

Um rosto brilhante

1 DE OUTUBRO

> *O seu rosto estava brilhando, pois ele havia falado com Deus.*
> ÊXODO 34:29

Quando você olha o rosto de alguém, pode dizer se a pessoa está feliz ou triste; animada ou entediada. O rosto mostra aos outros o que a pessoa está sentindo.

O rosto de Moisés mostrou ao povo que ele tinha estado com Deus! Quando desceu do monte Sinai depois de passar 40 dias com o Senhor, o rosto de Moisés estava brilhando. Ele encontrou-se com Deus para receber um novo par de pedras com os Dez Mandamentos, pois ele tinha quebrado as primeiras quando viu o povo adorando um bezerro de ouro. Agora, Moisés estava voltando depois de receber mais leis para os israelitas. Ele não sabia, mas seu rosto estava tão iluminado, que os israelitas ficaram com medo de olhar.

O rosto de Moisés brilhava tanto, que foi preciso ele usar um véu para falar com o povo. Quando falava com Deus, ele tirava o véu. E depois o colocava para falar com as pessoas. Sempre que Moisés se encontrava com Deus na montanha ou na Tenda Sagrada, seu rosto ficava brilhando.

Posso brilhar para Deus.

Moisés estava cheio da glória de Deus e seu rosto demonstrava isso. Seu coração e alma estavam repletos de amor pelo Senhor. Se você ama a Deus com todo o seu coração e sua alma, seu rosto também mostrará isso. Os outros não terão medo de olhar, mas vão querer estar perto de você! —CB

Leia mais
Descubra em Isaías 60:1-5
o que acontece com quem brilha devido a glória de Deus.

CURIOSIDADE
Alimentos como amoras, salmão, espinafre e tomate ajudam sua pele a ter um brilho saudável.

2 DE OUTUBRO

> O Senhor nos guia no caminho em que devemos andar e protege aqueles cuja vida é agradável a Ele.
>
> SALMO 37:23

Olhe por onde anda

Você já ouviu a expressão "olhe por onde anda"? Talvez estivesse andando por um caminho esburacado ou descendo uma escada. É importante olhar por onde anda. Se não tiver cuidado, pode cair e se machucar.

Alguma vez você já seguiu as pegadas de alguém que estava à sua frente? Às vezes brincamos disso na areia da praia. Pode ser divertido colocar o pé na pegada de outra pessoa. E, às vezes, é mais seguro deixar que alguém mostre onde você deve pisar.

O versículo bíblico de hoje diz que Deus nos guiará se o amarmos e o seguirmos. Esse "guiar" não tem a ver quando colocamos o nosso pé numa estrada esburacada ou na areia da praia. Ele fala sobre os passos que damos em nossa vida, ou seja, decisões importantes que fazemos.

Vou pedir a Deus para guiar os meus passos.

Sabia que você não precisa tomar decisões importantes sozinho? Se pedir a Deus, Ele ajudará você em suas decisões, não importa se elas parecem grandes ou pequenas. O Senhor o ajudará a dar os passos certos em sua vida, quando você tomar decisões que agradem a Ele.

Você pode pedir a Deus que o ajude a fazer bons amigos; a decidir o que será quando crescer. Pode pedir que Ele mostre a você como pode servi-lo agora em sua igreja, escola ou vizinhança. Deus vai ajudá-lo em todas essas decisões. Ele o ajudará a dar os passos certos. E quando você seguir as pegadas do Senhor, sempre irá na direção certa! —CB

CURIOSIDADE

Na Nova Tradução na Linguagem de Hoje da Bíblia, Jesus diz quatro vezes "Siga-me".

LEIA MAIS

Descubra em João 8:12 o que acontece quando seguimos a Jesus.

Um leproso humilde

3 DE OUTUBRO

Milhares de pessoas vinham até Jesus para serem curadas de dores e doenças. Um homem que tinha lepra pediu que Jesus o curasse de um jeito especial.

Pessoas com lepra normalmente ficavam longe de pessoas saudáveis. Elas não podiam tocar em ninguém, porque sua doença se espalhava com muita facilidade. Mas isso não impediu aquele homem. Ele se aproximou de Jesus, se ajoelhou e implorou por ajuda. "Se o senhor quiser", disse, "pode me curar".

> *Um leproso chegou perto de Jesus, ajoelhou-se e disse: "Senhor, eu sei que o senhor pode me curar se quiser."*
> **MARCOS 1:40**

Jesus se interessou pela condição daquele homem e colocou Sua mão sobre ele. "Eu quero", disse. "Você está curado!" A lepra sumiu na mesma hora!

Vou pedir que Jesus faça o que Ele quiser.

Aquele homem sabia que Jesus tinha poder para curá-lo. Ele tinha fé que Jesus podia fazer exatamente o que ele havia pedido. Mas também sabia que curá-lo ou não era uma decisão de Jesus. Quando ele disse: "Se o Senhor quiser", mostrou que confiava em Jesus. Na verdade, estava dizendo que a vontade de Jesus era mais importante do que o que ele queria.

É mais importante perguntar a Jesus o que Ele quer fazer, do que dizer a Ele o que nós queremos. Quando perguntamos o que Ele quer para nossa vida, estamos sendo humildes como aquele leproso. Estamos dizendo a Jesus que o jeito dele é mais importante do que o nosso, e que confiamos que Ele vai fazer o que é melhor. —TM

LEIA MAIS

Em Mateus 6:7-10, como Jesus diz que devemos orar sobre a vontade de Deus?

CURIOSIDADE

"Lepra" e "leproso" aparecem 14 vezes no Novo Testamento. Hoje essa doença é conhecida como hanseníase.

4 DE OUTUBRO

> Porém Jesus Cristo ofereceu só um sacrifício para tirar pecados, uma oferta que vale para sempre, e depois sentou-se do lado direito de Deus.
> **HEBREUS 10:12**

De uma vez só

Todo dia fazemos coisas que precisam ser feitas diversas vezes.

Não é suficiente escovar os dentes uma vez por semana: eles continuamente ficam sujos e precisam ser escovados todos os dias. Quando você toma o café da manhã sabe que terá fome de novo na hora do almoço. Uma única refeição não deixa você satisfeito o dia inteiro. O mesmo acontece com o sono: dormir uma noite lhe dá energia apenas para o dia seguinte. Precisamos fazer muitas coisas diversas vezes para ficarmos saudáveis e felizes.

Com os israelitas acontecia o mesmo. Deus mandou o povo oferecer sacrifícios pelos pecados. Como pecavam todos os dias, tinham que oferecer sacrifícios várias vezes. Os sacrifícios não apagavam os pecados, eram apenas um pagamento simbólico pelo pecado. Com o passar dos anos, os israelitas ofereceram muitos sacrifícios para se acertarem com Deus.

A morte de Jesus foi o sacrifício perfeito.

Mas tudo mudou quando Jesus morreu na cruz. Ele ofereceu o Seu corpo como um sacrifício perfeito para Deus. Foi um sacrifício pelos pecados do mundo todo! E Jesus precisou se oferecer apenas uma vez. Sua morte foi o suficiente para pagar, não apenas pelos pecados que você cometeu, mas pelos pecados de todo mundo para sempre.

Jesus viveu de maneira perfeita, por isso foi o sacrifício perfeito para Deus. Quando cremos em Jesus, não precisamos ficar repetindo para o Senhor nos salvar. Em Jesus, Deus nos aceita de uma vez e para sempre. —TM

CURIOSIDADE

As pessoas devem escovar os dentes duas a três vezes por dia, pelo menos por dois minutos após as refeições. Algumas escovas de dentes controlam o tempo de escovação emitindo sinais para o celular da pessoa.

Leia mais

Veja Hebreus 10:1-10. Por que somos santificados através do sacrifício de Jesus?

Um sermão muito longo

5 DE OUTUBRO

No sábado à noite nós nos reunimos com os irmãos para partir o pão. Paulo falou nessa reunião...
ATOS 20:7

Paulo tinha passado uma semana na cidade de Trôade. Domingo era seu último dia de visita e ele estava falando sobre Jesus numa reunião com cristãos.

Naquele tempo não havia templos cristãos: eles se reuniam em casas. E quando se juntavam, passavam o tempo que podiam louvando a Deus e aprendendo sobre Jesus.

Como era seu último dia em Trôade, Paulo passou o dia todo ensinando e pregando. Já era meia-noite, mas as pessoas não estavam cansadas e não queriam que ele parasse de falar! Então Paulo continuou ensinando até amanhecer. Como se alegravam em estarem juntas, elas não se incomodavam de a reunião ser longa. Queriam aprender o que pudessem sobre Jesus para continuar crescendo na fé.

É bom se reunir com outros cristãos.

Nos dias de hoje, muitas pessoas se reúnem em igrejas para louvar a Deus e ouvir o sermão. Na maioria das vezes, os encontros duram uma ou duas horas. Se o culto for longo demais, alguns ficam entediados ou adormecem. Pode ser difícil ficar sentado durante muito tempo, mas é importante seguir Jesus e se reunir com outros cristãos, não importa a duração dos cultos.

Se você frequenta uma boa igreja, pode ser grato por ter um lugar aonde ir aos domingos. Não importa se sua igreja é grande, pequena, ou se as reuniões acontecem na casa de alguém. Deus fica feliz quando você se encontra com outros para aprender mais sobre Ele. —CB

CURIOSIDADE

Templos cristãos começaram a surgir 200 ou 300 anos depois que Jesus voltou para o céu. O número de cristãos cresceu e foi necessário lugares maiores para reuni-los em vez de nas casas.

LEIA MAIS

O que aconteceu com Êutico em Atos 20:7-12 enquanto Paulo pregava a noite toda?

6 DE OUTUBRO

Deus é bom

> Procure descobrir, por você mesmo, como o Senhor Deus é bom. Feliz aquele que encontra segurança nele!
>
> SALMO 34:8

Não é possível saber se uma coisa é boa antes de experimentá-la. Você precisa chupar uma laranja para saber se ela está suculenta. Precisa provar o mel para saber como é doce; tomar um gole do achocolatado para saboreá-lo. E precisa ter uma experiência com Deus para descobrir como Ele é bom e maravilhoso.

Enquanto Saul foi rei de Israel, Davi passou muito anos fugindo. Quando Saul soube que Davi seria o próximo rei, quis se livrar dele. Por isso Davi se escondeu nas montanhas, no deserto ou em cavernas para fugir desse rei.

Mas, além de correr para os esconderijos, Davi também corria para Deus, pois sabia que o Senhor era bom e o ajudaria onde quer que estivesse. Davi sabia que Deus o protegeria de seus inimigos, fossem eles grandes ou fortes.

Como Davi conhecia a Deus, sabia que Ele era bom, e este jovem passava muito tempo louvando e falando com o Senhor. Ele teve muitas experiências com Deus que lhe permitiram descobrir como o Senhor é bom.

Nós também podemos correr para Deus. Podemos orar quando estamos preocupados; ler Sua Palavra quando precisamos de Sua orientação; podemos louvá-lo nas horas boas e nas horas ruins, assim como Davi fez. Quando realmente conhecermos a Deus, descobriremos o quanto Ele é bom. —CB

Eu sei que Deus é bom.

CURIOSIDADE

Ao nascer, temos dez mil papilas gustativas, mas começamos a perder algumas depois dos 50 anos. As papilas gustativas de uma pessoa idosa têm apenas a metade do trabalho.

LEIA MAIS
Quantos versículos de Salmo 34:1-10 mostram que Deus é bom?

7 DE OUTUBRO

> *Já faz três anos seguidos que venho buscar figos nesta figueira e não encontro nenhum. Corte esta figueira!*
> LUCAS 13:7

O jardineiro paciente

Conhece alguém paciente? Ser uma pessoa paciente pode ser difícil. Como você se sente quando alguém tem paciência com você?

Uma vez Jesus contou uma parábola sobre paciência. Era a história de um homem que plantou uma figueira no jardim. Todos os anos ele ia procurar frutas na árvore, mas nunca tinha figo. Depois de três anos, ele disse ao jardineiro: "Tenho procurado frutas nesta árvore há 3 anos, mas nunca encontrei. Pode derrubar! Por que ela deve desperdiçar a terra?".

Mas o jardineiro queria dar mais uma chance à árvore. "Patrão, deixe a figueira ficar mais este ano", pediu. "Eu vou afofar a terra em volta dela e pôr bastante adubo. Se no ano que vem ela der figos, muito bem. Se não der, então mande cortá-la."

Jesus é paciente conosco.

Jesus contou essa história para nos ajudar a entender como Ele é paciente com as pessoas. Ele nos dá muitas chances de viver do jeito que Ele quer. Quando acreditamos nele e crescemos em amor por Deus, os outros podem ver as boas mudanças em nossa vida. Elas se mostram como frutos numa árvore saudável. Mas quando as pessoas escolhem não obedecer a Deus, são como uma árvore que não dá frutos.

Na história de Jesus, o jardineiro pediu ao patrão para esperar mais um ano para a árvore dar frutos. Da mesma forma, Jesus é paciente e espera que as pessoas o aceitem, mesmo se isso demorar um pouco. —TM

LEIA MAIS

Descubra em 2 Pedro 3:8,9 o que Deus quer para todas as pessoas.

CURIOSIDADE

Na Roma antiga, existia uma sobremesa muito popular chamada *basyniai*. Era um tipo de bolo feito com figos, nozes e mel.

8 DE OUTUBRO

> Obedeçam ao S*enhor* Deus, e ele lhes dará todas estas bênçãos.
> DEUTERONÔMIO 28:2

Muitas bênçãos

Estava quase na hora dos israelitas cruzarem o rio Jordão, e entrar na terra que Deus havia prometido à família de Abraão, Isaque e Jacó. O Senhor tinha ensinado muito enquanto o povo estava no deserto. Deus os lembrou de como era importante obedecer a Ele se quisessem Suas bênçãos na nova terra.

Moisés passou ao povo a promessa de Deus: "Vocês serão abençoados nas cidades e nos campos. Seus filhos serão abençoados. Suas lavouras e seu gado serão abençoados. Os grãos que colherem e o pão que assarem serão abençoados. Vocês serão abençoados onde quer que forem. O Senhor os ajudará a vencer suas batalhas. Ele abençoará seus depósitos com muitos grãos e outros alimentos. Ele abençoará a terra que está dando a vocês. Ele mandará chuva no momento certo. Então todas as nações verão que vocês pertencem a Deus."

É importante obedecer a Deus.

Os israelitas queriam as bênçãos de Deus e queriam ser felizes em sua nova terra. Mas para receber as bênçãos, não poderiam adorar falsos deuses. Deus os tinha escolhido como Seu povo e tinha dado orientações especiais para seguirem.

Talvez você nunca precise mudar para uma terra nova, mas pode aprender com essa história. Se você crê em Jesus, é um filho especial de Deus. Ele quer abençoá-lo; quer que você seja feliz. É importante que um filho de Deus siga as Suas orientações que estão na Bíblia. E é importante adorar somente a Ele. —CB

CURIOSIDADE

As palavras "bênção", "bendito" e "abençoar" aparecem quase 250 vezes na Bíblia.

LEIA MAIS

Veja Atos 5:29-32. O que Deus dá a quem obedece a Ele?

9 DE OUTUBRO

Um tipo diferente de cura

> Algumas pessoas trouxeram um homem que era surdo e quase não podia falar e pediram a Jesus que pusesse a mão sobre ele.
>
> **MARCOS 7:32**

Jesus saiu da cidade de Tiro, no mar Mediterrâneo, e foi para o mar da Galileia. Do outro lado do mar, havia um lugar chamado Dez Cidades.

Lá, algumas pessoas trouxeram a Jesus um homem surdo e, como não ouvia, mal conseguia falar. Os amigos desse homem pediram que Jesus colocasse Suas mãos sobre ele e o curasse.

Jesus levou o homem para longe da multidão, e fez uma coisa estranha. Primeiro Jesus colocou Seus dedos dentro dos ouvidos do homem. Depois cuspiu nos dedos e tocou a língua do surdo. Jesus olhou para o céu, respirou fundo e disse: *Efatá!*, que quer dizer "Abra!". Assim que fez isso, o homem passou a ouvir, sua língua destravou e ele começou a falar.

Jesus pediu aos amigos do homem que não contassem a ninguém sobre o milagre, mas eles não pararam de falar sobre isso. As pessoas ficaram maravilhadas com o poder

Deus me mostrará o Seu poder.

de Jesus. "Ele fez tudo bem", diziam. "Ele faz o surdo escutar e dá nova voz a quem não podia falar."

Jesus curou aquele homem de um jeito diferente. Algumas vezes Ele falava, outras, Ele tocava e as pessoas eram curadas, e às vezes, eram elas que o tocavam para serem curadas! Hoje em dia, Deus pode usar os médicos e os remédios. Ou Ele pode nos dar força através da doença em vez de nos curar — é quando Deus diz que Sua graça é o suficiente para nos ajudar na dor. Não importa o que Ele fizer, Deus manifesta Seu poder em nossa vida! —TM

CURIOSIDADE

Nossa língua exerce funções importantes. Além de nos ajudar a falar, ela nos faz sentir o sabor e a textura dos alimentos, iniciando a digestão antes que eles cheguem ao estômago.

Leia mais

O que Jesus disse em Marcos 5:18-20 para o homem fazer depois de curado? Onde ele foi?

10 DE OUTUBRO

Porém não pediram conselho a Deus, o Senhor.
JOSUÉ 9:14

Josué é enganado

Um povo chamado heveu estava com medo dos israelitas. Eles ficaram sabendo como o povo de Israel havia derrotado Jericó e temiam ser atacados. Assim, os heveus elaboraram um plano para enganar Josué.

Eles colocaram jarros velhos em seus jumentos. Vestiram roupas e sandálias envelhecidas, puseram pão mofado nas bolsas e foram ao acampamento israelita.

"Viemos de muito longe", disseram a Josué. "Queremos fazer um acordo de paz com você."

"Quem são vocês?", Josué perguntou.

"Somos seus servos", os heveus responderam. "Viemos porque ouvimos falar sobre o grande poder do seu Deus. Soubemos que derrotaram dois reis ao leste do rio Jordão. Queremos um acordo de paz com vocês. Olhem nosso pão mofado. Vejam nossos jarros e roupas velhas, estamos há muito tempo em viagem."

Os israelitas acreditaram nos heveus, e não perguntaram a Deus sobre o que fazer. Eles fizeram o acordo de paz e prometeram jamais ferir os heveus. Mais tarde, os israelitas descobriram a verdade, mas honraram a promessa de não atacar os heveus. E eles se tornaram servos dos israelitas.

Vou pedir a Deus para me mostrar o que fazer.

Deus quer que a gente busque a Sua sabedoria em todas as decisões que tomamos, e podemos fazer isso orando e lendo a Bíblia. Também podemos conversar com cristãos mais sábios e pedir a ajuda deles.

É fácil ser enganado pelo inimigo. Por isso é tão importante pedir o conselho de Deus em tudo o que fazemos. —CB

CURIOSIDADE
Os heveus eram descendentes de Canaã, filho de Cam e neto de Noé.

LEIA MAIS
O que o Salmo 37:1-9 fala sobre confiar em Deus?

Lembre-se do seu Criador

11 DE OUTUBRO

O rei Salomão deixou grandes conselhos nos livros de Provérbios e Eclesiastes. Como o homem mais sábio que existiu, ele disse coisas importantes.

Sabia que alguns dos conselhos de Salomão são para jovens? No final do livro de Eclesiastes, Salomão escreve: "É ótimo ser jovem! Aproveite cada minuto da mocidade. Faça tudo o que quiser; aproveite bem. Mas se lembre de que você terá que prestar contas a Deus por tudo o que fizer".

> *Aproveite a sua mocidade e seja feliz enquanto é moço. Faça tudo o que quiser e siga os desejos do seu coração. Mas lembre [...]: Deus o julgará.*
>
> **ECLESIASTES 11:9**

Salomão encorajou os jovens a aproveitarem a vida que Deus lhes deu! Você pode brincar de esconde-esconde com amigos; explorar a criação de Deus e descobrir galhos, insetos e flores; pode rir e cantar músicas divertidas; e passar tempo fazendo coisas que gosta. Pode permitir que tudo em volta lhe faça sorrir. Mas Salomão diz que enquanto brinca e ri, é importante se lembrar do Criador.

Os momentos mais felizes acontecem quando aproveitamos as coisas conforme a vontade de Deus. Podemos ler Sua Palavra, falar com Ele em oração e ajudar pessoas que Ele criou. Todas essas coisas são excelentes.

Vou me lembrar de Deus enquanto sou criança.

Mas é fácil querer mais coisas do que as que Deus deseja para nós. Podemos querer o que outras pessoas têm, ou sermos tentados a gostar do que não agrada a Deus. É por isso que Salomão disse que era importante se lembrar de Deus quando se é jovem. Lembrar do nosso Criador enquanto somos crianças, nos ajuda a fazer boas escolhas por toda a vida. —TM

LEIA MAIS

Veja em Salmo 119:9-11 como você pode se lembrar de Deus enquanto é jovem.

CURIOSIDADE

Sabia que Salomão gostava de animais? Visitantes lhe trouxeram cavalos e mulas, e enviou navios ao redor do mundo para buscarem macacos e pavões para ele.

12 DE OUTUBRO

Uma mulher de fé

> "Mulher, você tem muita fé!", disse Jesus. "Que seja feito o que você quer!"
> MATEUS 15:28

Jesus e Seus doze discípulos eram judeus. Uma vez eles saíram da região em que moravam, na Galileia, onde viviam muitos judeus, e encontraram uma mulher de outro país. Ela chamou Jesus: "Senhor, Filho de Davi, por favor me ajude! Minha filha está sofrendo muito, dominada por um demônio".

A mulher não era judia, e os discípulos acharam que ela não deveria estar seguindo a Jesus. E, no início, Jesus não respondeu. Seus seguidores diziam: "Mande ela embora. Ela fica gritando e está nos incomodando".

Mas ela não desistiu: se ajoelhou na frente de Jesus e falou: "Senhor, por favor, me ajude!".

Jesus percebeu que a fé dela era verdadeira, e disse: "Mulher, você tem muita fé. Que seja feito o que você quer". E, naquele momento, a filha dela foi curada.

Jesus ama as pessoas de todas as nações.

Algumas pessoas achavam que Jesus deveria amar somente os judeus. Elas acreditavam que só judeus poderiam conhecer sobre o reino de Deus. Mas Jesus veio para todos, incluindo a mulher desta história.

Jesus ensinou que todos os que o amam são bem-vindos no reino de Deus. Não importa em que país você vive, ou de que família vem, você também pode fazer parte do reino de Deus. Qualquer um pode adorar a Jesus. Qualquer um pode pedir perdão a Ele e ser salvo. Todos aqueles que têm fé em Jesus farão parte do reino de Deus. —CB

CURIOSIDADE

No tempo em que Jesus estava no mundo, era inadequado uma mulher falar com um homem. A coragem dessa mãe mostrou o quanto ela acreditava que Jesus podia curar sua filha.

Leia mais

De que maneira Mateus 8:28-34 mostra que Jesus tem poder sobre demônios?

13 DE OUTUBRO

Comemoração na muralha

Quando os israelitas terminaram de reconstruir a muralha de Jerusalém, Neemias planejou uma comemoração. Pessoas vieram de todos os lugares para cantar e tocar música. Queriam louvar a Deus por ajudá-los a concluir essa tarefa.

Os sacerdotes ajudaram o povo a se purificar para adorar a Deus. E purificaram os portões e as muralhas da cidade como forma de louvar ao Senhor.

Neemias mandou os líderes de Judá andarem no alto da muralha com dois grandes corais, que cantavam hinos a Deus e todas as pessoas gritavam de alegria. Os gritos eram tão altos, que podiam ser ouvidos ao longe. E o povo trouxe presentes e ofertas que foram colocados nos depósitos. E fizeram isso obedecendo a lei de Deus.

Neemias sabia que era importante agradecer a ajuda de Deus no grande trabalho de construção, pois tudo o que os israelitas tinham, pertencia a Deus: incluindo a muralha que protegia a cidade.

Quando as muralhas da cidade de Jerusalém foram inauguradas, os levitas foram trazidos [...], para que assim pudessem comemorar a inauguração com hinos de louvor e com música...
NEEMIAS 12:27

Vou louvar a Deus por me ajudar no trabalho.

A comemoração foi uma forma de honrar a Deus. Os israelitas obedeceram, construindo cada parte da cidade santa.

É bom agradecermos a Deus quando terminamos um trabalho importante. Nós o louvamos quando percebemos que tudo o que temos — até a nossa capacidade de trabalhar — vem dele.

Deus dá força a você para fazer o que faz. Você pode louvá-lo com um grito de alegria, dizendo que tudo que é bom em sua vida pertence a Deus. —TM

LEIA MAIS
Em Salmo 9:1,2, como Davi diz que podemos agradecer a Deus?

CURIOSIDADE
Hoje, os muros de Jerusalém não são os que Neemias construiu. Os atuais foram construídos, pelo Império Otomano em 1500, sobre os mais antigos dos tempos bíblicos.

14 DE OUTUBRO

Jesus respondeu: "Se eu posso? Tudo é possível para quem tem fé."
MARCOS 9:23

Se você puder

Você já teve um problema que não pôde resolver? A correia da bicicleta saiu e você não sabia colocar no lugar; ou talvez algo maior... alguém que você amava ficou doente.

Na Bíblia, um homem tinha um grande problema e veio pedir ajuda a Jesus. "Mestre, meu filho tem um espírito mal. Ele se joga no chão e range os dentes. Ele fica muito tenso. Pedi ajuda aos Seus seguidores, mas eles não conseguiram fazer nada".

E Jesus disse: "Tragam-me o menino". Quando o garoto chegou, caiu no chão e rolou. "Há quanto tempo isso está acontecendo?", Jesus perguntou.

"Desde que era muito novo", respondeu o pai. "Se puder fazer algo, por favor, nos ajude".

"Por que você diz 'se puder'?", Jesus perguntou. "Tudo é possível para quem tem fé".

Na mesma hora o pai gritou: "Eu tenho fé! Ajude-me a ter mais fé!".

Jesus pode fazer o que eu não posso.

Jesus viu que muitos olhavam para ver o que aconteceria. O Senhor falou: "Espírito maligno que deixa esse menino surdo e mudo: Eu ordeno que você saia e nunca mais volte para ele!". E foi isso que aconteceu.

Os discípulos de Jesus não conseguiram curar o menino, por isso o pai não sabia se Jesus o faria. Às vezes você pode se sentir perdido, e pergunta: "Com quem posso conversar sobre esse problemão?". Jesus pode todas as coisas porque Ele é Deus. E, assim como o pai do garoto da história, podemos pedir a Ele que nos ajude a ter mais fé. —CB

CURIOSIDADE
Um dos 50 estados dos EUA, Ohio, tirou seu lema da Bíblia: "Com Deus, tudo é possível".

LEIA MAIS
O que aconteceu a Jesus em Marcos 9:2-10, antes de Ele curar o garoto desta história?

15 DE OUTUBRO

Como uma fonte de água

O bebedouro é um ótimo lugar para irmos quando estamos com sede. Basta apertar um botão ou girar uma torneira, e a água jorra enquanto você quiser.

Como dizem as Escrituras Sagradas: "Rios de água viva vão jorrar do coração de quem crê em mim".
JOÃO 7:38

Sabia que as pessoas que amam a Jesus são como fontes de água? Não temos botões ou torneiras, mas Jesus disse que "água viva" jorraria de nós. A água viva é o Espírito Santo de Deus, que entra em nossa vida quando cremos em Jesus.

Jesus estava em Jerusalém celebrando uma data especial chamada Festa dos Tabernáculos. No último dia da festa, os judeus pegavam água de um poço e a derramavam perante Deus. Nesse dia, Jesus anunciou para a multidão: "Quem tiver sede, pode vir a mim! Quem crê em mim, pode vir e beber! Como dizem as Escrituras: 'Rios de água viva vão jorrar do coração de quem crê em mim'".

O Espírito Santo é um presente de Deus.

Jesus estava dizendo que Ele nos dá o Espírito Santo quando decidimos segui-lo. O Espírito é como uma fonte de água que nunca para de jorrar. Ele está sempre lá para nos ajudar no que precisarmos. O Espírito nos ajuda a saber o que é certo e o que é errado, e nos dá coragem quando sentimos medo. Ele nos ajuda a obedecer a Deus e a amá-lo ainda mais. Deus enviou o Espírito Santo para cuidar de nós.

Sempre que temos sede, podemos beber água numa fonte. Sempre que precisarmos de ajuda, o Espírito Santo estará por perto para nos ajudar. —TM

LEIA MAIS

Veja em Isaías 44:2-4 com o que o profeta compara o Espírito de Deus.

CURIOSIDADE

Dependendo do lugar e do tipo, os bebedouros também são conhecidos como filtros ou fontes.

16 DE OUTUBRO

> O que ninguém nunca viu nem ouviu, e o que jamais alguém pensou que podia acontecer, foi isso o que Deus preparou para aqueles que o amam.
> 1 CORÍNTIOS 2:9

Não dá para imaginar!

Você já viu uma estrela cadente ou um relâmpago? Já viu uma águia voar pelo céu ou um esquilo correr pela floresta? Já viu um bebê recém-nascido? Tudo isso é incrível.

Qual foi a coisa mais incrível que você já ouviu? Escutou os pássaros cantando ou os sapos coaxando? Talvez tenha escutado o som das ondas no mar ou de uma tempestade. É divertido escutar sons diferentes.

Que coisas você já imaginou? Já sonhou acordado que era um astronauta andando na Lua, ou um mergulhador nadando no fundo do mar? Talvez já tenha imaginado o que vai ser quando crescer. Você pode usar sua mente para imaginar muitas coisas diferentes.

Não importa o que já tenha escutado ou imaginado, não é nem de perto tão maravilhoso quanto o amor de Deus por você. Se ama e confia em Jesus,

Deus me ama mais do que eu posso imaginar.

o amor de Deus é a coisa mais maravilhosa que você conhecerá. E o Senhor o ajudará a se tornar tudo o que Ele quiser que você seja.

Talvez não ande na Lua, nem mergulhe no fundo do mar, mas há coisas maravilhosas que Deus quer que você faça. Você pode se tornar um missionário. Pode escrever histórias que transformem a vida das pessoas. Pode cantar ou tocar um instrumento para ajudar os outros a louvar a Deus.

Deus ama você e quer usá-lo mais do que você possa imaginar! —CB

CURIOSIDADE

Se você gosta de relâmpagos deveria visitar o rio Catatumbo, na Venezuela. Lá é o lugar da Terra onde aparecem os maiores relâmpagos.

Leia mais

Descubra no Salmo 63:3-5 o que devemos fazer por reconhecer que Deus nos ama tanto.

Palavras num rolo

17 DE OUTUBRO

Deus tinha uma mensagem para o povo de Judá. Queria adverti-los que se não parassem de pecar contra Ele, isso traria um desastre sobre o povo.

Jeremias era o profeta de Deus naquela época. Ele pediu a Baruque para escrever, enquanto ele ditava a mensagem de Deus. Baruque escreveu tudo num rolo e o leu no Templo. Quando alguns oficiais do rei souberam disso, mandaram buscá-lo. "Venha e traga o rolo que você leu para o povo", disseram.

Baruque levou o rolo para os oficiais e leu. Eles ficaram com medo e disseram: "Temos que contar ao rei!".

Então perguntaram de onde tinham vindo aquelas palavras. "Jeremias falou e eu escrevi", Baruque respondeu. "Você e Jeremias precisam se esconder", disseram os oficiais.

Quando os oficiais contaram tudo ao rei sobre o rolo, o rei mandou um empregado ler o rolo em voz alta. Conforme o homem lia, o rei foi rasgando o rolo e jogando os pedaços no fogo! Ele não respeitava a Palavra de Deus.

> *Jeremias, pegue um rolo e escreva nele tudo o que lhe falei a respeito do povo de Israel e de Judá e a respeito de todas as nações.*
> **JEREMIAS 36:2**

As palavras de Deus nos ajudam a saber o que é certo.

Quando as pessoas desobedecem a Deus, normalmente não querem ouvir Suas palavras. Elas não querem que lhes digam os problemas que suas escolhas erradas podem causar. Mas as palavras de Deus nos trazem paz, esperança e vida. Elas nos ajudam a saber o que Deus quer que façamos; nos tornam mais sábios, bons e mais parecidos com Jesus.

Podemos agradecer por Deus nos amar tanto e ter nos dado a Bíblia! —CB

CURIOSIDADE

A maioria dos livros da Bíblia foram escritos primeiro em papiros ou pergaminhos. O papiro vem de uma planta que cresce perto do rio Nilo. O pergaminho era feito de couro tratado.

LEIA MAIS
Quais as promessas que Deus faz em 2 Crônicas 7:14?

18 DE OUTUBRO

Alerta de tempestade

> ...Por favor, obedeça à mensagem do Senhor Deus, como lhe falei. Então tudo lhe correrá bem, e o senhor não será morto.
>
> JEREMIAS 38:20

Alertas de tempestades ajudam as pessoas a se apressarem a chegar em casa quando uma tempestade está vindo. Mas se um furacão se aproxima, elas devem sair de suas casas e ir para um abrigo. Alertas de tempestades podem salvar vidas quando as pessoas prestam atenção a eles.

Os profetas do Senhor deram muitos alertas aos israelitas sobre as coisas ruins que aconteceriam se o povo não ouvisse a Deus. Quando Zedequias se tornou rei de Judá, não ouviu o que Deus disse por meio do profeta Jeremias. Oficiais do rei jogaram Jeremias num poço porque não gostaram de seus alertas.

Um dia, o rei Zedequias mandou perguntar a Jeremias se ele tinha alguma mensagem do Senhor. O profeta disse: "Sim, rei, o senhor e seu povo serão entregues ao rei da Babilônia. Todos que ficarem em Jerusalém morrerão, mas os que se renderem aos babilônios, viverão". Jeremias falou a verdade, mas quando os babilônios chegaram, Zedequias não se rendeu. Tentou fugir e a história terminou mal para ele.

Vou ouvir a Deus.

Hoje, temos a Bíblia. Deus nos envia muitas mensagens de alerta e de encorajamento por meio de Sua Palavra. A mensagem mais encorajadora da Bíblia é a história do amor de Deus pelas pessoas. Ele enviou Jesus para morrer na cruz para que todos que crerem nele possam fazer parte da família de Deus. E quando Ele nos levar para o céu, não haverá mais tempestades! —CB

CURIOSIDADE

Jeremias foi profeta em Judá durante 40 anos. Durante esse tempo, cinco reis diferentes governaram a nação.

LEIA MAIS

Veja Jeremias 38:1-13 para saber como o profeta saiu do poço de lama.

19 DE OUTUBRO

> *Vocês, também, como pedras vivas, deixem que Deus os use na construção de um templo espiritual onde vocês servirão como sacerdotes dedicados a Deus.*
> 1 PEDRO 2:5

Pedras vivas

Muito tempo atrás, um pilar era feito de uma grande pedra quadrada, usada para iniciar a fundação de uma construção. A fundação é muito importante porque segura tudo que é construído em cima dela. E o pilar era muito, muito importante mesmo, porque ele mantinha a fundação reta e firme. Todas as outras pedras e tijolos eram colocados de acordo com a posição do pilar.

Você sabia que Jesus é chamado de Pilar da Igreja? Isso significa que Ele é o ponto inicial de toda a grande família de Deus. Quando Jesus morreu na cruz e ressuscitou, se tornou o Pilar para todos na Igreja. Cada um que crê em Jesus é como outra pedra que se alinha com esse Pilar. São as "pedras vivas" de que fala o versículo de hoje. Cada cristão se torna parte do maravilhoso edifício que Jesus começou!

Sou como uma pedra usada na casa Deus.

E quando mais pessoas seguem a Jesus, elas são como outras pedras colocadas umas sobre as outras na construção do prédio. E é o edifício mais maravilhoso que existe! É um lugar lindo de adoração, que agrada a Deus.

Algumas vezes é difícil explicar como é especial fazer parte da família de Deus. Por isso, no mundo todo não existe nada como esse edifício feito de pedras vivas. Todos os que acreditam em Jesus podem fazer parte de Sua maravilhosa casa de adoração. —TM

LEIA MAIS
Em Atos 4:8-12, quando Pedro foi julgado, como ele se referiu a Jesus?

CURIOSIDADE
Hoje em dia, os pilares normalmente são usados como decoração na fachada de um edifício. Muitas vezes, a data da conclusão da obra é escrita sobre o pilar.

20 DE OUTUBRO

> Pedro disse: "Não tenho nenhum dinheiro, mas o que tenho eu lhe dou."
> ATOS 3:6

Melhor do que prata ou ouro

Um dia, Pedro e João foram ao Templo às três da tarde. Era a hora da oração diária.

No Templo, os discípulos de Jesus viram um homem aleijado desde que nascera. Os amigos dele o levavam ao Templo todos os dias e o colocavam para pedir dinheiro junto à porta chamada Formosa. Naquele dia, o homem pediu dinheiro a Pedro e a João.

"Não tenho nenhum dinheiro para lhe dar", Pedro respondeu. "Mas tenho outra coisa. Pelo poder de Jesus Cristo, de Nazaré, levante e ande!".

Pedro pegou a mão do homem e o levantou. Naquela hora, os pés e as pernas dele ficaram fortes. Ele pulou e começou a andar de um lado para o outro, louvando a Deus. Todos o conheciam. As pessoas o viam pedindo dinheiro há muito tempo. Mas agora ele andava e louvava a Deus. Não entendiam como aquilo tinha acontecido!

O poder de Jesus é melhor do que tudo.

"Por que vocês estão surpresos?", Pedro perguntou ao povo. "Não foi o nosso poder que fez este homem andar. Foi Deus quem fez isso! Foi Ele quem glorificou Jesus. Este homem foi curado porque cremos em Jesus. Foi o poder de Jesus que o curou. Vocês viram com seus próprios olhos!".

Pedro e João só realizavam milagres pelo poder de Jesus. Era Ele quem os ajudava a curar pessoas. Jesus tem esse poder porque Ele criou o mundo. Todo o Universo funciona assim por causa de Jesus. Não é maravilhoso que Jesus tenha esse tipo de poder? Você pode confiar nele. —CB

CURIOSIDADE

Quando os israelitas reconstruíram os muros de Jerusalém sob o comando de Neemias, eles fizeram portões que chamaram de portão das ovelhas, dos peixes, dos cavalos e da água.

LEIA MAIS

De acordo com Colossenses 3:16,17 como devemos viver?

Um servo humilde

21 DE OUTUBRO

> Se eu, o Senhor e o Mestre, lavei os pés de vocês, então vocês devem lavar os pés uns dos outros. Pois eu dei o exemplo.
> **JOÃO 13:14,15**

Você já precisou fazer algo que não queria? Preferiu que outra pessoa fizesse no seu lugar ou achou uma outra tarefa mais importante?

Certa vez Jesus fez algo que ninguém esperava. Depois do último jantar com Seus discípulos, Jesus colocou água numa bacia e lavou os pés de Seus discípulos. Em seguida, usou a toalha, que tinha amarrada em Sua cintura, para secar os pés deles.

Quando terminou, Jesus sentou-se e disse: "Entendem o que eu fiz por vocês? Chamam-me de 'Mestre' e 'Senhor'. E eu sou. Mas lavei os pés de vocês". Nos tempos bíblico, eram os servos que lavavam os pés de alguém. Essa era o pior tipo de tarefa. Como líder dos discípulos, Jesus poderia ter mandado que eles lavassem os Seus pés. Ao fazer o que fez, Jesus estava dizendo aos discípulos para serem como Ele — tornarem-se servos humildes.

Posso ser um servo humilde como Jesus.

Ser humilde quer dizer não se achar melhor do que os outros. Quando Jesus lavou os pés dos Seus discípulos, demonstrou humildade. E disse que eles deveriam servir uns aos outros como Ele os tinha servido.

Provavelmente, você jamais precisará lavar os pés de alguém. Mas pode ser um servo humilde de outras formas. Pode deixar alguém passar à sua frente em uma fila, dividir sua sobremesa com seu irmão, irmã ou amigo, ou até fazer uma tarefa que não quer, como levar o lixo para fora.

Ao se mostrar um servo humilde, os outros veem Jesus em você. —TM

CURIOSIDADE

Nos tempos bíblicos, a maioria das pessoas usavam sandálias feitas com tiras de couro e sola de madeira. Como eram abertas, os pés das pessoas ficavam muito sujos.

LEIA MAIS

Além de lavar os pés dos discípulos, de que maneira Jesus demonstrou humildade em Filipenses 2:5-8?

22 DE OUTUBRO

> O Filho brilha com o brilho da glória de Deus [...]. Depois de ter purificado os seres humanos dos seus pecados, sentou-se no céu, do lado direito de Deus.
>
> **HEBREUS 1:3**

Um lugar especial

O que você faz quando termina uma tarefa difícil? Bate palmas e grita de alegria? Comemora com um lanche? Às vezes, ao acabarmos uma tarefa que nos consome muita energia, é bom sentar. É gostoso relaxar sabendo que o trabalho está concluído!

Depois que Jesus veio à Terra e morreu na cruz, Ele ressuscitou, passou um tempo com Seus discípulos e disse o que eles deviam fazer depois que Ele fosse embora. E então voltou para o céu. Quando Seu trabalho na Terra terminou, Ele se sentou no lugar de honra ao lado de Deus. Jesus pôde sentar-se porque terminou tudo o que veio fazer na Terra.

Quando Jesus derrotou o pecado na cruz, conquistou a vitória eterna. Sua morte pagou o custo do pecado de todo o Seu povo para sempre. Ele pôde sentar, porque Sua tarefa estava completa. Ele não precisava fazer mais nada para nos reconciliar com Deus.

Quando confessamos os nossos pecados e cremos em Jesus, tornamo-nos parte de Seu trabalho finalizado. Nosso pecado é perdoado para sempre: não precisamos fazer mais nada para nos reconciliarmos com Deus. Podemos ter certeza de que somos parte da família de Deus porque sabemos que Jesus está sentado ao Seu lado no céu. Um dia, veremos Jesus sentado em Seu trono. Vamos nos juntar a todos aqueles que o amam e cantaremos louvores a Ele para sempre! —TM

O sacrifício de Jesus na cruz pagou por meu pecado.

CURIOSIDADE

Nos reinos da antiguidade, sentar-se à direita do rei era uma grande honra. Quando um rei colocava alguém à sua direita, essa pessoa tinha poder para agir com autoridade de rei.

LEIA MAIS

Em Lucas 22:66-69, quando Jesus estava sendo julgado, para onde Ele disse que iria?

Os trabalhadores da vinha

23 DE OUTUBRO

> *O Reino do Céu é como o dono de uma plantação de uvas que saiu de manhã bem cedo para contratar trabalhadores para a sua plantação.*
> **MATEUS 20:1**

Jesus contou uma história sobre o dono de uma vinha: o lugar onde se cultiva uvas.

Esse homem saiu cedo e contratou pessoas para trabalhar em sua vinha, ele ofereceu uma moeda de prata como pagamento pelo dia todo. Os trabalhadores aceitaram e foram colher as uvas.

Por volta das nove da manhã, o dono da vinha foi a cidade e viu algumas pessoas. "Trabalhem em meu campo e pagarei a vocês o que é certo", disse. Elas concordaram. Ao meio-dia, às três e às cinco da tarde, o dono contratou mais trabalhadores.

Ao fim do dia, o dono estava pronto para pagá-los. Aqueles que começaram a trabalhar às cinco, às três, ao meio-dia e às nove horas, receberam uma moeda de prata. O mesmo valor dos que foram contratados primeiro!

Deus fará o que é certo.

"Os que o senhor contratou por último, só trabalharam durante uma hora", reclamaram. "O senhor pagou a eles o mesmo que a nós, que trabalhamos o dia todo debaixo do sol quente!".

O dono da vinha respondeu: "Vocês concordaram em trabalhar o dia todo por uma moeda de prata e foi isso que dei. Posso pagar aos outros a mesma coisa se eu quiser".

Se você aceitar Jesus quando criança, terá o privilégio de servir a Deus durante muitos anos. Outras pessoas podem aceitar Jesus bem mais tarde e servi-lo apenas por pouco tempo. Mas todos que crerem em Jesus receberão as boas recompensas do céu. Deus é sempre justo. Ele dará a cada um de nós o que é certo. —CB

CURIOSIDADE

A videira é a planta mais citada na Bíblia. As uvas ao serem colhidas podem ser comidas frescas, prensadas para fazer vinho, usadas no vinagre ou secas para fazer passas.

LEIA MAIS

O que Efésios 6:7,8 diz sobre o trabalho que fazemos?

24 DE OUTUBRO

Alimentado

> Sejam como criancinhas recém-nascidas, desejando sempre o puro leite espiritual, para que, bebendo dele, vocês possam crescer e ser salvos.
>
> **1 PEDRO 2:2**

Com que frequência você gosta de comer? Sabia que bebês recém-nascidos mamam a cada 3 horas?

Bebês precisam se alimentar com frequência. Como crescem rápido, seus corpos precisam de nutrição para ter energia. Quando mamam, ganham a energia que precisam para crescer e ficar fortes. O leite ajuda o cérebro a se desenvolver, ficar inteligente e aprender. Sem leite, um bebê não se torna um adulto saudável.

Assim como o leite ajuda um bebê a crescer forte, a Bíblia ajuda os cristãos a ficarem mais fortes. O apóstolo Pedro disse que devemos "desejar" ou "ansiar" pelas Escrituras. Isso quer dizer que devemos querer tanto a verdade da Bíblia, que não ficaremos satisfeitos até consegui-la.

Normalmente, os bebês choram quando têm fome. E o choro acaba quando eles são alimentados. Quando um bebê prova o leite e percebe que está recebendo o que precisa, fica feliz e tranquilo. Pedro disse que deve acontecer o mesmo com a gente. Se cremos em Jesus, sabemos que Deus é bom. E quando provamos da Sua bondade, devemos querer nos alimentar dela.

Nós nos alimentamos todos os dias para ficarmos forte. Da mesma forma, ler a Bíblia todos os dias nos ajuda a crescer na fé. Quando recebemos a nutrição espiritual,

Vou desejar a Palavra de Deus.

nos tornamos mais inteligentes e fortes em nosso amor por Deus. Alimente-se das Escrituras todos os dias para continuar crescendo! —TM

CURIOSIDADE

O cérebro de um bebê quase dobra de tamanho no primeiro ano de vida. Por causa desse crescimento os bebês sentem tanta fome.

LEIA MAIS

Com o que o rei Davi compara as Escrituras no Salmo 19:7-10?

25 DE OUTUBRO

José escolheu perdoar

Jacó morreu bem idoso. Os doze filhos de Jacó, José e seus irmãos, o enterraram em sua terra natal e voltaram para o Egito, onde viviam. Mas os irmãos de José ficaram preocupados quando voltaram.

Quando eram jovens, eles tinham sido maus com José, e o mandaram para longe porque não gostavam dele. Mas, por causa do plano de Deus, José agora era uma das pessoas mais importantes do mundo! Assim, depois da morte do pai, os irmãos acharam que José guardaria rancor e os trataria mal. Mandaram a seguinte mensagem: "Antes de morrer, nosso pai disse: 'Peçam a José para perdoar vocês pelas coisas ruins que fizeram a ele.' Por isso, José, nós pedimos, por favor nos perdoe. Somos servos do Deus de seu pai".

Quando José ouviu, chorou. Seus irmãos vieram ao seu palácio e se ajoelharam, mostrando respeito, dizendo que seriam seus servos. Mas José disse: "Não tenham medo. Não sou Deus! Não tenho direito de castigar vocês. Cuidarei de vocês e de seus filhos". Os irmãos ficaram felizes ao ouvirem isso de José.

> *Depois da morte do pai, os irmãos de José disseram: "Talvez José tenha ódio de nós e vá se vingar de todo o mal que lhe fizemos."*
> **GÊNESIS 50:15**

Posso escolher perdoar quem me magoa.

Mesmo José tendo motivos para ficar zangado, escolheu perdoar os irmãos. Ele se recusou a guardar rancor e disse que amava seus irmãos. José mostrou a importância de não guardar mágoa pelo que as pessoas fazem. Às vezes, precisamos perdoar várias vezes. Mas quando amamos as pessoas, manifestamos o amor e o perdão que Deus tem por nós. —TM

Leia mais
Em 2 Coríntios 2:5-8, o que Paulo diz que acontecerá com alguém se não perdoarmos?

CURIOSIDADE
O perdão é bom para a saúde. Quando você perdoa alguém, até o seu coração fica melhor.

26 DE OUTUBRO

> Todas as criaturas no céu, na terra e no mundo dos mortos, caiam de joelhos e declarem abertamente que Jesus Cristo é o Senhor.
>
> **FILIPENSES 2:10,11**

Todos se ajoelharão

Dependendo de onde você vive, talvez não veja pessoas se ajoelhando para outras com frequência. Mas sabia que há muito tempo era comum se ajoelhar? Pessoas deviam se ajoelhar na frente de reis e de autoridades importantes. Ao fazerem isso, mostravam que eram menos importantes do que elas. Era um sinal de respeito e de reconhecimento de que o outro tinha mais poder.

Cristãos sabem que Jesus é o único Rei verdadeiro; que Ele tem mais poder do que qualquer outro. Por isso, é bom louvarmos por Jesus ser mais importante do que nós. Adorarmos Jesus por Sua grandeza é o mesmo que ajoelhar perante Ele.

Mas nem todo mundo vê Jesus assim. Algumas pessoas não aceitam que Ele é o Filho de Deus — não sabem que Ele oferece perdão pelos pecados a todos. E não se ajoelham perante Jesus em sinal de adoração.

Um dia todos se ajoelharão diante de Jesus.

Quando as pessoas que estão à nossa volta não amam a Jesus como nós, pode ser difícil adorá-lo como deveríamos. É mais difícil ainda se essas pessoas zombam por sermos cristãos. Mas a Bíblia diz que um dia, todo mundo se ajoelhará perante Jesus. Todos conhecerão a Sua grandeza e dirão em voz alta que Ele é o verdadeiro Rei.

Alguma vez você já se sentiu solitário ao adorar a Jesus? Lembre-se do versículo de hoje. Jesus fica feliz quando você escolhe honrá-lo agora em vez de esperar até que seja tarde demais! —TM

CURIOSIDADE

Quando uma pessoa se curva diante de outra, imita o que os animais fazem na natureza: um animal mais fraco se abaixa em sinal de respeito ao animal mais forte.

LEIA MAIS

Leia Isaías 45:22,23.
Que promessa Jesus fez antes de vir à Terra?

Água da rocha

27 DE OUTUBRO

> …"Vocês não tiveram fé suficiente para fazer com que o povo de Israel reconhecesse o meu santo poder e por isso vocês não vão levá-los para a terra que prometi dar a eles."
>
> **NÚMEROS 20:12**

Os israelitas tiveram sede no deserto. Como não havia água suficiente, reclamaram com Moisés e Arão. "Por que vocês nos tiraram do Egito e nos trouxeram até este lugar ruim? Aqui não tem grãos. Não tem figos, uvas ou romãs. Não tem água para beber!".

Os dois foram até a Tenda Sagrada perguntar a Deus o que fazer. "Traga o seu bastão", Deus disse a Moisés. "Vá até aquela grande rocha com Arão e reúna o povo. Fale com a rocha na frente do povo. Então sairá água da rocha e o povo poderá beber".

Moisés, Arão e todo o povo foram até a rocha. "Vocês estão sempre reclamando", disse Moisés. "Agora me ouçam. Farei água sair desta rocha".

Mas Moisés não falou com a rocha como Deus mandou. Em vez disso, bateu com seu bastão duas vezes. Mesmo Moisés desobedecendo as instruções do Senhor, a água saiu da rocha e todos beberam. Mas Deus sabia que Moisés não tinha ouvido o que Ele tinha dito.

Deus quer que eu o obedeça.

Deus disse a Moisés e a Arão que eles não permitiram a Ele mostrar o Seu poder, ao agirem do jeito deles. Por isso, o Senhor falou que não conduziriam os israelitas até a Terra Prometida.

O Senhor quer que as pessoas o obedeçam. Quando desobedecemos a Deus, sofremos as consequências. Quando formos tentados a desobedecer, podemos nos lembrar de que Deus abençoa a obediência. O Senhor nos ama tanto que, se pedirmos, Ele nos ajudará a fazer o que é certo. —TM

LEIA MAIS

Veja Tiago 1:22-25, o que acontece conosco quando obedecemos a Deus?

CURIOSIDADE

O lugar onde Moisés bateu na rocha foi chamado de Meribá, que quer dizer "discussão", porque o povo discutiu com Deus.

28 DE OUTUBRO

> Se pedimos alguma coisa de acordo com a Sua vontade, temos a certeza de que Ele nos ouve.
> 1 JOÃO 5:14

A forma de orar

Você já fez um pedido? Crianças gostam de fazer pedidos. Os pais colocam velas no bolo de aniversário dos filhos para comemoração ser mais alegre, e o aniversariante faz um pedido antes de soprar as velas. Pode desejar um bichinho de estimação ou um brinquedo. Pode até desejar que seu pai ou mãe consigam um emprego novo. Às vezes, os pedidos se realizam, outras, não.

Certas pessoas acham que orar é como fazer um pedido. Acham que se disserem a Deus o que querem, Ele dará o que pediram. Mas o Senhor nos ama tanto que nem sempre nos dá o que queremos. Ele nos dá o que é melhor para nós!

Algumas vezes, o que Deus tem como o melhor, não é o que nós achamos que é melhor. Outras, demora um tempo até entendermos porque Deus disse não quando pedimos algo. E isso pode deixar a oração mais difícil. Mas sempre podemos contar com uma coisa: o Senhor nos ouve. E se nossa oração combina com as coisas boas que Ele quer para nós, Deus nos dá o que pedimos.

Então, da próxima vez que quiser alguma coisa, pode dizer a Deus como se sente. Pode até mesmo dizer o que gostaria de ver acontecendo. E depois, você pode pedir que Ele faça o que Ele quiser. Quando você ora dessa forma, está confiando que Deus escuta e faz o que é melhor. —TM

Deus ouve minhas orações e faz o que é melhor.

CURIOSIDADE
As antigas famílias judaicas não celebravam aniversários. As únicas festas de aniversário mencionadas na Bíblia eram do Faraó egípcio e do rei Herodes!

LEIA MAIS
Em João 14:12-14, quando oramos, qual o nome que tem poder?

29 DE OUTUBRO

Acabe foi para casa aborrecido e com raiva por causa do que Nabote tinha dito. Ele se deitou na cama, virado para a parede, e não quis comer nada.
1 REIS 21:4

O rei malvado

O rei Acabe, de Israel, desobedeceu a Deus em muitas coisas. Ele e sua esposa, Jezabel, eram maus.

Um vizinho de Acabe, chamado Nabote, tinha uma vinha. Um dia o rei disse a Nabote: "Me dê a sua vinha. Quero fazer uma horta. No lugar dela, darei a você uma vinha melhor, ou pagarei por ela".

Mas a vinha era especial para Nabote. "Nunca lhe darei a minha terra", ele respondeu. "Ela pertence a minha família".

O rei foi para casa muito chateado por não conseguir o que queria, e ficou com a cara emburrada.

Jezabel soube o que tinha acontecido e escreveu cartas, colocando o selo real. Mandou as cartas aos líderes da cidade de Nabote, mandando trazerem ele para uma reunião. Os líderes acharam duas pessoas para mentir sobre Nabote, dizendo que ele tinha amaldiçoado a Deus e ao rei. Depois das histórias dos mentirosos, Jezabel deu ordens para matar Nabote. E então, Acabe se apropriou da vinha.

Nada está escondido dos olhos de Deus.

Deus mandou Elias dizer a Acabe que ele seria punido por seu pecado. E ele realmente foi punido mais tarde: foi morto numa batalha.

Deus vê tudo o que as pessoas fazem, mesmo quando elas acham que estão fazendo em segredo. Nada, bom ou ruim, está escondido de Deus. Assim como Acabe, nós não podemos esconder nossos atos ruins do Senhor. Mas Jesus disse que o Senhor também vê o bem que fazemos... e Ele irá nos recompensar por isso. —TM

CURIOSIDADE

Muitas vezes na Bíblia, o nome das pessoas indicavam de onde elas vinham e o que faziam. O nome Nabote significa fruta, porque a família dele tinha vinhas.

LEIA MAIS

O que acontece aos justos e aos maus segundo Isaías 3:10,11?

30 DE OUTUBRO

Cumprindo-se

> "Hoje se cumpriu o trecho das Escrituras Sagradas que vocês acabam de ouvir."
> **LUCAS 4:21**

No Antigo Testamento, os profetas entregavam mensagens de Deus. O Senhor dizia o que deviam falar ao povo. Então os profetas falavam sobre coisas que aconteceriam logo, e também sobre o que aconteceria no futuro.

Os profetas falavam sobre o Messias que viria à Terra. Ele salvaria o povo do pecado. Viria da tribo de Judá e nasceria em Belém. Contaria parábolas e seria louvado por crianças. Seria chamado de nazareno e ensinaria na Galileia. Seria maltratado e morreria como um criminoso. Suas mãos e pés seriam perfurados. Mas Ele ressuscitaria e seria um sacrifício pelo pecado.

Tudo isso foi escrito no Antigo Testamento muitos anos antes de Jesus nascer. No tempo de Jesus, os líderes judeus poderiam ler as profecias e saber como o Messias seria.

Jesus leu uma profecia sobre o Messias em Isaías, quando terminou, disse: "Hoje se cumpriu o trecho das Escrituras Sagradas...". Ele disse ao povo que Ele era o Messias prometido! Muitas pessoas não entenderam e, mesmo depois da morte de Jesus, continuaram sem entender. Mas outras acreditaram que Ele era o Messias e que Ele tinha vindo para salvar o povo do pecado.

Hoje nós temos a Bíblia. Podemos ler as mensagens dos profetas, e também as histórias de Jesus para ver se elas combinam. Temos a certeza de que Jesus é o Messias. E podemos nos alegrar, pois todas as palavras de Deus são verdadeiras. —CB

Jesus é o Messias que Deus prometeu enviar.

CURIOSIDADE

As pessoas que estudam a Bíblia como profissão são chamadas de "teólogos". Elas acreditam que há de 300 a 400 profecias do Antigo Testamento que Jesus cumpriu.

LEIA MAIS
Jesus leu Isaías 61:1,2.
Veja essa passagem para saber o que Ele disse.

31 DE OUTUBRO

*O povo de Israel esqueceu o S*ENHOR*, seu Deus. Pecou contra Ele e adorou os deuses dos cananeus e os postes da deusa Aserá.*

JUÍZES 3:7

O primeiro juiz

Depois da morte de Josué, os israelitas se afastaram de Deus. Os mais jovens não sabiam o que Ele fez por Israel e começaram a buscar falsos deuses. Deus tinha avisado o que aconteceria se o povo se afastasse dele. E como escolheram desobedecer, o Senhor permitiu que seus inimigos os atacassem; assim outro rei governou sobre eles durante 8 anos. Então o povo pediu socorro.

Deus ouviu a oração deles e escolheu Otoniel para ajudar. Ele se tornou o primeiro juiz de Israel. Deus o ajudou a derrotar o rei que governava os israelitas, e depois disso, houve paz durante 40 anos.

Os israelitas deveriam contar aos filhos e netos o que Deus tinha feito por eles. Os mais jovens deveriam saber como Ele os fez atravessar o mar Vermelho e os guiou pelo deserto durante 40 anos. Deus queria que as crianças soubessem como Ele ajudou o povo a cruzar o rio Jordão e a entrar na Terra Prometida. Mas os mais velhos morreram, e os jovens cresceram sem conhecer a Deus.

Crianças precisam aprender sobre Deus.

Otoniel era sobrinho de Calebe. Aquele que, por sua fé, entrou com Josué na Terra Prometida. Talvez Otoniel tenha aprendido com o tio sobre as grandes coisas que o Senhor fez.

Algum dia você talvez tenha filhos. Se tiver, pode contar a eles sobre Deus e tudo o que Ele fez por você. Neste momento, pode agradecer ao Senhor se sua mãe, pai ou avós lhe falaram sobre o Seu amor. Essa é uma benção especial! —CB

LEIA MAIS

Veja em Juízes 3:12-15, por que Israel precisou de um juiz depois da morte de Otoniel? Como era o nome dele?

CURIOSIDADE

O rei que Otoniel derrotou se chamava Cuchã-Risataim!

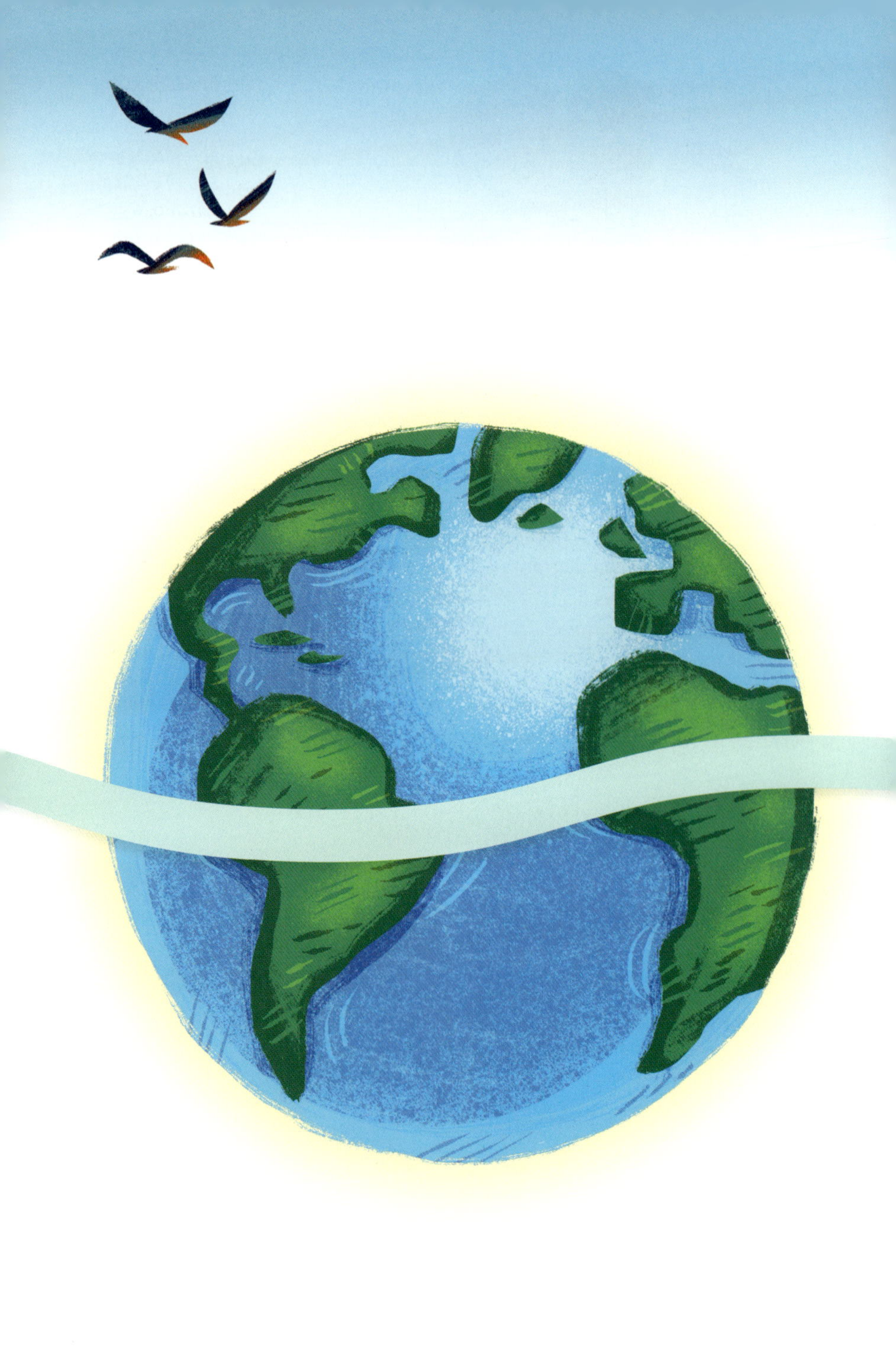

1 DE NOVEMBRO

> *Eu sou o Alfa e o Ômega, o Primeiro e o Último, o Princípio e o Fim.*
> **APOCALIPSE 22:13**

O princípio e o fim

Você sabia que Jesus estava com Deus na época da criação? Quando a lua, as estrelas, a terra e o mar foram criados, Jesus estava lá. Ele veio à Terra mais tarde para nascer como um bebê, mas sempre esteve vivo como Deus.

Enquanto esteve na Terra, Jesus curou muitas pessoas doentes; fez muitos milagres e ensinou sobre o reino de Deus. Muitos seguiram a Jesus, mas muitos outros foram contra Ele. Os líderes judeus não concordavam com as coisas que Ele dizia, e quando Jesus falou que era Deus, eles ficaram muito zangados. E fizeram planos para matá-lo.

Quando Jesus morreu na cruz, muita gente pensou que seria o Seu fim. Mas logo, Ele ressuscitou e ficou mais tempo com Seus seguidores antes de voltar para o céu!

Jesus sempre esteve vivo.

Jesus está vivo hoje, assim como estava na criação. Jesus está vivo hoje, assim como estava quando andou pela Terra. Jesus estará vivo para sempre! Um dia Ele voltará à Terra, e todos aqueles que o amam poderão ficar com Ele eternamente!

Não sabemos quando Jesus voltará, mas será o melhor dia de todos! Até esse dia chegar, podemos continuar amando a Jesus e aos outros. Podemos orar e ler a Bíblia. Quando fazemos isso, Deus nos lembra de que Jesus está vivo. Ele é o Princípio e o Fim!
—CB

LEIA MAIS

Veja em Apocalipse 1:4-8 o que esses versículos nos falam sobre Jesus.

CURIOSIDADE

O alfa (α) e o ômega (Ω) são a primeira e a última letra do alfabeto grego. Dizer Jesus é o "Alfa e o Ômega" é o mesmo que falar Ele é tudo de A a Z.

2 DE NOVEMBRO

> Jesus sentou-se à mesa com os apóstolos e lhes disse: "Como tenho desejado comer este jantar da Páscoa com vocês, antes do meu sofrimento!"
>
> **LUCAS 22:14,15**

Um jantar especial

Antes de morrer, Jesus teve um jantar especial com Seus discípulos. Era época da Páscoa, e todos estavam juntos numa casa.

Quando se sentaram ao redor da mesa, Jesus pegou o pão e deu graças. Então o partiu e distribuiu entre os discípulos. "Isto é o meu corpo que é entregue em favor de vocês", falou. "Façam isto em memória de mim".

Depois de comerem, Jesus segurou uma taça de vinho e, antes de passar aos discípulos, disse: "Este cálice é a nova aliança feita por Deus com o Seu povo, aliança que é garantida pelo meu sangue, derramado em favor de vocês".

Jesus falou essas coisas para ajudar os discípulos a entenderem o que ia acontecer. Ele sabia que logo morreria na cruz, e usou essa última refeição para explicar o significado de Sua morte. O pão partido era um símbolo de que Jesus daria Seu corpo pelas pessoas, e a taça de vinho era um símbolo de que o Seu sangue pagaria o preço pelos pecados de todos os que cressem nele. Os discípulos não entenderam tudo, mas Jesus estava falando de como Deus perdoaria o pecado das pessoas através dele.

A Ceia exemplifica como Jesus salva o Seu povo.

Quando você vai à igreja, escuta a leitura dessa história durante a celebração da "Ceia do Senhor", pois Jesus mandou comer o pão e beber o vinho para nos lembrarmos do que Ele fez. Quando fazemos isso, contamos a história de como Deus salva as pessoas. —TM

CURIOSIDADE

Algumas igrejas chamam a Ceia do Senhor de Eucaristia. Essa palavra significa "agradecer".

Leia mais

Veja em 1 Coríntios 10:16,17 o que a igreja de Corinto fez como parte da adoração.

Sem volta

3 DE NOVEMBRO

Você já fez alguma troca? Pode ter trocado sua fruta do lanche pelo biscoito de um amigo. Ou quem sabe, trocou um brinquedo com o vizinho, ou de cama com seu irmão ou irmã. É divertido trocar alguma coisa que você já tem por algo novo.

Às vezes, quando as crianças fazem uma troca, dizem: "Sem volta!", o que quer dizer que a troca não pode ser desfeita. Você não pode devolver ou pegar de volta o que trocou.

> *Deus colocou sobre Cristo a culpa dos nossos pecados para que nós, em união com Ele, vivamos de acordo com a vontade de Deus.*
>
> **2 CORÍNTIOS 5:21**

Sabia que Deus quer fazer uma troca com você? Quando Jesus estava na Terra, era perfeito e vivia sem pecado. Mas quando morreu na cruz, Deus colocou o pecado de todo mundo sobre Ele, permitindo que Jesus assumisse o pecado de cada pessoa que já tinha vivido, ou que viveria no futuro. Deus disse que faria uma troca.

Deus troca o meu pecado pela perfeição de Jesus.

Desde que Jesus assumiu a punição por nossos pecados, Deus nos dá a chance de ter a bondade de Jesus. A Bíblia chama isso de Sua "justiça". Jesus era perfeito, e Deus permitirá que tenhamos a perfeição de Jesus no lugar de nosso pecado. Essa é a troca mais importante que podemos fazer!

Para finalizar essa troca, precisamos dizer sim à oferta de Deus. A melhor parte é que, uma vez que concordemos com a troca, não tem volta. Não pode ser desfeita. Estaremos acertados com Deus para sempre! —TM

LEIA MAIS

Descubra em Gálatas 3:13,14 o que recebemos a mais como parte da troca que Deus faz.

CURIOSIDADE

A tradição de colecionar figurinhas é antiga, e é comum em vários países. É muito divertido trocar as repetidas.

4 DE NOVEMBRO

> Saul e Jônatas, tão queridos e maravilhosos; juntos na vida, juntos na morte! Eram mais rápidos do que as águias e mais fortes do que os leões!
>
> **2 SAMUEL 1:23**

Perdendo um amigo

Davi voltou de uma batalha e recebeu más notícias. Um homem veio do acampamento do rei Saul, onde tinha ocorrido outra batalha. Davi sabia que algo ruim tinha acontecido. O homem tinha o rosto sujo e roupas rasgadas.

"O que aconteceu?", Davi perguntou.

"O exército do rei Saul fugiu da batalha e muitos soldados morreram", ele respondeu. "Saul e seu filho, Jônatas também morreram".

A notícia o deixou tão triste, que Davi rasgou suas roupas, e os homens que estavam com ele fizeram o mesmo. Eles choraram e não comeram até anoitecer.

Mesmo sendo seu inimigo, a morte de Saul deixou Davi muito triste. E Jônatas era o seu melhor amigo. Davi ficou arrasado em perder pessoas tão importantes para ele. Então homenageou os dois escrevendo um cântico. O versículo de hoje faz parte desse cântico.

Deus me consola quando estou triste.

É difícil perder alguém de quem gostamos — se a pessoa morre ou se muda para longe. Não é errado se sentir triste, pensar e falar sobre quem não está mais conosco. E não é errado chorar como Davi. Também podemos homenagear as pessoas como ele fez. Você pode se lembrar dela escrevendo uma música ou um poema, ou pode fazer um desenho, ou encher uma caixa com coisas que o fazem relembrar dessa pessoa.

É muito difícil perder alguém que a gente ama, mas Deus o consolará e será sempre o seu amigo quando você estiver se sentindo sozinho. —TM

CURIOSIDADE

Antigamente, em Israel, as pessoas usavam panos de "saco" quando alguém que amavam morria. Era um tecido trançado com pelo de cabra. Elas também demonstravam tristeza jogando cinzas sobre si.

LEIA MAIS

Veja em 2 Samuel 1:19-27 as outras coisas que Davi fala sobre seus amigos no seu cântico.

5 DE NOVEMBRO

O Espírito de Deus se une com o nosso espírito para afirmar que somos filhos de Deus [...] tomaremos parte na Sua glória.

ROMANOS 8:16,17

Um herdeiro para o rei

Talvez você já tenha escutado pessoas usarem a palavra herdeiro quando falam sobre reis e realeza. O dicionário diz que um herdeiro é alguém que tem o direito de se tornar rei ou rainha quando um soberano morre. Herdeiros terão os mesmos direitos e honras de quem ocupou o cargo antes dele.

Não é qualquer um que pode ser herdeiro. Você pode ser muito inteligente e um bom líder, mas não pode simplesmente pedir para ser herdeiro. Normalmente, só é herdeiro quem nasce na família real. Precisa ser filho do rei.

Deus é Rei de todo o Universo. Jesus é Seu Filho, e isso quer dizer que Ele é herdeiro de Deus. Ele recebe todas as coisas boas e honras que Deus tem. Quer saber de uma coisa maravilhosa? A Bíblia nos diz que também podemos ser herdeiros com Jesus!

Sou herdeiro do Rei do Universo.

Quando pedimos a Jesus que perdoe os nossos pecados, nos tornamos parte da família de Deus. O Espírito Santo é testemunha de que somos filhos de Deus por meio de Jesus. E, sendo filhos de Deus, somos Seus herdeiros. Assim como Jesus, podemos receber as boas coisas que Deus tem.

Já se perguntou se você é importante ou se um dia fará coisas importantes? Se alguma vez pensou assim, pode se lembrar do versículo bíblico de hoje. Você é filho do Rei! E tudo o que Ele tem é seu. —TM

Leia mais
Como éramos chamados antes de nos tornarmos herdeiros?
Veja em Gálatas 4:4-7.

CURIOSIDADE
Charles, o Príncipe de Gales, filho da Rainha Elizabeth II, é o herdeiro do trono do Reino Unido.

6 DE NOVEMBRO

Alegre ou triste

Alegrem-se com os que se alegram e chorem com os que choram.
ROMANOS 12:15

Todo mundo quer ser compreendido. Quando você está triste, quer que alguém faça você se sentir melhor. Quando está alegre, quer que o outro fique alegre também.

A forma como gostaríamos de ser tratados é a mesma como deveríamos tratar os outros. Se um amigo está triste porque o cachorro dele fugiu, você pode ficar triste com ele. Se uma amiga está alegre porque venceu uma corrida no recreio, você pode se alegrar com ela.

Jesus também se importava com as pessoas desse jeito solidário. Quando Seu amigo Lázaro morreu, Jesus viu as irmãs dele tristes e também se entristeceu. Mas quando Jesus dizia aos Seus seguidores que Deus os amava, queria que eles ficassem tão felizes quanto Ele.

Mesmo quando estava morrendo na cruz, Jesus se preocupou. Ele olhou para baixo e viu Sua mãe, Maria, ao lado de João, que foi um dos discípulos de Jesus, e era Seu amigo mais próximo. Ele sabia que Sua mãe e João estavam tristes, e mostrou o quanto se importava com eles. Jesus disse a João que Maria era a sua nova mãe, e disse a Maria que João era seu novo filho. Jesus sabia que eles ajudariam um ao outro durante os dias tristes após a Sua morte.

Posso me alegrar ou ficar triste pelos outros.

Podemos seguir o exemplo de Jesus e nos importarmos com o que os outros passam. Quando alguém está triste, fique triste com ele; e quando alguém está alegre, se alegre também! —CB

CURIOSIDADE

Cientistas dizem que o sorriso de um amigo, provoca um sorriso em seu rosto, mesmo sem perceber!

LEIA MAIS
O que os versículos 3 e 4 de Apocalipse 21 nos contam sobre o céu?

7 DE NOVEMBRO

Tenha esperança

> *Que Deus [...] encha vocês de alegria e de paz, por meio da fé que vocês têm nele, a fim de que a esperança de vocês aumente pelo poder do Espírito Santo!*
> **ROMANOS 15:13**

As pessoas esperam por muitas coisas. As crianças se candidatam a entrar numa equipe esportiva, e esperam ser selecionadas. Quem gosta de atuar, espera conseguir um papel numa peça, e quem gosta de cantar, espera fazer parte de um coral.

Adultos também esperam conseguir bons empregos; esperam ter filhos; ter boa saúde. Às vezes, se estiverem planejando algo ao ar livre, esperam que o tempo esteja bom!

Você já notou que as pessoas sempre esperam coisas boas? Ninguém espera coisas ruins. Ter esperança quer dizer que queremos que aconteça uma coisa boa. Mas, às vezes, o que esperamos não acontece da forma que desejamos.

Minha esperança vem de Deus.

Quando o apóstolo Paulo ensinava sobre Jesus, dizia que nossa esperança vem de Deus. Quando Jesus veio à Terra, muitas promessas de Deus foram cumpridas. E isso nos dá esperança de que as outras promessas que Ele fez também se realizem. Deus promete que quem tiver fé em Jesus irá para o céu. Ele promete que estará sempre conosco; promete nos ajudar quando tivermos problemas. E promete que um dia Jesus voltará.

Esperamos tudo isso acontecer, mas temos certeza de que se realizará. —CB

LEIA MAIS
De acordo com o Salmo 33:18-22, por que podemos ter esperança?

CURIOSIDADE
O ditado "depois da tempestade, vem a bonança" é uma expressão que as pessoas usam desde 1800. Significa que depois que nossos problemas acabam, começam as coisas boas.

8 DE NOVEMBRO

Elias é levado para o céu

> *De repente, um carro de fogo puxado por cavalos de fogo os separou um do outro, e Elias foi levado para o céu num redemoinho.*
> **2 REIS 2:11**

A maioria das pessoas não sabe quando sua vida na Terra acabará, mas o profeta Elias sabia. Deus disse ao povo o dia exato em que Elias iria para o céu.

Eliseu, o aluno de Elias, ficava triste quando pensava sobre o assunto, e não saía do seu lado, enquanto Elias viajava de um lugar para o outro para se despedir.

Por fim, Elias se despediu de Eliseu e perguntou: "O que posso fazer por você antes de ser levado?".

Eliseu queria ter o poder de Deus, como o seu professor tinha, e pediu: "Por favor, me dê uma dose dupla do seu espírito".

"Você pediu uma coisa que não posso dar", Elias respondeu. "Apenas o Senhor pode."

De repente, apareceu uma carruagem puxada por cavalos. Mas não era uma carruagem e cavalos comuns: Eles estavam cercados por fogo! Ela passou entre eles dois, e Elias foi levado para o céu num grande redemoinho.

Tudo foi tão rápido, que o casaco de Elias caiu no chão. Eliseu o pegou e foi para o rio Jordão. Quando tocou a água com o casaco, Deus lhe deu o poder que Elias tinha. A água se dividiu para o profeta cruzar o rio.

Deus usa pessoas como exemplos para minha vida.

Eliseu aprendeu com Elias e queria ser como ele. Deus usou Elias para ajudar Eliseu a se tornar um grande profeta. Você sabia que o Senhor também colocou pessoas em sua vida para serem bons exemplos? Quando observar coisas boas em pessoas perto de você, peça a Deus para ajudá-lo a aprender com elas. Você pode ser como Eliseu! —TM

CURIOSIDADE

Desde o final dos anos 1950, quem dá bom exemplo também é chamado de "modelo".

LEIA MAIS

Em 1 Reis 19:19-21, o que Eliseu fez quando se encontrou com Elias?

Boa notícia

9 DE NOVEMBRO

Quando você recebe uma notícia boa, quer contar para muitas pessoas, e não sente vergonha em compartilhar essa novidade. Você fica alegre e animado em contar a todos o que ouviu.

O apóstolo Paulo foi um grande professor e missionário. Seguia a Jesus e queria que todo mundo soubesse da boa notícia sobre Ele. Paulo queria que todos soubessem e acreditassem que Jesus era o Messias que Deus prometeu enviar à Terra. Jesus veio ao mundo para morrer na cruz por nossos pecados e, por causa de Sua morte e ressurreição, todos os que creem nele são perdoados e salvos para sempre do castigo do pecado. Essa notícia é muito boa!

Eu não me envergonho do evangelho, pois ele é o poder de Deus para salvar todos os que creem, primeiro os judeus e também os não judeus.
ROMANOS 1:16

Posso ter orgulho de espalhar a boa-nova de Jesus.

Paulo disse: "Como homem, Jesus nasceu na família de Davi. Mas, por meio do Espírito Santo, Jesus mostrou ser o poderoso Filho de Deus quando se levantou do túmulo".

Paulo acreditava que Deus tinha lhe dado a tarefa de falar sobre Jesus aos povos de todas as nações para que todos pudessem crer nele. Paulo viajou por muitas cidades e países para contar a boa notícia ao máximo de pessoas possível. Quando estava escrevendo uma carta aos romanos, disse: "Eu não me envergonho do evangelho, pois ele é o poder de Deus para salvar todos os que creem em Jesus. A boa notícia mostra como Deus aceita as pessoas por meio da fé".

Assim como Paulo, você pode espalhar a boa notícia sobre Jesus. É a melhor notícia que alguém pode compartilhar. —CB

Leia mais
De acordo com Atos 20:22-24, qual era o propósito da vida de Paulo?

CURIOSIDADE
Diferentes traduções da Bíblia usam "boa-nova" ou "evangelho". Mas o significado é o mesmo.

10 DE NOVEMBRO

> *Jesus respondeu: "Vamos aos povoados que ficam perto daqui, para que eu possa anunciar o evangelho ali também, pois foi para isso que eu vim".*
> MARCOS 1:38

Jesus ajuda muitas pessoas

Um dia Jesus, Tiago e João foram à casa de Simão Pedro e André. A sogra de Pedro estava doente e com febre. Na mesma hora, Jesus segurou a sua mão e a ajudou a se levantar. Quando ela ficou de pé, a febre desapareceu! E ela foi cozinhar para Ele e os outros que estavam na casa.

Naquela noite, muitos doentes foram levados até Jesus. Todo mundo se reuniu na porta da casa, em Cafarnaum. As pessoas tinham diversas doenças, mas Jesus curou todas, e até expulsou demônios.

Na manhã seguinte, Jesus se levantou cedo e foi a um lugar tranquilo para ficar sozinho e orar. Não demorou muito, alguns de Seus seguidores foram à Sua procura e quando o encontraram, disseram: "Muitas pessoas estão procurando pelo Senhor".

Mas Jesus respondeu: "Vamos aos povoados que ficam perto daqui, para que eu possa anunciar o evangelho ali também, pois foi para isso que eu vim".

Jesus amava a cada pessoa que o seguia e queria curar suas doenças, mas Ele também queria que soubessem como poderiam ter seus pecados perdoados. Ele queria curar o espírito assim como o corpo deles. Foi por isso que Jesus viajou para lugares

Jesus quer ajudar a todos.

diferentes: para que cada vez mais pessoas pudessem aprender sobre o amor de Deus.

Você pode falar sobre o amor de Deus, como Jesus fez. Não importa onde você mora: há pessoas que precisam escutar a mensagem do Senhor. —CB

CURIOSIDADE

Entre os discípulos de Jesus havia dois pares de irmãos: Simão Pedro e André, e Tiago e João.

LEIA MAIS

O que o texto de Mateus 4:23-25 diz sobre o ministério de Jesus?

Saída de emergência

11 DE NOVEMBRO

Você já viajou de avião? Antes de decolar, os comissários mostram aos passageiros como manter a segurança durante o voo, explicam o que fazer se algo ruim acontecer e todos precisarem sair do avião.

Dependendo do tamanho, o avião tem diversas saídas de emergência para serem usadas caso seja necessário. Elas são marcadas com luzes para que todos vejam onde estão. Se o avião estiver com as luzes internas apagadas, setas iluminadas indicam o caminho para as saídas. Os comissários mostram aos passageiros a saída mais próxima antes da decolagem, para que saibam aonde ir se houver alguma emergência.

Fugir da tentação é muito parecido com procurar uma saída de emergência. Como vivemos num mundo de pecado, somos tentados. Isso acontece com todo mundo, então não devemos ficar surpresos quando acontecer conosco. Mas Deus promete que quando formos tentados a desobedecer, Ele nos mostrará uma saída. Assim como a saída de emergência do avião, o Senhor nos deu um caminho para fugir do perigo. Precisamos apenas ir na direção certa.

> *Quando uma tentação vier, Deus dará forças a vocês para suportá-la, e assim vocês poderão sair dela.*
> 1 CORÍNTIOS 10:13

Quando me sinto tentado, Deus me dá uma saída.

A Palavra de Deus é a sinalização. Ela nos mostra aonde ir quando somos tentados. A oração é como as setas iluminadas no chão. Ela nos ajuda a saber o que fazer quando estamos perdidos.

Da próxima vez que se sentir tentado a desobedecer a Deus, procure pela saída de emergência. Deus lhe mostrará a direção que você deve seguir. —TM

LEIA MAIS
Segundo Hebreus 2:17,18, quem pode nos ajudar a encontrar uma saída da tentação?

CURIOSIDADE
O símbolo internacional de saída de emergência é a imagem de um homem correndo por uma porta. Foi criada por um desenhista japonês em 1970.

12 DE NOVEMBRO

A Terra Prometida

Nunca mais apareceu em Israel um profeta como Moisés, com quem o Senhor falava face a face.
DEUTERONÔMIO 34:10

Você se lembra de como Moisés desobedeceu a Deus batendo na rocha com seu bastão em vez de falar com ela? Quando isso aconteceu, Deus disse a Moisés que ele não entraria na Terra Prometida com o povo de Israel. Mas antes de morrer, Ele deixou que Moisés visse a Terra Prometida do alto de uma montanha.

Moisés subiu até o topo do monte Nebo. De lá, pôde ver o outro lado do rio Jordão. Deus lhe mostrou toda a terra que tinha prometido aos israelitas. Ele pôde ver onde as 12 tribos de Israel viveriam. Deus mostrou a Moisés o deserto ao sul e o grande vale ao redor de Jericó.

"Esta é a terra que prometi a Abraão, Isaque e Jacó", o Senhor falou. "Eu disse a eles: 'Darei esta terra aos seus descendentes'. Eu permiti que você a visse, Moisés, mas você não chegará até ela".

Moisés morreu e Deus o enterrou. Moisés viveu 120 anos e ainda estava forte e com boa visão. Os israelitas choraram por ele durante 30 dias, e Josué o substituiu.

Deus é cheio de amor e bondade.

Como Deus é santo, teve que punir Moisés por sua desobediência. Mas o Senhor também é cheio de amor e bondade. Ele queria que Moisés visse a terra onde os israelitas viveriam. Deus queria que ele soubesse que o Senhor cumpre as Suas promessas.

Desobedecer a Deus gera consequências. Mas o Seu amor é maior do que o nosso pecado. Ele nos perdoa quando pedimos. Ele sempre demonstra bondade com as pessoas que o amam. —CB

CURIOSIDADE

A Terra Prometida foi dividida em partes com os nomes dos filhos e Jacó, a parte que cabia a José recebeu o nome de seus filhos Efraim e Manassés. A tribo de Levi, que era de sacerdotes, vivia espalhada entre as tribos.

LEIA MAIS
O que o Salmo 145:8,9 nos ensina sobre Deus?

13 DE NOVEMBRO

> Entrem pelos portões do Templo com ações de graças, entrem nos seus pátios com louvor. Louvem a Deus e sejam agradecidos a Ele.
>
> **SALMO 100:4**

Agradeça a Deus

Muitas pessoas quando escutam "ação de graças" pensam numa celebração com viagem, jantar festivo e doces. Comemoramos o dia de Ação de Graças em novembro para nos lembrarmos de todas as bênçãos recebidas. Em alguns países é até feriado. É bom parar e pensar sobre as coisas maravilhosas que Deus nos concede todos os dias.

Separar um tempo para dar graças remonta aos dias do Antigo Testamento. O rei Davi escreveu um cântico chamado "Salmo de Louvor". Ao longo de todo o salmo, Davi nos diz para lembrarmos das grandes coisas que Deus faz. "Cantem hinos a Deus, o Senhor, todos os moradores da terra! Adorem o Senhor com alegria e venham cantando até a Sua presença".

Davi queria que o povo percebesse que Deus governa acima de tudo. Ele nos lembra de que Deus nos fez e que pertencemos a Ele, como as ovelhas pertencem ao pastor.

Posso agradecer a Deus a qualquer hora.

Quando separamos um tempo para adorar ao Senhor, é bom agradecer. Podemos louvar o nome de Deus. Ele é tão bom, que Seu amor jamais acaba. Ele é sempre fiel conosco.

Não precisamos esperar um dia especial para agradecer a Deus. Podemos fazer isso a qualquer hora. Pense hoje em todas as coisas pelas quais você é grato. Pode ser por coisas que você vê, como suas roupas e alimento. Ou podem ser coisas que não se vêm, como o amor e a paz do Senhor. Todo mundo tem um motivo pelo qual ser grato. E Deus fica feliz quando agradecemos! —TM

CURIOSIDADE

Em quase todas as línguas existe uma forma de dizer "Obrigado". Conheça algumas: *thank you* (inglês), *gracias* (espanhol), *merci* (francês), *arigato* (japonês), *danke* (alemão), *spasibo* (russo).

Leia mais

Descubra no Salmo 111 por quanto tempo devemos louvar a Deus.

14 DE NOVEMBRO

> *Fazemos os nossos pedidos por causa da tua grande compaixão e não porque sejamos bons e honestos.*
> **DANIEL 9:18**

Daniel ora pelo povo de Deus

A história de Daniel na cova dos leões é muito legal e mostra que Daniel orou mesmo quando o rei disse que era contra a lei. As crianças amam saber que Daniel passou a noite com os leões e que Deus o guardou em segurança.

Mas essa não é a única história sobre Daniel orando. O versículo de hoje é parte de uma longa oração. Ele estava triste com o que estava acontecendo com os israelitas. Estava triste porque eles tinham pecado e se afastado de Deus. Daniel também estava triste porque o povo tinha sido tirado de Jerusalém e a sua cidade estava arruinada.

Daniel orou, e disse a Deus que se arrependia de seus pecados e dos pecados do povo. Pediu que Ele os ajudasse e que fizesse coisas boas por eles. Daniel pediu que Deus perdoasse o povo, mesmo achando que eles não mereciam esse perdão. Daniel sabia que o povo não estava vivendo de maneira que agradava a Deus. Ele sabia que eles mereciam ser castigados. Daniel pediu por bondade, por causa da misericórdia e do perdão de Deus. Ele sabia que o Senhor é cheio de amor e bondade. E sabia que Deus ouviria seu pedido de ajuda.

Posso orar a Deus como Daniel orou.

Você sabia que Deus também nos ouve? Podemos pedir ao Senhor que nos ajude a fazer o que é certo e que nos ajude a agradá-lo. Mas quando não fazemos as coisas certas, podemos pedir que Deus nos perdoe. Ele é cheio de amor e misericórdia. —CB

CURIOSIDADE

Daniel na cova dos leões é uma das três histórias bíblicas mais contadas às crianças atualmente. As outras duas são a criação do mundo e a arca de Noé.

LEIA MAIS

Observe em Salmo 32:1,2 como as pessoas se sentem quando seus pecados são perdoados.

15 DE NOVEMBRO

> *Depois de anoitecer, todos os que tinham amigos enfermos, com várias doenças, os levaram a Jesus. Ele pôs as suas mãos sobre cada um deles e os curou.*
>
> LUCAS 4:40

Mãos que curam

Jesus curava os doentes de diferentes formas. Às vezes, era só Ele falar e a pessoa ficava curada. Mas muitas vezes, Ele usou Suas mãos para curar. Tocou ouvidos surdos para que escutassem; estendeu as Suas mãos para curar a pele ferida de leprosos; tocou na língua dos mudos para que falassem; enxugou os olhos de um cego para que ele voltasse a ver. Quando os doentes estavam acamados, Jesus as segurava pela mão e as ajudava a se levantar depois de serem curadas.

O Senhor ama e quer ajudar as pessoas. Durante o período em que esteve na Terra, Ele era o Filho de Deus num corpo humano, mas não agia como se fosse mais importante do que os outros. Jesus curava com Suas mãos para mostrar o quanto se importava com as pessoas. Mesmo sendo Rei, Ele agia como um servo.

As mãos de Jesus curam.

Muitos traziam seus filhos para que Jesus colocasse as mãos sobre eles e os abençoasse. Ele usou Suas mãos para fazer um milagre que alimentou milhares de pessoas; para partir o pão e servir o vinho que compartilhou com Seus discípulos. E o maior ato de amor de Jesus foi ter Suas mãos pregadas numa cruz para que Ele pudesse curar o mundo do pecado.

Da próxima vez que você unir as mãos para orar, pense em como Jesus usou as mãos dele para curar e abençoar as pessoas. Agradeça a Ele por cuidar de você hoje. —CB

Leia mais

De acordo com Lucas 24:50-53, qual foi a última coisa que Jesus fez antes de voltar ao céu?

CURIOSIDADE

Você sabia que os seus dedos não têm músculos? Os dedos são controlados pelos músculos da palma da mão e do antebraço.

16 DE NOVEMBRO

Uma luz e um escudo

> O Senhor Deus é a nossa luz e o nosso escudo. Ele ama e honra os que fazem o que é certo e lhes dá tudo o que é bom.
>
> SALMO 84:11

Como o Sol é a estrela mais próxima da Terra, parece ser a mais brilhante. Mas você sabe quão brilhante é o Sol?

Medimos o peso em quilos e distâncias em metros. Mas cientistas medem a luz em unidades chamadas de *lux*. Quando o Sol está no alto, ou "a pico", emite cerca de 100 mil luxes. Para ajudar você a entender, pense num estádio iluminado à noite. As luzes que permitem que os jogos aconteçam, emitem cerca de 500 luxes. O sol é 200 vezes mais brilhante do que elas… e isso a 150 milhões de quilômetros de distância!

A luminosidade do sol nos ajuda a ver o que fazemos. Durante o dia, a luz solar ilumina o caminho e nos mostra aonde ir. A Bíblia diz que Deus é como o Sol. Ele nos mostra o caminho e nos ajuda a ver para onde estamos indo.

Deus é a minha luz e o meu escudo.

A Bíblia também diz que Deus é como um escudo. Nos tempos bíblicos, às vezes, os soldados usavam um escudo do tamanho de uma porta. Era feito de madeira e coberto com couro, e grande o suficiente para proteger todo o corpo do soldado, assim ele ficava em segurança, pois as flechas inimigas atingiam apenas o escudo. É isso o que Deus faz por nós. Como um escudo, Ele nos protege das tentativas de Satanás de nos machucar.

Não importa o que você faz ou fará hoje, o Senhor é a sua luz e seu escudo. Ele o ajuda a saber o caminho e o protege. Quando você tem certeza disso, tem coragem todos os dias! —TM

CURIOSIDADE

Sírio ou *Sirius* é a estrela mais brilhante no céu à noite. Mas por estar muito distante não parece ser tão brilhante como o Sol. Se os dois fossem colocados lado a lado, veria que *Sirius* é muito mais brilhante do que o Sol.

Leia mais

Descubra lendo Isaías 60:19,20 quem será a fonte de luz no céu. O que acontecerá ao Sol?

Um Deus que vê

17 DE NOVEMBRO

> O Senhor Deus olha do céu e vê toda a humanidade.
> **SALMO 33:13**

Nos tempos bíblicos, muitas pessoas tinham empregados porque havia muito trabalho a fazer. Sara e Abraão tinham uma empregada chamada Agar.

Sara e Agar não estavam se dando muito bem, assim um dia, Agar fugiu. Ela foi para o deserto e parou para descansar perto de uma fonte de água. Então, um anjo do Senhor veio, falou com ela e disse: "Agar, de onde você veio e para onde está indo?".

"Estou fugindo da minha patroa, Sara", ela respondeu.

O anjo então falou: "Volte para sua patroa e obedeça a ela. Você terá um filho. Colocará nele o nome de Ismael, porque o Senhor ouviu o seu choro".

Agar disse ao anjo: "Você é um Deus que vê". E voltou para casa.

Deus sempre me vê.

Você sabia que Deus pode ver todo mundo ao mesmo tempo? Para nós, é difícil entender como isso é possível, mas o Senhor pode mesmo ver assim. Isso quer dizer que Ele vê quando você está feliz e quando está tendo um dia difícil. Ele vê quando você tem um problema e quando precisa de alguma coisa.

Deus também vê quando você faz coisas que o agradam. Seu professor pode não ver quando você ajuda um amigo no pátio, mas Deus vê. Seus pais podem não ver quando você deixa de lavar os pratos para brincar, mas o Senhor vê. Ele vê tudo o tempo todo. Ele é um Deus que vê. —CB

LEIA MAIS

Veja em Gênesis 21:14-21 como Deus cuidou de Agar e Ismael no deserto.

CURIOSIDADE

O poço onde Agar encontrou o anjo se chama *Laai-Roi*. Esse nome significa: "Poço daquele que vive e me vê".

18 DE NOVEMBRO

Deus, o Senhor nosso, é grande e poderoso; a sua sabedoria não pode ser medida.
SALMO 147:5

A mente de Deus

Você sabe o que quer dizer onisciência? Significa saber tudo. Quando dizemos que Deus é onisciente, quer dizer que Ele sabe tudo. O Senhor sabe tudo o que já aconteceu, e o que acontecerá. Ele conhece tudo sobre cada pessoa. Não há nada que Deus não saiba.

Quando Paulo escreveu à igreja em Corinto, disse que a sua sabedoria e conhecimento vieram de Deus. E que somente por meio do Espírito Santo, ele era capaz de entender e ensinar sobre o Senhor.

Quando cremos em Jesus, Ele nos enche com o Espírito Santo para nos ajudar a entender mais sobre Deus e sobre a Bíblia. Como cristãos, compreendemos algumas coisas que confundem quem não segue a Jesus. Mas, mesmo com a sabedoria, o conhecimento e a compreensão que o Espírito Santo nos dá, jamais saberemos tudo o que Deus sabe.

Enquanto Paulo ensinava essas coisas aos coríntios, ele citou as palavras de Isaías: "Quem pode conhecer a mente do Senhor? Quem é capaz de lhe dar conselhos?".

Deus sabe tudo.

Paulo sabia que o Espírito Santo o ajudava a aprender e a entender muitas coisas, mas entendia que jamais teria conhecimento como Deus e que nunca compreenderia tudo sobre o Senhor.

Algumas pessoas são bem inteligentes. Elas sabem muito sobre muitas coisas. Mas ninguém sabe como Deus. Foi por isso que Ele enviou o Espírito Santo para nos ensinar. Quando escutarmos o que Ele diz, saberemos o que Deus quer que a gente saiba. —CB

CURIOSIDADE

O *teste de QI* mede a inteligência de uma pessoa em comparação com a de outras. Uma pontuação média é de 100. QI significa "quociente de inteligência".

LEIA MAIS

O que o Salmo 139:1-6 nos diz sobre o conhecimento de Deus?

O que as pessoas vão pensar?

19 DE NOVEMBRO

Quando Pedro foi à cidade de Antioquia, Paulo ficou decepcionado com o comportamento dele.

Deus tinha dito que Sua salvação era para todos, não apenas para os judeus. No início, para alguns discípulos, foi difícil aceitar essa ideia. Mas eles obedeceram e começaram a ensinar sobre Jesus também aos gentios, ou seja, os não-judeus, e os convidaram a entrar na família de Deus.

> *Pedro tomava refeições com os irmãos não judeus. Mas, depois que aqueles homens chegaram, ele não queria mais tomar refeições com os não judeus.*
> GÁLATAS 2:12

Durante a primeira parte da estadia de Pedro em Antioquia, ele passou tempo com pessoas não-judias e comeu com elas, apesar dos líderes judeus acharem errado. Mas Pedro sabia que não havia problema algum.

Porém, depois de alguns judeus chegarem em Antioquia, Pedro evitou os gentios. Ele não comeu mais com eles, porque ficou com medo do que os judeus iriam pensar. Esses judeus não acreditavam nas boas-novas de Deus nem aceitavam Jesus como Messias. Quando Paulo notou a atitude de Pedro, repreendeu-o e disse que o que ele estava fazendo era errado.

Vou agradar primeiro a Deus.

Esse erro é fácil de acontecer: Pedro ficou preocupado com o que os outros pensariam. Queria agradar às pessoas em vez de Deus.

Pode ser difícil fazer o que é certo quando os outros discordam de você. Ainda mais quando nos observam. As escolhas que fazemos mostram aos outros a quem queremos agradar de verdade.

Você pode dar um bom exemplo e escolher obedecer a Deus, não importa o que os outros vão pensar ou dizer. Assim, saberão quem é a pessoa mais importante em sua vida. —TM

CURIOSIDADE
Nos tempos bíblicos, havia cerca de 16 lugares chamados "Antioquia". Dois deles são mencionados na Bíblia, incluindo o local onde os seguidores de Jesus foram chamados, pela primeira vez, de "cristãos".

LEIA MAIS
Veja em Gálatas 1:10, a quem Paulo estava tentando agradar.

20 DE NOVEMBRO

A música de Deus

> Deus ficará contente com vocês e por causa do Seu amor lhes dará nova vida. Ele cantará e se alegrará.
>
> **SOFONIAS 3:17**

Comemorar aniversários é divertido! Quando o aniversário é seu, as pessoas homenageiam você de diversas formas. Podem lhe dar um presente embrulhado em papel brilhante; fazer um bolo e decorar com uma cobertura deliciosa; podem lhe dar um cartão dizendo por que motivo gostam de você. E podem até cantar "Parabéns *pra você*"!

É bom ouvir alguém cantar para você. Faz você se sentir amado e muito especial. Essa é uma forma de as pessoas demonstrarem o quanto se importam com você.

Sabia que a Bíblia diz que Deus cantará para o Seu povo? Não será nos aniversários, mas como uma forma especial de mostrar o Seu amor. Um profeta chamado Sofonias disse ao povo de Israel que Deus ficaria tão contente com eles que cantaria músicas alegres.

Deus promete cantar de alegria para o Seu povo.

Quando Jesus voltar e aperfeiçoar o mundo, Deus viverá conosco e nós com Ele. Sua presença será tão perfeita e maravilhosa, que nos acalmará com Seu amor. Não teremos mais medo e viveremos em perfeita paz. E enquanto nos encantamos com essa paz, ouviremos a linda canção do amor de Deus pelo Seu povo.

Podemos esperar pelo dia em que viveremos num mundo perfeito com Deus. Até lá, podemos nos alegrar com as muitas promessas de Seu amor e cuidado. A música será doce aos nossos ouvidos! —TM

CURIOSIDADE

A melodia de "Parabéns *pra* você" foi composta em 1893, mas a letra em inglês foi impressa com a música em 1912. A versão em português foi composta por Bertha Homem de Mello em 1942.

LEIA MAIS

De que maneira Isaías descreve como Deus fica contente com Seu povo? Descubra em Isaías 62:3-5.

21 DE NOVEMBRO

A fé é a certeza de que vamos receber as coisas que esperamos e a prova de que existem coisas que não podemos ver.

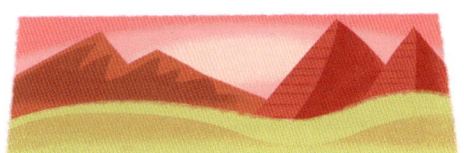

HEBREUS 11:1

As últimas palavras de José

José era o décimo primeiro filho e o predileto de Jacó. Por isso, com raiva, os irmãos o venderam como escravo, mas Deus fez de José um grande governante no Egito.

Durante um período de grande fome em Canaã, o pai e os irmãos de José foram para o Egito. José os ajudou com comida e os levou até o rei. O Faraó convidou toda a família de José para viver no país, e eles foram morar num lugar chamado Gósen.

José continuou a viver no Egito. Ele sabia que morreria ali, mas acreditava que algum dia Deus levaria sua família de volta para Canaã. Assim, ele reuniu seus irmãos. "Eu vou morrer logo, mas estou certo de que Deus virá ajudá-los", falou. "Ele os levará deste país para a terra que jurou dar a Abraão, a Isaque e a Jacó." Então José fez um pedido a eles: "Prometam que levarão meus ossos com vocês quando forem embora do Egito".

Eu tenho fé em Deus.

José morreu aos 110 anos de idade. Deus usou a vida dele para salvar a sua família, apesar dos irmãos o terem tratado mal. Deus usou José para explicar sonhos e alimentar o povo do Egito durante um período de fome, porque ele sempre confiou no Senhor.

José não sabia quando ou como os israelitas sairiam do Egito, mas sabia que isso aconteceria. José tinha fé na promessa de Deus.

Ter fé significa acreditarmos que Deus é real. Quer dizer que cremos em Suas promessas, assim como José acreditou. Significa que acreditamos que Deus fará tudo o que Ele diz que vai fazer. —CB

LEIA MAIS
Quem manteve a promessa feita a José de acordo com Êxodo 13:19?

CURIOSIDADE
Os israelitas saíram do Egito 144 anos depois da morte de José.

22 DE NOVEMBRO

Rico e pobre

> Deus escolheu os pobres deste mundo para serem ricos na fé e para possuírem o Reino que ele prometeu aos que o amam.
>
> TIAGO 2:5

Quando Jesus viveu na Terra, demonstrou amor a todos. Não importava se a pessoa era velha ou jovem, rica ou pobre. Se quisesse segui-lo ou se demonstrasse fé nele por causa da cura, Jesus aceitava a todos. Ele nunca olhava para as roupas que a pessoa vestia, e não se importava quanto dinheiro ela tinha. Jesus nunca considerou algumas pessoas mais importantes do que outras. Ele amava a todos do mesmo jeito.

Um dia, quando Jesus estava ensinando, citou um trecho do livro de Isaías. "O Espírito do Senhor está em mim", Jesus falou. "Ele me escolheu para levar boas notícias aos pobres e me enviou para anunciar a liberdade aos presos, dar vista aos cegos, libertar os que estão sendo oprimidos e anunciar que chegou o tempo em que o Senhor salvará o Seu povo".

Somos todos iguais em Jesus.

Deus quer que a gente trate os outros do jeito que Jesus tratava. Não devemos tratar ninguém de uma forma especial só porque está usando roupas bonitas; e nunca devemos ignorar alguém só porque pode ser pobre.

Deus ama cada um da mesma forma. Qualquer pessoa que siga a Jesus e se torne parte da família de Deus, recebe todas as riquezas do Senhor. As riquezas de Deus são muito melhores do que as do mundo. E elas duram para sempre! —CB

CURIOSIDADE

Jesus citou as palavras de Isaías 61:1,2. Esse texto sobre Jesus foi escrito aproximadamente 700 anos antes!

Leia mais

Veja em Tiago 2:1-5 por que devemos ter cuidado com a forma como tratamos os outros?

23 DE NOVEMBRO

Asa fez o que agradava ao S<small>ENHOR</small> Deus, como havia feito o seu antepassado Davi.
1 REIS 15:11

Rei Asa

Asa era o tataraneto do rei Davi. Davi foi um grande homem, mas o pai e o avô de Asa não foram bons. Eles fizeram coisas ruins e desobedeceram a Deus. Não conduziram o povo da forma como o Senhor tinha mandado. Não foram justos, mas Deus deixou que governassem o reino de Judá por causa da promessa que tinha feito a Davi.

Quando Asa se tornou rei, precisou escolher entre desobedecer a Deus e fazer as coisas ruins que seu pai e avô tinham feito, ou seguir ao Senhor. Se seguisse a Deus, Asa poderia transformar o reino e melhorar tudo.

Asa decidiu fazer o que era certo. Escolheu ser como Davi. Ele seguiu a Deus e se livrou de todos os ídolos que seu pai e avô tinham feito. Expulsou de Judá os homens que faziam coisas malignas. E até tirou de sua avó o título de "rainha-mãe" porque ela adorava falsos deuses! Asa levou presentes caros ao Templo de Deus, como oferta, e se comprometeu com o Senhor por toda a sua vida.

Posso escolher ser alguém que obedece a Deus.

O rei Asa não deixou que os pecados de sua família o impedissem de obedecer a Deus. Ele escolheu ser obediente ao Senhor e um bom rei. Talvez haja pessoas perto de você, até em sua família, que não obedeçam a Deus. Pode ser difícil fazer as coisas de forma diferente delas, mas você pode escolher obedecer ao Senhor, como Asa fez. Não importa de que tipo de família você vem, sempre pode tomar a decisão de fazer a coisa certa. —TM

CURIOSIDADE

Um "agente de transformação" é uma pessoa que promove mudanças. A maioria das pessoas usa esses termos para quem trabalha em empresas. Mas isso pode descrever alguém que traz mudanças para família também.

LEIA MAIS

Quem foi o filho de Asa? Que tipo de rei ele foi?
Veja em 1 Reis 22:41-43.

24 DE NOVEMBRO

Abre os meus olhos para que eu possa ver as verdades maravilhosas da tua lei.
SALMO 119:18

Para crianças também!

As crianças não podem dirigir carros; não podem ir para a universidade antes de terminar o Ensino Médio. Adolescentes e adultos podem fazer coisas que crianças mais novas ainda não estão prontas a fazer. Mas Deus lhe deu a Bíblia. E você pode aprender com ela!

A Bíblia é para crianças e adultos. Ele quer que você leia a Bíblia para aprender mais sobre o Senhor. Pode ser difícil entender alguns versículos e histórias, mas você pode pedir ajuda a Deus, e Ele deixará as coisas mais claras conforme for aprendendo mais sobre a Bíblia. Mas há muitos versículos que as crianças podem memorizar desde já. Eis alguns:

"No começo Deus criou os céus e a terra" (Gênesis 1:1).

"Ó Senhor Todo-Poderoso, como são felizes aqueles que confiam em ti!" (Salmo 84:12).

"Deixem que as crianças venham a mim e não proíbam que elas façam isso, pois o Reino de Deus é das pessoas que são como estas crianças" (Lucas 18:16).

"Filhos, o dever cristão de vocês é obedecer ao seu pai e à sua mãe, pois isso é certo" (Efésios 6:1).

"Amemos uns aos outros porque o amor vem de Deus" (1 João 4:7).

Viu? Não é difícil entender. Leia a Palavra de Deus todos os dias. O Senhor o ajudará a entender muitas coisas maravilhosas! —CB

Posso pedir que Deus me ajude a entender a Bíblia.

CURIOSIDADE
O Salmo 119 é o capítulo mais longo da Bíblia. Ele tem 176 versículos.

LEIA MAIS
Leia o Salmo 117, o mais curto da Bíblia.
O que acha que esses versículos querem dizer?

25 DE NOVEMBRO

"Quem se engrandece será humilhado, e quem se humilha será engrandecido".

LUCAS 18:14

Duas orações

Jesus contou uma história para ensinar ao povo como agradar a Deus. Era sobre um fariseu — um religioso orgulhoso — e um cobrador de impostos. A maioria das pessoas detestava cobradores de impostos.

"Um dia, um fariseu e um cobrador foram ao templo para orar", Jesus disse. "O fariseu ficou longe do cobrador e orou em voz alta: 'Ó Deus, eu te agradeço porque não sou avarento, nem desonesto, nem imoral como as outras pessoas. Agradeço-te também porque não sou como este cobrador de impostos. Jejuo duas vezes por semana e te dou a décima parte de tudo o que ganho'".

"O cobrador de impostos também ficou longe. Mas nem olhou para o céu, e orou com tristeza, dizendo: 'Ó Deus, tem pena de mim, pois sou pecador'".

Deus se agrada quando sou humilde.

Então Jesus explicou a história. "O cobrador de impostos fez o certo perante Deus. Mas o orgulhoso fariseu, que pensava que era tão bom, não agradou ao Senhor. Pessoas que têm orgulho e pensam que são importantes, serão humilhadas. Mas aqueles que são humildes, como o cobrador, serão engrandecidos".

Sempre há pessoas que se acham melhores do que outras. Muitas pensam que estão fazendo tudo certo e se acham pessoas muito boas. Mas Deus quer que todos sejam humildes. Ele quer que a gente perceba que ninguém é perfeito e que todos precisamos de Seu perdão.

A bondade de Deus é maravilhosa, e Ele fará as pessoas humildes serem grandes. —CB

LEIA MAIS

Veja no Salmo 25:4-9 quem mostra aos humildes como fazer o que é certo.

CURIOSIDADE

Alguns fariseus achavam que Deus ouviria e aceitaria as orações deles mais rápido se orassem no Templo em voz alta.

26 DE NOVEMBRO

Ele jamais o esquece

"Será que uma mãe pode esquecer o seu bebê? [...]. Eu nunca esqueceria vocês. Jerusalém, o seu nome está escrito nas minhas mãos".
ISAÍAS 49:15,16

É fácil esquecer coisas como onde colocou os sapatos ou o prazo de um trabalho escolar. É difícil lembrar números de telefone ou o aniversário da avó. Algumas pessoas fazem listas para ajudá-las a se lembrar de coisas que, elas sabem, que vão esquecer!

Mas outras coisas são fáceis de lembrar: a cor dos seus olhos ou sua comida preferida. Você não precisa escrever um bilhete com seu próprio nome ou os dos membros de sua família. Não acorda um dia e se esquece de com quem mora ou as pessoas que cuidam de você. E seus pais também não o esquecem.

Deus jamais me esquecerá.

Era disso que Deus estava falando, quando disse ao profeta Isaías sobre o amor que Ele tinha por Seu povo. Parece impossível a mãe esquecer o filho. Como mães amam muito seus filhos, elas não param de pensar neles. Mas o amor de Deus é muito maior. Ele diz que mesmo se uma mãe pudesse esquecer do filho, Ele jamais nos esqueceria. Deus ama muito você, é como se Ele tivesse um retrato seu em Sua mão! Ele não pode esquecê-lo, porque você faz parte dele. O Senhor o vê o tempo todo e o ama mais do que você consegue entender.

Quando nos tornamos parte da família de Deus, Ele promete nunca nos abandonar. Mesmo se outras pessoas esquecerem, Deus nunca esquecerá. —TM

CURIOSIDADE

Uma forma de se lembrar de algo é escrevê-lo diversas vezes. Quanto mais você o escrever, mais se fixará no seu cérebro.

LEIA MAIS

De acordo com Jeremias 31:33,34, o que Deus escreve em nosso coração?

A porta das ovelhas

27 DE NOVEMBRO

Ovelhas não são muito inteligentes. Elas passam a maior parte dos dias só comendo grama. Muitas vezes, nem mesmo olham para onde estão indo. Quando andam de um lado para outro podem se perder, e não sabem achar o caminho de volta para o rebanho.

Como as ovelhas precisam de muita ajuda, os pastores devem prestar atenção aos seus rebanhos. Nos tempos bíblicos, os pastores tinham que proteger, conduzir e cuidar para que suas ovelhas não se metessem em problemas.

> *Então Jesus continuou: "Eu afirmo a vocês que isto é verdade: eu sou a porta por onde as ovelhas passam".*
> JOÃO 10:7

Quando um pastor reunia as ovelhas à noite, as colocava num aprisco para mantê-las em segurança. Às vezes, ele construía um aprisco fazendo uma cerca de pedras, e deixando uma abertura para as ovelhas passarem. Então, ele se deitava na frente dessa abertura, como se fosse uma porta. Dessa forma, garantia que as ovelhas não saíssem, nem os animais selvagens entrassem.

Jesus disse aos Seus seguidores que Ele era como a porta para as ovelhas. Ele é o único caminho para as pessoas chegarem a Deus. Assim como um pastor conduzia as ovelhas para o aprisco, Jesus nos conduz à família de Deus quando cremos nele.

Quando nos tornamos parte da família de Deus, Jesus cuida de nós como um pastor cuida de suas ovelhas. Não precisamos ter medo de nos perder ou nos meter em problemas. Jesus nos guia e nos protege como um pastor que cuida de seu rebanho. —TM

Jesus é a porta para a família de Deus.

CURIOSIDADE

Nos tempos bíblicos, os apriscos eram grandes o suficiente para guardar vários rebanhos à noite. Pela manhã cada pastor chamava as ovelhas que lhes pertencia e cada uma delas reconhecia a voz do seu pastor.

LEIA MAIS
Como podemos chegar a Deus? E o que nos tornamos? Descubra em Efésios 2:18,19.

28 DE NOVEMBRO

> *O ser humano é capaz de dominar [...] os animais selvagens, os pássaros [...]. Mas ninguém ainda foi capaz de dominar a língua.*
>
> TIAGO 3:7,8

Animais selvagens

A maioria dos animais selvagens do zoológico são mantidos em jaulas, onde não se deve entrar. São animais perigosos e podem atacar e ferir de verdade quem chegar perto.

Mas a maioria deles pode ser domada. As pessoas domam tigres, ursos e até leões. Quando um animal é domesticado, se torna menos perigoso porque sabe que sua própria vida não corre perigo.

O livro de Tiago, na Bíblia, fala sobre domesticar animais. Ele diz que todo animal pode ser domado, mas ninguém consegue domar a língua de alguém. Nossa língua é como um animal selvagem, porque o que dizemos pode atacar e ferir outras pessoas. Quando xingamos ou mentimos, podemos provocar grandes danos. Quando nossas palavras são cruéis em vez de gentis, as pessoas ficam magoadas.

Minha língua pode dizer palavras gentis aos outros.

Domar nossa língua é importante. Quando temos o Espírito Santo de Deus em nós, podemos pedir a Ele para nos ajudar a controlar o que dizemos. Podemos orar para que o Espírito Santo nos encha de amor, e para que nossas palavras sejam boas e gentis. Quando temos controle sobre nossa língua, podemos louvar a Deus e dizer coisas boas sobre os outros. Podemos ser educados, usando "por favor" e "obrigado", e respeitar as pessoas com nosso jeito de falar.

Não deixe que sua língua seja como um animal selvagem. Deixe Deus ajudar você a domá-la. —CB

CURIOSIDADE

Nossa língua é um grupo de músculos. São músculos que puxam e empurram em direções diferentes para nos ajudar a falar, mastigar e engolir.

Leia mais

Consulte Tiago 3:3-5 e veja com o que Tiago compara a língua.

Alimentado por um anjo

29 DE NOVEMBRO

A rainha Jezabel irou-se quando soube que Elias tinha derrotado os profetas de Baal, e mandou um aviso para ele. "Que os deuses me matem", disse, "se até amanhã a esta hora eu não fizer com você o mesmo que você fez com os profetas".

Essa mensagem assustou Elias e ele fugiu para a cidade de Berseba. Ele foi sozinho para o deserto. Elias estava cansado e com medo. Sentou-se debaixo de uma árvore e orou: "Já chega, ó Senhor Deus! Acaba agora com a minha vida! Não sou melhor do que os que já morreram".

Elias se deitou e dormiu. Mas acordou quando um anjo tocou nele. "Levante-se e coma!", o anjo disse. Elias se sentou e viu um pedaço de pão quente e uma jarra de água. Comeu, bebeu e voltou a dormir.

O anjo voltou e disse a Elias: "Levante-se e coma mais, ou você não aguentará a viagem que tem pela frente". Elias comeu e bebeu mais. Então viajou durante 40 dias até o monte Sinai, onde Deus lhe disse o que fazer em seguida. E Elias continuou seu trabalho de profeta.

> *Elias ficou com medo e, para salvar a vida, fugiu [...]. Aí parou, sentou-se na sombra de uma árvore e teve vontade de morrer. Então orou.*
> 1 REIS 19:3,4

Deus está sempre comigo e vai me ajudar.

Elias enfrentou um desafio difícil. E mesmo depois de uma grande vitória contra os profetas de Baal, teve medo e fugiu. Mas Deus cuidou dele e o ajudou a terminar a tarefa.

Algumas vezes você pode passar por um momento difícil logo depois de um momento bom. A vida tem altos e baixos, mas Deus está com você todos os dias. Não precisa ter medo. O Senhor o ajudará em tudo. —TM

CURIOSIDADE

A árvore sob a qual Elias se deitou é conhecida como zimbro. Um arbusto com muitos galhos, que cresce no deserto. Na estação das chuvas, apresenta pequenas folhas e flores.

LEIA MAIS

Cite as coisas boas que o sofrimento pode produzir em nós.
Veja em Tiago 1:2-4.

30 DE NOVEMBRO

Rocha de segurança

> No meu desespero, longe do meu lar, eu te chamo pedindo ajuda. Põe-me em segurança numa rocha bem alta.
>
> **SALMO 61:2**

Imagine um marinheiro sozinho à noite, num mar agitado. O vento sopra, as ondas batem contra o barco, e ele fica apavorado. As ondas se avolumam, o barco começa a inclinar e, de repente, uma enorme onda quebra em cima e faz o barco virar!

O marinheiro afunda e nada com todas as forças para voltar à superfície. Quando consegue, tosse tentando respirar. Olha em volta à procura de alguma coisa em que se agarrar enquanto as ondas batem em sua cabeça. Então ele vê a ponta de uma enorme rocha e sabe que se conseguir chegar até ali, ficará seguro.

A história desse marinheiro é como o salmo que o rei Davi escreveu. Nos tempos difíceis, ele pediu socorro a Deus. Davi se sentia só, como o marinheiro em alto-mar. Seu coração estava ficando fraco, então disse ao Senhor: "Põe-me em segurança numa rocha bem alta". Davi via o Senhor como uma rocha que está acima da perigosa água do mar. Ele sabia que estaria seguro na presença de Deus. O Senhor estava muito acima da luta que Davi enfrentava.

Deus é a rocha da minha segurança.

Deus é nossa rocha de segurança também. Ele é forte em meio a todas as situações difíceis que enfrentamos. Ele pode não afastar os nossos problemas, mas podemos nos segurar nele, como uma rocha acima da tempestade. Podemos atravessar nossos momentos difíceis com Deus. —TM

CURIOSIDADE

Existe no México uma famosa rocha chamada "El Arco". Fica em Cabo São Lucas. É uma formação rochosa arqueada no Oceano Pacífico.

LEIA MAIS

Veja o Salmo 18:1-3, o que mais Davi fala sobre Deus?

1 DE DEZEMBRO

"Olhando o céu, vocês sabem como vai ser o tempo. E como é que não sabem explicar o que querem dizer os sinais desta época?"

MATEUS 16:3

Dê-nos um sinal

Nem sempre precisamos da previsão do tempo para saber como será o dia. Às vezes, basta olhar o céu para saber que vai chover. Há muito tempo, os agricultores, pescadores e pastores aprenderam a ler os sinais do tempo. Céu vermelho pela manhã, significava que o tempo ia ser ruim. Mas se o céu ficasse vermelho à noite, um dia bom estava a caminho.

Certo dia, alguns líderes judeus pediram a Jesus que lhes desse um sinal, que fizesse um milagre para provar que tinha vindo de Deus. Porém, Jesus sabia o que estava no coração deles; que na verdade queriam enganar e deixá-lo numa situação difícil. Eles já tinham visto Jesus realizar muitos milagres que provavam que era o Filho de Deus, mas ainda assim não acreditavam.

A Bíblia diz que Jesus é o Filho de Deus.

Então, Jesus respondeu: "Olhando o céu, vocês sabem como vai ser o tempo. E como é que não sabem explicar o que querem dizer os sinais desta época? Como o povo de hoje é mau e sem fé!". Jesus saiu de perto deles e foi embora.

Muitas pessoas não acreditam que Jesus é o Filho de Deus. Algumas estão esperando uma prova. Outras, simplesmente não entendem. Mas Deus nos deu a Bíblia. Tudo o que precisamos saber sobre Jesus está escrito lá. Temos muitas provas e muitos sinais. Tudo o que precisamos fazer é acreditar! —CB

LEIA MAIS

Em João 10:36-38, o que Jesus diz que Seus milagres provam?

CURIOSIDADE

Há um ditado antigo sobre o tempo que diz: *Vermelha alvorada, vem mal-encarada. Rosado sol posto, céu bem disposto.*

2 DE DEZEMBRO

> "Com laços de amor e de carinho, [...] eu os segurei nos braços como quem pega uma criança no colo. Eu me inclinei e lhes dei de comer."
>
> OSEIAS 11:4

Carinho e amor

Na antiga Israel, os bois eram animais muito valiosos. Por serem fortes e obedientes, eram usados nos trabalhos pesados. Agricultores usavam bois para arar o campo na época de plantar, e para puxar carroças levando pessoas e coisas.

Quando dois bois trabalhavam juntos, a força era ainda maior. Nessas horas, o dono colocava um jugo no pescoço do boi. O jugo era uma peça pesada de madeira com um encaixe para a cabeça de cada boi. Quando o jugo estava travado, mantinha os bois juntos para que seguissem na mesma direção. Os donos treinavam os animais com cuidado para fazer o que era preciso. Eles também cutucavam os bois com varas e usavam cordas para conduzi-los e garantir que fossem para onde era necessário.

Deus é gentil e bondoso.

Quando Deus falou com o profeta Oseias, disse que não tratava os israelitas como um dono tratava seus bois. Deus não dava cargas pesadas ao povo, como um jugo no pescoço de um boi. Em vez disso, Ele ajudava Seu povo e se importava com os problemas dele. Deus não era severo com o povo como um agricultor que puxava os bois com cordas. Ele era gentil e bondoso, como um proprietário carinhoso, que se abaixava para alimentar seus animais.

Deus também é gentil e bondoso conosco. Embora Ele seja nosso dono, nos trata com amor. Sempre podemos confiar em Deus e agradecer a Ele por Sua bondade. —TM

CURIOSIDADE

Cavalos, jumentos, mulas e búfalos também podem usar jugos para executar tarefas. Os cães mesmo que não usem jugos podem ser agrupados para puxar trenós em regiões com neve.

LEIA MAIS

De acordo com Neemias 9:16,17, como Deus tratou os israelitas quando eles desobedeceram?

Mantendo-se puro

3 DE DEZEMBRO

Quando José trabalhou na casa de Potifar, enfrentou uma situação difícil. A esposa de Potifar ficava provocando José para ele fazer uma coisa errada. Ele não queria pecar, queria obedecer a Deus. Um dia, quando ela não parava de provocá-lo, José simplesmente fugiu!

A esposa de Potifar ficou tão furiosa, que inventou uma mentira e, por causa disso, ele passou diversos anos na prisão. Porém, José continuou confiando e obedecendo a Deus. O Senhor tinha grandes planos para ele. Depois de um tempo, José saiu da prisão e governou toda a terra do Egito!

Mais do que qualquer coisa, José queria honrar a Deus, e por isso teve uma vida pura. Podemos seguir o exemplo de José.

> *Como pode um jovem conservar pura a sua vida? É só obedecer aos teus mandamentos.*
> **SALMO 118:9**

Posso ter uma vida pura obedecendo a Bíblia.

Quando lemos a Bíblia e aprendemos com ela, recebemos ajuda para tomar as decisões certas quando somos tentados a pecar. Às vezes, seus amigos podem querer que você faça algo errado, mas ter a Palavra de Deus no coração, o ajudará a dizer não. Mesmo quando for difícil, você sempre pode pedir ajuda ao Senhor.

José é um herói da Bíblia porque fez a coisa certa. Quer ter uma vida pura como ele? Então leia a Bíblia, aprenda o que ela diz, e peça ajuda a Deus para obedecê-la. Você também pode memorizar alguns versículos para servirem de ajuda quando você for tentado.

Quando você tem uma vida pura, está seguindo o melhor caminho que Deus tem para você. —TM

CURIOSIDADE

O nome *Potifar* tem o significado parecido com o nome *Theodoro*. Potifar, significa "aquele dado por Ra (o sol, adorado como deus pelos egípcios)". Theodoro significa "presente de Deus".

LEIA MAIS

O que o Salmo 37:30,31 fala sobre pessoas justas?

4 DE DEZEMBRO

Um bom nome

O bom nome vale mais do que muita riqueza; ser estimado é melhor do que ter prata e ouro.

PROVÉRBIOS 22:1

Muitas pessoas querem ter coisas boas na vida. Elas querem uma família e amigos; um bom emprego e um lugar bonito para morar. Essas são coisas boas de se desejar.

Algumas pessoas querem ser ricas ou importantes só para se sentirem satisfeitas. Mas sabe o que é melhor do que ter muito dinheiro e ser importante? A Bíblia diz que é ter um bom nome. Você sabe o que significa ter um bom nome? Quer dizer que você é honesto e que as pessoas o respeitam. Quer dizer que é confiável. Quando os outros escutam o seu nome, dizem: "Essa é uma boa pessoa". Outra expressão que significa um "bom nome", é "boa reputação".

Ser gentil com os outros na escola ajuda a ter um bom nome. Ouvir seus professores e pais, ajuda a ter um bom nome. Viver da forma que Deus deseja, também ajuda a ter um bom nome.

Na Bíblia, algumas pessoas tiveram bons nomes. O que você pensa quando escuta o nome de Noé, Abraão ou Moisés? Eles foram homens bons que obedeceram a Deus e ajudaram outras pessoas. E quanto à Maria, mãe de Jesus; João, o discípulo; e Paulo, o grande missionário? Esses também têm bons nomes. Eles têm uma boa reputação porque amaram e serviram a Jesus.

É importante ter um bom nome.

Você pode seguir a Jesus como qualquer uma dessas pessoas da Bíblia. Você também pode ajudar os outros. Se fizer essas coisas, terá um bom nome. E isso é melhor do que ouro ou prata! —CB

CURIOSIDADE

Alguns dos "bons nomes" da Bíblia ainda são populares hoje — nomes como José, Davi, Ana, João e Sara.

LEIA MAIS

Descubra em Filipenses 2:6-10, por que o nome de Jesus é maior do que qualquer outro?

O Hall da Fama da fé

5 DE DEZEMBRO

Se você é fã de esportes, provavelmente já escutou sobre o "hall da fama". Em alguns países, cada esporte tem o seu próprio hall da fama. E em outros existem halls da fama de músicos, inventores, mágicos e atores.

Você sabe o que é um hall da fama? É um lugar onde se coloca estátuas, fotos ou nomes de pessoas que fizeram grandes coisas em suas carreiras. Um grupo de juízes decide quem pode entrar no hall da fama. Assim, elas são homenageadas até mesmo depois que morrem.

Sabia que existe uma parte do livro de Hebreus que é chamada de Hall da Fama da Fé? Ela não homenageia atletas ou músicos, mas pessoas que foram heroínas por acreditarem em Deus. Como por exemplo: Noé e Abraão, que seguiram o Senhor pela fé, mesmo quando isso não fazia sentido. Outros homenageados são Isaque, Jacó, José, Moisés, Raabe, Gideão, Davi e Samuel. Todos fizeram grandes coisas porque confiaram em Deus. Por causa da fé de cada um deles, o Senhor os usou em Seus planos e propósitos.

> *Porque creram, todas essas pessoas foram aprovadas por Deus, mas não receberam o que Ele havia prometido. Pois Deus tinha preparado um plano ainda melhor para nós...*
> **HEBREUS 11:39,40**

Posso ter fé através de Jesus.

Todos esses heróis viveram antes de Jesus vir à Terra, então não tinham o Seu exemplo para seguir. Mas como conhecemos Jesus e temos o Espírito Santo para nos ajudar, temos motivos ainda maiores para viver pela fé.

Jesus reúne pessoas com fé verdadeira. Podemos seguir o exemplo de fé desses heróis. E, um dia, por causa da salvação através de Cristo, nós também vamos compor o Hall da Fama do Céu. —TM

LEIA MAIS

Quantos nomes do Hall da Fama da Fé você reconhece?
Veja em Hebreus 11.

CURIOSIDADE

Um dos primeiros halls da fama construídos no mundo foi o de Walhalla, 1830–42. Ele está localizado perto de Regensburg, na Alemanha, e homenageia cientistas, artistas e políticos alemães.

6 DE DEZEMBRO

> Deem graças a Deus, o SENHOR, porque Ele é bom; o Seu amor dura para sempre.
>
> SALMO 136:1

O amor de Deus é para sempre

Os israelitas eram o povo especial de Deus. Ele os amava independente de qualquer coisa. Mas às vezes eles não amavam nem obedeciam ao Senhor, e pecaram contra Deus em muitas ocasiões. Eles reclamavam e murmuravam, e até oravam a falsos deuses.

Às vezes, coisas ruins aconteciam aos israelitas por causa dos seus pecados. Então Deus mandava líderes, profetas ou juízes para dizer que deveriam voltar para o Senhor. Várias vezes o povo pediu perdão e voltou para Deus. E várias vezes o Senhor os perdoou. A misericórdia e o perdão de Deus não têm limites, porque o Seu amor nunca acaba!

Se você ama a Jesus, também é uma pessoa especial para Deus. É importante fazer o que é certo; é importante mostrar ao Senhor que você o ama, obedecendo aos Seus mandamentos. Ao fazer isso, você agrada a Deus.

Sei que Deus vai me amar para sempre.

Mas se você fizer alguma coisa que não agrada a Deus, não precisa ficar com medo do Senhor castigá-lo. Mas é preciso dizer que está arrependido e Ele o perdoará. E então peça Sua ajuda para fazer o que é certo.

Deus vê o que está em seu coração. Ele sabe se você o ama de verdade. O amor, a misericórdia e o perdão do Senhor são para você, assim como foram para os israelitas. Deus nunca vai deixar de amar você, independentemente de qualquer coisa. O amor dele dura para sempre! —CB

CURIOSIDADE

A frase "o seu amor dura para sempre" aparece 26 vezes no Salmo 136. Em outra versão bíblica esta frase é traduzida como "a sua misericórdia dura para sempre".

LEIA MAIS

No Salmo 135:13, além o amor de Deus, o que mais dura para sempre?

Família de Jesus

7 DE DEZEMBRO

> *Pois quem faz a vontade de Deus é meu irmão, minha irmã e minha mãe.*
> MARCOS 3:35

A mãe de Jesus se chamava Maria. Seu pai terreno era José. Jesus também tinha irmãos e irmãs na cidade de Nazaré.

Muitas pessoas conheciam Sua família e sabiam de onde eles eram. Um dia, quando Jesus estava com Seus discípulos, Sua mãe e irmãos vieram vê-lo. Eles esperaram do lado de fora e mandaram alguém pedir que Jesus saísse. Uma pessoa disse a Ele: "Sua mãe e irmãos estão esperando lá fora".

"Quem é minha mãe?", Jesus perguntou. "Quem são meus irmãos?" Então olhou em volta para todos os que estavam com Ele na sala. "Aqui estão minha mãe e meus irmãos", disse. "Quem faz a vontade de Deus é meu irmão, minha irmã e minha mãe".

Posso fazer parte da família de Jesus.

Jesus estava dizendo que existem dois tipos de família. Todos nós temos a família com quem vivemos: mãe ou pai, e talvez um irmão ou irmã ou avós. Mas também podemos fazer parte da família de Deus. Quando cremos em Jesus como nosso Salvador, tornamo-nos parte da família de Deus. Somos uma parte do conjunto de cristãos chamados de Corpo de Cristo.

Não importa em qual família você nasceu, ou com qual família você mora. Você pode fazer parte da família de Jesus! Ele quer você em Sua família.

Jesus quer ser o seu Salvador, mas também quer ser seu irmão. E Jesus é o melhor irmão que qualquer pessoa pode ter! —CB

LEIA MAIS
O que João 1:10-13 diz sobre ser filho de Deus?

CURIOSIDADE
Jesus teve quatro irmãos: Tiago, José, Simão e Judas. Ele também teve irmãs, mas a Bíblia não cita o nome delas.

8 DE DEZEMBRO

E para sempre, no sétimo mês de cada ano, o povo fará essa festa de sete dias.
LEVÍTICO 23:41

Uma tradição familiar

Tradições familiares são legais. Algumas famílias cantam juntas no dia de Natal, outras comem uvas e fazem pedidos na noite de Ano Novo. Tradições podem ter sido passadas de seus avós para os seus pais, e, um dia, talvez você passe para seus filhos!

Os israelitas também tinham uma tradição que passavam de geração em geração. Deus os mandou realizar todos os anos a Festa das Barracas. Essa festa durava uma semana. Deus deu orientações especiais para esses dias. O primeiro dia era para descanso, e as pessoas não podiam trabalhar. Deus ordenou também que trouxessem para Ele sacrifícios e ofertas de comida, e construíssem barracas para habitarem nelas durante a festa.

Deus mandou o povo ficar e comer nas barracas, que eram como tendas. Ele queria que os israelitas se lembrassem de como suas famílias viveram quando saíram do Egito.

Lembre-se da bondade de Deus.

Essa era uma forma do povo não esquecer as dificuldades pelas quais seus antepassados passaram e tudo o que Deus fez para salvá-los.

O Senhor queria que os israelitas se lembrassem e que continuassem adorando Ele. É fácil esquecer as coisas boas que Deus fez no passado, se não encontrarmos um jeito de nos lembrarmos delas. Você pode encontrar o seu jeito especial de se lembrar das boas coisas que Deus faz pela sua família. Não precisa viver numa barraca, mas pode criar a sua própria tradição familiar! —TM

CURIOSIDADE

Todos os anos, os judeus ainda comemoram a Festa das Barracas. Ela acontece em setembro ou outubro.

Leia mais

Veja Deuteronômio 31:10-13. Por que Moisés mandou ler a Lei de Deus durante a festa?

9 DE DEZEMBRO

> Então segure as duas tabuinhas juntas na sua mão de modo que pareçam uma só.
>
> EZEQUIEL 37:17

Um reino

Ezequiel era profeta do povo de Judá, ele foi tirado de sua terra e levado para a Babilônia. Israel já tinha sido capturado pelos assírios. Os dois reinos tinham sido separados quando Roboão se tornou rei. As tribos de Benjamin e Judá ficaram com Roboão e deram o nome de Judá ao seu país, enquanto que as outras dez tribos se tornaram a Casa de Israel sob o reinado de Jeroboão.

Deus mandou Ezequiel pegar duas tabuinhas e escrever numa delas: "Esta tábua pertence a Judá e seu povo", e na outra: "Esta tábua pertence a Efraim, filho de José, e ao povo de Israel".

Deus disse a Ezequiel: "Então segure as duas tabuinhas juntas na sua mão de modo que pareçam uma só. Quando as pessoas perguntarem o que isso significa, diga que eu vou pegar a tábua de Efraim e colocá-la com a de Judá, e na minha mão elas se tornarão uma só tábua. Diga a eles que eu juntarei o povo e farei deles uma nação.

Jesus será o rei de todas as nações.

Não serão mais dois reinos. Um rei os governará. Eles não adorarão mais a falsos deuses. Eu serei o seu Deus e eles serão o meu povo".

A mensagem que o Senhor deu a Ezequiel foi especialmente para Israel e Judá. Mas um dia, pelo poder de Deus, todas as nações do mundo se juntarão num reino. O rei será Jesus, o Filho de Deus! O povo do reino de Jesus será composto por todos os que acreditam nele. Quando você aceitar Jesus, também poderá estar nesse reino! —CB

Leia mais

Descubra em Ezequiel 37:27,28 qual promessa Deus fez ao Seu povo.

CURIOSIDADE

Deus disse essas palavras a Ezequiel quase 600 anos antes de Jesus nascer.

10 DE DEZEMBRO

Chegue perto de Deus

Cheguem perto de Deus, e Ele chegará perto de vocês.
TIAGO 4:8

Você tem um amigo ou parente que mora longe? Há muitas formas de manter contato com uma pessoa que você ama.

Mesmo que essa pessoa especial esteja numa cidade ou país diferente, vocês podem se sentir perto um do outro. Podem trocar cartas pelo correio ou fotos por e-mail. Podem falar ao telefone e ouvir a voz um do outro ou trocar mensagens pelo celular. Talvez fazer uma chamada com vídeo para que possam ver um ao outro enquanto conversam. E quando oram um pelo outro, podem se sentir próximos também.

Posso me aproximar de Deus. Ele está perto de mim.

Sabia que você também pode se sentir próximo de Deus? Mesmo não podendo vê-lo de verdade, Ele está sempre perto de você. Quanto mais tempo passa com Ele, mais próximo se sente do Senhor. Você pode ler a Bíblia para saber o que Deus pensa. Pode cantar ou ouvir músicas para louvá-lo. Pode olhar para as coisas que o Senhor criou para apreciar o Seu poder e beleza. E quando fala com Ele em oração, sabe que Ele ouve cada palavra que você diz.

Deus está sempre perto de você. E quando você passa tempo com Ele e pensa nele, também se sente perto do Senhor. Deus deseja que você se aproxime dele, porque Ele ama você. —CB

CURIOSIDADE

Antes da invenção do telefone, algumas pessoas contratavam mensageiros a cavalo para entregar mensagens a pessoas que moravam muito longe.

Leia mais

O que o Salmo 145:16-19 nos fala sobre Deus?

Sem esconderijo

11 DE DEZEMBRO

> *Não há nada que se possa esconder de Deus. Em toda a criação, tudo está descoberto e aberto diante dos seus olhos.*
> **HEBREUS 4:13**

Crianças brincam de pique-esconde. É divertido se esconder e procurar. Alguns se escondem em lugares difíceis, e às vezes nem são achados. Mas ninguém pode se esconder de Deus.

Adão e Eva tentaram, mas é impossível. O Senhor está em todos os lugares e vê tudo. Lembra-se de quando Deus disse que podiam comer o fruto de qualquer árvore no Jardim do Éden, menos de uma? Eles tinham mais comida do que precisavam, mesmo assim escolheram desobedecer. Os dois sabiam que tinham pecado quando comeram o fruto que Deus disse que não podiam.

Mais tarde, naquele dia, quando Adão e Eva ouviram a voz de Deus no jardim, correram para se esconder. O Senhor sabia onde eles estavam, mas perguntou: "Onde vocês estão?".

E Adão respondeu: "Ouvi que o Senhor estava andando pelo jardim e fiquei com medo, porque estava nu. Então me escondi". Ele não enganou Deus.

Às vezes, as pessoas parecem se livrar das coisas ruins que fazem. Alguns roubam lojas, crianças colam em provas; pessoas mentem para não se meter em problemas. Elas podem fazer tudo isso e não serem pegas pelos outros, mas Deus vê e sabe tudo.

Deus vê tudo o que faço.

Saber que Deus está nos observando pode nos ajudar a ser honestos e fazer o que é certo, pois Ele vê tudo. O Senhor está em todos os lugares. Não podemos nos esconder dele. E isso devia nos deixar alegres e seguros. Ele está sempre onde nós estamos. —CB

CURIOSIDADE

No pique-esconde "sardinha", apenas um se esconde, enquanto os outros o procuram. Quem encontrar a pessoa escondida primeiro, se esconde no lugar dela e o encontrado sai do jogo. O último a encontrar o último escondido perde o jogo.

LEIA MAIS
O que o Salmo 139:7-12 nos fala sobre onde está Deus?

12 DE DEZEMBRO

> Não abandone a lealdade e a fidelidade; guarde-as sempre bem gravadas no coração.
>
> **PROVÉRBIOS 3:3**

Registrado

Você já usou um *post-it*? São divertidos e muito úteis.

Às vezes é necessário escrever as coisas para não esquecer. Com um *post-it* você pode anotar um lembrete e colar na agenda, na geladeira, eu até no espelho do banheiro. Escrever bilhetes pode ajudar você a se lembrar de coisas importantes.

Na Bíblia, o livro de Provérbios nos fala sobre algo importante que devemos lembrar. Devemos sempre ser leais e dizer a verdade em tudo o que fazemos. E o versículo bíblico de hoje diz que podemos "gravar" isso em nossa mente. Imagine que sua mente é como um caderno. Ao fazer uma anotação nela, poderá se lembrar de ser leal e verdadeiro em casa, na escola, ou em qualquer lugar em que estiver.

Lembrar de ser gentil e verdadeiro.

Tentarei ser leal e verdadeiro em tudo que eu fizer.

É muito importante ser leal. Deus quer que tratemos os outros da mesma forma que queremos ser tratados. Quando somos leais e gentis com as pessoas, elas ficam alegres e isso agrada a Deus. E é importante dizer a verdade. Quando somos honestos, as pessoas confiam em nós. E é importante ser uma pessoa confiável, porque o Senhor é sempre confiável.

Você consegue se lembrar de ser leal, gentil e verdadeiro? Se acha que pode esquecer, escreva isso num *post-it*! —CB

CURIOSIDADE

O *post-it* foi criado por acaso em 1968, por um cientista estava tentando criar uma supercola. Em vez disso, ele criou uma substância pegajosa que poderia ser reutilizada. Mais tarde, alguém a testou no papel e criou o *post-it*.

LEIA MAIS

De acordo com Provérbios 3:3,4, o que acontecerá se você se lembrar de ser leal e verdadeiro?

O primeiro feixe

13 DE DEZEMBRO

> Quando vocês entrarem na terra que eu lhes estou dando e fizerem a primeira colheita de trigo, levem ao sacerdote um feixe do que colherem.
>
> LEVÍTICO 23:10

Deus mandou os israelitas celebrarem festas e feriados importantes. Uma dessas festas especiais acontecia quando o povo fazia a colheita.

Deus queria que quando estivessem fazendo a colheita, eles levassem o primeiro feixe de grãos até o sacerdote. O sacerdote pegaria o feixe e o acenaria na presença de Deus como uma oferta. No mesmo dia, o povo faria outros sacrifícios e ofertas em sinal de adoração. O Senhor mandou os israelitas não comerem pão feito com os grãos novos antes de fazerem a oferta da primeira parte da colheita para Ele.

Ao dar a Deus a primeira parte de suas colheitas, o povo era lembrado de que sua comida vinha do Senhor. Ao dar ao Senhor a primeira parte de tudo, o povo estava agradecendo a Deus por cuidar deles. E ao oferecer seus grãos a Deus antes de consumi-los, as pessoas estavam dando o melhor que tinham para Ele. Era uma forma de dizer a Deus como Ele é importante.

Deus me dá as coisas que preciso.

Deus ainda quer que a gente agradeça pelo que Ele nos dá. É importante nos lembrarmos de onde vem nosso alimento. Você pode não fazer colheitas no campo, mas pode adorar a Deus como os israelitas faziam. Antes de comer, pode agradecer ao Senhor por lhe dar sua comida. Se você ganha uma mesada, pode dar a primeira parte dela à sua igreja. Sempre que estiver aproveitando algo bom, pode adorar a Deus, agradecendo-o. —TM

Leia mais
Veja em Levítico 23:12,13 o que mais Deus mandou o povo oferecer a Ele.

CURIOSIDADE
Um feixe de trigo também é chamado de molho ou maço. A palavra original em hebraico era *omer*.

14 DE DEZEMBRO

Ó Senhor Deus, [...] que os teus amigos brilhem como a forte luz do sol nascente!
JUÍZES 5:31

Levante-se e brilhe

Você já viu o nascer do sol? Se viu, sabe como é lindo.

Depois de uma noite escura, é bom ver o sol nascendo pela manhã. O sol nos traz a esperança e a alegria de um novo dia. Ele nos dá luz para podermos ver, e aquece a Terra. Num dia claro, aproveitamos o sol durante muitas horas. Ele é brilhante e claro. Algumas vezes é tão claro, que precisamos de óculos escuros!

Foi Deus quem criou a luz, e colocou duas luzes claras no céu para separar o dia e a noite. Deus fez o Sol e a Lua para iluminar a Terra. A Lua é uma luz menor, e reflete a luz do Sol durante a noite. A luz mais brilhante é a do Sol, que o Senhor fez para reger o dia.

A Bíblia diz que as pessoas que amam ao Senhor são como o sol da manhã. Aquelas que conhecem e amam a Jesus podem levar alegria e esperança aos seus amigos e familiares. Seu amor e bondade podem deixar os outros felizes e animados. Elas podem confortar quem está triste, e podem sorrir calorosa e carinhosamente para que os outros também sorriam.

Posso brilhar por Deus.

Se você ama a Jesus, pode brilhar como o sol da manhã. Pode deixar que Sua luz brilhe tanto através de você, que as pessoas talvez precisem usar óculos escuros! —CB

CURIOSIDADE

Os óculos de sol começaram a se tornar populares quando Sam Foster passou a vender um modelo barato em 1929, nos Estados Unidos.

LEIA MAIS

De acordo com o Salmo 59:16,17, o que podemos fazer pela manhã?

Uma promessa se realiza

15 DE DEZEMBRO

Por meio dos seus descendentes eu abençoarei todas as nações do mundo, pois você fez o que Eu mandei.
GÊNESIS 22:18

Deus fez uma promessa especial a Abraão. Antes mesmo de ele ter um filho, Deus disse a Abraão que ele seria o pai de uma grande nação. Falou que os netos, bisnetos e tataranetos de Abraão seriam tantos, que não seria possível contá-los. Sua família cresceria como as estrelas no céu e os grãos de areia na praia. Deus escolheu Abraão, porque ele amava e obedecia ao Senhor.

Porém, Deus prometeu a Abraão mais do que apenas uma grande família que se tornaria uma nação. Quando disse que todas as nações da Terra seriam abençoadas através de Abraão, o Senhor estava falando de Jesus. O rei Davi veio da família de Abraão, e Jesus veio da família de Davi!

A história da família de Jesus é mostrada no primeiro capítulo do evangelho de Mateus. Lá você pode ler os nomes de pais e filhos, desde Abraão até Jesus. O que Deus prometeu no livro de Gênesis se cumpriu cerca de 2 mil anos mais tarde, quando Jesus nasceu.

A promessa de Deus a Abraão se cumpriu com Jesus.

Abraão era parte do plano de Deus para salvar as pessoas da punição do pecado. Jesus, o Salvador do mundo, veio através da família de Abraão. Mas você não precisa ser da família dele ou da de Davi, para ser salvo. Qualquer um, de qualquer nação, pode ser perdoado do pecado quando crê em Jesus. É assim que todas as nações da Terra são abençoadas por meio de Abraão! —CB

Leia mais

Veja Mateus 1:1-16, quantos nomes você reconhece na família de Jesus?

CURIOSIDADE

Atualmente, há mais de 7 bilhões de pessoas no mundo, espalhadas por quase 210 nações.

16 DE DEZEMBRO

A visita do anjo

> Maria respondeu: "Eu sou uma serva de Deus; que aconteça comigo o que o senhor acabou de me dizer!"
> LUCAS 1:38

Uma jovem chamada Maria vivia na cidade de Nazaré e estava noiva de um homem chamado José, que era descendente do rei Davi.

Certo dia, um anjo foi visitar Maria e disse: "Que a paz esteja com você! Você é muito abençoada. O Senhor está com você".

Maria não entendeu o que o anjo quis dizer.

"Não tenha medo, Maria", ele continuou. "Deus está contente com você. Você ficará grávida, terá um bebê e porá nele o nome de Jesus. Ele será um grande homem e será chamado de Filho do Deus Altíssimo. O Senhor, dará a Ele o trono de Davi e o Reino dele nunca se acabará".

"Como isso é possível?", Maria perguntou. "Não sou casada".

"O Espírito Santo virá sobre você", o anjo respondeu. "Seu bebê será o Filho de Deus. Nada é impossível para Deus".

Deixarei Deus me usar em Seus planos.

"Eu sou uma serva de Deus", ela falou. "Que aconteça comigo o que o senhor acabou de me dizer!".

Centenas de anos antes, o profeta Isaías escreveu sobre isso. "O próprio Senhor dará um sinal. A virgem ficará grávida. Ela terá um filho e seu nome será Emanuel". Isaías também escreveu sobre esse filho: "Ele governará como rei no trono de Davi e sobre o seu reino. Ele governará para todo o sempre".

O nascimento de Jesus era parte do plano de Deus para salvar o mundo do pecado. Maria confiou e permitiu Deus usasse a vida dela. Quando as pessoas amam e obedecem ao Senhor, Ele pode usá-las em Seus planos. —CB

CURIOSIDADE

O nome Jesus significa "Deus é salvação". Ele foi chamado de Emanuel, que quer dizer "Deus conosco".

LEIA MAIS

De acordo com Gênesis 49:10, de que tribo de Israel viria o Messias?

Maria visita Isabel

17 DE DEZEMBRO

Depois que Maria soube que ia ter um bebê especial, foi visitar a prima Isabel, que também ia ter um bebê. Quando Maria chegou, a prima ficou cheia do Espírito Santo e tão feliz por Maria ter ido vê-la, que disse em voz alta que ela e seu bebê eram abençoados.

"Quando ouvi a sua voz, a criança ficou alegre e se mexeu dentro da minha barriga", falou. "Você é abençoada, pois acredita que vai acontecer o que o Senhor lhe disse".

> "Você é a mais abençoada de todas as mulheres [...]. Quem sou eu para que a mãe do meu Senhor venha me visitar?!"
> **LUCAS 1:42,43**

Isso deixou Maria tão feliz que cantou uma música de louvor a Deus. Maria ficou com Isabel durante três meses, e então voltou para casa.

Deus usou Isabel para encorajar Maria. O anjo tinha lhe dado uma notícia muito surpreendente. Ela não estava planejando ter um bebê quando ele falou sobre Jesus. Mas Maria foi obediente a Deus, mesmo sabendo que as outras pessoas podiam não entender o plano do Senhor.

Deus usa nossos amigos para nos encorajar.

Quando Isabel se encheu com o Espírito Santo, soube da novidade de Maria, mesmo antes de sua prima contar. A empolgação de Isabel mostrou a Maria que Deus estaria ao seu lado se ela seguisse o plano dele. Quando o Senhor está fazendo uma coisa importante em nossa vida, pode usar nossos amigos cristãos para nos encorajar e nos ajudar a obedecermos a Ele. E, quando o deixamos, Deus também pode nos usar para encorajar e ajudar os outros! —TM

Leia mais

Veja Lucas 1:46-55, Maria se achou importante? Que palavras ela usou para descrever Deus?

CURIOSIDADE

Depois da 16ª semana de gravidez, as mães podem sentir o bebê mexendo dentro da barriga delas.

18 DE DEZEMBRO

> Um anjo [...] disse: "José, descendente de Davi, não tenha medo de receber Maria como sua esposa, pois ela está grávida pelo Espírito Santo".
> **MATEUS 1:20**

José tem um sonho

José e Maria estavam noivos e iam se casar. Quando José descobriu que Maria teria um bebê, provavelmente ficou triste e confuso. Ele não entendia que aquele bebê era um milagre. José era um bom homem e amava Maria. Ele não queria que ela passasse vergonha, então decidiu terminar o noivado em segredo.

Enquanto José estava pensando nisso, um anjo do Senhor falou com ele num sonho: "Não tenha medo, José. Pode receber Maria como sua esposa. Ela está grávida do Espírito Santo. Ela terá um filho. Você colocará nele o nome de Jesus, porque Ele salvará o Seu povo de seus pecados".

Quando José acordou, entendeu que tinha sido mais do que um sonho. Ele sabia que a mensagem do anjo era verdadeira, e não rompeu o noivado. José cuidou e amou muito Maria.

Provavelmente, algumas pessoas que conheciam José e Maria não entenderam o que estava acontecendo. Talvez amigos, e até pessoas da família, tenham dito coisas que magoaram os dois. Deve ter sido difícil lidar com aqueles que não entendiam o que Deus estava fazendo.

As pessoas podem não entender os planos de Deus.

Mas José e Maria acreditavam e confiavam em Deus. Eles sabiam que o Senhor os tinha escolhido para um propósito muito especial.

Às vezes quando você confia e segue a Deus, seus amigos e familiares podem achar que está errado. Mas se você sabe que está fazendo o que Deus quer, pode confiar nele para deixar tudo certo. —CB

CURIOSIDADE

Acredita-se que José era muito mais velho que Maria. Uma das razões é porque a Bíblia só fala dele até Jesus completar 20 anos. Provavelmente José tenha morrido depois disto.

LEIA MAIS

Veja em João 6:37-40 o porquê de Jesus ter vindo à Terra.

Viagem a Belém

19 DE DEZEMBRO

Enquanto Maria esperava o nascimento do bebê, soube que teria que fazer uma longa viagem com José. O imperador de Roma, César Augusto, mandou que todos voltassem à cidade de suas famílias para o censo. Um censo é quando o governo faz uma contagem das pessoas que moram no país.

Como Maria planejava se casar com José, tinha que ir para a cidade dele, e ser registrada como parte da família do marido. Eles viajaram uns 160 quilômetros até Belém, porque José era da família do rei Davi. E, enquanto estavam em Belém, chegou a hora de Jesus nascer.

Centenas de anos antes, o profeta Miqueias falou que o Messias nasceria em Belém. "Belém, você é uma das menores cidades de Judá. Sua família é quase pequena demais para ser contada, mas do seu meio farei sair aquele que será 'rei de Israel'".

> *Por isso José foi de Nazaré, na Galileia, para [...] Belém, onde tinha nascido o rei Davi. José foi registrar-se lá porque era descendente de Davi.*
> **LUCAS 2:4**

Deus cumpriu Suas promessas sobre o Messias.

Jesus nasceu em Belém porque Deus tinha prometido que o Messias viria da família do rei Davi. Belém era a cidade onde Davi tinha nascido séculos antes. Deus planejou tudo perfeitamente. Apesar de José e Maria viverem longe, eles chegaram a Belém bem a tempo do nascimento de Jesus.

Deus cumpriu todas as Suas promessas sobre o nascimento de Jesus. E cumprirá todas as promessas que fez para nós. Quando vemos Deus realizar tudo que prometeu, sabemos que podemos acreditar em tudo o que Ele nos diz. —TM

Leia mais
Descubra em 1 Samuel 16:4-13 que coisa importante aconteceu em Belém muitos anos antes.

CURIOSIDADE
Ir de Nazaré até Belém andando, deve ter levado de oito a dez dias.

20 DE DEZEMBRO

Jesus nasceu

> Então Maria deu à luz o seu primeiro filho. Enrolou o menino em panos e o deitou numa manjedoura, pois não havia lugar para eles na pensão.
> LUCAS 2:7

Belém estava lotada quando José e Maria chegaram. Muitas famílias tinham chegado para a contagem do censo, vindas de diversas cidades diferentes. E os hotéis e pensões estavam cheios.

Estava na hora de Maria ter o bebê, mas como não conseguiram um quarto para ficar, passaram a noite num estábulo. E foi lá que o Senhor Jesus nasceu! Maria enrolou o bebê em pedaços de pano e o colocou numa manjedoura, que era onde se colocava a comida para os animais. Mas naquela noite, a manjedoura se tornou o berço de Jesus.

Jesus veio de Seu belo lar no céu, para um lugar humilde na Terra. Ele deixou Seu lar feliz com Deus, para vir para um mundo cheio de pecado. Mas Deus tinha um plano e propósito ao mandar Seu Filho à Terra. Jesus era o Messias prometido. Ele perdoaria o povo de seus pecados e os reconciliaria com Deus.

O nascimento de Jesus foi humilde.

Jesus é o Filho de Deus, o Messias, e o Rei dos reis. Normalmente reis nascem em palácios, mas Ele não. Jesus não recebeu tratamento especial. E não era assim que as pessoas esperavam que o Messias nascesse.

Mas era o plano perfeito de Deus. O Rei do mundo foi colocado num berço de palha. Ele iria abrir mão de muitas coisas boas e fazer muitas coisas difíceis enquanto estivesse na Terra. Jesus fez tudo isso porque ama você! —CB

CURIOSIDADE

Nos tempos bíblicos, a maioria das manjedouras eram feitas de barro misturado com palha, ou de pedras unidas com lama. Algumas delas eram esculpidas em blocos de pedra.

LEIA MAIS

O que Hebreus 1:3,4 nos fala sobre Jesus?

Anjos no céu

21 DE DEZEMBRO

Enquanto Maria e José recebiam o bebê Jesus no mundo, alguns pastores cuidavam de suas ovelhas num campo próximo dali. De repente, apareceu um anjo. A luz da glória de Deus brilhou em volta deles e os pastores ficaram apavorados!

Mas o anjo disse: "Não tenham medo. Eu trago boas notícias de grande alegria. É para todos. Hoje, na cidade de Davi, nasceu um Salvador. Ele é Cristo, o Senhor. Eis como vocês saberão, e estou dizendo a verdade. Encontrarão um bebê enrolado em panos e deitado numa manjedoura".

Então um grande exército de anjos apareceu no céu louvando a Deus. "Glória a Deus nas maiores alturas do céu! E paz na terra para as pessoas a quem Ele quer bem!".

Os anjos manifestaram a grandeza de Jesus. A forma como Deus anunciou o nascimento de Jesus, mostrou o tipo de rei que Ele é. O Senhor não contou a reis ou a pessoas influentes de Belém sobre o nascimento de Seu Filho Jesus. Ele deu essa notícia a alguns pobres pastores.

> *"Glória a Deus nas maiores alturas do céu! E paz na terra para as pessoas a quem Ele quer bem!"*
> **LUCAS 2:14**

Jesus veio para todo mundo.

Nos tempos bíblicos, pastores eram pessoas comuns que não recebiam muita atenção. Eles viviam de forma simples e não ganhavam muito dinheiro. Mas Deus quis que eles fossem os primeiros a saber que Jesus tinha vindo à Terra.

Talvez em algum momento, você não se sinta importante. Mas isso não é verdade. Cada um de nós tem valor para Deus, independentemente se somos rei ou pastor. —TM

CURIOSIDADE

Nos tempos da Bíblia, o filho mais novo da família cuidava das ovelhas. Por isso, quando Samuel foi à casa de Jessé para ungir o novo rei, Davi estava no campo pastoreando as ovelhas.

LEIA MAIS

Veja em Lucas 15:10 qual foi o outro momento em que os anjos se alegraram.

22 DE DEZEMBRO

Corrida à manjedoura

> Os pastores voltaram para os campos, cantando hinos de louvor a Deus pelo que tinham ouvido e visto. E tudo tinha acontecido como o anjo havia falado.
> **LUCAS 2:20**

Depois de contar aos pastores que Jesus tinha nascido, os anjos voltaram para o céu. Então os pastores disseram: "Vamos até Belém para ver o que o Senhor nos contou".

Eles correram para ver o bebê e, ao chegarem lá, viram o bebê Jesus numa manjedoura e Maria e José ao Seu lado. Exatamente como os anjos tinham dito!

Quando foram embora, os pastores contaram a todos que encontraram, como os anjos os visitaram no campo. As pessoas ficaram maravilhadas e eles voltaram para suas ovelhas, louvando a Deus por tudo o que tinham visto e ouvido. Maria manteve todas essas coisas maravilhosas em seu coração como uma boa lembrança.

Assim como os pastores correram para ver Jesus, podemos ficar animados com o Seu nascimento. Os anjos disseram a eles que o Salvador tinha nascido para todas as pessoas. Isso quer dizer: para nós também! A cada ano, quando comemoramos o Natal, contamos a história do nascimento de Jesus assim como os pastores fizeram. E ao contarmos essa história, podemos ser como Maria e nos lembrarmos das grandes coisas que Deus fez naquele dia. Podemos manter o milagre do nascimento de Jesus em nosso coração e nos lembrarmos de como isso é importante.

O milagre do nascimento de Jesus é maravilhoso!

Ao pensar no dia de Natal, você pode se alegrar com o nascimento de Jesus, e pensar sobre o milagre de Jesus todos os dias do ano. —TM

CURIOSIDADE
O anjo disse que Jesus estava enrolado em panos, ou "cueiros", usados para aquecer e manter o bebê seguro.

LEIA MAIS
Veja em João 20:3-9 o que Pedro e João viram no túmulo de Jesus. Em que eram diferentes de cueiros?

23 DE DEZEMBRO

Tudo de bom que recebemos e tudo o que é perfeito vêm do céu, vêm de Deus, o Criador das luzes do céu.
TIAGO 1:17

O presenteador perfeito

Natal é tempo de presentes! É um momento de dar presentes para mostrar aos outros que você se importa com eles. Também é um momento de receber presentes.

Você pode ganhar material de artes de seus pais ou um brinquedo novo de um amigo. Sua avó pode lhe dar aquele tênis que você queria. Quando as pessoas lhe dão um presente, mostram que gostam de você. E você deve agradecer sempre que receber um presente.

Sabe quem dá os melhores presentes? A Bíblia nos diz que todo presente bom e perfeito vem de Deus. Pense em todas as coisas boas que tem em sua vida. Você tem comida para comer e água para beber? São presentes de Deus. Tem um lugar para morar e uma cama para dormir? Também são presentes! Eles não vêm embrulhados em papel bonito nem em caixas com grandes laços, mas são presentes do Senhor.

É Deus quem dá todas as coisas boas.

As coisas mais legais da sua vida, e também as mais comuns, que você usa todos os dias, são presentes de Deus. Desde o feijão em seu prato, até a bicicleta na garagem, Deus dá tudo o que você tem. Lembre-se de agradecer ao Senhor por todos os presentes que Ele lhe dá. Ele é o presenteador perfeito. —TM

Leia mais

De acordo com Gênesis 9:1-3, o que Deus deu a Noé e a sua família quando eles saíram da arca?

CURIOSIDADE

No livro de Gênesis, um dos nomes de Deus é *Jeová-Jiré*, que significa "o Senhor proverá".

24 DE DEZEMBRO

> Pois eu já vi com os meus próprios olhos a tua salvação, que preparaste na presença de todos os povos.
>
> LUCAS 2:30,31

Simeão vê Jesus

Jesus tinha apenas algumas semanas quando Seus pais o levaram ao Templo em Jerusalém. Segundo a lei de Deus, o primeiro menino nascido numa família devia ser levado ao Templo. A lei ajudava o povo a se lembrar de que as coisas boas que recebiam, vinham de Deus.

No Templo, Maria e José encontraram um homem chamado Simeão, que amava e obedecia a Deus. Antes de Jesus nascer, Deus tinha mandado uma mensagem a Simeão. O Espírito Santo disse a ele que não morreria antes de ver o Messias! O povo judeu esperava o Salvador há muitos, muitos anos, e Simeão teria a honra de conhecê-lo. Ele pegou Jesus no colo e louvou a Deus.

"Vi com meus próprios olhos como tu salvarás o teu povo", Simeão orou. "Agora todas as pessoas podem ver o teu plano. Ele é a luz para o teu caminho às outras nações. E Ele trará honra ao teu povo de Israel". Maria e José ficaram maravilhados com o que Simeão disse.

Assim que viu Jesus, Simeão soube que Ele era o Messias. Jesus ainda era um bebê: não tinha feito milagres, ensinado, nem demonstrado que era poderoso. Mas Deus revelou a Simeão que Jesus tinha nascido com um propósito especial.

Jesus nasceu como o Messias.

Simeão disse ao povo no Templo qual era o propósito de Jesus: salvar Seu povo do pecado. Se você conhece a Jesus, pode ser como Simeão, e contar às pessoas que Jesus veio para salvá-las também. —TM

CURIOSIDADE

Na Bíblia há cinco homens com o nome de Simeão, entre eles, um filho de Jacó. O Simeão que se encontrou com o Jesus bebê é mencionado apenas no evangelho de Lucas.

LEIA MAIS

Veja em Lucas 2:36-38 quem mais viu o bebê no Templo. O que ela fez?

Homens sábios procuram Jesus

25 DE DEZEMBRO

Depois que Jesus nasceu em Belém, alguns homens sábios vieram do oriente a Jerusalém e perguntaram: "Onde está o menino que nasceu para ser o rei dos judeus? Vimos a Sua estrela e viemos adorá-lo".

O rei Herodes ficou preocupado ao ouvir essa notícia. Ele não queria que ninguém fosse rei! Então chamou os sacerdotes e professores judeus para saber onde o Messias nasceria. Eles responderam que os profetas diziam que era em Belém.

Herodes chamou os sábios do oriente para um encontro secreto, e perguntou quando, exatamente, viram a estrela. "Quando encontrarem a criança, voltem para me dizer onde Ele está, assim poderei adorá-lo também", disse. Mas Herodes não queria saber onde Jesus estava por esse motivo. Ele queria se livrar do bebê!

> *Depois de receberem a ordem do rei, os visitantes foram embora. No caminho viram a estrela, [...]. Ela [...] parou acima do lugar onde o menino estava.*
> MATEUS 2:9

Vou procurar por Jesus como os homens sábios.

Quando os sábios viram a estrela novamente, a seguiram até onde estava Jesus. Dentro da casa, encontraram Maria com o bebê. Eles se ajoelharam, adoraram e o presentearam com ouro, incenso e mirra. Ao saírem, Deus alertou os sábios, em sonho, para não irem falar com Herodes. Por isso, eles voltaram por outro caminho.

Os homens sábios procuraram Jesus até o encontrar. Deus os guiou até Ele, usando uma estrela. Os homens sábios são um exemplo para nós. Não temos uma estrela para seguir, mas nosso guia é a Bíblia. Podemos reconhecer Jesus como nosso Rei. Deus nos ajudará ao longo do caminho! —TM

LEIA MAIS

Descubra em Isaías 60:6,7 quais presentes o profeta diz que o Messias receberia.

CURIOSIDADE

Incenso e mirra são feitos de seiva de árvores. Ambos são conhecidos pelo maravilhoso perfume.

26 DE DEZEMBRO

O bebê Jesus vai para o Egito

> Depois que os visitantes foram embora, um anjo do Senhor apareceu num sonho a José e disse: "Levante-se, pegue a criança e a Sua mãe e fuja para o Egito".
>
> MATEUS 2:13

Depois que os homens sábios voltaram para casa, Maria e José tiveram que fugir.

Os sábios tinham contado ao rei Herodes sobre um bebê nascido em Belém, que seria o Rei dos judeus. Herodes não queria perder o seu reino, nem queria que outra pessoa se tornasse rei. Então decidiu matar o bebê para evitar que isso acontecesse. Como não sabia exatamente onde Jesus estava, o rei ordenou que todos os bebês meninos de Belém fossem mortos!

Deus mandou um anjo falar com José em sonho. "Levante-se", disse o anjo. "Pegue a criança e Sua mãe e fuja para o Egito. Fiquem lá até eu avisar". José obedeceu. Naquela noite, pegou Maria e Jesus e saiu de Belém em direção ao Egito. E ficaram lá até a morte de Herodes.

Ninguém pode impedir o plano de Deus.

Herodes era rei e tinha muito poder. Mas não conseguiu impedir o plano de Deus de salvar as pessoas através de Jesus. A maldade do rei Herodes era grande, mas o amor e o poder de Deus eram muito maiores.

As pessoas fazem seus planos e tentam assumir o controle das coisas, mas nada pode impedir Deus de fazer o que Ele quer. O Senhor é maior do que qualquer coisa que as pessoas tentem fazer para mudar Seu plano. Você pode confiar que Deus o salvará através de Jesus.

Você pode confiar sempre no poder e amor de Deus para protegê-lo. —TM

CURIOSIDADE

Herodes começou a reinar em Jerusalém 30 anos antes de Jesus nascer. Durante o seu reinado, ele construiu fortes, teatros e aquedutos — imensas tubulações de água no deserto.

LEIA MAIS

De acordo com Provérbios 19:21, o que acontece quando as pessoas fazem planos?

Jesus vai a Nazaré

27 DE DEZEMBRO

Enquanto José, Maria e Jesus estavam no Egito, o rei Herodes morreu. Então um anjo do Senhor apareceu a José num sonho.

"Levante-se!", disse. "Pegue a criança e sua mãe e vá para a terra de Israel. As pessoas que tentavam matar Jesus, agora estão mortas".

Então, José preparou-se para levar Maria e Jesus de volta a Israel. Mas quando soube que o filho de Herodes era o novo rei da Judeia, ficou com medo de ir para lá. Deus orientou José num sonho e eles foram para outra região. Em vez de voltar para Belém, na Judeia, foram morar em Nazaré, na Galileia. O profeta Isaías tinha dito muitos anos antes, que o Messias seria chamado de Nazareno: outro sinal de que Jesus era o Messias.

A Bíblia não conta muito sobre quando Jesus era criança. Mas revela que Ele obedecia aos Seus pais, e que cresceu como qualquer outro menino, e que se tornava cada vez mais sábio. Conforme Jesus crescia, agradava tanto a Deus quanto às pessoas ao Seu redor.

> *Conforme crescia, Jesus ia crescendo também em sabedoria, e tanto Deus como as pessoas gostavam cada vez mais dele.*
> **LUCAS 2:52**

Jesus é o meu exemplo.

Mesmo sendo Deus num corpo humano, Jesus precisou crescer e aprender. Quando menino, obedecia aos pais e escutava os professores. Ele nunca fez nada errado! Nenhum de nós pode ser perfeito como Jesus, mas com a ajuda de Deus, podemos seguir o Seu exemplo. Podemos nos tornar sábios lendo a Bíblia. Podemos agradar a Deus e aos outros, fazendo o que é certo. Podemos ser cada vez mais parecidos com Jesus. —CB

LEIA MAIS
O que Jesus diz sobre agradar a Deus em João 8:28,29?

CURIOSIDADE
O fato de Jesus ter sido levado para o Egito cumpre outra profecia – a de Oseias 11:1 que diz: "Quando Israel era criança, eu já o amava e chamei o meu filho, que estava na terra do Egito".

28 DE DEZEMBRO

> *Jesus respondeu: "Por que vocês estavam me procurando? Não sabiam que eu devia estar na casa do meu Pai?"*
>
> LUCAS 2:49

Trabalho do reino

Quando Jesus tinha 12 anos, Seus pais foram com Ele ao Templo, em Jerusalém, para celebrar a Páscoa. Depois da festa, a família começou a viagem de volta com um grande grupo.

No início, Maria e José não notaram que Jesus não estava com eles. Depois de um dia de viagem, começaram a procurar Jesus. Achavam que Ele estava com parentes, mas não o encontraram. Então voltaram à Jerusalém para procurar Jesus.

Três dias depois, encontraram Jesus no Templo ouvindo os mestres da Lei. Ele prestava atenção e fazia perguntas. Seu entendimento deixava todos maravilhados.

Quando encontraram Jesus, Maria disse: "Filho, por que fez isso conosco? Seu pai e eu estávamos muito preocupados procurando por você!".

"Por que vocês estavam me procurando?", Jesus perguntou. "Não sabiam que eu devia estar na casa do meu Pai?" Mas Maria e José não entenderam o que Ele queria dizer.

Trabalhar para o reino de Deus é o mais importante.

Jesus veio à Terra para ensinar sobre Deus e Seu reino. Mesmo ainda menino, Ele sabia a razão de ter nascido. Sua família não entendia isso, mas Jesus todos os dias fazia o trabalho de Seu Pai. Ele ajudou pessoas a aprenderem sobre Deus e mostrou a elas o amor do Senhor. Podemos seguir o Seu exemplo. Quando o Espírito Santo nos ajuda a ensinar e a mostrar aos outros o amor do Senhor, também estamos trabalhando para o reino de Deus. Esse é o trabalho mais importante que podemos fazer! —TM

CURIOSIDADE

Todo ano, muitas pessoas viajavam a Jerusalém para celebrar a Páscoa, por isso demorava meses para preparar a cidade. Instalavam fornos especiais para assar os sacrifícios que as pessoas faziam.

Leia mais

Muitos anos depois, quem procurou por Jesus em Jerusalém? Por quê? Descubra em João 11:55-57.

O maior profeta

29 DE DEZEMBRO

No Antigo Testamento, lemos sobre muitos profetas usados por Deus para levar a Sua mensagem aos israelitas. Cada profeta foi escolhido para um propósito. Às vezes, Deus dava a mensagem num sonho ou visão. Outras, falava em voz alta. Os verdadeiros profetas sempre transmitiam a mensagem de Deus ao Seu povo.

O trabalho dos profetas era difícil e solitário. Com frequência, quando o povo não vivia como Deus desejava, alertavam que o Senhor os castigaria. Muitas vezes, as pessoas não acreditavam na mensagem, ou não gostavam do que os profetas diziam. Era comum serem maltratados e ficarem sozinhos, sem amigos para ajudá-los. Mas Deus estava sempre com eles.

Depois que Jesus veio ao mundo, Deus não usou mais profetas para falar a Sua mensagem: usou o próprio Jesus. Muitas vezes, as pessoas não acreditaram em Jesus, ou não gostaram do que Ele disse. Jesus foi maltratado várias vezes. Mas Ele se tornou o mensageiro de Deus para todos, para sempre.

> *Por meio dos profetas, Deus falou muitas vezes e de muitas maneiras aos nossos antepassados, mas nestes últimos tempos Ele nos falou por meio do Seu Filho.*
> **HEBREUS 1:1,2**

As mensagens de Jesus vêm de Deus.

Jesus é maior do que qualquer profeta, porque Ele é Deus: sempre esteve e estará vivo. Jesus sabe o que se passa no coração e mente das pessoas. Ele sabe se você o ama e quer agradá-lo. Jesus não apenas nos alerta sobre o pecado, Ele nos dá um caminho para o perdão do pecado.

Podemos acreditar em tudo o que Jesus diz porque Ele é Deus. Quando ouvimos e obedecemos Sua mensagem, agradamos a Deus! —CB

LEIA MAIS

Veja João 6:14,15. O que disseram depois de Jesus alimentar milhares de pessoas com dois peixes e cinco pães? O que queriam fazer?

CURIOSIDADE

Os profetas eram pessoas que transmitiam as palavras de Deus ao povo. Em hebraico, a língua em que Antigo Testamento foi escrito, a palavra profeta significa "borbulhar, como de uma fonte".

30 DE DEZEMBRO

Em breve

> *Escutem! – diz Jesus. – Eu venho logo! Vou trazer comigo as minhas recompensas, para dá-las a cada um de acordo com o que tem feito.*
> **APOCALIPSE 22:12**

Depois que Jesus voltou para o céu, Seus discípulos viajaram a muitos lugares para falar sobre Ele. E, como castigo por pregar sobre Jesus, João foi levado para a Ilha de Patmos. Enquanto estava lá, Deus deu a ele uma visão mostrando muitas coisas que irão acontecer.

João até viu um pouco do céu e escreveu sobre isso no último livro da Bíblia, o Apocalipse. Um anjo mostrou um rio de água fluindo do trono de Deus para o meio da rua da cidade do Senhor. Ao lado do rio, está a "árvore da vida". Ela dá frutos todos os meses!

"O trono de Deus e do Cordeiro estará na cidade", disse João. "E os Seus servos o adorarão. Verão o Seu rosto. Ali não haverá mais noite, e não precisarão nem da luz de candelabros nem da luz do sol, pois o Senhor Deus brilhará sobre eles. E reinarão para todo o sempre".

Jesus voltará um dia.

Então Jesus falou: "Eu venho logo! Vou trazer comigo as minhas recompensas, para dá-las a cada um de acordo com o que tem feito. Enviei o meu anjo para anunciar essas coisas a vocês nas igrejas. Tudo isso é verdade. Eu volto logo!".

Por Ele dizer isso, nós podemos acreditar que Jesus voltará. Então, todos os que creem nele como seu Salvador, ficarão com Ele para sempre. Jesus recompensará cada um de nós pelas boas coisas que fizemos por Ele. Mas o próprio Jesus é o melhor prêmio! —CB

CURIOSIDADE

João era irmão de Tiago e discípulo de Jesus. Eles eram filhos de Zebedeu e Salomé. Jesus deu a eles o apelido de "Filhos do trovão".

Leia mais

O que dois anjos disseram aos discípulos sobre Jesus em Atos 1:9-11?

Celebre!

31 DE DEZEMBRO

As pessoas ao redor do mundo celebram a noite de Ano Novo. Muitos festejam com suas famílias e amigos. Outros ficam acordados até tarde e fazem brincadeiras. Alguns vão ver queimas de fogos à meia-noite. E outros usam chapéus engraçados e sopram cornetas.

As pessoas comemoram a noite de Ano Novo porque é a última noite do ano. Elas ficam acordadas até meia-noite para poderem celebrar o início de um novo ano.

Entretanto, quando comemorar o Ano Novo, lembre-se de agradecer a Deus pelas muitas bênçãos do ano que terminou, e pelas bênçãos do que começa. Dia a dia, ano a ano, Deus derrama o Seu amor sobre nós. Ele nos dá o que precisamos, como comida e roupas, família e amigos, e muitas promessas bíblicas para nos ajudar quando enfrentamos problemas.

> *Falarão dos teus atos poderosos, e eu anunciarei a tua grandeza. Falarão da tua imensa bondade e cantarão com alegria a respeito da tua fidelidade.*
> **SALMO 145:6,7**

Vou celebrar a bondade de Deus o ano todo.

O livro de Salmos é cheio de louvores e agradecimentos a Deus, e nos mostra como celebrar ao Senhor, louvando por Sua grandeza, poder e bondade. Podemos celebrar a Deus agradecendo por Seu maravilhoso amor que dura para sempre.

Quando celebrar o fim do ano agradecendo e louvando a Deus, peça a Ele para guiar e abençoar você durante o ano que começa. O Senhor fica feliz quando confiamos nele. Ele quer mostrar os planos que tem para você. Então louve e agradeça, confie e siga a Deus. Essa é a melhor maneira de celebrar qualquer época do ano! —CB

CURIOSIDADE

Na Espanha, na véspera de Ano Novo, as pessoas tentam comer rapidamente 12 uvas durante as 12 badaladas do relógio a meia-noite. Algumas pessoas treinam antes para ganhar velocidade nessa prática.

Leia mais

Celebre a grandeza de Deus lendo o Salmo 145!

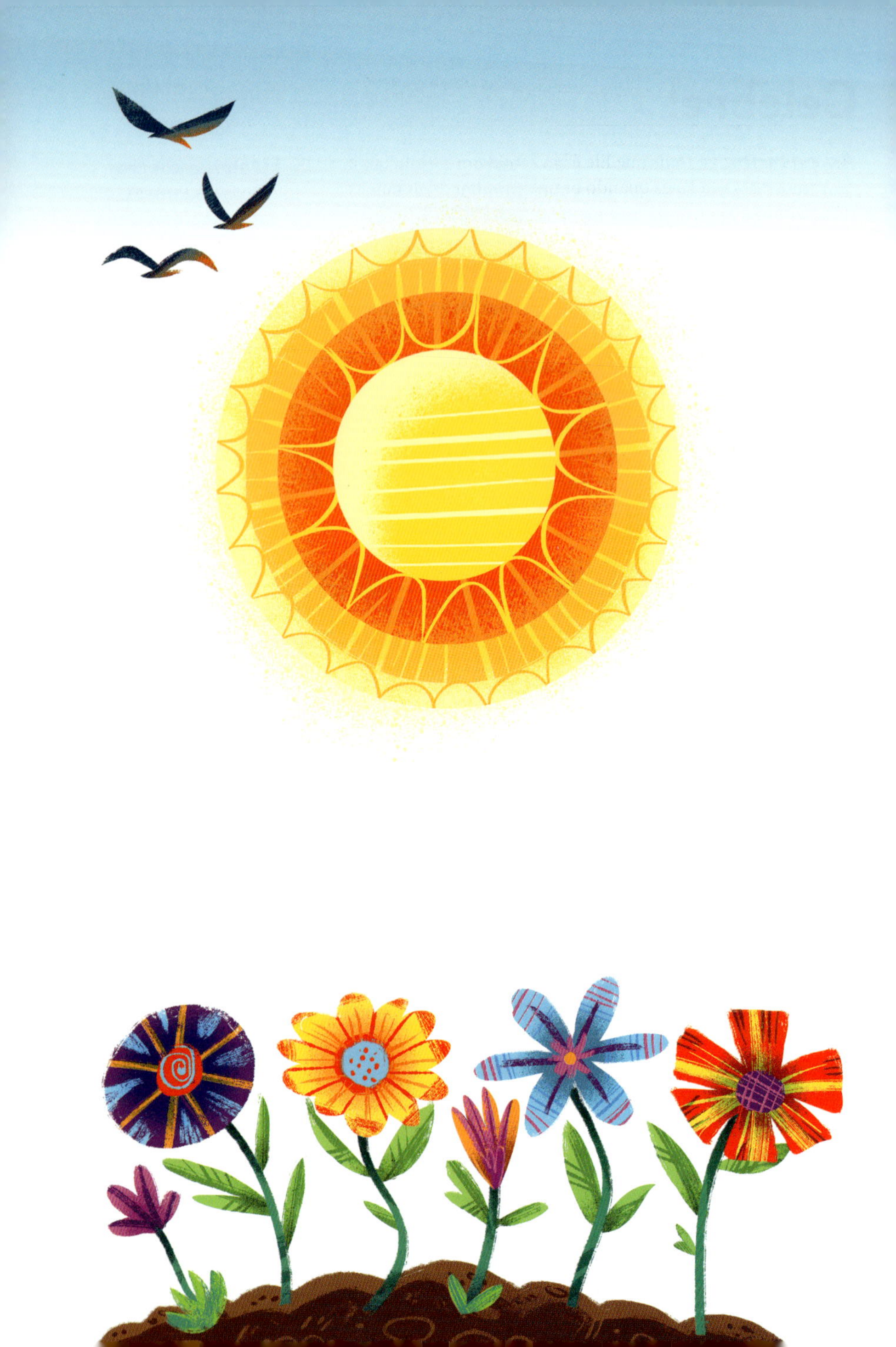

GLOSSÁRIO

Adoração: Dizer a Deus que Ele é bom, poderoso e que merece o nosso amor. Podemos adorar a Deus quando oramos, cantamos, doamos e servimos a outras pessoas. (26 de outubro)

Anjo: Um ser bondoso que faz a obra de Deus. Na Bíblia, normalmente, os anjos entregam mensagens enviadas por Deus. Eles também protegem o povo do Senhor. (23 de setembro)

Apóstolo: Um seguidor de Jesus que era enviado para proclamar as boas-novas da Salvação. Pedro, João e Paulo foram alguns dos apóstolos de Jesus. (28 de agosto)

Bênção: Boas palavras ou um presente especial vindo de alguém importante. Na Bíblia, pais abençoavam seus filhos. Deus também tem muitas bênçãos para quem o ama e o serve. (25 de julho)

Confiança: Crer que Deus é real, honesto, bom e que tem poder para ajudá-lo... mesmo quando é difícil de acreditar nisso. (16 de setembro)

Cristão: Pessoa que crê e segue a Jesus. (12 de julho)

Demônio: Um ser maligno que faz o trabalho do diabo. Nos tempos bíblicos, às vezes os demônios entravam nas pessoas e as faziam sofrer. Jesus curou aqueles que o procuraram pedindo ajuda. Ele fazia os demônios saírem das pessoas. (12 de outubro)

Discípulo: Pessoa que segue um líder. Na Bíblia, Jesus chamou doze discípulos que o seguiram, aprenderam com Ele e falaram aos outros sobre Ele. (6 de julho)

Emanuel: Nome que significa "Deus conosco". É um nome dado a Jesus pelo profeta Isaías 700 anos antes de Jesus nascer. (16 de dezembro)

Espírito Santo: Uma das três "pessoas" da Trindade — Deus, o Pai; Jesus, o Filho e o Espírito Santo, o Consolador. Existe apenas um único Deus, mas Ele é "Trino". O Espírito Santo é a pessoa de Deus que vive dentro de nós quando cremos em Jesus como nosso Salvador. (24 de março)

Fariseu: Religioso orgulhoso do tempo de Jesus. Os fariseus pensavam que deixariam Deus contente, seguindo muitas regras. Eles não entenderam que Deus se agrada quando as pessoas creem em Jesus. (25 de novembro)

Favor: A bondade e ajuda que Deus demonstra aos Seus filhos. (8 de agosto)

Graça: A ajuda e o amor que Deus concede às pessoas sem que elas os mereçam. (11 de fevereiro)

Israel: O nome de uma pessoa e de duas nações na Bíblia. Deus mudou o nome de Jacó para Israel depois que ele lutou com Deus no Rio Jaboque. A grande nação que foi constituída a partir dos doze filhos de Jacó se chamou Israel. Quando a nação de Israel se dividiu em dois reinos depois da morte de Salomão, o Reino do Norte manteve o nome de Israel para mostrar que era diferente do Reino do Sul, chamado Judá. (25 de julho)

Israelitas / Judeus / Judaico: O povo escolhido de Deus. Na primeira parte da Bíblia, o povo de Deus normalmente era chamado de israelitas. Mais tarde, passaram a ser chamados de "judeus" ou "judaicos" — que vem do nome do filho de Jacó, Judá. (22 de julho)

GLOSSÁRIO, continuação

Judá: Uma das doze tribos de Israel, que recebeu esse nome de um dos doze filhos de Jacó. A tribo de Judá viveu na parte sul da Terra Prometida. Muitos anos mais tarde, quando a nação de Israel se dividiu em dois reinos, o Reino do Sul passou a se chamar Judá. (9 de dezembro)

Retidão: Viver pela fé de um modo que agrada a Deus. (17 de setembro)

Messias: Palavra que significa "ungido" ou aquele especialmente escolhido por Deus. Jesus é o Messias, o escolhido por Deus para morrer na cruz e salvar as pessoas de seus pecados. (10 de junho)

Misericórdia: O perdão bondoso de Deus. Ao demonstrar misericórdia, Deus não castiga as pessoas da forma como merecem por causa de seus pecados. (11 de fevereiro)

Parábola: Uma história simples que traz determinada verdade embutida nela. Jesus gostava de contar parábolas quando ensinava. (17 de fevereiro)

Pecado: As coisas erradas que as pessoas fazem; desobediência às leis de Deus. A Bíblia diz que o preço do pecado é a morte, mas Deus oferece vida eterna através de Jesus. (16 de abril)

Perdão: Deixar de ter ódio de alguém que magoou você; não se vingar de quem fez algo ruim contra você. (23 de junho)

Profeta: Pessoa escolhida por Deus para levar Suas mensagens a outras pessoas. Entre os profetas da Bíblia estão Elias, Daniel, Isaías e Jeremias. (18 de outubro)

Sacerdote: Homens da família do irmão de Moisés, Arão, que serviam a Deus na Tenda Sagrada (ou Tabernáculo) e no Templo. Eles ofereciam sacrifícios a Deus pelo povo, e ensinavam a Palavra de Deus. (1 de agosto)

Salvador: Alguém que resgata outra pessoa de um problema ou de um perigo. Jesus é o Salvador do mundo, porque Ele criou um caminho para que todo aquele que nele crer se torne parte da família de Deus. (21 de abril)

Santo / santificado: Separado como algo muito especial. Deus é santo, assim como o Seu nome. Isso significa que Ele merece muito respeito. (5 de agosto)

Satanás: Um anjo muito bonito que ficou orgulhoso e quis se tornar mais poderoso do que Deus. O Senhor expulsou Satanás, também chamado de diabo, do céu. Agora Satanás tenta atrapalhar o povo de Deus. Porém, o Senhor planejou a derrota de Satanás no fim dos tempos. (26 de abril)

Senhor: Uma pessoa que tem poder e autoridade sobre os outros; um patrão. A Bíblia usa a palavra *Senhor* para Deus Pai e para Jesus. (2 de agosto)

Tentação: A sensação de querer fazer algo que sabe que é errado. Tentação vem do exterior (do diabo) ou do interior (de nossos próprios desejos). A tentação em si não é errada, mas fazer o que ela quer é pecado. (26 de abril)

Terra Prometida: Lugar que Deus prometeu a Abraão e à sua família – seu filho, netos, bisnetos e todos os seus descendentes. No tempo de Abraão, a Terra Prometida se chamava "Canaã". Mais tarde, passou a se chamar "Israel". (12 de novembro)

ÍNDICE TEMÁTICO

Adoção: 10/3, 8/5

Adoração: 19/3, 4/9, 5/9, 19/10, 26/10

Agradar a Deus: 10/4, 15/5, 3/6, 29/6, 9/8, 17/8, 16/9, 19/10, 13/11

Ajuda de Deus: 13/4, 28/5, 4/8, 15/9, 2/10

Alegria: 22/2, 3/4, 23/5, 16/6, 12/9, 20/11, 14/12

Amabilidade: 7/4, 20/4, 9/6, 9/9, 12/9, 12/11, 12/12

Amar a Deus: 4/2, 27/4, 3/6, 10/9

Amizade: 17/1, 2/2, 7/7, 21/9, 4/11

Amor de Deus: 14/3, 3/4, 17/4, 9/5, 11/5, 3/7, 10/9, 20/11, 26/11, 2/12, 6/12, 10/12

Amor: 24/1, 14/2, 3/5, 14/7, 29/8, 22/11

Autocontrole: 14/4, 21/6

Bíblia: 24/2, 16/3, 22/5, 19/8, 17/10, 24/11

Bom Pastor: 10/8, 27/11

Ciúme: 15/1, 15/7, 2/9

Compartilhar: 5/1, 26/1, 24/5, 29/6, 24/7

Confiança: 25/1, 6/2, 31/3, 6/5, 2/6, 15/6, 25/6, 10/7, 16/9, 7/11, 18/12

Conhecer a Deus: 12/1, 20/3, 27/4, 22/5, 12/9, 6/10

Conhecimento de Deus: 13/9, 17/11, 18/11, 11/12

Conselho: 13/5, 31/7, 30/8

Consequências: 8/6, 9/6, 12/11

Coragem: 13/1, 31/1, 20/7, 14/8, 15/10

Crescimento: 27/1, 29/4, 28/7, 30/7, 24/10

Criação: 1/1, 2/1, 8/1, 2/3, 25/5, 5/6, 19/9

Cuidado de Deus: 10/1, 3/2, 7/2, 20/2, 12/3, 6/5, 26/5, 15/6, 15/7, 12/8, 22/9, 27/9, 6/11

Cura: 3/3, 30/5, 17/6, 20/10, 15/11

Decisões: 31/1, 1/2, 2/2, 29/3, 2/6, 27/6, 20/8, 23/11

Doação, generosidade: 26/1, 2/4, 17/8, 20/9

Dons espirituais: 24/5, 11/6, 23/12

Escutar a Deus: 20/3, 18/4, 25/4, 11/7, 18/10, 18/11

Espírito Santo: 14/1, 24/3, ¼, 23/4, 12/5, 28/5, 1/6, 11/8, 21/8, 21/9, 15/10, 18/11

Exemplo: 4/2, 14/4, 8/11, 5/12, 27/12

Família de Deus: 10/3, 25/5, 21/7, 11/8, 7/9, 19/10, 5/11, 22/11, 7/12

Fé: 15/2, 24/3, 31/3, 2/5, 8/9, 12/10, 21/11

Fidelidade das pessoas: 15/1, 10/4, 2/6, 6/7, 12/7, 19/7, 24/8, 30/9, 18/12

Fidelidade de Deus: 4/1, 30/8, 11/9, 13/11

Futuro: 22/3, 29/5, 4/9

Graça: 11/2, 18/3, 17/6, 19/8, 25/9

Gratidão: 27/2, 4/5, 18/7, 13/10, 31/10, 13/11, 15/11, 13/12, 23/12

Guia: 8/7, 16/7, 3/8, 2/10

Humildade: 30/3, 30/6, 3/10, 21/10, 25/11

Igreja: 26/3, 23/4, 5/10, 19/10

Justiça: 29/6, 24/8, 23/10, 22/11

ÍNDICE TEMÁTICO, continuação

Língua: 19/4, 28/11

Louvor: 16/2, 29/2, 25/3, 27/5, 6/6, 24/8, 13/10, 13/11, 31/12

Missões: 18/1, 6/4, 21/5

Música: 22/3, 9/4, 5/7, 5/9, 20/11

Obediência: 7/1, 11/1, 6/2, 3/3, 8/4, 18/4, 2/7, 30/8, 16/9, 27/10, 29/10, 12/11

Oração: 15/1, 21/1, 6/3, 8/3, 24/4, 1/5, 1/6, 13/8, 28/10, 25/11

Paciência: 26/2, 15/5, 21/6, 7/10

Paz: 19/1, 11/2, 22/2, 22/4, 15/5, 7/6, 17/9, 20/11

Perdão: 23/1, 18/5, 19/5, 7/6, 23/6, 26/7, 15/8, 29/9, 25/10, 14/11

Perseverança: 9/2, 15/3

Planos de Deus: 10/1, 23/1, 31/1, 9/2, 2/3, 11/5, 21/6, 7/8, 10/9, 16/10, 25/10, 5/12, 16/12, 17/12, 20/12, 24/12, 26/12, 31/12

Poder de Deus: 12/2, 19/2, 21/2, 31/5, 19/6, 20/7, 27/7, 6/8, 12/8, 31/8, 2/9, 9/10, 14/10, 20/10, 19/12, 26/12

Presença de Deus: 13/1, 9/7, 1/8

Pressão das pessoas: 19/11

Promessas de Deus: 20/1, 22/9, 7/11, 15/12

Proteção: 4/1, 23/7, 17/9, 23/9, 6/10, 16/11, 30/11

Provisão de Deus: 26/5, 17/7, 22/8

Pureza: 10/1, 14/4, 3/12

Regra de ouro: 14/6

Reino de Deus; reino dos céus: 28/1, 28/2, 9/3, 28/6, 21/7, 8/8, 26/9, 12/10, 24/11, 9/12, 28/12

Sabedoria: 3/1, 17/2, 5/4, 13/5, 10/10

Salvação: 14/1, 2/1, 8/2, 13/2, 28/2, 10/3, 15/4, 21/4, 12/5, 14/5, 16/5, 4/7, 22/7, 11/8, 25/9, 4/10, 2/11, 3/11

Santidade: 16/2, 22/6, 5/8

Seguir a Jesus: 30/1, 28/2, 17/3, 15/4, 6/7, 8/8, 10/8, 6/11, 4/12

Serviço: 6/1, 9/1, 10/2, 12/6, 3/9, 24/9

Sucesso: 29/1, 16/8

Temor: 25/1, 25/2, 29/11

Tentação: 22/1, 18/2, 26/4, 11/11

Testemunhar: 18/1, 7/3, 21/3, 30/4, 19/7, 28/8, 6/9, 9/11, 10/11, 24/12

Trabalho: 29/5, 14/9, 30/9

Verdade: 10/1, 13/2, 1/4, 7/9, 17/9, 12/12

Vida eterna: 27/3, 12/4, 21/4, 12/5, 14/5, 6/7

Vingança: 24/6

Volta de Cristo: 20/5, 26/9, 7/11, 30/12

Vontade de Deus: 16/8, 3/10, 28/10, 16/12

SOBRE OS AUTORES

Crystal Bowman é uma autora de best-sellers premiados com mais de 80 livros para crianças, incluindo *The One Year Book of Devotions for Preschoolers* (Livro de um ano de devocional para pré-escolares), *My Grandma and Me* (Minha vó e eu), e *J Is for Jesus* (J é de Jesus). Ela também compõe músicas no piano para crianças e escreve artigos para revista. É mentora e conferencista para MOPS (Mães de pré-escolares) e palestrante em conferências de escritores. Ela gosta de escrever livros para crianças de todas as idades e deseja que saibam que Deus as ama e se preocupa muito com elas. Crystal é mãe e avó. Ela e seu marido vivem na Flórida, onde gostam de caminhar na praia.

Teri McKinley cresceu no mundo da publicação, participando de sessões de autógrafos e convenções de livros com sua mãe, Crystal Bowman. Ela começou a escrever histórias na escola primária e seu amor pela escrita aumentou na faculdade. Além de compor cartões para *Discovery House Publishers* (Publicações Pão Diário) e artigos para revistas nacionais, Teri é coautora de vários livros, incluindo *M Is for Manger* (M é de manjedoura) e *My Mama and Me* (Minha mãe e eu). Ela tem mestrado em Design de interiores e gosta de ajudar estudantes universitários. Teri e seu marido vivem no Texas, EUA.

O ilustrador **Luke Flowers** gastou incontáveis horas da infância desenhando heróis do esportes e histórias em quadrinhos na mesa de desenho de seu avô. Seu amor pela arte o levou à faculdade de Arte e Design, onde se aperfeiçoou em ilustração. Depois de dez anos trabalhando numa empresa, inaugurou *Luke Flowers Criativo*, uma empresa que busca "trazer a iluminação da imaginação" para cada projeto. Luke ganhou 14 prêmios de ilustração e design.

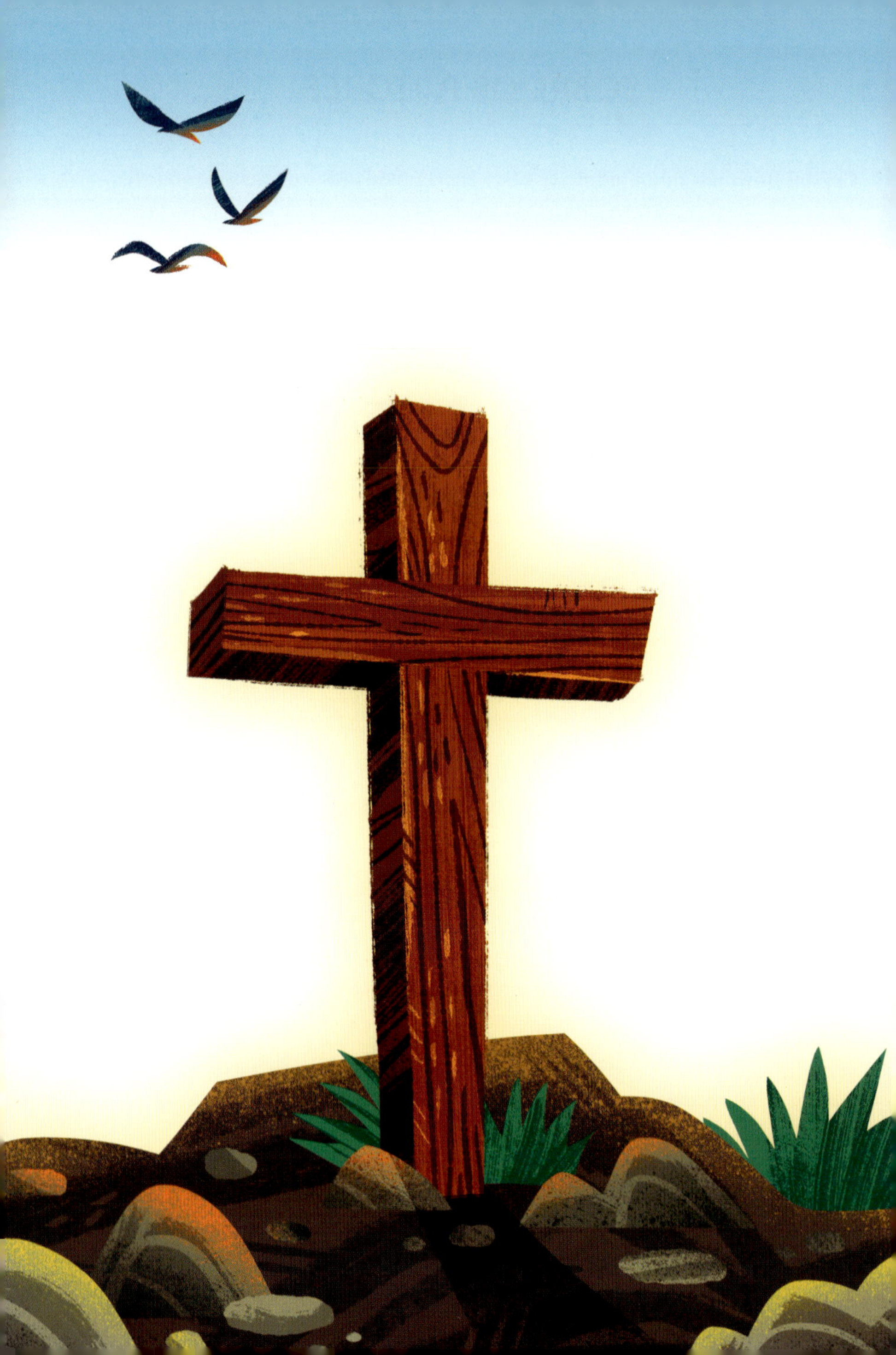